Jahrbu
Psychoanalytiscl

Jahrbuch für Psychoanalytische Pädagogik 11

Mitbegründet von Hans-Georg Trescher (†)

Herausgegeben von
Wilfried Datler, Urte Finger-Trescher, Christian
Büttner, Johannes Gstach und Kornelia Steinhardt
im Auftrag des Frankfurter Arbeitskreises
für Psychoanalytische Pädagogik

Gedruckt mit Förderung des Bundesministeriums
für Bildung, Wissenschaft und Kultur in Wien

Themenschwerpunkt:

Gestalten der Familie – Beziehungen im Wandel

Herausgeber des diesjährigen Themenschwerpunktes:
Christian Büttner, Heinz Krebs und Luise Winterhager-Schmid

Psychosozial-Verlag

Die Deutsche Bibliothek - CIP-Einheitsaufnahme

Jahrbuch für psychoanalytische Pädagogik /
im Auftr. des Frankfurter Arbeitskreises für
Psychoanalytische Pädagogik. Mitbegr. von
Hans-Georg Trescher. - 1. - Giessen : Psychosozial-Verl.,
(Psychoanalytische Pädagogik)
ISSN 0938-183X
Erscheint jährl.- Früher im Matthias-Grünewald-Verl., Mainz.-
Aufnahme nach 8 (1997)

8 (1997) -

© 2000 Psychosozial-Verlag
Goethestraße 29, 35390 Gießen
e-mail: info@psychosozial-verlag.de
Alle Rechte, insbesondere das des auszugsweisen Abdrucks und das
der photomechanischen Wiedergabe, vorbehalten
Umschlagabbildung: Joan Miró: Plate IV from Series I (The Family),
1952
Umschlaggestaltung nach einem Reihenentwurf des Ateliers
Warminski, Büdingen
Printed in Germany
ISBN 3-89806-039-X
ISSN 0938-183X

Inhalt

Literaturumschau

Editorial

Die Formen des familiären Zusammenlebens, in denen Kinder heute aufwachsen und ihr Leben mit ihren Eltern teilen, sind äußerst vielgestaltig geworden. Begriffe wie „Einelternfamilie", „Stieffamilie", „Herkunftsfamilie" oder „Patchworkfamilie" zeugen davon und stehen in deutlichem Kontrast zu der weithin verbreiteten Vorstellung, daß sich eine „gute Kindheit" nicht zuletzt durch ein stabiles, zumindest eineinhalb Jahrzehnte langes Zusammenleben von Kindern mit ihren beiden leiblichen Eltern auszeichnet.

Freilich zeugten schon Alltagserfahrungen davon, daß diese Form des Zusammenlebens alleine keineswegs dafür garantiert, daß Kinder tatsächlich in „ausreichend guten" familialen Beziehungen aufwachsen. Und historischen sowie soziologischen Untersuchungen ist zu entnehmen, daß das gemeinsame Leben in der sogenannten „vollständigen Herkunftsfamilie" auch in vergangenen Zeiten keineswegs so verbreitet war, wie mitunter angenommen wird.
Dessen ungeachtet hat die Vorstellung, Kinder sollten bis in ihre Adoleszenz hinein in „vollständigen Familien mit zwei Elternteilen" aufwachsen, das pädagogische Denken des 20. Jahrhunderts maßgeblich geprägt. Und auch in vielen psychoanalytischen Theorien wird implizit davon ausgegangen, daß Kinder im Regelfall in einer vollständigen Vater-Mutter-Kind-Familie leben. Denn die Untersuchung der äußeren Beziehungen zwischen Vater, Mutter und Kind, die Untersuchung des kindlichen Erlebens dieser Beziehungen und die Untersuchung der Bedeutung dieses Erlebens für die weitere Entwicklung des Kindes zählten von Anfang an zu den zentralen Anliegen der Psychoanalyse. Nur in Ausnahmefällen wurde dabei untersucht, welche Bedeutung einem Aufwachsen in familialen Strukturen zukommt, die sich von jenen der vollständigen Vater-Mutter-Kind-Familie erheblich unterscheiden.

So gesehen stellt die heute ausmachbare Zunahme der verschiedenen Formen des familialen Zusammenlebens eine Herausforderung für pädagogisches *und* psychoanalytisches Denken und Handeln dar. Mit der Wahl des diesjährigen Themenschwerpunktes *„Gestalten der Familie – Beziehungen im Wandel"* hat sich die Redaktion des Jahrbuchs für Psychoanalytische Pädagogik entschlossen, einige Beiträge zur Diskussion dieser Thematik im vorliegenden 11. Band dieses Jahrbuchs zu versammeln.
Christian Büttner, Heinz Krebs und *Luise Winterhager-Schmid* führen als HerausgeberInnen dieses Themenschwerpunktes in den Problemzusammenhang ein, dem die weiteren Artikel von *Andreas Lange und Kurt Lüscher, Michael B. Buchholz* und *Urte Finger-Trescher, Udo Rauchfleisch* und *Franz Dammasch, Fakhri Khalik* und *Carsten Rummel* zuzurechnen sind. In ihren Beiträgen

werden Ergebnisse der neueren Familienforschung thematisiert; wird der Frage nachgegangen, welchen Beitrag psychoanalytische Familientherapie für die Bewältigung familiärer Konflikte in modernen Gesellschaften leisten kann; und wird diskutiert, welche Angebote der institutionell organisierten Beratung den vielfältigen familiären Lebensverhältnissen und den damit verbundenen Erfordernissen entsprechen. Darüber hinaus werden die Chancen und Probleme von Kindern behandelt, die bei gleichgeschlechtlichen Paaren oder aber in Familienverhältnissen aufwachsen, in denen es keinen Vater gibt. Spezielle Artikel widmen sich überdies der Situation von Migranten-Kindern sowie den Konsequenzen der Reform des deutschen Kindschaftsrechts für Beratung und Therapie.

In den einzelnen Beiträgen wird mehrfach darauf hingewiesen, daß die gegenwärtigen Veränderungen von familialen Beziehungen auch damit zusammenhängen, daß in unseren westlichen Gesellschaften die Lebenserwartungen von Männern und Frauen steigen. Der thematisch fokussierte Umschauartikel von *Ulrike Kienast-Scheiner* schließt daher unmittelbar an den Themenschwerpunkt dieses Jahrbuches an; denn er stellt psychoanalytisch orientierte Literatur zum Problembereich „Alter und Altern" vor. Weitere Neuerscheinungen zur Psychoanalytischen Pädagogik werden in einem breit angelegten Umschauartikel von *Katharina Ereky und Judit Richtarz* referiert. Rezensionen runden - wie gewohnt - auch den 11. Band des Jahrbuchs für Psychoanalytische Pädagogik ab, für das von nun an ein erweitertes Redaktionsteam die Verantwortung trägt: *Johannes Gstach* und *Kornelia Steinhardt* sind zur Gruppe der Herausgeber hinzugestoßen. Sie werden auch in Hinkunft die Vorbereitung und Realisierung der einzelnen Bände des Jahrbuchs für Psychoanalytische Pädagogik mittragen.

Die Redaktion

Themenschwerpunkt:
Gestalten der Familie – Beziehungen im Wandel

Christian Büttner, Heinz Krebs, Luise Winterhager-Schmid

Einführung in den Themenschwerpunkt

1. Problem Familie – Zerfall oder neue Vielfalt?

Bei der Sitzung der Jahrbuchredaktion zur Beratung des thematischen Schwerpunktes dieses Bandes kam es zu einer lebhaften Diskussion darüber, wie man die gegenwärtige Lage der Familie als Ort, an dem Kinder sich gut entwickeln können, einzuschätzen habe. Erfahrungen wurden ausgetauscht: Der enorm gestiegene Anteil von schwierigen Kindern, welche die Scheidung der Eltern nicht verkraften können; überforderte, sozial vereinsamte, resignierte alleinerziehende Mütter; egozentrische Kinder, die zwischen materieller Überverwöhnung und emotionaler Verlassenheit hin und hergerissen, keine Grenzen akzeptieren und bloß noch über alle und alles wütend sein können – diese und andere Themen kamen zur Sprache.

Psychoanalytische BeraterInnen, SozialpädagogInnen ebenso wie Lehrerinnen und Lehrer haben zunehmend den Eindruck, die Familie sei aufs höchste bedroht. Sie berichten immer dann von den großen Schwierigkeiten mit Familien, wenn sie im Umfeld sozialer Brennpunktgebiete oder in großstädtischen Ballungsräumen arbeiten. Dazu im Widerspruch stehen die eher beruhigenden Bilder der Statistik zur Situation der Familie. Beides zusammen macht deutlich, wie schwer es gegenwärtig ist, die Situation der Familie realistisch einzuschätzen.
Welche Schlußfolgerungen sind aus solchen Widersprüchen zu ziehen? Könnte es sein, daß die Statistiken uns belügen? Oder nehmen wir problematische, besorgniserregende Entwicklungen schärfer wahr als das Unauffällige, Normale? Sind es die Massenmedien, die unsere Wahrnehmung zusätzlich apokalyptisch verzerren?

„Die Familienentwicklung wird häufig in Kategorien des Verfalls, des Niedergangs und der Auflösung gesehen und bewertet. Aber die empirischen Befunde zu Veränderungsprozessen von Familien rechtfertigen keine übertriebenen Befürchtungen und Krisenerwartungen." Diese beruhigende Nachricht stellte

Rudolf Pettinger seinem 1991 in der Zeitschrift „Pädagogik" erschienenen, statistisch untermauerten Aufsatz zum Thema „Auflösung der Familie?" voran. Sechs Jahre später bestätigten die Erziehungswissenschaftler Michael Lenz und Klaus-Jürgen Tillman diese Aussage. Ihre Untersuchung zum Thema „Zerfall oder neue Vielfalt? – Familienformen im Spiegel empirischer Daten" zieht wiederum ein undramatisches Fazit: „Wenn gegenwärtig etwa 85% der Kinder in vollständigen Familien mit zwei Elternteilen aufwachsen, zeigt dies deutlich: Auch Mitte der neunziger Jahre spielt in Deutschland nach wie vor die stabile Herkunftsfamilie mit mehreren Kindern die dominierende Rolle. ... Auch wenn die Familienformen seit Mitte der sechziger Jahre deutlich pluraler geworden sind, so hat die Kleinfamilie mit Vater, Mutter und Kindern ihre beherrschende Rolle keineswegs verloren" (Lenz/Tillman 1997, 13).

Versucht man sich über das Studium neuerer wissenschaftlicher Arbeiten zur Familie Klarheit über deren Zustand zu verschaffen, so kommen neue Ratlosigkeiten hinzu. Zunächst macht man die Entdeckung, daß sich die Familienforschung keineswegs darüber einig ist, was eine „Familie" eigentlich ist. Erst in jüngster Zeit bemüht man sich um eine wissenschaftlich fundierte Definition von „Familie", die nicht normativ wertend ausfällt, sondern beschreibt, was Familie tatsächlich *ist* und welche unterschiedlichen Formen von Familie wir unterscheiden können. Damit tragen Familienforscher der Tatsache Rechnung, daß es neben der herkömmlichen „Herkunftsfamilie" auch „Einelternfamilien", „Stieffamilien", „Pflegefamilien" und „Netzwerkfamilien" gibt. Solche neuen Bezeichnungen für Familie orientieren sich nicht allein an dem Kriterium „Vollständigkeit" der Ehegatten in der Familie, sondern an dem, was Familien unterschiedlicher Gestalt für die Pflege und Erziehung von Kindern und Jugendlichen *leisten*. Betrachtet man die Vielfalt der Familienformen unter solchen Kriterien, so werden die Gemeinsamkeiten deutlicher betont als deren Unterschiede. Damit wird eine genauere Diagnose möglich, mit der sich der eventuelle Hilfebedarf einer Familie bestimmen läßt. Da gibt es „Alleinerziehende", die mit ihrem Kind oder ihren Kindern gut eingebunden sind in ein dichtes Netzwerk stabiler Unterstützungssysteme von Verwandten, Nachbarn, Freunden, eventuell auch mit einem neuen Liebespartner. Und da gibt es andererseits die „vollständige" Familie, in der soziale Isolation, emotionale Zerrüttung der Ehe, Arbeitslosigkeit und Armut eine so große Problemanhäufung darstellen, daß Hilfen von außen dringend geboten sind. Diese Familien erscheinen in der Statistik als „vollständig", also als normale Familien, während die andere, die Netzwerkfamilie einer Alleinerziehenden, statistisch gesehen als „Problemfall" interpretiert werden dürfte. Die neuen, beschreibenden Familiendefinitionen finden in die Statistik nur schwer Eingang. Dort ist die vollständige Herkunftsfamilie nach wie vor das wichtigste Kriterium zur Klassifizierung von Familienformen.

Bis vor etwa zwanzig Jahren war die (westdeutsche) Familienforschung nicht sehr aktiv. Wollte man 1980 etwas über Familien aussagen, so mußte man sich mit den zahlreichen familiensoziologischen Arbeiten aus den fünfziger Jahren begnügen. Diese orientierten sich ebenfalls am Leitbild der „vollständigen" Familie. „Vater-Mutter-Kind(er)" sollten in lebenslanger Verbundenheit *in einer Haushaltsgemeinschaft* leben, wobei Vater und Mutter gemeinsam für das Aufwachsen des gemeinsamen Nachwuchses verantwortlich sein sollten. Der Vater als Ernährer und Haushaltungsvorstand, die Mutter als Hausfrau und erziehende Mutter. Scheidungen und das Alleinerziehen von Kindern spielten in dieser Leitvorstellung keine besondere Rolle. Das verwundert allerdings, wenn man sich die westdeutschen Statistiken aus den fünfziger Jahren anschaut. Dann stößt man z.b. auf die verblüffende Tatsache, daß der Anteil Alleinerziehender im Jahre 1957 mit 11,3 % höher lag als die Zahl der Alleinerziehenden im Jahre 1989 (mit 10,2 %; vgl. Pettinger 1991, 11). Die hohe Zahl von „Kriegerwitwen" hatte die Zahl nicht vollständiger Familien ansteigen lassen. Dennoch gab es den Begriff der „Alleinerziehenden" damals nicht. Diskussionen um „Schlüsselkinder" und „Onkelehen" wurden jedoch schon in den fünfziger Jahren von einer beunruhigten Öffentlichkeit geführt. Auch Alexander Mitscherlichs Buch über die „Vaterlose Gesellschaft" wurde 1963 auf der Folie der Familienverhältnisse der Nachkriegszeit breit rezipiert. Man registrierte also schon in den fünfziger Jahren durchaus, daß nicht alle Familien dem normativen Leitbild entsprachen. Vom „Zerfall" der Familie allerdings war nicht die Rede. Indessen warnten die Familienforscher (Schelsky 1953; König 1946) bereits früh vor dem „Funktionsverlust" der Familie als der wichtigsten Erziehungs- und Sozialisationsinstanz für Kinder.

Auch die Zahl der Ehescheidungen lag – für die alte Bundesrepublik – im Jahre 1950 nur geringfügig niedriger als die Scheidungsrate des Jahres 1980 (Lenz/Tillmann 1997). Gerade weil der Zustand der Familie, gemessen am normativen Leitbild lebenslanger Ehe, gemeinsamer Haushaltung und Verantwortung für den Nachwuchs in den fünfziger Jahren bereits Anlaß zu Bestandsbefürchtungen gab, wurde das bürgerliche Leitbild der vollständigen Herkunftsfamilie in dieser Zeit restauriert. Zwar sprach der Familiensoziologe Rene König (1946) von Desorganisations- und Desintegrationserscheinungen. Der Maßstab blieb jedoch die intakte vollständige Familie. Und wo von Vollstädigkeit der Familie nicht die Rede sein konnte, wurden die „Rest-Familien" als kriegs- und schicksalsbedingte Not- und Sonderfälle betrachtet, wurde die hohe Solidarität des erweiterten Verwandtschaftssystems in Notfällen lobend hervorgehoben, ohne daß man dafür schon den Begriff der „Netzwerkfamilie" kannte. Scheidungen wurden eingedämmt durch ein hartes Verschuldensprinzip, das esvor allem Frauen schwer machte, sich scheiden zu lassen (Wurzbacher 1951, Stampfli 1952).

Steuer- und familienpolitische Maßnahmen zur Stärkung der Familien mit mehreren Kindern wurden in der Adenauer-Ära gezielt eingesetzt, um Familie im

Sinne des vorgegebenen Leitbildes materiell zu stützen. Die Grundlage dafür bot der Artikel 3 des Grundgesetzes, der den öffentlichen Organen den besonderen Schutz von Ehe und Familie (und zwar nur der vollständigen Familie) auftrug. Für Frauen bedeutete dieses Familien-Leitbild: Hausfrau und Mutter zu sein und in dieser Funktion ohne Entlohnung und ohne eigenen Rentenanspruch auch dann noch zu bleiben, wenn die Kinder herangewachsen waren. Dennoch stieg die Erwerbsarbeit von Frauen bereits in den fünfziger Jahren kontinuierlich an; Leitbild und Realität standen auch hier in Widerspruch zueinander.

Die Vielfalt unterschiedlicher Familienformen ist also weder neu noch an sich besorgniserregend. Schaut man weiter zurück in die Geschichte des 18. und 19. Jahrhunderts, so lag z.b. die Zahl der „Unehelich Gebärenden" (nach heutiger Terminologie würde man sie zu den „Alleinerziehenden" rechnen müssen) wesentlich höher als durch das ganze 20. Jahrhundert hindurch. Das Leitbild der lebenslang haltbaren vollständigen Familie ist letztlich nicht älter als 150 Jahre. Bei einer *durchschnittlichen* Lebenserwartung der Partner zwischen 52 (Frauen) und 58 (Männer) Lebensjahren war die lebenslange Ehe manchmal nur von kurzer Dauer. Kindbettot kam häufig vor, Wiederverheiratung des Witwers war beinahe die Regel: Die Stieffamilie mit Kindern aus verschiedenen Ehen war so gebräuchlich, daß sie Eingang in unsere Märchenliteratur gefunden hat. Als Idealnorm und verbindliches Leitbild eines tugendhaften Lebenswandels wurde die intime, ins Private abgeschlossene bürgerliche Kleinfamilie von Handwerkern und städtischem Bürgertum gelebt, nicht aber von der Hocharistokratie, nicht überall von den Bauern und ebenso wenig von den proletarischen Unterschichten.

Nimmt man die heute sich einbürgernde erweiterte Definition von Familie zum Maßstab, so geht man bei Familien von *einer auf Dauer angelegten Lebensgemeinschaft eines oder mehrerer fürsorglicher und erziehender Erwachsener mit einem oder mehreren Kindern* aus.
Nicht die „neue Vielfalt" familialer Lebensformen muß erschrecken, eher sind es die vielfältigen Belastungen, mit denen Familien aller Formen heute konfrontiert sind. Sie sind es, die einen Teil der Familien mit hohen Risiken und Konfliktpotentialen bedrohen. Dazu kommt, daß Ehe und Familie im Bewußtsein der Menschen als Garant persönlichen Glücks und dauerhaften Lebenssinns heute einen sehr hohen Stellenwert erlangt haben. Ein anderer, durch die Statistik eindeutig belegter Tatbestand ist es, der ebenso nachdenklich stimmen muß. Denn die Mehrheit der Erwachsenenhaushalte lebt zur Zeit kinderlos. Lebens- und Haushaltsgemeinschaften Erwachsener mit Kindern sind stark im Rückgang begriffen. Nur in einem Viertel aller Haushalte der neuen Bundesrepublik leben Erwachsene zusammen mit Kindern. Bevorzugt wurde – in den letzten zwei Jahrzehnten vor allem im Steuerrecht – die kinderlose Ehe.

Steuerrecht und Familienpolitik haben in den vergangenen fünfzehn Jahren am herkömmlichen Leitbild der arbeitsteiligen (vollständigen) Ernährer-Hausfrau-Familie festgehalten, obwohl mit dem Anstieg der Bildungsbeteiligung von Frauen auch deren Beteiligung am Berufsleben deutlich angestiegen ist. Nicht nur die „mitverdienende" Ehefrau, sondern deutlicher noch die gut qualifizierte Frau mit Kindern kam in der Familienpolitik unter die Räder. In den neuen Bundesländern nahm seit der Vereinigung der Geburtenrückgang um mehr als die Hälfte der in der DDR geborenen Kinder dramatische Formen an. Die Lebensform der kinderlosen Ehe ist es denn auch, die in den letzten 20 Jahren deutlich zugenommen hat (von 1958 13% aller Ehen auf heute – hochgerechnet – ca. 20% der Ehen). Gleichzeitig weisen jedoch die Statistiken die kinderlose Ehe als die Lebensform aus, die am anfälligsten ist für Scheidung und Trennung der Partner. Kinderlose Ehen werden sehr viel öfter geschieden als Ehen mit Kindern. „Von der Hälfte der Scheidungen sind keine Kinder betroffen", konstatieren 1997 auch Lenz/Tillmann.

Lenz/Tillmann (1997) gehen in ihren Berechnungen davon aus, daß von den um 1990 geborenen Kindern 16%, bevor sie volljährig werden, zu „Scheidungswaisen" werden. „Sollte der Scheidungstrend sich weiter so fortsetzen, könnte der Anteil der ‚Scheidungsweisen' zu Beginn des nächsten Jahrtausends noch höher liegen" (ebd.). In der Tat liegt er in Deutschland im Jahre 2000 bei inzwischen ca. 18% der Kinder unter der Volljährigkeitsgrenze. Rechnet man die verwitwet Allenerziehenden hinzu, also solche Kinder, die keine „Scheidungswaisen", sondern echte Waisen sind, so liegt der Anteil der Kinder, die nur mit einem Elternteil leben, bei über 20% aller Kinder und Jugendlichen unter 18 Jahren.

Von Normalität der Scheidungserfahrung für Kinder zu sprechen, wäre sicherlich eine Übertreibung. Das Aufwachsen von ca. 80% der Kinder mit beiden leiblichen Elternteilen dürfte auch in nächster Zukunft noch kein „Grenzfall" (Beck 1990) werden. Allerdings darf ein gravierender Nebeneffekt dabei nicht unberücksichtigt bleiben: Alle Kinder erleben heute in ihrer Nahumgebung, sei es im Kindergarten, in der Schule oder bei ihren Freizeitaktivitäten täglich andere Kinder, die tatsächlich schwerwiegende Trennungserfahrungen bei der Scheidung ihrer Eltern machen müssen. Das bedeutet, daß Kindern die Vorstellung und die Angst vor einer möglichen Scheidung ihrer eigenen Eltern heute sehr viel näher liegt, als das in den sechziger und siebziger Jahren vermutlich der Fall war. Sie leiden mit den betroffenen Kindern mit und erleben an deren Trennungserfahrungen fundamentale Unsicherheiten, die sie tief beunruhigen können.

Obwohl man also von einem „Zerfall" der Familie angesichts der Statistik auch gegenwärtig nicht sprechen kann, markiert der starke Rückgang der Lebensform Familie als einer dauerhaften gemeinsamen Beziehungs- und Lebensgemeinschaft von Erwachsenen mit Kindern einen nicht zu übersehenden Hinweis auf einen tiefgreifenden Wandel der generationalen Beziehungsformen in der forcierten Moderne. Dennoch wäre der Schluß falsch, daß Personen, die ohne Kinder leben (vor allem jüngere Berufstätige oder alte Menschen), nicht in Kontakt zu ihren Herkunftsfamilien wären. Verwandte bilden nach wie vor das sicherste Familien-Netzwerk, auch für Alleinerziehende und „Singles". Das schließt auch materielle Unterstützung zwischen nahen Verwandten ein. Hier sind es vor allem die Großeltern, die mit Geld aushelfen und damit jüngere Familienmitglieder materiell stabilisieren. Bei den Untersuchungen zu den materiellen Unterstützungsleistungen innerhalb des Familienverbandes zeigte sich, daß Familie zwar nicht vom Zerfall, sehr wohl aber von Armut bedroht ist. Die Zahlen der Armutsberichte der Wohlfahrtsverbände dazu sind alarmierend. Aus ihnen geht hervor, daß es gehäuft Alleinerziehende, oft vom Partner verlassene Frauen (in der Minderheit auch alleinerziehende Männer mit geringem Einkommen) sind, die kaum auf finanzielle Netzwerke in Verwandtschaft oder Freundeskreis zurückgreifen können. Sie leben sowohl materiell wie auch zeitlich in sehr belasteten Lebenslagen. Kinder, die in solchen kumulierten Problemsituationen aufwachsen, sind dabei am ärmsten dran. Sie müssen nicht nur den Verlust eines Elternteils, meist des Vaters, verarbeiten, sondern zusätzlich den Statusverlust der nun zur „Alleinerziehenden" degradierten Mutter erfahren. Hinzu kommen materielle Not, zeitliche Überlastung der Mutter und damit oft einhergehende soziale Isolation.

2. Neue Familienformen – eine Herausforderung für psychoanalytisches Verstehen

In der psychoanalytischen Pädagogik spielt die Familie als Modellvorstellung für kindliches Aufwachsen eine wichtige Rolle. Fragen nach der Psychodynamik früher Beziehungserfahrungen von Kindern mit ihren Eltern prägen das Denken der Psychoanalyse von Anfang an.

Zunächst verdichtete sich das psychoanalytische Modell der Personengenese in der Leitvorstellung von der ödipalen Konstellation. Als wichtiges Entwicklungsstadium zur Etablierung des Über-Ich, zur Gewinnung eines konturierten Bildes von der eigenen Geschlechtsidentität, schließlich als strukturierende Beziehungsmatrix zur Milderung der eigenen Größenvorstellungen stellt die kindliche Bewältigung der ödipalen Konstellation nach wie vor eine der wichtigsten Modellvorstellungen zur Erklärung von gelingender oder neurotisch gehemmter Persönlichkeitsentwicklung des Kindes dar. Kern dieses Modell ist die Annahme, daß sich im kindlichen Erleben frühe Erfahrungen und zugehörige Phantasien im Umgang mit dem Elternpaar zu entscheidenden unbewußten Deutungsmustern für Welt- und Selbsterleben verdichten. Die ödipale Konstellation als wichtige Entwicklungsphase bietet eine idealtypische Modellvorstellung dafür, daß jedes Kind sich im Prozeß des Heranwachsens im Koordinatensystem von Geschlecht und Generation verorten muß. Das gilt für jedes Kind grundsätzlich, ob es nun in einer vollständigen oder in einer anderen Art von Familie aufwächst. Das Eintreten in die ödipale Konstellation ist beim Kind begleitet von ambivalenten Gefühlen der Liebe wie der Wut. Sie gelten vor allem dem gleichgeschlechtlichen Elternteil. Der Junge phantasiert den Vater als störenden Rivalen, der ihm die einzigartige Position des alleinigen Inhabers der mütterlichen Liebe verweigert. Das Mädchen ist wütend auf die Mutter, weil sie dem Mädchen den Alleinbesitz des Vaters verwehrt oder weil das Mädchen die Mutter verantwortlich macht dafür, daß ihr etwas fehle, Brüste oder auch der Penis, was als sichtbarer Ausdruck ihrer Geschlechtlichkeit herzeigbar wäre. Im Durchschreiten der ödipalen Liebe-Haß-Gefühle kommt es schließlich, wenn dieses Entwicklungsstadium gut bewältigt wird, zur Anerkennung der eigenen Begrenztheit in der Zwei-Geschlechtlichkeit im Zustand des Noch-Kleinseins. In der Identifikation mit dem väterlichen Rivalen findet der Junge den Weg, sich in die generationale Ordnung zu fügen. Und auch das Mädchen kann sich mit der Mutter als der Ihr-Gleichen versöhnen, kann weiter um die Liebe des Vaters werben und muß zugleich die Ordnung der Generationendifferenz anerkennen (vgl. Winterhager-Schmid 1998).

In der Weiterentwicklung der Psychoanalyse hat inzwischen die präödipale Entwicklungsphase ein fast noch größeres theoretisches Gewicht erlangt als die ödipale Phase. Damit haben sich Aspekte der frühen Mutter-Kind-Beziehung als emotionaler leib-seelischer Nährboden für frühe Störungen z.B. der Beziehungsfähigkeit in den Vordergrund geschoben. Im Konzept der frühen Triangulierung wird jedoch auch die Rolle des präödipalen Vaters für die Etablierung basaler seelischer und kognitiver Strukturen deutlich betont. Triangulierung meint die schon früh gegebenen Möglichkeiten des Kindes beiderlei Geschlechts, sich in sehr flexiblen Beziehungsbewegungen von seinen Wutgefühlen zu entlasten, indem es zwischen dem mütterlichen und dem väterlichen Liebesobjekt je nach seiner Gefühlsgestimmtheit gleichsam emotional pendeln kann.

Beide Konzepte, die ödipale Rivalitätskonstellation wie auch das Triangulierungskonzept, bilden idealtypische Modellvorstellungen davon, daß die leibliche Verfügbarkeit zweier sich zugetaner gegengeschlechtlicher Elternteile für das Kind optimale Entwicklungsvoraussetzungen bietet, und zwar auch nach Abschluß der ödipalen Entwicklungsphase.

Die neue Vielfalt der Familienformen, verursacht durch Erfahrungen von Scheidung und Trennung vieler Elternpaare, die Zunahme von Familien auf Eltern-Kind-Dyaden, die Möglichkeiten künstlicher Befruchtung mit Vätern, die z.T. auf die Rolle anonymer Samenspender reduziert sind, neue Formen eheähnlichen Zusammenlebens gleichgeschlechtlicher Partner mit Kindern, alles das stellt die Psychoanalyse (und mit ihr auch die psychoanalytische Pädagogik) vor die Notwendigkeit, ihre geläufigen theoretischen Modellannahmen selbstkritisch zu überprüfen. Insofern stellen die pluralisierten Familien- und Beziehungsformen, die sich im Prozeß der Modernisierung (wieder) verstärkt herausbilden, gerade für die psychoanalytisch orientierte Entwicklungstheorie eine besonders große Herausforderung dar.

Nun war das Verhältnis der Psychoanalyse zur historisch-realen Familie jedoch niemals unkritisch-affirmativ - begann doch psychoanalytisches Forschen in der historischen Situation des späten 19. Jahrhunderts, als sich das normative Leitbild der bürgerlichen Kleinfamilie als alleinherrschendes Tugendmuster gelungener Lebensführung eben erst herausgebildet und breiter durchgesetzt hatte. Sigmund Freud und seine frühen Wegbegleiter sahen sich jedenfalls nicht von der Vielfalt unterschiedlicher Familienformen zur Erforschung seelischer Leiden aufgefordert. Damals war es gerade der Zwangscharakter eines einzigen, ausschließlich gültigen Lebensmusters, in dem sie eine der Ursachen schwerer seelischer Erkrankungen erkennen mußten. Die kulturkritische Haltung der Psychoanalyse begründete sich deshalb auch in ihrer Kritik an der Einengung menschlicher Beziehungswünsche auf nur dieses eine Muster der Gestaltung solcher Wünsche in der Realität. Ihre kritische Haltung zur viktorianischen Moral trug den frühen Psychoanalytikern den Ruf ein, sie seien so etwa wie sexbesessene Abenteurer. Dabei ging es nicht um „Sex", eher ging es um Ehrlichkeit in der Liebe. Kritisiert wurde die bürgerliche Familienvorstellung, wo sie Menschen einen übermäßigen Zwang zur Verdrängung, Heuchelei, zur Falschheit verordneter Gefühle und zur Lüge der Doppelmoral zwang. Das Leitbild, an dem sich die idealtypischen Entwicklungsmodelle der Psychoanalyse bis heute orientiert, ging davon aus, daß Familien verbunden sein sollten durch Liebe und Zärtlichkeit. Deren positive Bindungsenergie könne sich aber nur dann wirklich entfalten, wenn auch die negativen Gefühle Raum in den Vorstellungen und Phantasien haben dürfen. Psychoanalytische Beraterinnen und Berater von Familien beurteilen Krisen, die Familien durchmachen, also weniger unter dem Gesichtspunkt von Vollständigkeit oder Unvollständigkeit der Familie, sondern sie versuchen zu verstehen, was Familienmitglieder füreinander fühlen, ob dem Kind erlaubt wird, beide Eltern auch nach einer Scheidung triangulierend zu lieben, oder was überhaupt an negativen und positiven Gefühlen „erlaubt" ist, schließlich auch, auf welche konstruktive oder destruktive Weise Enttäuschung, Wut und Sehnsucht in Familien zur Sprache kommen darf (vgl. Datler u.a. 1999; Figdor 1991, 1997).

Dennoch kann man nun aber einen Widerspruch darin entdecken, daß Psychoanalyse zum einen ihr theoretisches Modell des seelischen Entwicklungsprozesses an einer idealen Vorstellung von Familie als einer Liebesgemeinschaft entwarf, also Modelle entwickelte, die von der Idee eines liebevoll-intimen Zusammenspiels von Elternpaar und Kind ausgingen, daß sie aber zugleich die Realität gerade dieser kleinfamilialen Grundstruktur der Familie als neurotisierende Ursache mannigfacher seelischer Erkrankungen kritisierte. Allerdings wird dabei übersehen, daß sich Psychoanalyse nicht in erster Linie mit der Realität von Familien beschäftigte, sondern vielmehr damit, was die unbewußten Phantasien des Kindes und seiner Eltern aus dieser Realität heraus projektiv in die innere Realität hineinnehmen, wie sie also die äußere Realität zu ihrer ganz individuellen inneren Realität umgestalten. In der Phantasie des Kindes, für seine Wünsche und leiblichen Empfindungen ist es z.b. nicht so wichtig, ob seine engsten Bezugpersonen standesamtliche Trauscheine vorweisen können, auch interessiert sich das Kind in seinen Phantasien zunächst noch wenig dafür, ob diese Objekte seiner Sehnsucht oder seiner Wut mit ihm leiblich verwandt sind. Was für das (kleine) Kind einzig zählt, ist die Frage, wie verläßlich versorgend, wie liebevoll zugewandt, wie robust sich im Ertragen seines wütenden Geschreis diese Objekte von Liebe und Haß als dauerhaft und zuverlässig erweisen. Empfindet das Kind die frühe Situation verläßlich als lustvoll schützende Hülle, so kann es sich in dieser Hülle gut entwickeln, kann triangulierende Beziehungserfahrungen machen und darin ein Gespür für sich selbst entwickeln.

Es ging und geht also nicht darum, die herkömmliche Familie als den „guten Ort" für die Entwicklung des Kindes zu schmälern. Aber allein die formale „Vollständigkeit" und das Einhalten bürgerlicher Leitbilder von Familie garantieren keineswegs, daß eine solche Familie wirklich der „gute Ort" des Aufwachsens ist. Die kritische Stoßrichtung der psychoanalytischen Pädagogik muß nach wie vor auf die Vertiefung und Verbesserung unseres erwachsenen Verständnisses vom Erleben, Fühlen und Phantasieren der Kinder gerichtet sein. Solch vertieftes Verstehen soll auch unserem eigenen inneren Erleben als Erwachsene gelten.

Gerade die neuen Familienkonstellationen fordern unsere forschenden Verstehensanstrengungen im Hinblick auf das heraus, was in den pluralisierten Familienformen *emotional* geschieht. Die Herausforderung haben vor allem die anzunehmen, die sich – orientiert an psychoanalytischer Pädagogik – beratend mit Familien beschäftigen. Das ist keine leichte Aufgabe. Man darf gespannt sein, welche theoretischen Weiterentwicklungen sich für die psychoanalytisch-pädagogischen Modellvorstellungen aus den neuen Familienkonstellationen herauskristallisieren werden.

3. Die einzelnen Beiträge des Themenschwerpunktes

Vor dem Hintergrund der soeben skizzierten Entwicklungen und Diskussionen wird in den folgenden Beiträgen die Vielfalt aktuell gegebener Familienformen aus unterschiedlichen, für die Pädagogik und soziale Arbeit bedeutsamen Blickwinkeln thematisiert.

Eröffnet wird der Themenschwerpunkt mit dem Beitrag von *Andreas Lange und Kurt Lüscher*. Ausgehend von der These, daß die aufgabenbezogene Gestaltung der Beziehungen zwischen den Geschlechtern und Generationen zu einem zentralen Thema der Familieforschung wird, stellen die beiden Autoren neuere deutschsprachige Forschungsergebnisse zum Bereich der Familie vor. Dabei arbeiten sie zunächst den Doppelcharakter des heutigen Verständnisses vom Begriff der Familie heraus, denn einerseits werde Familie als eine bestimmte Lebensform verstanden, die sich in unterschiedlichen Weisen des Zusammenlebens realisiert, andererseits aber auch als Institution, deren gesellschaftliche Anerkennung bei verschiedenen Formen von Familie nicht immer von vornherein gegeben ist. Davon ausgehend skizzieren sie dann verschiedene Möglichkeiten, den Alltag heutiger Familien im Hinblick auf dessen zentrale Bestimmungsstücke näher zu analysieren. Hier orten die Autoren dann auch Veränderungen des Zugangs der Familienpolitik zu den familialen Leistungen, denn nicht mehr gehe es darum, die richtige Form der Familie hervorzubringen, sondern darum, die Familien in jenen Leistungen, die sie tatsächlich erbringen, zu unterstützen.

Im darauffolgenden Beitrag thematisiert *Michael Buchholz* die Frage, welchen Beitrag psychoanalytische Familientherapie für die Bewältigung familiärer Konflikte in modernen Gesellschaften leisten kann. Angesichts der durch Individualisierung und Pluralisierung der Lebenslagen ausgelösten Veränderungen der Geschlechtsrollen und Intimbeziehungen sind Paare, Eltern und Kinder in jeweils besonderer Weise sozialen Krisenerfahrungen ausgesetzt. Die Aufgabe psychoanalytischer Familientherapie ist es nun, den Menschen Raum für die Thematisierung dieser Krisenerfahrungen zu geben sowie unbewußte familiäre Fixierungen im transgenerationalen Kontext aufzuspüren. Psychoanalytische Familientherapie muß dabei eine Balance zwischen den Widersprüchen herstellen, daß die Menschen einerseits noch am institutionalisierten Modell einer traditionellen Standardfamilie orientiert sind, viele aber andererseits neue, offenere und gleichberechtigtere familiäre Beziehungsformen leben wollen. Die Dynamik dieser sozialen Wandlungsprozesse ist offen. Psychoanalytische Familientherapie hat für die Bewältigung dieser Krisen keine fertigen Lösungen anzubieten, muß sich aber der Herausforderung stellen, Familien bei ihrer Suche zu unterstützen.

Im Beitrag von *Urte Finger-Trescher* wird der Frage nachgegangen, wie die institutionell organisierte Beratung bzw. die institutionelle Erziehungsberatung auf die durch die „neue Unübersichtlichkeit" (Habermas) der Lebensverhältnisse und Lebenswelten gestiegenen Beratungsbedarfe reagieren muß, um ein für die Menschen angemessenes Angebot zur Verfügung zu stellen. Diese Fragestellung richtet sich vor allen Dingen an die Fachkräfte, die sich kritisch mit ihrer Praxis auseinandersetzen müssen. Durch die oftmals noch institutionell organisierte Abschottung vor den Klienten z.B. durch lange Wartezeiten oder

Anmeldeverfahren über die Sekretariate, anstatt direkten Kontakt zu den Beratern bei der Anmeldung zu ermöglichen, werden Ratsuchende verschreckt und Hilfe erschwert. Finger-Trescher fordert daher, daß nicht die Ratsuchenden sich den Beratungskonzepten, sondern diese den Ratsuchenden anzupassen haben. Dazu gehört beispielsweise die Reflexion und die Akzeptanz der Diffusität der beraterischen Kompetenz und des damit einhergehenden Nicht-Wissens als basalem Moment beraterischen Handelns, das die Offenheit für das jeweilig Besondere der Ratsuchenden impliziert. Dies ist aber auch nur möglich, wenn Beratungseinrichtungen sich nicht als Spielarten privater Gemeinschaftspraxen verstehen. Die multiprofessionellen Mitarbeiter müssen im Team arbeiten und dort ihre Konzepte sowie ihre Fälle reflektieren.

Udo Rauchfleisch geht in seinem Beitrag auf Chancen und Probleme von Kindern ein, die bei gleichgeschlechtlichen Paaren aufwachsen. Entgegen landläufigen Vorurteilen, die auch mit dem Lamento über den durch Modernisierungsprozesse hervorgerufenen Zerfall der Familie einhergehen, vertritt Rauchfleisch die Ansicht, daß Kinder in Familien mit gleichgeschlechtlichen Eltern in ihrer Entwicklung nicht benachteiligt sind. Zur Absicherung dieser These hat Rauchfleisch in breiter Form die amerikanische Literatur zu diesem Thema rezipiert. Auch auf dem Hintergrund psychoanalytischer Entwicklungstheorien kann der Autor für diese Kindergruppe keine Entwicklungsdefizite feststellen. Seine zentrale Schlußfolgerung ist auch für die Kinder aus heterosexuellen Familien von Belang, die durch die unverändert hohen Trennungs- und Scheidungszahlen in Eineltern-, Patchwork- und Stieffamilien aufwachsen. Eine gedeihliche Entwicklung der Kinder ist nicht von der Leiblichkeit und dem Geschlecht der elterlichen Bezugspersonen abhängig. Wichtig ist vielmehr, daß Kinder sichere Primärbeziehungen haben, die für triadische Objektbezüge außerhalb der Kernfamilie offen sind.

Auf die intrapsychische Problematik von Kindern ein, die keine kontinuierliche Erfahrungen mit väterlichen Bezugspersonen haben, geht *Frank Dammasch* ein. Diese „basal vaterlosen Kinder" (Dammasch) leben einerseits in einem familialen Verbund, der in zunehmendem Maße von Frauen geplant wird, andererseits ist in dieser Familienkonstellation die für das Aufwachsen von Kindern notwendige triadische Beziehungsstruktur stärker gefährdet als im herkömmlichen Vater-Mutter-Kind-Modell. Der Autor entfaltet die daraus folgende komplexe Beziehungsdynamik am Beispiel der Therapie eines zehnjährigen Mädchens, das in besonderer Weise für seine Loslösung aus der Ähnlichkeitsverbindung mit der Mutter „kämpfen" muß. Auf dem Hintergrund dieser Therapie und anderer Fälle entwickelt Dammasch die These, daß sich Kinder aus Eineltern-Familien das Phantasiebild eines virtuellen Vaters erschaffen, das notwendigerweise auf die Begegnung mit bedeutungsvollen Dritten im kulturellen Umfeld angewiesen ist, damit eine Modifikation der dyadischen Mutter-Kind-Illusion möglich ist. Bedeutungsvolle Dritte können Lehrer, Berater,

Therapeuten oder auch andere männliche Bezugspersonen aus dem unmittelbaren Lebensumfeld sein, die auch die Mütter darin unterstützen, den „potentiellen Ort des Dritten" (Dammasch) freizuhalten. Dadurch werden die gesetzgebenden, d.h. die „männlichen bzw. väterlichen" Seiten im Innern der Mütter unterstützt und gefördert. So ist es auch für Kinder aus Eineltern-Familien aus psychoanalytischer Sicht möglich, Anstöße für die „Bewegung hin zur ödipalen Triade" (Dammasch) zu erhalten.

Der Beitrag von *Fakhri Khalik* untersucht die Frage, wie es für Migranten-Kinder ist, in zwei Ländern zu leben, die sie beide als ihre Heimat empfinden. Der Autor schildert zunächst in autobiographischer Weise, wie es für ihn war, als Jugendlicher aus einer Kultur, in der der Familienzusammenhalt und die Gemeinschaft seinem Leben Sicherheit und Halt gab, nach Deutschland zu kommen, wo vollkommen andere soziale Beziehungen existierten, die er als fremd und kalt empfand. Er versucht dann vor dem Hintergrund seiner Erfahrungen, die er als Psychotherapeut in der Arbeit mit Migrantenfamilien sammelte, verschiedene Typen solcher Migrantenfamilien im Hinblick auf ihre jeweiligen Probleme zu unterscheiden und zu beschreiben.

Den Abschluß des Themenschwerpunktes „Gestalten der Familie – Beziehungen im Wandel" bildet der Beitrag von *Carsten Rummel*. Der Autor diskutiert die gesellschaftlichen Hintergründe der Kindschaftsrechtsreform in der BRD und stellt die aus seiner Sicht abzuleitenden Schlußfolgerungen für soziale und psychologische Tätigkeiten dar. Die Kindschaftsrechtsreform beinhaltet im Zusammenhang mit der Trennungs- und Scheidungsberatung nach § 17 des Kinder- und Jugendhilfegesetzes (KJHG), daß Kinder – unabhängig davon, ob ihre Eltern verheiratet bzw. unverheiratet zusammenleben oder geschieden bzw. getrennt leben – immer einen Anspruch auf Sorge und Erziehung durch beide Elternteile haben. Eltern haben daher – in der Interpretation von Rummel – die Pflicht, diese Aufgaben auch praktisch zu erfüllen. Diese Normen leiten sich für Rummel einerseits aus der Notwendigkeit und dem Recht des Kindes auf Erziehung zu einer eigenverantwortlichen Persönlichkeit ab, wie es im Grundgesetz der BRD und dem KJHG dargelegt wird. Andererseits begründen sich diese Normen aus der Zunahme der Trennungs- und Scheidungszahlen und der Vielzahl alleinerziehender Eltern, die eine auf diesen Normen beruhende „neue" Generationenethik erforderlich machen. Der Autor will nicht die Freiheit von Erwachsenen auf der Partnerschafts- und Gesellungsebene, d.h. das Recht zur Trennung, wenn sie Kinder haben, einschränken. Er hält es aber im Interesse der Kinder für dringend geboten, daß sich auf gesellschaftlicher Ebene, sprich bei den Eltern und Kindern, sowie bei den professionellen Fachkräften der sozialen Arbeit, Beratung und Therapie die Sicht durchsetzt, daß „Eltern-Kind-Beziehungen von ihrer soziokulturellen Natur immer auch normativ geprägt sind" (Rummel). „Neue" Generationenethik heißt dann, daß die Eltern die Verantwortung für ihre Kinder immer behalten und entsprechend handeln müssen.

Für professionelle Fachkräfte in Beratung und Therapie folgt daraus, daß sie aktiv für diese Leitidee eintreten und sich nicht mehr hinter einem an den Erwachsenen-Interessen ausgerichteten Neutralitätsgebot ihrer jeweiligen beraterischen oder therapeutischen Schulen „verstecken".

Literatur

Beck, U. (1990): Der späte Apfel Evas oder: Die Zukunft der Liebe. In: Beck, U., Beck-Gernsheim, E.: Das ganz normale Chaos der Liebe. Suhrkamp: Frankfurt/M.

Datler, W., Figdor, H., Gstach, J. (Hrsg.) (1999): Die Wiederentdeckung der Freude am Kind. Psychoanalytisch-pädagogische Erziehungsberatung heute. Psychosozial: Gießen

Deutscher Gewerkschaftsbund, Paritätischer Wohlfahrtsverband (Hrsg.) (1994): Armut in Deutschland. Rowohlt: Reinbek

Döpp, W. (1997): Lebens- und Lernprobleme. Der Umgang mit familiären Schwierigkeiten von Kindern in der Schule. In: Pädagogik, H.7-8, 6-9

Figdor, H. (1991): Kinder aus geschiedenen Ehen: Zwischen Trauma und Hoffnung. M. Grünewald: Mainz

Figdor, H. (1997): Scheidungskinder – Wege der Hilfe. Psychosozial: Gießen

Hauser, R., Hübinger, W. (1993): Arme unter uns - Teil 1. Ergebnisse und Konsequenzen der Caritas-Armen-Untersuchung. Lambertus: Freiburg

König, R. (1946): Materialien zur Soziologie der Familie. Kiepenheuer & Witsch: Köln

Lenz, M., Tillman, K.-J. (1997): Zerfall oder neue Vielfalt? Familienformen im Spiegel empirischer Daten. In: Pädagogik, H.7-8, 11-15

Lüschen, G. (1988): Familial-verwandtschaftliche Netzwerke. In: Nave-Herz R. (Hrsg.): Wandel und Kontinuität der Familie in der Bundesrepublik Deutschland. Enke: Stuttgart

Mitscherlich, A. (1963): Auf dem Weg zur vaterlose Gesellschaft. Piper: München

Moser, T. (1985): Familienkrieg. Suhrkamp: Frankfurt/M.

Napp-Peters, A. (1987): Ein-Elternfamilien. Soziale Randgruppe oder neues familiales Selbstverständnis. Juventa: Weinheim-München

Pettinger, R. (1991): Auflösung der Familie? In: Pädagogik, H.7-8, 10-14

Schelsky, H. (1953): Wandlungen der deutschen Familie in der Gegenwart. Enke: Stuttgart

Stampfli, L. (1952): Die unvollständige Familie. Vogt-Schild: Solothurn

Wagner-Winterhager, L. (1987): Frauen in der Familie. In: RU. Z. f. die Praxis des Religionsunterrichts, H.1, 2-8

Wagner-Winterhager, L. (1988): Erziehung durch Alleinerziehende. In: Z.f.Pädagogik, 34. Jg., H.5, 641-656

Winterhager-Schmid, L. (Hrsg.) (1998): Konstruktionen des Weiblichen. Ein Reader. Deutscher Studien Verlag: Weinheim

Winterhager-Schmid, L. (Hrsg.) (2000): Erfahrung mit Generationendifferenz. Deutscher Studien Verlag: Weinheim

Wurzbacher, G. (1951): Leitbilder des gegenwärtigen Familienlebens. Enke: Stuttgart

Themenschwerpunkt

Andreas Lange und Kurt Lüscher

Vom Leitbild zu den Leistungen
Eine soziologische Zwischenbilanz des aktuellen Wandels von Familie[1]

3 Zur Situation

1.1 Veränderungen von Verhalten und Verständnis

In den letzten Jahrzehnten hat die Familie in Deutschland ebenso wie in anderen westlichen Ländern ihre Selbstverständlichkeit verloren. Ob bzw. in welcher Hinsicht sie dabei auch an Bedeutung eingebüßt hat, ist eine offene Frage. Sie kann unter quantitativen Gesichtspunkten gestellt werden, d.h. ob sich der Anteil derjenigen, die sich entschließen, eine Familie zu gründen und in einer Familie zu leben, vermindert hat. Mit dem Bedeutungswandel kann aber auch – gewissermaßen qualitativ – gemeint sein, daß sich das Verständnis von Familie und die damit einhergehenden Sinngebungen verändert haben. Diese Themen werden in zahlreichen Diskursen in immer neuen Variationen abgehandelt, auch im wissenschaftlichen Schrifttum.

Häufig stößt man dabei auf eine „Familienrhetorik", für die kennzeichnend ist, daß sie zwischen Idealisierung und Diffamierung, Wunschbild und Zerrbild schwankt.[2] Mit „Familienrhetorik" meinen wir die Art und Weise, wie öffentlich über Familie geredet und geschrieben wird, wie sie in den Medien dargestellt wird, mit dem Ziel, kundzutun, was Familie ist und was sie sein soll. Beispiele bieten dafür auf der einen Seite programmatische Äußerungen in der Politik, wie beispielsweise „Familie *ist* der Ort gelebter Solidarität", in ihr würden die Menschen Geborgenheit und Zuwendung erfahren. Hier wird das Präskriptive mit dem Deskriptiven vermengt. Auf der anderen Seite ist die

---

[1] In diesem Text stützen wir uns auf Arbeiten, die im Rahmen des Forschungsschwerpunktes „Gesellschaft und Familie" an der Universität Konstanz entstanden sind. Eine Übersicht der Veröffentlichungen bietet der Tätigkeitsbericht von Lüscher (1999a). Im Folgenden konzentrieren wir uns – angesichts der Fülle des Schrifttums – im Wesentlichen auf die deutschsprachige Literatur.

[2] Zu unserem Verständnis des Begriffes der Familienrhetorik, seiner Entwicklung und Umsetzung in der Analyse der familienwissenschaftlichen Literatur siehe u.a. Lüscher/ Wehrspaun/Lange (1989), Lüscher (1995), Lange/Bräuninger/Lüscher (2000).

radikale Kritik an der Familie ein verbreitetes Thema in der Literatur, auf der Bühne und im Film.

Diese Rhetorik kann man als Ausdruck eines „Familienparadoxes" deuten. Zum einen gilt die Familie angesichts der gesellschaftlichen Entwicklungen aufs Höchste gefährdet oder als Nährboden für vielerlei Übel. Zum anderen erwartet man von der Familie die Rettung aus den Unbilden unserer Zeit. Hier löst sich die Familie gewissermaßen auf und verkommt im besten Fall zu einem Zweckverband; dort versteinert sie zu einem Wert an sich.

Diese Polarisierungen zeigen, wie sehr der Begriff der Familie moralisch besetzt ist. Ein Diktum von Watzlawick paraphrasierend kann man sagen, wir können nicht *nicht* moralisch über Familie reden. Allerdings – so läßt sich beifügen – können wir uns dessen bewußt sein. Diese Zusammenhänge zwischen den Vorstellungen dessen, was ist und was sein soll, zur Sprache zu bringen und zu analysieren, kann man als eine der Aufgaben familienwissenschaftlichen Arbeitens betrachten.

Im Blick auf die Gesellschaft als Ganzes wurde zunächst eine wichtige Aufgabe darin gesehen, die Vielfalt privater Lebensformen darzustellen. Dies geschah unter dem Stichwort der Pluralität bzw. der Pluralisierung. Dabei ging es nicht nur darum, die aktuelle Vielfalt zu beschreiben, sondern auch zu zeigen, daß eine solche schon in der Vergangenheit bestanden hatte.[3] Diese Einsicht verband sich mit dem Abbau von Vorstellungen der „Normalität". Sie wurde und wird noch heute im Rahmen von Theorien des sozialen Wandels und der Modernisierung häufig mit der Behauptung einer zunehmenden „Individualisierung" in Verbindung gebracht, was die schillernde Bedeutung dieses Konzeptes erleichtert.[4] Weitgehend im Einklang damit steht die Behauptung der „De-institutionalisierung", die im Kern besagt, normative Leitideen, nicht zuletzt solche, die sich in rechtsförmigen Verfahren wie der Eheschließung aus-

---

[3] Hier besteht eine bemerkenswerte Wechselbeziehung zwischen Gegenwartsanalysen und historischer Forschung, die sich gegenseitig befruchtet und insgesamt bestätigt haben. Die historische Familienforschung hat damit eine wichtige Korrekturfunktion für simplifizierende Verfalls- und Fortschrittsmodelle von Familie übernommen. Für einschlägige Analysen und Überblicke siehe insbesonders Mitterauer/Sieder (1977), Rosenbaum (1982) und für eine aktuelle, differenzierende Darstellung des Alltags in den bürgerlichen Familien Habermas (2000).

[4] Das Konzept der Individualisierung fand weite Verbreitung in der Familienforschung durch die provozierenden Thesen von Beck (1986) und Beck/Beck-Gernsheim (1994), die mittels dieser These auch eine scharfe Kritik an der deutschen Familiensoziologie lancierten. Zur Kontroverse um den Stellenwert des Individualisierungstheorems für die Soziologie insgesamt siehe den Sammelband von Friedrichs (1998); eine inhaltliche Auseinandersetzung lieferten sich Beck/Beck-Gernsheim (1993) mit Burkart (1993a,b).

drücken, hätten an Verbindlichkeit eingebüßt.[5] In einem weiteren Sinne des Wortes fällt darunter, was man „Dekonstruktion" des bürgerlichen Familienmodells nennen könnte. Das wiederum ist von Belang für die gesellschaftliche Definition von Familie, ein Thema, daß nicht nur in wissenschaftlichen, sondern auch in weiteren Kreisen debattiert wird, namentlich in Verbindung mit familienpolitischen Aktivitäten und in der Rechtspolitik. Darin zeigt sich eine weitere Facette der bereits angesprochenen normativen Implikationen, die dem Begriff der Familie eigen sind.

Diese Mehrdeutigkeiten, Spannungsfelder und Unsicherheiten finden ihren Niederschlag im familialen Alltag. Ein dominantes Thema ist dabei die Vereinbarkeit von Familientätigkeit und Erwerbstätigkeit und − damit einhergehend − die Arbeitsteilung zwischen den Geschlechtern. Dabei geht es um praktische Fragen wie die Zeiteinteilung und − abstrakter gesprochen − die Etablierung einer gemeinsamen Lebensführung. Zusätzliche Herausforderungen bietet die Integration der Medienangebote, die zum größeren Teil in Familienhaushalten genutzt werden. Der Alltag läßt sich unter diesen Umständen als zentraler Bereich der familialen Aufgabenerfüllung und Leistungserbringung verstehen. Mit guten Gründen kann man, unter Rekurs auf die widersprüchlichen gesellschaftlichen Rahmenbedingungen im Kontext einer vielfach als problematisch angesehenen Moderne (was sich u.a. in den Diskursen über das „Postmoderne" in Kultur, Wirtschaft und Privatleben niederschlägt) die Auffassung vertreten, daß die aufgabenbezogene Gestaltung der Beziehungen zwischen den Generationen und den Geschlechtern zu einem zentralen Thema für die Analyse von Familie im Kontext der Vielfalt privater Lebensformen zu Beginn des 21. Jahrhundert wird. Es stößt sowohl in der Praxis als auch in der Theorie auf steigendes Interesse und dürfte die lange Zeit im Vordergrund stehende Beschäftigung mit Pluralisierung und Individualisierung[6] ablösen. Jedenfalls möchten wir diese Einschätzung als *Leitthese* dieses Versuches einer Zwischenbilanz formulieren.

2. Familie definieren und beschreiben

2.1 Was ist mit „Familie" gemeint?

Aus den einleitenden Überlegungen folgt, daß die für die Verständigung und die wissenschaftliche Arbeit unerläßliche Aufgabe der Begriffsbildung im Falle

---

[5] Die These der Deinstitutionalisierung wurde in der deutschen Literatur von Tyrell (1988) eingeführt.

[6] Nauck (1995) formulierte in analoger Weise die Prognose, daß die Soziologie der Familie ihren Schwerpunkt weg von der Dokumentation der Vielfalt in Partnerschaftsformen hin zu konkreten Aufgaben, insbesondere der Gestaltung der Generationenbeziehungen, verlegen wird.

der Familie besondere Ansprüche stellt. „What is family?" fragen im Titel ihres Buches lapidar Gubrium/Holstein (1990), und Trost (1988) erkundigt sich: „Do we mean the same by the concept of family?" Es geht also nicht nur um ein deutsches Problem. Darum bietet es sich an, eine erste Antwort in Anlehnung an Bourdieu (1996, 298) zu geben: Familie ist ein Wort – ein Wort, das vielerlei bedeutet und unter dem sich die Menschen sehr Unterschiedliches vorstellen. Dennoch ist es nicht angemessen, darunter jede beliebige Gruppe von Menschen zu subsumieren, die zusammenleben und sich umeinander kümmern.[7] Trotz aller Vieldeutigkeit kann der Begriff nicht beliebig verwendet werden, denn er hat seine Geschichte, und er ist eingebunden in ein System staatlicher und kultureller Regeln.

Der Begriffsgeschichte[8] kann man im Blick auf die aktuellen sozialwissenschaftlichen Fragestellungen entnehmen, daß „Familie" eigentlich ein Konglomerat mehrerer „Handlungssysteme" ist, nämlich Haushalt, Ehe bzw. Partnerschaft und Elternschaft, wobei der Familie als solcher in den je spezifischen Konstellationen eine gewisse Eigenständigkeit zugeschrieben wird. Idealtypisch hat diese Vorstellung im westlichen Kulturkreis im Modell der „bürgerlichen Familie" ihren Niederschlag gefunden. Nebst der im Zeitlauf geordneten Verknüpfung – Heirat geht mit Haushaltsgründung einher, gefolgt in „angemessener" Distanz von Elternschaft – kennzeichnet die bürgerliche Familie idealiter eine markante, autoritär geprägte Aufgabenteilung im Innern und eine relative Eigenständigkeit nach außen, auch gegenüber der weiteren Verwandtschaft, was in der verkürzten Rezeption die Vorstellung einer „isolierten Kernfamilie" begünstigt hat.[9]

Spätestens seit den späten 60er Jahren entspricht das Modell der bürgerlichen Familie nicht mehr der Praxis, weder in Bezug auf die Verknüpfung der Teilsysteme, noch hinsichtlich der Akzeptanz der Autorität des Mannes gegenüber der Frau sowie der Eltern gegenüber den Kindern. Auch die immer nur relativ gewesene Autonomie gegenüber der sozialen Umwelt scheint mehr als brüchig geworden. In kultureller Hinsicht ist das die Folge des Eindringens der Medien in die Familie, wobei das Fernsehen gewissermaßen die Rolle des Leitmediums

---

[7] Oftmals wird mit der wissenschaftstheoretischen Position des Konstruktionismus bzw. Konstruktivismus eine Beliebigkeit und Willkür assoziiert, siehe als kritische Auseinandersetzung mit den Auswüchsen einer Redeweise von der „sozialen Konstruktion" Hacking (1999); als eine Version des sozialen Konstruktivismus, die genau jene historische Regelmäßigkeit der Verwendungsweisen von Begriffen heraushebt, Schmidt (1994; 1998).
[8] Siehe ausführlich dazu Schwab (1975) sowie Flandrin (1978).
[9] Daß Parsons hier mißverstanden wurde und daß auch die empirischen Daten eine solche Isolierung keineswegs stützen, zeigte für Deutschland schon Fauser (1982).

innehatte und sie auch heute noch spielt.[10] In wirtschaftlicher Hinsicht ist dies die Konsequenz der – häufig finanziell unerläßlichen – Erwerbstätigkeit beider Geschlechter, verstärkt durch die Anforderungen an hohe räumliche und zeitliche Flexibilität des Arbeitseinsatzes.

Diese Entwicklungen finden ihren Niederschlag in Bemühungen um ein neues Verständnis dessen, was mit Familie von den Menschen selbst gemeint ist und wie sich das konzeptuell erfassen läßt. Unser Vorschlag lautet darum, Familie heute vor dem Hintergrund privater Lebensformen zu bestimmen. Das ist mit den begriffsgeschichtlichen Entwicklungslinien durchaus vereinbar. Dabei ist festzuhalten, daß der allgemeinere Begriff der „Lebensform" ebenfalls eine lange Tradition aufweist, in deren Verlauf die Vielfalt und der Bezug auf die individuelle Lebensführung zusehends akzentuiert wird.[11] Vor diesem Hintergrund kann man „private Lebensformen" als Muster der alltäglichen Lebensführung *definieren*, die als eigenverantwortlich gestaltet und gestaltbar aufgefaßt werden und denen große Relevanz für die Konstitution persönlicher Identität zugeschrieben wird.

Was zeichnet nun Familien innerhalb des breiten Spektrums der privaten Lebensformen aus? In weitgehender Übereinstimmung mit populären Vorstellungen scheint es angemessen, das „proprium" in der Elternschaft und in den sich daraus ergebenden Konsequenzen zu sehen. Familien konstituieren sich gemäß dieser Sichtweise primär aus der – privaten – Zuwendung zu eigenen Kindern und den sich daraus ergebenden Aufgaben der Pflege, Fürsorge und Erziehung.[12] Die solchermaßen begründeten Beziehungen haben das Potential, lebenslänglich zu dauern.

Weil nun aber das Bemühen um den über längere Zeit auf Zuwendung angewiesenen menschlichen Nachwuchs von herausragender gesellschaftlicher Tragweite ist, liegt hier ein Ansatzpunkt für gesellschaftliche Anerkennung. Sie beinhaltet in mehrerlei Hinsicht Institutionalisierung, also einen Prozeß, der stets in Gang ist. Dazu gehören Brauch und Sitte, rechtliche Rahmenbedingungen, innerhalb derer die Aufgaben eigenständig erfüllt werden können, sowie Regelungen im Falle abweichenden Handelns sowie bewertende Vergleiche mit anderen Lebensformen. Es zeichnet sich somit eine Verlagerung im öffentlichen Verständnis von Familie ab. Es führt weg von der im bürgerlichen Modell zusammengefaßten Konfiguration von Ehe, Hausgemeinschaft und El-

---

[10] Zum Sinnstiftungspotential des Fernsehens Reichertz (2000); speziell zu Familienserien Mikos (2000). Für die Bedeutung des Fernsehens als alltagsbegleitendes und sozialisierendes Medium siehe Lange/Lüscher (1998) und die dort referierte Literatur.

[11] Hierzu: Borst (1979, 9-26) und Schmid (1998, 120-128).

[12] Zu den anthropologischen und biologischen Grundlagen dieser Aufgabe: Pohlmann (2000) aus soziologischer; Hrdy (2000) aus einer soziobiologischen Perspektive, die feministisch „aufgeklärt" ist.

26

ternschaft und der zeitlichen Fundierung in der Eheschließung – hin auf die lebenslängliche Gestaltung der familialen Generationenbeziehungen und der sich dabei stellenden praktischen Aufgaben. Diese Transformation dokumentiert beispielsweise der Vergleich von Argumentationslinien und der Definitionen von Familie in den bisher im Zeitraum von 1965 bis 1991 erschienenen Familienberichten (Walter 1993, Lüscher 1999b). Vor diesem Hintergrund schlagen wir als Definition vor: Der Begriff der *Familie* (als soziale Kategorie) bezeichnet in der Gegenwart westlicher Industriegesellschaften die primär durch die Gestaltung der Beziehungen zwischen Eltern und Kindern sowie der Eltern untereinander konstituierten Lebensformen eigener Art, die als solche gesellschaftlich anerkannt (legitimiert) werden. - Diese Umschreibung unterstreicht den Doppelcharakter von Familie als Lebensform und Institution. Sie läßt Raum für eine empirische Vielfalt von Lebensweisen, weist indessen zugleich auf die stets ablaufenden Prozesse der gesellschaftlichen Anerkennung hin, die politisch umstritten sein kann.

Offen bleibt dabei insbesondere, wie – ausgehend vom Primat der Elternschaft – die Beziehungen zwischen den Eltern geregelt werden und wie es sich mit der faktischen Verbindlichkeit des Verhältnisses zwischen den Generationen im Lebensverlauf der Beteiligten verhält. Dies ergibt sich empirisch aus dem Verständnis und der Erfüllung der primären Aufgaben in Verbindung mit der damit einhergehenden Gestaltung der Beziehungen. Allgemeiner gesprochen und als *These* formuliert: Die Morphologie einer Familie, also ihre äußere Form, stellt eine notwendige, jedoch keine hinreichende Bedingung ihrer Leistungsfähigkeit dar.[13] Vielfalt wird in dieser Sichtweise als empirische Tatsache anerkannt; und zugleich wird die Aufmerksamkeit auf die gewissermaßen dahinter liegenden Sachverhalte gelenkt.

Der Verlust der Selbstverständlichkeit von Familie geht also einher mit einer Zuwendung zu den in den Familien und durch sie zu erfüllenden Aufgaben und deren Anerkennung als Leistungen (Beham/Gössweiner 1999). Dies verbindet sich mit einem verstärkten Interesse an der Gestaltung der zwischenmenschlichen Beziehungen. Dieses lange Zeit ebenfalls für sich selbst sprechende Konzept rückt vermehrt in den Horizont der analytischen Arbeit, weil es einen ebenfalls pragmatischen, d.h. handlungsrelevanten Bezug zum Verständnis der Konstitution persönlicher Identität ermöglicht. Schließlich interessieren die Prozesse der gesellschaftlichen Anerkennung und die damit befaßten Instanzen.[14]

---

[13] Zur Debatte um die „Form der Familie" in den wissenschaftlichen Diskursen „Familienstruktur" und den Resultaten des kindlichen Aufwachsens siehe Bohrhardt (1998) und Lange/Lüscher (1996).

[14] Das breiter werdende Interesse an sozialen Beziehungen schlägt sich international nieder in der Gründung spezieller Zeitschriften (z.B. Journal of Personal Relationships). Für die Soziologie unternimmt Lenz (1998) einen Versuch der Verknüpfung dieses interdisziplinären, ursprünglich aus der Sozialpsychologie stammenden Forschungszweigs mit klassischen An-

27

2.2 Demographische Sachverhalte

Einen wichtigen Bezug für die Beschreibung im gesellschaftlichen Kontext der Familien bilden nach wie vor die demographischen Daten[15]. Dazu liegen auf der Grundlage der vom Statistischen Bundesamt, den statistischen Landesämtern und in vielen Kommunen erhobenen Quellenmaterialien verschiedene Aufarbeitungen vor. Besonders hervorzuheben ist unter Gesichtspunkten der jeweiligen Aktualität der jährlich in der Zeitschrift für Bevölkerungswissenschaft erscheinende Bericht über „Die demographische Lage in Deutschland" (zuletzt Grünheid/Roloff 2000). Informativ ist ferner die von Engstler (1998) kommentierte Datensammlung des Bundesministeriums für Familien, Senioren, Frauen und Jugend. Ausführliche Zusammenstellungen enthalten überdies die Dokumente der Sozialberichterstattung, beispielsweise der „Fünfte Familienbericht" (Bundesministerium für Jugend, Familie und Gesundheit)[16], ferner beispielsweise die Gutachten des wissenschaftlichen Beirates beim Familienministerium (zuletzt „Kinder und ihre Kindheit in Deutschland", 1998). In diesen und ähnlichen Veröffentlichungen[17] werden weitere Quellen berücksichtigt, beispielsweise die regelmäßigen Erhebungen mittels des sozio-ökonomischen Panels.

Ungeachtet oder gerade wegen der Fülle der Daten ist es allerdings nicht einfach, mit wenigen Strichen ein zuverlässiges Bild der Entwicklungen hinsichtlich der Familie im umschriebenen Sinne zu zeichnen. Das hängt mit Beschränkungen in der Erhebung der Daten zusammen. So ist die amtliche Statistik nach wie vor vom Umstand geprägt, daß die Haushalte die Zähleinheit bilden. Darum werden die Verhältnisse nach dem Auszug von Kindern nur unvollständig erfaßt. Das heißt beispielsweise, daß die markante Zunahme von Einpersonenhaushalten, die 1998 etwas mehr als ein Drittel aller privaten Haushalte ausmachen, nicht notwendigerweise, jedenfalls nicht in dem von den Zahlen suggerierten Ausmaß, auf Vereinzelung schließen lassen. Es ist nämlich festzuhalten, daß es sich dabei um die Lebensform von – lediglich – 16 Prozent der Bevölkerung handelt. Überdies ist zu beachten, daß es junge und alte Menschen

---

sätzen einer Beziehungssoziologie bei Simmel. Asendorpf/Banse (2000) legen ein umfassedes Überblickswerk zur Psychologie der Beziehungen vor, das nicht von ungefähr auch den methodischen Herausforderungen einen breiten Raum einräumt.

[15] Statistische Daten sind so gesehen wichtige Eckpfeiler der gesellschaftlichen Konstruktion von Normalität. Zu dieser Sichtweise von Statistik siehe die Arbeiten von Porter (1995), unter regulierungs- und machttheoretischen Vorzeichen jetzt von Rose (1999, 199), dort auch eine Fülle von weiterführenden Hinweisen auf die Sozialgeschichte der Statistik.

[16] Der sechste Familienbericht ist in Vorbereitung. Er behandelt das Thema „Familien ausländischer Herkunft in Deutschland".

[17] Als aktuelles weiteres Beispiel für solche Datendokumentationen „Im Blickpunkt: Jugend in Deutschland" (Statistisches Bundesamt 2000), mit einem instruktiven Kapitel über Lebensformen und Familienverhältnisse der 15-30-Jährigen.

gibt, die allein einen Haushalt führen, ohne deswegen außerhalb von Familienbeziehungen zu leben.

Notwendigerweise unscharf sind die Angaben über die sogenannten „Nichtehelichen Lebensgemeinschaften"[18], denn es ist verständlicherweise schwierig, Daten über deren Dauerhaftigkeit zu erheben. Immerhin läßt sich sagen, daß es in Deutschland 1998 (mindestens) 2 Millionen Partnerschaften gegeben hat, davon rund ein Fünftel mit minderjährigen Kindern. Gegenüber 1992 ist insgesamt eine Zunahme um über 40 Prozent festzustellen, die bei den Altersgruppen der über 35-jährigen höher ist als bei den jüngeren, nicht zuletzt wegen des Anstieges der Partnerschaften mit Kindern (berechnet nach Grünheid/Roloff 2000, 72f). Interpretationsbedürftig sind ferner die Daten über die Familienhaushalte. Gemäß Statistik betrug 1996 der Anteil jener Haushalte, in denen zwei Generationen zusammenlebten, 55 Prozent aller Privathaushalte. In ihnen finden sich – als Eltern oder Kinder – annähernd vier Fünftel der Bevölkerung. Besondere Aufmerksamkeit wird dabei verständlicherweise jenen insgesamt 6,6 Prozent der Familienhaushalte mit Kindern unter 18 Jahren zuteil, in denen Mütter oder Väter allein mit Kindern leben, wobei hier – wie Engstler (1998, 54) ausführt – die nähere statistische Beschreibung besonders anspruchsvoll ist. Nicht nur die Altersgrenze ist zu beachten[19], sondern auch die Frage, ob andere Personen im Haushalt anwesend sind (was u.a. eine Abgrenzung zu „Nichtehelichen Lebensgemeinschaften" beinhaltet). Hinsichtlich der Familienhaushalte ist zu bedenken, daß damit jene nicht erfaßt sind, aus denen die Kinder dauernd oder zeitweise ausgezogen sind (ohne bereits eine eigene Familie gegründet zu haben). Familiales Zusammenleben wird somit während längerer Zeit von den weitaus meisten Menschen praktiziert. Doch im Lebensverlauf kommt es gewollt oder ungewollt zu Veränderungen.

Von großer Tragweite für die Familien sind die Entwicklungen, die sich aus der Verlängerung der Lebensdauer ergeben. – Die mittlere Lebenserwartung der deutschen Bevölkerung ist seit Beginn des Jahrhunderts markant gestiegen. Für Männer der Jahrgänge 1901-10 betrug sie bei der Geburt 45 Jahre, für Frauen derselben Jahrgänge 48 Jahre. Für die Jahrgänge 1995-97 wird die mittlere Lebenserwartung auf 74 bzw. 80 Jahre geschätzt. – Einmal das sechzigste Altersjahr erreicht, konnten die zu Beginn des Jahrhunderts geborenen Männer damit rechnen, noch 13 Jahre zu leben; die jüngsten Jahrgänge werden schätzungsweise noch 18 Jahre vor sich haben. Für die Frauen betragen diese Werte 14

---

[18] Eine eingehende Darstellung dieser Lebensform bietet der von Klein/Lauterbach (1999) herausgegebene Sammelband.

[19] Wird sie auf unter 27 Jahren festgesetzt, gab es in Deutschland 1996 rund 1,64 Millionen Ein-Eltern-Familien, davon 85,5 Prozent Mutter-Kind-Familien.

und 23 Jahre. Die gemeinsame Lebenszeit der Generationen hat sich erhöht und dies, obwohl Frauen und Männer später Eltern werden. Noch markanter drückt sich die Verlängerung der gemeinsamen Lebenszeit im Blick auf die Beziehungspotentiale zwischen Großeltern und Enkelkindern aus: So hatten von den Kindern, die in den Jahren 1941-46 geboren wurden, bei der Geburt rund 13% keine Großeltern; bei den 1981-86 Geborenen waren es noch rund 6%. Im Alter von 10 Jahren hatten von den 1941-46 Geborenen 13% alle vier Grosseltern; von den zwanzig Jahre später Geborenen waren es bereits 36% (Lauterbach 1999). – Berücksichtigt man den Geburtenrückgang, kann man feststellen: Noch nie in der Geschichte haben so wenige Enkelkinder so viele Großeltern kennen können.

Schließlich ist daran zu erinnern, daß in jüngerer Zeit in Deutschland eine Zunahme der Kinderlosigkeit zu beobachten ist. Der zuverlässigste demographische Indikator ist der Anteil von Frauen, die bis zum Alter von 45 Jahren kinderlos geblieben sind. Dabei ist man allerdings für die jüngeren Jahrgänge auf Schätzungen angewiesen. Sie stimmen indessen weitgehend überein, und man kann sagen, daß in Westdeutschland der Anteil kinderloser Frauen mit dem Geburtsjahr 1965 rund vier Mal so groß ist (bzw. sein dürfte) wie unter denjenigen des Geburtsjahres 1935, nämlich 32% im Vergleich zu 8% (Dorbritz/Gärtner 1999). Allerdings handelt es sich nicht durchwegs um eine gewollte Kinderlosigkeit. Weil der Kinderwunsch aus unterschiedlichen Gründen verschoben wird, erhöht sich u.a. auch die Wahrscheinlichkeit, daß er sich aus biologischen Gründen nicht mehr oder nur sehr schwer realisieren läßt. Eine Untersuchung, die wir über späte erste Mutterschaft vor einigen Jahren in Konstanz und Berkeley durchgeführt haben, bestätigt dies. Ebenso weist die große Nachfrage nach reproduktionsmedizinischen Behandlungen darauf hin (Engstler/Lüscher 1991; Wehrspaun/Lüscher 1993).

Bereits diese wenigen Daten lassen allerdings erkennen, daß hinter der Dominanz „der" Familie als Lebensform eine morphologische Vielfalt besteht. Sie zeigt sich auf der gesellschaftlichen Ebene im Vergleich etwa zwischen Ost und West bzw. den einzelnen Bundesländern[20] sowie im internationalen Vergleich[21]. Da‚s Bild der Vielfalt erhöht sich, wenn die Prozesse der Entwicklung miteinbezogen werden. Diese verläuft keineswegs nur geradlinig, und selbst dort, wo scheinbar Trends zu beobachten sind, können unterschiedliche Bedingungsfaktoren dahinter stehen. Das Verständnis der Vielfalt hängt folglich davon ab, welche Kriterien der Beschreibung herangezogen werden bzw. von den Beteiligten als relevant angesehen werden. Mit anderen Worten und als *These* formuliert, kann man sagen: Die aktuelle Vielfalt von Familienformen läßt sich als Ausdruck des Bemühens interpretieren, unter aktuellen Bedingungen Familie zu

---

[20] Hierzu Teil B von Grünheid/Roloff (2000).
[21] Hierzu z.B. Höpflinger (1997).

leben. Dies lenkt die Aufmerksamkeit auf die situationalen Prozesse der Aufgabenerfüllung, die Beziehungsgestaltung sowie auf die Erfahrung der heutzutage dabei auftretenden Antagonismen und Ambivalenzen.

3. Spannungsfeld Familienalltag: Was geschieht in den Familien und durch sie?

3.4 *Jenseits der „Funktionen": Eine theoretische Skizze der Leistungen von Familien heute*

In traditionellen *makro*soziologischen Ansätzen werden Familien überwiegend mittels des Konzepts der „Funktionen" beschrieben, die sie in der Gesellschaft und für sie erbringen (Reproduktion, Produktion, Regeneration, Sozialisation, Plazierung). In traditionellen *mikro*soziologischen Ansätzen stehen Formen und Konsequenzen der Gestaltung der Interaktionen im Zentrum (z.b. Fürsorge, Kommunizieren, gemeinsames Problemlösen, Gegenseitigkeit).

Eine Verknüpfung mikro- und makrosozialer Sichtweisen, die eine integrale Betrachtung unterschiedlicher Tätigkeitstypen impliziert, wird im Rahmen einer „Ökologie menschlicher Entwicklung" (Bronfenbrenner 1981; Lüscher/Grundmann 2000) versucht. Sie kann mit einer pragmatischen Analyse familialer „Aufgaben und Leistungen" (Haushalten und Wohnen, Pflegen und Erziehen, Gestaltung interner und externer Beziehungen) ergänzt werden (Lüscher 1989). Allgemeiner Bezug ist in dieser Sichtweise die Konstitution personaler und gesellschaftlicher Identitäten. Hierunter verstehen wir den Sachverhalt, daß gemeinsames Leben in Familien formale wie inhaltliche Facetten von Personalität mitbestimmt – nicht nur im gemeinsamen Kommunizieren und Interagieren, sondern auch in der Art und Weise der Aufgabenerfüllung. Beispielsweise werden bei der Auswahl und Zubereitung von Mahlzeiten Zuschreibungen im Bezug auf Aspekte der Person vorgenommen, die dann in unterschiedlichem Ausmaß verinnerlicht und zum Bestandteil der Selbstdefinition werden. Das Konzept der Polyvalenz familialer Tätigkeiten umschreibt diesen Zusammenhang der prinzipiellen Vieldeutigkeit und Vielwertigkeit familialer Tätigkeiten.[22]

Die Familie wird also unter dem Gesichtspunkt betrachtet, daß sie sich in unserem Kulturkreis spätestens seit dem 18. Jahrhundert um die Aufgabe konstituiert hat, eine soziale Ökologie für (verläßliche) Beziehungen zwischen den

---

[22] Um den gesamtgesellschaftlichen Stellenwert dieser „vielwertigen" Arbeiten zu verdeutlichen, bedient man sich der Zeitbudgetanalysen von Familienzeit und der „Haushaltsproduktion". Man verknüpft diese dann mit Einschätzungen des monetären Werts einzelner Posten des Tätigkeitsspektrums.

Abstammungs-Generationen[23] zu bilden. Als ökologische Nische steht sie im Schnittpunkt zwischen den Bereichen des intimen Privaten und des öffentlich Gesellschaftlichen. Die Grenzen dieser Bereiche stehen nicht fest. Häufig reiben sie sich aneinander. Wie das geschieht, hängt u.a. von der Wirtschaftsordnung sowie den wohlfahrtsstaatlichen, mithin auch den familienpolitischen Regimes ab.

Auch unter den gegenwärtigen Bedingungen einer Dienstleistungsgesellschaft (Häußermann/Siebel 1995) erschöpft sich Familien- und Partnerschaftsleben, in welchem der Umgang mit Symbolen und Beziehungen für viele Menschen zum Schwerpunkt der beruflichen Tätigkeiten wird, nicht in einem mehr oder weniger gelungenen, bar jeglicher materieller Fundierung „freischwebenden" Management von Interaktionen und Beziehungen um deren selbst willen. Familienleben ist vielmehr eingesponnen in ein Netz unterschiedlicher Institutionen und gesellschaftlicher Teilsysteme, die im Zuge der Modernisierung seit den 60er Jahren selbst jeweils ein neues Profil herausgebildet haben und deren gegenseitige Beziehungen als wenig ausbalanciert zu bezeichnen sind.

Mit dieser Akzentuierung erfolgt eine Rehabilitierung des scheinbar Routinisierten und Gewöhnlichen gegenüber der Perspektive des Außeralltäglichen, der Welt der großen Ereignisse in Politik und Öffentlichkeit. Diese pragmatische Alltagsperspektive erfährt seit den 70er Jahren generell eine verstärkte Aufmerksamkeit in den Sozialwissenschaften. Grundsätzlich standen sich bei der Behandlung der Formen und Muster alltäglichen Lebens zwei große theoretische Blöcke gegenüber, die derzeit immer stärker miteinander integrativ verschliffen werden.

Erstens sind diejenigen Arbeiten anzuführen, die sich aus einer *makroanalytischen Perspektive* dem Alltag gewissermaßen als abgeleiteter Größe zuwandten. Privatheit, die reproduktiven Tätigkeiten, der Konsum, das alltägliche Kulturleben – all dies galt als wichtiger „Reflex", also als abgeleitete Größe der primär mit dem Attribut spätkapitalistisch belegten Gesellschaftsstruktur. Allerdings wurde schon in diesen Arbeiten der „Eigensinn", die Eigenwertigkeit dieser Nicht-Arbeitsstrukturen betont (Lefèvbvre 1975; Heller 1978).

Zweitens – und dies ist die eingebürgerte Version der *„Alltagsforschung"* – hat man sich um subjektiv-interpretative Herangehensweisen, um die Alltagswelt und ihre Entschlüsselung bemüht. Und hier wiederum waren die sich auf die Phänomenologie stützenden Autoren und Autorinnen federführend. Alltag figuriert hier als spezifischer Modus von Handeln, Denken und Interpretieren. Untersucht werden die alltäglichen Wissensvorräte und die sozialen Herstellungsmechanismen von Alltäglichkeit, primär in Interaktionen (Soeffner 1998).

---

[23] Hinsichtlich dieser Selbstkonstitution von Familien-Zeit, -Raum und -Sinn liefert Gillis (1997) zahlreiche anschauliche Belege und Dokumente.

Eine Perspektive, wie wir sie vertreten, die Elemente der beiden vorgenannten Positionen aufnimmt, analysiert das praktische Handeln von Subjekten im Alltag in Wechselwirkungen zu den Rahmenbedingungen. Hier treffen sich die Anliegen der sozial-ökologischen Forschung und ihrer Akzentuierung der sachlich-ideellen Umweltelemente mit neueren Versuchen, die Feinstruktur des Handelns zu entschlüsseln. Diese Modellvorstellungen rücken ab von einer einseitigen Determination der familialen Handlungspraxis durch Rahmenvorgaben. Sie verfallen aber auch nicht in das andere Extrem, autonome Gestaltungsräume von Individuen und Familien als gegeben anzunehmen. In den Horizont des Erkenntnisinteresses rückt vielmehr das Ineinandergreifen der kreativen menschlichen Handlungsbefähigung („agency") und der Ressourcen sowie Restriktionen der mittelbaren bzw. unmittelbaren Umwelten. Hervorgehoben werden hier die alltagsorganisatorischen Leistungen der Menschen, die Methoden der zeitlichen, räumlichen und sinnhaften Koordination heterogener Tätigkeiten (Voß 1991; Projektgruppe Alltägliche Lebensführung 1995; Kudera/Voß 2000; Wilk 1997, 238). Familialer Alltag – so also unsere *These* – kann nicht mehr als selbstverständlich vorausgesetzt werden, er ist eine Gestaltungsleistung eigener Art.

3.2 Bestimmungsstücke des Familienalltags im gesellschaftlichen Wandel

Familienleben hat mit der Gestaltung von Räumen und Zeiten zu tun und erfordert die Regulation von praktisch-materiellen Herausforderungen, beispielsweise die Erschaffung solider sozial-räumlicher Bedingungen in den Wohnungen, die Ermöglichung der Erschließung von Mesoräumen, die Ernährung und andere Facetten der Gesundheit. Heutige „Familienalltage" vollziehen sich überdies im Umfeld eines seit der Nachkriegszeit enorm angestiegenen Niveaus der Ausstattung mit materiellen Ressourcen. Dazu kommt, daß die Anteile der dispositiven Ausgabengestaltung größer geworden sind (Papastefanou 2000). Was dies für die Lebensgestaltung heißt, veranschaulichen zeitgeschichtliche Vergleiche in der Rückschau eindrücklich (Brock 1991, Andersen 1997, Schildt 1997 und Wilk 1997).
Die Flexibilität der Verwendung der Erwerbs- und Transfereinkommen ermöglicht ein stärkeres Eingehen auf spezielle Ziele und Wünsche der Familienmitglieder, steigert aber gleichzeitig wiederum die Ansprüche an ein gutes, gelingendes familiales Alltagsleben. Allerdings ist auch diese Entwicklung nicht frei von Antinomien: Der Anteil für Mieten ist stetig gestiegen und es gibt größere Unterschiede zwischen Haushaltstypen (Habich/Zapf 1999). Die Modernisierung der Lebensverhältnisse erklomm eine zweite Stufe. Parallel dazu vollzog sich eine massenhafte Demokratisierung des Konsums. Nicht mehr der Mangel an Subsistenzmitteln, sondern der Überfluß ist für eine Mehrheit die Regel. So sehen sich viele Familien

vor die neue Herausforderung der Auswahl und der Konsumption (Hengst 2000) gestellt. – Dem steht eine Zunahme von Armut gerade in Familien mit Kindern gegenüber (Joos/Meyer 1998; Lauterbach/Lange 1999), wobei deren subjektive Tragweite durch das Konsumangebot zusätzlich verstärkt wird.

Die Notwendigkeit, materielle Rahmenbedingungen des Familienlebens durch eigene Erwerbstätigkeit zu schaffen, besteht während sämtlicher Phasen der Familienentwicklung.[24] Allerdings müssen diese Ressourcen dann umgesetzt und in Einklang mit den Bedürfnissen der Familienmitglieder gebracht werden. Genau auf dieses Zusammenspiel zielt die Redeweise von der alltäglichen Lebensführung als permanenter „Arbeit", die vollbracht werden muß, um die Familie am Laufen zu halten, um alles unter einen Hut zu bringen.

In den letzten Jahrzehnten sind nun zwar eine Reihe von technologischen Hilfen entstanden und für immer mehr Haushalte erschwinglich geworden. Doch die Untersuchungen zeigen, daß die für Hausarbeiten aufgewandte Zeit nicht geringer geworden, sondern im Großen und Ganzen konstant geblieben ist. Man kann dies auf folgende Ursachen zurückführen:

3 Die Ansprüche an die Qualität familialer Arbeit sind in vielerlei Hinsicht gewachsen. Dazu trug der Wohlstandsschub als solcher bei – vermehrter Wohnraum führt zu vergrößertem Putzaufwand –, aber auch durch neue moderne Standards im Bereich der Hygiene und der persönlichen Selbstdarstellung kommt es zu Kompensationen der eigentlich freigewordenen Zeitquanten durch den Einsatz moderner, mikroelektronisch gesteuerter Haushaltstechnologien.

4 Dazu tritt als weiteres zeitintensives Betätigungsfeld der gesamte Bereich der „Neuen Hausarbeit" – angefangen bei den komplexen Erwägungen über den rentablen Abschluß von Versicherungen, eben nicht zuletzt auch schon in Voraussicht auf hohe Ausbildungskosten der Kinder, bis hin zur Eruierung der günstigsten Telefon- und Internetgebühren (Thiele-Wittig 1993).

Ein in der Soziologie der Familie noch nicht hinreichend zur Kenntnis genommener Sachverhalt dürfte ebenfalls zu dieser Anspruchssteigerung beigetragen haben: Gemeint ist die historisch beispiellose Bildungsexpansion (Müller 1998). Sie führt auf der Ebene der privaten Orientierungen zu einem höheren Anspruchsniveau in Bezug auf Partnerschaft, Erziehung der Kinder und damit in enger Verbindung stehend: der Alltagspraxis.

---

[24] Allerdings manifestieren sich an bestimmten Wendepunkten in der Familienbiographie auch einschneidende Umwälzungen des Familienalltags und des darauf bezogenen Erwerbsalltags. Siehe dazu ausführlich mit besonderer Akzentuierung auf junge Väter, deren Zeitbudget durch zusätzliche Erwerbsbeteiligung belastet wird, Rosenkranz/Rost/Vaskovics (1998).

3.3 Familienalltag als „Spielball" des Arbeitsmarktes?

Die vorausgegangenen Ausführungen zum Bedeutungszugewinn des Konsums sollten nun nicht zum Umkehrschluß verleiten, daß dadurch automatisch die Bedeutung der Erwerbsarbeit relativiert würde. Sie ist für viele Menschen, insbesondere auch Jugendliche, auch heute noch ein zentraler Bezugspunkt des Entwurfes der eigenen Lebensgestaltung und Identität, gerade auch vor der Folie einer zunehmenden Prekarität und Flexibilisierung der Erwerbstätigkeit und des Abbaus der „Normalarbeitsverhältnisse".

Daher sind die Einflüsse des Erwerbssystems auf die Gestalt des Familienalltags immer noch wirkungsmächtig. Der Kern der soziologisch interessierenden Schnittstellen zwischen Familie als Lebensform und den derzeit beobachtbaren Umwälzungen im System der Erwerbsarbeit werden unter den Vorzeichen von Strukturwandel und Globalisierung problematisiert, wie sie beispielsweise von Sennett (1998) in allgemeiner Form skizziert und von Schulze-Buschoff (2000) unter der Überschrift „Über den Wandel der Normalität im Erwerbs- und Familienleben" hinsichtlich der Wechselwirkungen detailliert auf der Ebene der privaten Lebensformen nachgezeichnet worden sind. Was sind dies nun für einschneidende Umwälzungen, die an den Kern des Familienalltags rühren, mit anderen Worten die prekäre Autonomie (Lüscher 1988) moderner Familien so störungsanfällig und gestaltungsaufwendig machen?

Für die gegenwärtige Lage ist kennzeichnend, daß neben der zunehmenden Instabilität und Diskontinuität der Erwerbsverläufe, mit Arbeitslosigkeitsepisoden und Weiterbildungszeiten, eine Deregulierung der Erwerbsarbeitszeiten und eine Flexibilisierung der Arbeitszeitformen stattgefunden hat bzw. noch im Gange ist (Garhammer 1999; Jurczyk/Voß 2000). Dies alleine erzeugt bereits einen gestiegenen Abstimmungsbedarf, der sich allerdings potenziert, sobald mehrere Familienmitglieder von der Flexibilisierung der Arbeitszeiten betroffen sind. Angesichts der Globalisierung des Wirtschaftens und des Einflußverlustes nationaler (Sozial-) Politik ist ein Ende dieses Prozesses nicht absehbar, sondern im Gegenteil von einer Verschärfung der Deregulierung auszugehen. Da die Arbeitszeiten nicht die einzigen relevanten externen Zeitgeber der Familienhaushalte sind, komplizieren sich die Koordinations- und Synchronisationsanforderungen noch weiter. Die subsistenzsichernden Tätigkeiten der Familienmitglieder sind nämlich mit einer Vielzahl in der Familie erbrachter oder koordinierter Tätigkeiten zu synchronisieren. Es sind also die Zeitaufwendungen für die familialen Leistungen mit denen des Erwerbssystems zu koordinieren und die ausdifferenzierten Zeittakte von Familie, Betreuungssystem, Erwerbssystem und Dienstleistungsanbietern zu synchronisieren, damit die konstitutive Gemeinsamkeit der familialen Zeitverwendung – prominent verkörpert in den Familienmahlzeiten, Familienausflügen und weiteren „Familienunternehmungen" – gesichert werden kann (Bauer 2000). Hinzu gesellen sich in räumlicher Hinsicht die komplexen räumlichen Wegeketten, die sich um das Familienleben heute schlingen und nur auf der Basis ausgefeilter Mobilitätsinfrastruktur erfolgreich bewältigt werden können (Heine/Mautz 2000).

Deutlich erkennbar sind diese aus gesellschaftlichen Prozessen der Umformung von Arbeitsbedingungen herrührenden, dann aber je individuell und familial zu bewältigenden Schwierigkeiten beispielsweise im Fall der Veränderungen der Arbeitszeitregelungen bei VW in Wolfsburg[25] – so in der Studie, die Jürgens/Reinecke (1998) über die Auswirkungen der 28,8-Stunden-Woche bei der Volkswagen AG durchgeführt haben. Auf den ersten Blick erscheinen die Befragten in ihrer Gesamtheit überaus homogen. Um die wöchentlich wechselnde Arbeitszeit des Mannes mit einer gemeinsamen Lebensführung als Familie in Einklang zu bringen, benötigen die Paare ein hohes Maß an alltäglicher Routine. Wenngleich Anpassungsgrad und -bereitschaft variieren, bildet doch der regelmäßige Wechsel der Schichten den wesentlichen Bezugsrahmen für die Organisation des Familienlebens. Das Zusammenleben mit Kindern im betreuungsintensiven Alter macht generell ein erhöhtes Maß an Stabilität in den Alltagsabläufen notwendig, das jedoch durch die Schichtarbeit eines Elternteils erschwert wird: Während Schul- und Kindergartenzeiten durch die Begrenzung auf den Vormittag relativ stabil sind, führen die wechselnden Freizeiten des Mannes bei Schichtarbeit immer wieder zu Anpassungsschwirigkeiten und schränken die Gestaltung sozialen Lebens ein. Die vorgefundenen Anpassungsmuster und Anpassungsschwierigkeiten erweisen sich bei genauerem Hinsehen als wesentlich heterogener, als die Schilderung der weitgehend homogenen Rahmenbedingungen vermuten läßt. Zur Kennzeichnung dieses differenzierten Umgehens mit Vorgaben werden die folgenden sprechenden Typen im Material unterschieden: hierarchisch-resignative; komplementär-harmonisierte; individualisiert-pragma-tische sowie schließlich kooperativ-reflektierte Lebensführung.

Der Wert dieser Studie liegt insbesondere darin, daß hier in einem eher traditionellen Segment der Sozialstruktur eine erhebliche Binnenvarianz der konkreten alltagspragmatischen Lösungen[26] aufgezeigt wurde. Deutlich zeigt sich, wie exogene Vorgaben mit binnenfamilialen Prozessen und der Handlungs-

---

[25] Der Volkswagen-Tarifvertrag von 1993 gilt als Meilenstein der bundesrepublikanischen Tarifpolitik. Sozialwissenschaftliches Interesse haben vor allem die Arbeitszeitkomponenten gefunden, da durch die Kombination der unterschiedlichen Komponenten bis zu 140 Arbeitszeitmodelle implementiert wurden, was eine arbeitszeitbedingte Individualisierung vorangetrieben hat, wie Hildebrandt/Reinecke/Rinderspacher/Voß (2000, 10) herausheben.

[26] Diese Varianz steigt erheblich bei der Betrachtung unterschiedlicher Berufstypen und Berufspositionen. Der Verdienst, die enge Verflechtung von beruflichen Anforderungen in Begriffen ihrer raum-zeitlichen Anforderungen und konkreten Alltagsarrangements empirisch breit dokumentiert und konzise mit zeitdiagnostischen Aussagen verknüpft zu haben, kommt der Münchner Projektgruppe „Alltägliche Lebensführung" (1995) zu. Die theoretischen Vorgaben sind hierzu bei Kudera/Voß (2000) entfaltet.

befähigung zusammenspielen. Es sind dies a) konkret die Interpretationen der Geschlechterrolle[27], b) die Anknüpfung an familiale Traditionen oder deren explizite Zurückweisung und c) Wahrnehmungen des Handlungspielraums im sozial-ökologischen Nahumfeld.

Ein wichtiges Ergebnis der neueren Forschungen zum Zusammenhang von Familienalltag und Erwerbstätigkeit ist zudem, daß vor allem bei anspruchs voller und zeitaufwendiger Erwerbstätigkeit der Mütter ein Teil der familialen Arbeit abgegeben wird.[28] So vertritt Rerrich (2000, 47ff) die *These*, daß die bedeutendste Umschichtung von Hausarbeit, die heute stattfindet, die zwischen unterschiedlichen Gruppen von Frauen zu sein scheint. Erste empirische Indizien hierzu liefert die Arbeit von Odierna (2000). Hier wird anhand von Interviews mit Betroffenen und Experten freigelegt, daß die zunehmende Komplexität der Alltagsorganisation und die Zunahme der Erwerbsarbeit bei gleichzeitig konstant bleibender Arbeitsteilung zwischen den Geschlechtern einen Druck zur Umverteilung der Hausarbeit erzeugt. Diese Neuorganisation kann in Mehrpersonenhaushalten durch Umverteilung innerhalb des Haushaltes realisiert werden. Sie realisiert sich aber tendenziell immer stärker durch den Einsatz haushaltsfremder Personen wie Putzhilfen, Haushaltshilfen etc. Die vergebenden Haushalte gehören zu den relativ einkommensstarken Haushalten im Bereich der Oberschicht und der oberen Mittelschicht. Ziel der Vergabe aus Sicht der Haushalte ist es, Überbelastung durch die Arbeit innerhalb des Haushalts zu vermeiden und hausarbeitsfreie Zeit zu gewinnen.

3.4 *Modernisierte Kindheit – komplexe Elternschaft: Entwicklungen in der familialen Arbeit mit Kindern und ihre alltagsprägenden Einflüsse*

Schon 1983 hat Rerrich auf fundamentale Umwälzungen der familialen Arbeit mit Kindern aufgrund veränderter Umfeldbedingungen hingewiesen. Ein großer Teil der genuin sozial-ökologischen Forschung der achtziger Jahre hat sich dann bemüht, die Konsequenzen der Umweltbedingungen für das Aufwachsen von Kindern und Jugendlichen zu entschlüsseln (Vascovics 1982; Dippelhofer-Stiem 1995).

---

[27] Zu den milieuspezifischen Ausdeutungen und Praktiken der Geschlechterrollen liegen mittlerweile umfangreiche und detaillierte Studien vor, die geeignet sind, vorschnelle Stereotype über „typische" Emanzipationsprozesse zu relativieren. Siehe hierzu insbesonders Koppetsch/Maier/Burkart (1999), Meuser (2000) und Loos (2000).

[28] Die Beteiligung der Männer an der Haushaltsarbeit hält sich immer noch, trotz gewisser Veränderungen seit den 60er Jahren, in engen Grenzen. Zu diesem Feld der Muster und Determinanten der Aufteilung der Hausarbeit siehe umfassend und auf der Basis von Metaanalysen Künzler (1994).

Zwei wesentliche Weiterentwicklungen dieser Diskurse sind für die jüngere Zeit mit Blick auf Familien beachtenswert: Erstens hat sich eine Veränderung der Eltern-„Arbeit" auf der Ebene der Ansprüche und Ziele vollzogen. Dieser Wandel ist vielfach beschrieben und dokumentiert, so daß es ausreicht, ihn hier stichwortartig zu schildern (Reuband 1997): Es handelt sich um einen Übergang vom Befehls- zum Verhandlungshaushalt, in dem nicht mehr schwergewichtig die Eltern den Kindern alle Details der Lebensführung vorschreiben, sondern immer mehr Bereiche auf der Basis von kindlichen und elterlichen Bedürfnissen ausgehandelt werden[29] – wobei markanterweise der Urlaub einen wichtigen Gegenstand der gemeinsamen Entscheidungsprozesse darstellt, wie das „LBS-Familienbarometer" (Beisenkamp/Klöckner/Kraatz u.a. 1999) feststellt.

Parallel dazu wird eine zunehmende Akzentuierung der Individualität des Kindes herausgehoben (Lüscher/Wehrspaun 1985). Damit in Zusammenhang steht eine Verschiebung der Erziehungsziele in Richtung Autonomie und Eigenständigkeit des Kindes. Dies darf allerdings nicht alleine als Ausdruck einer humanistischen Orientierung der heutigen Elterngeneration gesehen werden; vielmehr spielen hier auch pragmatische Erwägungen eine Rolle: Autonome und selbständige Kinder ermöglichen auch den Eltern größere Freiheitsgrade in der persönlichen Lebensführung.[30] Unabhängig von diesen neuen Entwicklungen bleibt nun aber unmißverständlich festzuhalten, daß Familien nach wie vor einen großen Raum in der Primärsozialisation des Nachwuchses einnehmen, wobei heute aufgrund des Verlustes übergreifender gesellschaftlicher Sinnentwürfe (Berger/Luckmann 1995) die wichtigste Aufgabe darin gesehen werden darf, Kindern einen Weg aufzuzeigen, wie der persönliche Sinn des Lebens entdeckt werden kann und wie die dazu erforderlichen Ressourcen zu mobilisieren sind. Wie läßt sich nun näher fassen, was es bedeutet, wenn in diesem Zusammenhang von „Elternarbeit" gesprochen wird?

Aufschluß hierüber geben explorative Fallanalysen von Kindern und ihren Müttern, die Pasquale (1998) vorgelegt hat. Sie destilliert analytisch sehr stringent unterschiedliche Komponenten der *„Arbeit mit Kindern"* in der mittleren Kindheitsphase heraus und charakterisiert sie plastisch. Da ist zum einen die *physische Versorgung* zu bewältigen. Sie gliedert sich auf in „Ernährung" und

---

[29] Wiederum sind dies Diagnosen, die im Sinne eines Gesamtbildes um gegenläufige empirische Befunde ergänzt werden müssen. So ist das Ausmaß körperlicher Strafen immer noch, insbesondere gemessen an diesen veränderten neuen Erziehungszielen und den damit einhergehenden Weltanschauungen nach Bussmann (2000), der sich auf Befragungen Jugendlicher und ihrer Eltern stützt, erstaunlich hoch.

[30] Das wirft im Übrigen die Frage nach der Beteiligung von Kindern an der Hausarbeit, insbesondere in Haushalten mit erwerbstätigen Müttern, auf. Zeiher (2000) stellt hierzu als historische Tendenz fest, daß Kinder heute eher geringfügig Hausarbeit leisten, weist aber gleichzeitig auf die für Deutschland sehr lückenhafte Datenlage zu diesem Thema insgesamt hin.

„Medizinische Versorgung". Ernährung ist eines der existentiell relevantesten Tätigkeitsfelder, welches geradezu den Beginn der Mutter-Kind-Beziehung markiert. Früheste Formen von Annäherung und Ablehnung, Geben und Nehmen kommen zum Ausdruck. Damit stellt sich „Ernährungsarbeit" als elementare Komponente der Mutterarbeit dar, deren konkrete Ausgestaltung Auskunft über mütterliche Interaktions- und Deutungsmuster gibt. Schon innerhalb des kleinen Samples zeigt sich eine große Divergenz hinsichtlich der Realisierungsformen: Kurzfristige Strategien der Nahrungsbesorgung und -aufbereitung stehen neben elaborierten Systemen; Allergien des Kindes fungieren als Auslöser einer umfassenden Expertise in Sachen Ernährung; individualisierende Formen des Kochens sind genauso zu finden wie die Auffassung, jeder müsse das Gleiche bekommen.

Die medizinische Versorgung umfaßt die Arbeit am Kinderkörper im kurativen und präventiven Bereich. Sie beschäftigt sich auch mit psychologischen und psychosomatischen Aspekten. Die Möglichkeit, daß kindliche Krankheiten und Befindlichkeitsstörungen umweltbedingt sind, wird immer öfter in Betracht gezogen. Wiederum sind sehr unterschiedliche Formen des Körper- und Gesundheitsmanagements bei den befragten Müttern nachweisbar. Genetische Ursachenerklärungen sind ebenso vertreten wie soziale Ätiologien.

Da ist zum anderen die *sozial-kommunikative Versorgung* zu bewältigen. Die Integration des Kindes in das soziale Umfeld, schwerpunktmäßig in die Gleichaltrigengruppe, spielt in allen Mutterarbeitskonzeptionen eine Rolle. Unter den Bedingungen der Moderne ist es zu einer reflexiven und eigenständigen Aufgabe geworden, soziales Leben von Kindern möglich zu machen. Auch diese Aufgabe wird unterschiedlich interpretiert.

Und schließlich gilt es, die *physisch-emotionale Versorgung* des Kindes zu gewährleisten. Sie oszilliert in ihrer Ausgestaltung zwischen Mitleiden und therapeutischer Begleitung. Während es Orientierungen gibt, die sich von entwicklungspsychologischem Wissen über typische psychosoziale Krisen an Schwellen des Kinderlebens leiten lassen, sind betont sozialtherapeutische Muster, die von einer großen Formbarkeit des Kindes ausgehen, ebenfalls im Material vertreten. Und es existieren auch Auffassungen, die sich auf Intuition und Zufall verlassen, sich mithin explizit gegen sozialwissenschaftliches Deutungswissen wenden.

Pasquale (1998) weist nach, wie sich gesellschaftliche Anforderungen über die Interpretationen und Aufgabenauffassungen der Mütter in unterschiedlicher Ausformung in die konkreten Lebensbedingungen heutiger Kinder einpflanzen. Dies ist die eine Seite der Medaille von „Komplexität" im modernen Familienalltag, die durch die Arbeit am Kind hervorgerufen wird. Die andere Seite bilden die Aktivitäten der Kinder selbst.

In den letzten Jahren ist ein wesentliches Betätigungsfeld der neueren Kindheitsforschung die „Vermessung" des Kinderalltags in Abhängigkeit von übergreifenden zeitdiagnostischen Entwicklungslinien gewesen (Lange 1997). Seine räumlichen, zeitlichen und sinnhaft-inhaltlichen Strukturen rücken in den Fokus einer Reihe von qualitativen wie quantitativen Studien. Diese Studien stellen auch für die Familienforschung eine wesentliche Bereicherung dar, da sie die Aktivitätenspektren der Kinder als wichtige Impulsgeber für den Familienalltag beleuchten. Die Zeit, die Kinder ihren Eltern abfordern und umgekehrt, ist Bestandteil einer „intergenerationalen" Politik der Zeit (Daly 1996, 181ff) – Gegenstand der Aushandlung und Debatte in den Familien, wobei hier wiederum vor allem die Zeit der Mütter beansprucht wird.

Wichtige Befunde zu den Eckwerten des Kinderalltags entstammen der Replikationsuntersuchung der Studie „Vom Teddybär zum ersten Kuß" (Büchner/ Fuhs/Krüger 1996), die sich auf Daten von 2663 Schüler der Klassenstufen 5 bis 9 stützt. In dieser Untersuchung konnten zentrale Tendenzen einer alltäglichen Kinderkultur, insbesondere was ihre Termine und ihre soziale Bedingtheit angeht, herausgeschält werden. Die Auswertung erbringt, daß 19 Prozent der Kinder im Westen mehr als fünf, 16 Prozent mehr als vier, 18 Prozent drei, 25 Prozent zwei, 18 Prozent mindestens einen und nur 6 Prozent keinen festen, institutionalisierten Termin im Wochenplan haben. Die Anzahl der Termine, die Kinder in ihrem Wochenplan haben, hängt nicht mit der Stadt-Land-Differenz, auch nicht mit dem Geschlecht der Kinder zusammen. Das Alter hat keinen durchschlagenden Einfluß. Wichtig scheint hingegen der soziale Status der Eltern der Kinder zu sein. Kinder und junge Jugendliche mit niedrigem sozialen Status geben zur Hälfte an, keinen festen Termin zu haben, im Vergleich dazu ist es bei Kindern mit mittlerem sozialen Status nur ein Drittel; bei denjenigen mit gehobenem sozialen Status nur noch ein Fünftel. Bei Befragten aus Elternhäusern mit hohem sozialen Status kann also von einer Tendenz zu vielen festen, regelmäßigen Terminen gesprochen werden. Diese Auszählung differenziert die populären Darstellungen von Kindern als kleinen Managern als milieuverankertes Phänomen – sie belegt familiensoziologisch gesehen einen zusätzlichen Aufwand, der in immer mehr Familien zusätzlich zum klassischen Aufgabenspektrum betrieben werden muß. Denn jeder Termin, sei es das Tischtennistraining oder die Lektion in der Musikschule, bedarf der Einbettung in den Ablauf der Tätigkeiten. Das Ausmaß der Elternarbeit sowie der notwendigen Koordinationsleistung, die durch Kinder mitbedingt wird, steigert sich noch durch die Berücksichtigung von Arztterminen, speziellen Einkaufspräferenzen des Nachwuchses und weiteren außeralltäglichen Verpflichtungen.

Schließlich entstehen weitere neue Anforderungen an die familiale Alltagsarbeit mit Kindern durch jene Tendenz, die nicht unbedingt schön, aber durchaus zutreffend „Eventisierung" des Familienwochenendes bzw. der Familienferien genannt wird. Tagesausflüge zu Zoos und insbesondere zu den neuen Vergnügungs- und Erlebnisparks sind nicht nur Ausdruck einer zunehmenden Ästhetisierung des Familienlebens, sondern müssen auch logistisch und finanziell bewerkstelligt werden.

Zusammengefaßt läßt sich die *These* formulieren, daß die postmodernen Verhältnisse in der alltäglichen Lebensführung einen Umgang mit neuen Chancen, neuen Risiken, Flexibilisierungen, Unsicherheiten und Ambivalenzen implizieren.

4. Exkurs: Familiale Leistungen und Familienpolitik

Je fragiler die Selbstverständlichkeit von Familie und je vielfältiger die Arten und Weisen des familialen Zusammenlebens sind, desto umstrittener wird das politische Feld der Familienpolitik[31]. So lange nämlich das Leitbild der bürgerlichen Familie galt und es in weiten Kreisen der Bevölkerung faktisch nachgelebt wurde, konnte die Familienpolitik an dieser als richtig angesehenen Form von Familie orientiert werden.

Im Zentrum stand der Familienlastenausgleich, ergänzt durch besondere Anstrengungen für die Unterstützung oder – militanter – die Korrektur abweichender Formen. Die Abgrenzung zwischen Familienpolitik, Fürsorgepolitik und Steuerpolitik interessierte wenig. Die enge Koppelung von Ehe und Familie verlieh einer Maßnahme wie dem Ehegattensplitting einen selbstverständlichen familienpolitischen Gehalt.

Doch spätestens seit den 70er Jahren wurde die Gestalt von Familie durch das Bedürfnis nach Vereinbarkeit von Familientätigkeit und Erwerbstätigkeit sowie nach dem Recht auf Wahlfreiheit zwischen beiden (vor allem für die Frauen) thematisiert. Die Zunahme der Scheidungen und folglich der Wiederheiraten verstärkte ihrerseits ein Interesse an unterschiedlichen Formen der Lebensführung. Hinzu kam die Einsicht, daß Familien ebenso wie ihre Mitglieder unterschiedliche Phasen durchlaufen. Es ging nicht nur um den guten Anfang in der Familiengründung, wofür es seit jeher spezifische Maßnahmen gab. Vielmehr rückten, institutionell gesprochen, die Querverbindungen zur Schule, zum Gesundheitswesen, zur Pflege und Betreuung im Alter in den Horizont familienpolitischer Erwägungen.

Was Familie den einzelnen Familienmitgliedern bedeutete, begann zu interessieren. Die ideelle und die praktische Tragweite der subjektiven Sichtweisen wird dadurch unterstützt und gefördert, daß sich auf der kollektiven Ebene eine Frauen- und eine Kinderpolitik etablierte. Die persönlichen Sinngebungen, Verständnisse und Interpretationen wurden umso wichtiger, je divergenter und

---

[31] Zur Geschichte der Familienpolitik siehe Wingen (1997) und die dort angegebene Literatur, Gerlach (1996) sowie Bundesministerium für Familie und Senioren (1993).

unübersichtlicher die gesellschaftlichen Strukturen und Kräfte erschienen, die auf das familiale Zusammenleben einwirken. Dadurch erhöhte sich der Bedarf an Beratung.

Auf einen knappen Nenner gebracht, kann man die *These* vertreten: An Stelle der Bemühungen um die Wahrung, Wiederherstellung oder Ergänzung der richtigen Form der Familien trat und tritt das Interesse an der Ermittlung der tatsächlichen, in den Familien und durch sie erbrachten Leistungen sowie an den Bedingungen, unter denen diese erbracht werden können, sowie an der Frage, wodurch sie begünstigt oder erschwert werden.

Der Unterschied ist subtil, aber wichtig. Die Leistungen gelten – wie bereits erwähnt – nicht mehr als durch die richtige Form gewährleistet. Sie müssen kontextspezifisch erkannt und anerkannt werden. Abstrakt gesprochen: Die Aufmerksamkeit verlagert sich also von der *Struktur* zu den *Prozessen* im Lebensverlauf sowie zu den Strategien der Beziehungsgestaltung unter den Familienmitgliedern. Letztlich geht es dabei um die Frage, in welcher Perspektive Familie begriffen werden kann, was also den Kern ihrer Realdefinition ausmacht. Daraus ergeben sich neue Themen für die Familienpolitik.

Erstens läßt sich eine Zentrierung auf das „Humanvermögen" als allgemeinste Umschreibung familialer Leistung feststellen. Dieses Konzept ist bezeichnenderweise doppeldeutig. Es vereinigt nämlich in sich zwei Gesichtspunkte, den ökonomischen und den sozio-kulturellen. Gemeint ist, so der „Fünfte Familienbericht" (1994, 28): „Zum einen die Gesamtheit der Kompetenzen aller Mitglieder einer Gesellschaft, von jungen und alten Menschen, von Kindern, Eltern und Großeltern, von Kranken, Behinderten und Gesunden. Zum anderen soll mit diesem Begriff in einer individualisierenden, personalen Wendung das Handlungspotential des Einzelnen umschrieben werden, d.h. all das, was ihn befähigt, sich in unserer komplexen Welt zu bewegen und sie zu akzeptieren. In diesem Zusammenhang spielt auch die Fähigkeit zum Eingehen verläßlicher Bindungen und damit die Möglichkeit, Familie leben zu können, eine zentrale Rolle. Schließlich verknüpfen sich in der Familie die Lebenspotentiale aller Gesellschaftsmitglieder. Die Familie ist der bevorzugte Ort der Entstehung und Erhaltung von Humanvermögen."

Die solchermaßen erbrachten Leistungen lassen sich näherungsweise in ihrem Geldwert berechnen, was auch tatsächlich – so durch den wissenschaftlichen Beirat und gestützt darauf im fünften Familienbericht (BMJFS 1995) – geschehen ist, ferner in Versuchen zur Ermittlung der Kinderkosten. Auf diese Weise wird der Bezug zum ökonomischen Begriff des Vermögens hergestellt (siehe Krüsselberg 1997).

Zu unterstreichen ist – man könnte sagen: durchaus dem Zeitgeist entsprechend – die Annäherung an eine ökonomische, mithin eine materielle Begründung, die einhergeht mit einer pragmatisch-sozialökologischen Orientierung, welche die alltäglichen Lebensbedingungen in den Blick nimmt. Einen wesentlichen Faktor macht aus, was in der feministischen Literatur „Beziehungsarbeit" genannt worden ist. Darum spielen Zeitbudgetstudien, wie sie vorne erwähnt wurden, eine wichtige Rolle.

Das neue Interesse an Familienpolitik schlägt sich *zweitens* in einer die familialen Leistungen berücksichtigenden Auslegung nach Art. 6 GG nieder, wie sie in den neueren familienpolitischen Urteilssprüchen des Bundesverfassungsgerichtes (BverfG) vorgenommen wird. Unter dem Gesichtspunkt der realen Auswirkungen könnte man das BVerfG als den wichtigsten Akteur im Felde der Familienpolitik bezeichnen. Das ließe sich, wenn man weiter zurückblickt, bereits im Blick auf die Entscheidung aus dem Jahre 1957 sagen, die dann zum Ehegattensplitting führte. Gleichzeitig wird darin das damalige, an der Ehe orientierte Verständnis von Familie erkennbar.[32]

Eine wichtige Akzentsetzung hin zu den Leistungen erfolgte dann drei Jahrzehnte später mit dem sogenannten „Mütterurteil" 1992. Hier wurde ein Bezug zur Alterssicherung hergestellt und festgestellt, daß das bestehende System zu einer Benachteiligung von Personen führe, die sich innerhalb der Familie der Kindererziehung widmen, gegenüber kinderlosen Personen, die durchgängig einer Erwerbstätigkeit nachgehen können. Diese sei durch den Gesetzgeber in weiterem Umfang als bisher schrittweise abzubauen. Eine weitere Akzentsetzung erfolgte durch die Senatsbeschlüsse vom 10. November 1998, wonach zum steuerfreien Existenzminimum aller Eltern, die Kinder großziehen, künftig ein Betreuungsbedarf und ein Erziehungsbedarf hinzuzurechnen seien.

In familienwissenschaftlicher Perspektive lassen sich diese Beschlüsse folgendermaßen interpretieren: Erstens werden unterschiedliche Familienformen, namentlich Ehepaar-Familien und Alleinerziehende, erwerbstätige und nicht erwerbstätige Eltern, gleichgestellt. Zweitens werden – jedenfalls mittelbar – die familialen Betreuungs- und Erziehungsleistungen anerkannt. Drittens wird das Kriterium der steuerlichen Leistungsfähigkeit hervorgehoben. Dieses aber ermöglicht eine neue Sicht auf den Familienlastenausgleich als Ganzes. Zum Teil jedenfalls handelt es sich dabei nicht eigentlich um Familienpolitik, sondern um Steuerpolitik. Das wiederum macht den Blick frei für die eigentliche Erfassung familialer Leistungen.

Wenn nun, wie die Vorstellung der in den Familien ablaufenden Bildung von Humanvermögen in ihren qualitativen Aspekten nahe legt, familiale Leistungen in und durch die Familien anerkannt und gefördert werden sollen, dann genügen finanzielle Transfers für sich allein nicht. Notwendig sind seitens des Staates, aber auch der Wirtschaft und der weiteren Akteure, eingeschlossen der Selbsthilfegruppen, Aktivitäten, Maßnahmen und Einrichtungen, welche die sozialen

---

[32] Für eine Darstellung der familienpolitischen Relevanz der Entscheidungen des Bundesverfassungsgerichtes siehe Lampert (1994, 1996) und Gerlach (1999).

und kulturellen Rahmenbedingungen familialer Leistungserbringung darstellen. Gemeint sind Aktivitäten von der Wohnungsförderung bis zu den Beratungstätigkeiten, von der Kinderbetreuung bis zur Alterspflege. Dabei ergeben sich Querverbindungen zu anderen Politikbereichen, beispielsweise zur Medienpolitik.

Im Zentrum stehen dabei die Beziehungen zwischen den familialen Generationen über den ganzen Lebenslauf: Zuwendung, Fürsorge, Erziehung, Pflege, Unterstützung und die damit einhergehenden Lernprozesse aller Beteiligten, das also, was in der soziologischen Fachsprache Prozesse der Sozialisation im Lebensverlauf genannt werden kann. Diesen Prozessen ist, so jedenfalls das heutige Verständnis, Offenheit eigen, auch eine gewisse Mehrdeutigkeit. Es wird angenommen, daß alle, Eltern ebenso wie Kinder, auf ihre Weise sich daran aktiv beteiligen können, sich wechselseitig beeinflussen, gemeinsam Orientierungen und Lösungen für Aufgaben suchen, die sich für die alltägliche Lebensbewältigung stellen. Das gilt besonders offensichtlich für die Generationenbeziehungen unter Erwachsenen. Miteinbezogen ist auch die Vorstellung, daß es zur Aushandlung im Falle von Interessenskonflikten kommen kann. Es geht um Lösungen für Aufgaben der alltäglichen Lebensbewältigung ebenso wie für die Meisterung kritischer Phasen, namentlich in vorhersehbaren und in unvorhersehbaren Übergängen wie Schuleintritt, Aufgabe der Erwerbstätigkeit und Scheidung.

5. Ausblick: „Familie" als Aufgabe

Alle Menschen machen Erfahrungen mit Familie, zumindest mit derjenigen ihrer Herkunft. Das geschieht lebenslang in einem mehr oder weniger routinisierten Alltag ebenso wie in der Auseinandersetzung mit außergewöhnlichen, oft belastenden Ereignissen und Situationen. Je mehr diese Allgegenwärtigkeit von Familie und die damit einhergehenden Anforderungen öffentlich erörtert werden, desto heterogener und pluralistischer wird das Bild der Familie und desto diffuser werden die normativen Vorstellungen des Normalen und Richtigen.

In vielen populären zeitdiagnostischen Analysen ist in diesem Zusammenhang von einem Werteverlust die Rede, in den mittlerweile auch die Familie miteinbezogen sei. Bisweilen wird die Familie als solche sogar als Wert eigener Art verstanden.[33] Das mag auf den ersten Blick plausibel erscheinen. Doch letztlich liegt einem solchen Rekurs auf eine Wertehierarchie indessen ein mechanistisches Gesellschafts- und Menschenbild zugrunde, gemäß dem das private und öffentliche Handeln von objektiv vorgegebenen Zielen und Zwecken und von einem mehr oder weniger effizienten Einsatz von Mitteln abhängt, mithin

---

[33] Diesen Eindruck vermittelt insbesondere das amerikanische Schrifttum bzw. die in den USA geführten „Kriege" um die Familie. Hierzu insbesondere Berger/Berger (1984), Popenoe (1988), Stacey (1995).

von anonymen Kräften gesteuert sei; es wird unterstellt, daß die Menschen sich im Wesentlichen an Maximen der Nutzenmaximierung und der Vermeidung negativer Sanktionen halten. Symptomatisch für diese Sichtweise ist eine polarisierende Rhetorik, die entweder den Verfall „der" Familie beklagt oder sie idealisierend verklärt.

Demgegenüber plädieren wir für eine familiensoziologische Perspektive, in deren Fokus eine dem Menschen in artspezifischer Weise vorgegebene Aufgabe steht: Die Gestaltung der Beziehungen zwischen den Generationen und darauf bezogen der Geschlechter sowie die dafür wiederum artspezifisch bestehenden Freiräume. Sie umfassen die Möglichkeiten einer Entscheidung für oder gegen Elternschaft, Gestaltung des Alltages bis zum Umgang mit alten Angehörigen und der sich über mehrere Generationen erstreckenden Vererbung von Geld, Gütern und kulturellem „Vermögen".

Gerade weil in Bezug auf diese Gestaltung der Generationenfolge im Großen wie im Kleinen viele Optionen bestehen, geht sie einher mit gesellschaftlich-kulturellen Regulationen, die von der rechtlichen Bevorzugung und der politischen Förderung über die Intervention bis zum Verbot und der Bestrafung reicht.[34] Die historischen Prozesse der Institutionalisierung von Familie sind auch und gerade unter Bedingungen des Pluralismus unverzichtbar und dementsprechend stets in Gang.

In Bezug auf diese Spannungsfelder kann man mit guten Gründen die *These* aufstellen, daß der Prozeß der Konstitution personaler Identitäten mit der Erfahrung von Ambivalenzen einhergehen kann und dementsprechend den Umgang damit erfordert. Allgemein formuliert geht es darum, daß ein Mensch in Bezug auf seine Identität mit sich selbst einig sein, aber auch anders sein könnte, möchte oder sollte. Die Beziehungen zwischen Eltern und Kindern können diese Erfahrungen in einem besonders ausgeprägten Maße vermitteln. Kinder „verdanken" ihr Leben den Eltern und diese „leben" in ihren Kindern weiter. Darin ist ein prinzipielles Spannungsfeld von subjektiver (bzw. als subjektiv empfundener) Gleichheit und Verschiedenheit im Hinblick auf die eigene Person und den sich daraus ergebenden Abhängigkeiten versus Unabhängigkeiten (Autonomie versus Dependenzen) angelegt. Sie setzen sich fort in der Gegenüberstellung zwischen dem Verschwiegenen und dem Benannten einerseits, dem Privaten und Öffentlichen andererseits.

Wir sind der Meinung, eine derartige Lesart aktueller Befunde der familiensoziologischen Literatur weist Affinitäten zu psychoanalytischen Denkweisen auf, ohne vorschnell deren theoretische Einsichten zu übernehmen oder zu verein-

---

[34] Einen aufschlußreichen Einblick in die Vielfalt der gesetzlichen Regelungen vermittelt der Umstand, daß der Entwurf zur Anerkennung gleichgeschlechtlicher Partner insgesamt über hundert Gesetzesänderungen erfordert, wobei es hier allerdings nicht primär um Familienbeziehungen geht.

nahmen und nur schon durch Benennung zu beanspruchen. Mit unserem Beitrag bezwecken wir zunächst, in der Perspektive des von uns bevorzugten Ansatzes auf die Potentiale interdisziplinärer Kooperation hinzuweisen. Sie liegen unseres Erachtens in der Erweiterung des Ansatzes einer „Ökologie menschlicher Entwicklung" (Bronfenbrenner 1981) um eine wissenssoziologische Komponente; in der Fokussierung auf die stets interpretationsbedürftigen familialen Aufgaben im allgemeinen und im praktischen Detail; und in der Annahme, daß die Gestaltung familialer Beziehungen den steten Umgang mit Ambivalenzen erfordert, was nicht nur belastend, sondern im Falle des Gelingens auch befreiend sein kann.

Literatur

Andersen, A. (1997): Der Traum vom guten Leben. Alltags- und Konsumgeschichte vom Wirtschaftswunder bis heute. Campus: Frankfurt/M.

Asendorpf, J., Banse, R. (2000): Psychologie der Beziehung. Huber: Bern

Bauer, F. (2000): Zeitbewirtschaftung in Familien. Leske + Budrich: Opladen

Beck, U. (1986): Risikogesellschaft. Auf dem Weg in eine andere Moderne. Suhrkamp: Frankfurt/M.

Beck, U., Beck-Gernsheim, E. (1993): Nicht Autonomie, sondern Bastelbiographie. Anmerkungen zur Individualisierungsdiskussion am Beispiel des Aufsatzes von Günter Burkart. In: Zeitschrift für Soziologie 22 (3), 178-187

Beck, U., Beck-Gernsheim, E. (1994): Individualisierung in modernen Gesellschaften - Perspektiven und Kontroversen einer subjektorientierten Soziologie. In: Beck, U., Beck-Gernsheim, E. (Hrsg.): Riskante Freiheiten. Suhrkamp: Frankfurt/M., 10-39

Beham, M., Gössweiner, V. (1999): Zur gesellschaftlichen Bedeutung der Leistungen von Familie. In: Bundesministerium für Umwelt, Jugend und Familie Österreich (Hrsg.): Zur Situation von Familie und Familienpolitik in Österreich. Bundesministerium für Umwelt, Jugend und Familie (Österreich): Wien, 40-61

Beisenkamp, A., Klöckner, C., Kraaz, A. u.a. (1999): LBS-Kinder-Barometer 1999. Stimmungen - Meinungen - Trends von Kindern und Jugendlichen in NRW. LBS Initiative Junge Familie: Münster

Berger, B., Berger, P.L. (1984): In Verteidigung der bürgerlichen Familie. Fischer: Frankfurt/M.

Berger, P.L., Luckmann, T. (1995): Modernität, Pluralismus, Sinnkrise. Bertelsmann: Gütersloh

Bohrhardt, R. (1999): Ist wirklich die Familie schuld? Familialer Wandel und soziale Probleme im Lebensverlauf. Leske + Budrich: Opladen

Borst, A. (1979): Lebensformen im Mittelalter. Ullstein: Frankfurt/M.

Bourdieu, P. (1996): On the Family as a Realized Category. In: Theory, Culture and Society 13 (3), 19-26

Brock, D. (1991): Der schwierige Weg in die Moderne. Umwälzungen in der Lebensführung der deutschen Arbeiter zwischen 1850 und 1980. Campus: Frankfurt/M.

Bronfenbrenner, U. (1981): Die Ökologie der menschlichen Entwicklung. Klett-Cotta: Stuttgart

Büchner, P., Fuhs, B., Krüger, H.-H. (Hrsg.) (1996): Vom Teddybär zum ersten Kuß. Wege aus der Kindheit in Ost- und Westdeutschland. Leske + Budrich: Opladen

Bundesministerium für Familie und Senioren (Hrsg.) (1993): 40 Jahre Familienpolitik in der Bundesrepublik Deutschland: Rückblick, Ausblick. Luchterhand: Neuwied

Bundesminister für Jugend, Familie und Senioren (BMJFS) (1994): Familien und Familienpolitik im geeinten Deutschland: Zukunft des Humanvermögens. BJFG: Bonn (5. Familienbericht)

Burkart, G. (1993a): Eine Gesellschaft von nicht-autonomen biographischen Bastlerinnen und Bastlern? Antwort auf Beck/Beck-Gernsheim. In: Zeitschrift für Soziologie 22 (3), 188-191

Burkart, G. (1993b): Individualisierung und Elternschaft. Das Beispiel USA. In: Zeitschrift für Soziologie 22 (3), 159-177

Bussmann, K.D. (2000): Verbot familialer Gewalt gegen Kinder. Zur Einführung rechtlicher Regelungen sowie zum (Straf-)Recht als Kommunikationsmedium. Heymanns: Köln

Daly, K.J. (1996): Families and Times. Sage: Thousand Oaks

Dippelhofer-Stiem, B. (1995): Sozialisation in ökologischer Perspektive. Eine theoretische und methodologische Diskussion am Beispiel der frühen Kindheit. Westdeutscher Verlag: Opladen

Dorbritz, J. (2000): Familienbildung und -lösung in Deutschland. Theoretische Reflektionen und demographische Trends. In: Roloff, J., Dorbritz, J. (Hrsg.): Familienbildung in Deutschland Anfang der 90er Jahre. Demographische Trends, individuelle Einstellungen und sozio-ökonomische Bedingungen. Leske + Budrich: Opladen, 11-31

Dorbritz, J., Gärtner, K. (1999): Kinderlosigkeit in Deutschland - ein Massenphänomen. In: Zeitschrift für Bevölkerungswissenschaft 21 (3), 231-261

Engstler, H., Lüscher, K. (1991): Späte erste Mutterschaft. In: Zeitschrift für Bevölkerungswissenschaft 17 (4), 433-460

Engstler, H. (1998): Die Familie im Spiegel der amtlichen Statistik. Lebensformen, Familienstrukturen, wirtschaftliche Situation der Familien und familiendemographische Entwicklung in Deutschland. Bundesministerium für Familie, Senioren, Frauen und Jugend: Bonn, 2. Auflage

Flandrin, J.-L. (1978): Familien: Soziologie, Ökonomie, Sexualität. Ullstein: Frankfurt/M.

Fauser, R. (1982): Zur Isolationsproblematik von Familien: sozialisationstheoretische Überlegungen und empirische Befunde. Deutsches Jugendinstitut: München

Friedrichs, J. (Hrsg.) (1998): Die Individualisierungsthese. Leske + Budrich: Opladen

Garhammer, M. (1999): Wie Europäer ihre Zeit nutzen. Zeitstrukturen und Zeitkulturen im Zeichen der Globalisierung. edition sigma: Berlin

Gerlach, I. (1996): Familie und staatliches Handeln. Ideologie und politische Praxis in Deutschland. Leske + Budrich: Opladen

Gerlach, I. (1999): Politikgestaltung durch das Bundesverfassungsgericht am Beispiel der Familienpolitik. Manuskript

Gillis, J.R. (1997): Mythos Familie. Auf der Suche nach der eigenen Lebensform. Beltz: Weinheim

Grünheid, E., Roloff, J. (2000): Die demographische Lage in Deutschland 1999 mit dem Teil B „Die demographische Entwicklung in den Bundesländern - ein Vergleich". In: Zeitschrift für Bevölkerungswissenschaft 25 (1), 3-150

Gubrium, J.F., Holstein, J.A. (1990): What is Family? Mayfield: Mountain View

Habermas, R. (2000): Frauen und Männer des Bürgertums. Vandenhoeck und Ruprecht: Göttingen

Habich, R., Zapf, W. (1999): Wohlfahrtsindikatoren für Deutschland 1950 bis 1998. In: Glatzer, W., Ostner, I. (Hrsg.): Deutschland im Wandel. Sozialstrukturelle Analysen. Leske + Budrich: Opladen, 31-48

Hacking, I. (1999): Was heißt „soziale Konstruktion"? Zur Konjunktur einer Kampfvokabel in den Wissenschaften. Fischer: Frankfurt/M.

Häußermann, H., Siebel, W. (1995): Dienstleistungsgesellschaften. Suhrkamp: Frankfurt/M.

Heine, H., Mautz, R. (2000): Die Mütter und das Auto. PKW-Nutzung im Kontext geschlechtsspezifischer Arbeitsteilung. In: Lange, H. (Hrsg.): Ökologisches Handeln als sozialer Konflikt. Umwelt im Alltag. Leske + Budrich: Opladen, 119-142

Heller, A. (1978): Das Alltagsleben. Versuch einer Erklärung der individuellen Produktion. Suhrkamp: Frankfurt/M.

Hengst, H. (2000): Die Arbeit der Kinder und der Umbau der Arbeitsgesellschaft. In: Hengst, H., Zeiher, H. (Hrsg.): Die Arbeit der Kinder. Kindheitskonzept und Arbeitsteilung zwischen den Generationen. Juventa: Weinheim, 71-97

Hettlage, R. (1998): Familienreport. Eine Lebensform im Umbruch. Beck: München

Hildebrandt, E., Reinecke, K., Rinderspacher, J. u.a. (2000): Einleitung: Zeitwandel und reflexive Lebensführung. In: Hildebrandt, E. (Hrsg.): Reflexive Lebensführung. Zu den sozialökologischen Folgen flexibler Arbeit. edition sigma: Berlin, 9-45

Höpflinger, F. (1997): Haushalts- und Familienstrukturen im intereuropäischen Vergleich. In: Hradil, S., Immerfall, S. (Hrsg.): Die westeuropäischen Gesellschaften im Vergleich. Leske + Budrich: Opladen, 97-138

Hrdy, S.B. (2000): Mutter Natur. Die weibliche Seite der Evolution. Berlin Verlag: Berlin

Joos, M., Meyer, W. (1998): Die Entwicklung der relativen Einkommensarmut von Kindern in Deutschland 1990 bis 1995. In: Mansel, J., Neubauer, G. (Hrsg.): Armut und soziale Ungleichheit bei Kindern. Leske + Budrich: Opladen, 19-33

Jürgens, K., Reinecke, K. (1998): Zwischen Volks- und Kinderwagen. Auswirkungen der 28,8-Stunden-Woche bei der VW AG auf die familiale Lebensführung von Industriearbeitern. edition sigma: Berlin

Jurczyk, K., Voß, G. (2000): Entgrenzte Arbeitszeit - Reflexive Alltagszeit. Die Zeiten des Arbeitskraftunternehmers. In: Hildebrandt, E., Linne, G. (Hrsg.): Reflexive Lebensführung. Zu den sozialökologischen Folgen flexibler Arbeit. edition sigma: Berlin, 151-205

Klein, T., Lauterbach, W. (Hrsg.) (1999): Nichteheliche Lebensgemeinschaften. Analysen zum Wandel partnerschaftlicher Lebensformen. Leske + Budrich: Opladen

Koppetsch, C., Maier, M.S., Burkhart, G. (1999): Individualisierung und Partnerschaft im Verhältnis der Geschlechter. Der Alltag von Paarbeziehungen im Milieuvergleich. In: Honegger, C., Hradil, S., Traxler, F. (Hrsg.): Soziologiekongreß 1998 in Freiburg. Leske + Budrich: Opladen, 609-622

Krüsselberg, H.-G. (1997): Über die Bedeutung von Familie und Familienpolitik in einer sozialen Marktwirtschaft. In: Lenel, H.O. (Hrsg.): ORDO, Jahrbuch für die Ordnung von Wirtschaft und Gesellschaft, Bd. 48, Soziale Marktwirtschaft: Anspruch und Wirklichkeit seit fünfzig Jahren. Lucius&Lucius: Stuttgart, 529-545

Kudera, W., Voß, G.G. (2000): Alltägliche Lebensführung - Bilanz und Ausblick. In: Kudera, W., Voß, G.G. (Hrsg.): Lebensführung und Gesellschaft. Beiträge zu Konzept und Empirie alltäglicher Lebensführung. Leske + Budrich: Opladen, 11-26

Künzler, J. (1994): Familiale Arbeitsteilung. Die Beteiligung von Männern an der Hausarbeit. Kleine: Bielefeld

Lampert, H. (1994): Die Rechtsprechung des Bundesverfassungsgerichtes aus familienpolitischer Sicht. In: Bottke, W. e.a. (Hrsg.): Familie als zentraler Grundwert demokratischer Gesellschaftssysteme. EOS-Verlag: St. Ottilien, 43-64

Lampert, H. (1996): Priorität für die Familie. Plädoyer für eine rationale Familienpolitik. Duncker&Humblot: Berlin

Lange, A., Lüscher, K. (1996): Von der Form zum Prozeß? Ein konzeptueller Beitrag zur Frage nach der Bedeutung veränderter familialer Strukturen für das Aufwachsen von Kindern. In: Zeitschrift für Sozialisationsforschung und Erziehungssoziologie 16 (3), 227-245

Lange, A. (1997): Konturen einer soziologischen Zeitdiagnose von Kindheit und Kinderleben heute. In: Österreichische Zeitschrift für Soziologie 22 (4), 5-27

Lange, A., Lüscher, K. (1998): Kinder und ihre Medienökologie. Eine Zwischenbilanz der Forschung unter besonderer Berücksichtigung des Leitmediums Fernsehen. KoPäd: München

Lange, A., Bräuninger, B., Lüscher, K. (2000): Der Wandel von Familie: Zur Rhetorik sozialwissenschaftlicher Texte. In: Österreichische Zeitschrift für Soziologie 25 (1), 3-28

Lauterbach, W. (1999): Demographische Alterung und die Morphologie von Familien. Zum Wandel des Generationengefüges und der späten Familienphase. Habilitationsschrift Sozialwissenschaftliche Fakultät: Konstanz

Lauterbach, W., Lange, A. (1999): Armut im Kindesalter. Ausmaß und Folgen ungesicherter Lebensverhältnisse. In: Diskurs 9 (1), 88-96

Lefèbvre, H. (1975): Kritik des Alltagslebens. Hanser: München

Lenz, K. (1998): Soziologie der Zweierbeziehung. Eine Einführung. Westdeutscher Verlag: Opladen

Loos, P. (2000): Autonomie und Heteronomie. Milieuspezifische Partnerschaftsvorstellungen. In: Hettlage, R., Vogt, L. (Hrsg.): Identitäten in der modernen Welt. Westdeutscher Verlag: Opladen, 239-250

Lüscher, K. (1988): Der prekäre Beitrag von Familie zur Konstitution personaler Identität. In: Zeitschrift für Evangelische Ethik 32 (4), 250-259

Lüscher, K. (1989): Von der ökologischen Sozialisationsforschung zur Analyse familialer Aufgaben und Leistungen. In: Nave-Herz, R., Markefka, M. (Hrsg.): Handbuch der Familien- und Jugendforschung. Band 1: Familienforschung. Luchterhand: Neuwied, 95-112

Lüscher, K. (1995): Was heißt heute Familie? Thesen zur Familienrhetorik. In: Gerhardt, U., Hradil, S., Lucke, D. u.a. (Hrsg.): Familie der Zukunft. Lebensbedingungen und Lebensformen. Leske + Budrich: Opladen, 51-65

Lüscher, K. (1999a): Die Bedeutungsvielfalt von Familie. Zehn Jahre Forschungsschwerpunkt „Gesellschaft und Familie". Forschungsschwerpunkt Gesellschaft und Familie. Arbeitspapier Nr. 30: Konstanz

Lüscher, K. (1999b): Familienberichte: Aufgabe, Probleme und Lösungsversuche der Sozialberichterstattung über die Familie. In: Bien, W., Rathgeber, R. (Hrsg.): Die Familie in der Sozialberichterstattung. Ein europäischer Vergleich. Leske + Budrich: Opladen, 18-47

Lüscher, K., Grundmann, M. (Hrsg.) (2000): Sozialökologische Sozialisationsforschung. Ein anwendungsorientiertes Lehr- und Studienbuch. Universitätsverlag: Konstanz

Lüscher, K., Wehrspaun, M. (1985): Identitätszuschreibung als familiale Leistung. In: Schweizerische Zeitschrift für Psychologie 44, 197-220

Lüscher, K., Wehrspaun, M., Lange, A. (1989): Familienrhetorik - über die Schwierigkeit, „Familie" zu definieren. In: Zeitschrift für Familienforschung 2 (1), 61-76

Meuser, M. (2000): Entgrenzte Geschlechterverhältnisse? Enttraditionalisierung und habituelle Rahmen. In: Hettlage, R., Vogt, L. (Hrsg.): Identitäten in der modernen Welt. Westdeutscher Verlag: Opladen, 217-238

Mikos, L. (2000): „It's a Family Affair". Fernsehserien und ihre Bedeutung im Alltagsleben. In: Thomas, G. (Hrsg.): Religiöse Funktionen des Fernsehens. Westdeutscher Verlag: Opladen, 230-245

Mitterauer, M., Sieder, R. (Hrsg.) (1977): Vom Patriarchat zur Partnerschaft. Zum Struktur-wandel der Familie. Beck: München

Müller, W. (1998): Erwartete und unerwartete Folgen der Bildungsexpansion. In: Friedrichs, J., Lepsius, R.M., Mayer, K.U. (Hrsg.): Die Diagnosefähigkeit der Soziologie (Sonderheft 38 der Kölner Zeitschrift für Soziologie und Sozialpsychologie). Westdeutscher Verlag: Opladen, 81-112

Napp-Peters, A. (1995): Familien nach der Scheidung. Kunstmann: München

Nauck, B. (1995): Familie im Kontext von Politik, Kulturkritik und Forschung: Das inter-nationale Jahr der Familie. In: Gerhardt, U., Hradil, S., Lucke, D. u.a. (Hrsg.): Familie der Zukunft. Leske + Budrich: Opladen, 21-36

Odierna, S. (2000): Die heimliche Rückkehr der Dienstmädchen. Bezahlte Arbeit im privaten Haushalt. Leske + Budrich: Opladen

Papastefanou, G. (2000): Struktur und Wandel des Güterkonsums. In: Rosenkranz, D., Schneider, N.F. (Hrsg.): Konsum. Soziologische, ökonomische und psychologische Perspektiven. Leske + Budrich: Opladen, 265-282

Pasquale, J. (1998): Die Arbeit der Mütter. Juventa: Weinheim

Pohlmann, F. (2000): Die soziale Geburt des Menschen. Einführung in die Anthropologie und Sozialpsychologie der frühen Kindheit. Beltz: Weinheim

Popenoe, D. (1988): Disturbing the Nest. Family Change and Decline in Modern Societies. de Gruyter: New York

Porter, T. (1995): Trust in Numbers. The Pursuit of Objectivity in Science and Public Life. Princeton University Press: Princeton

Projektgruppe Alltägliche Lebensführung (Hrsg.) (1995): Alltägliche Lebensführung. Arran-gements zwischen Traditionalität und Modernisierung. Leske + Budrich: Opladen

Reichertz, J. (2000): Das Fernsehen (und die Werbung) als neue Mittel zur Fest-Stellung von Identität. In: Hettlage, R., Vogt, L. (Hrsg.): Identitäten in der modernen Welt. Westdeut-scher Verlag: Opladen, 129-153

Rerrich, M.S. (2000): Neustrukturierungen der Alltagsarbeit zwischen Lohn und Liebe. Über-legungen zu möglichen Entwicklungspfaden bezahlter häuslicher Dienstleistungen. In: Friese, M. (Hrsg.): Modernisierung personenorientierter Dienstleistungen. Innovationen für die berufliche Aus- und Weiterbildung. Leske + Budrich: Opladen, 44-57

Reuband, K.-H. (1997): Aushandeln statt Gehorsam? Erziehungsziele und Erziehungsprak-tiken in den alten und neuen Bundesländern im Wandel. In: Böhnisch, L., Lenz, K. (Hrsg.): Familien. Eine interdisziplinäre Einführung. Juventa: Weinheim, 129-153

Rose, N. (1999): Powers of Freedom. Reframing Political Thought. Cambridge University Press: Cambridge

Rosenbaum, H. (1982): Formen der Familie. Untersuchungen zum Zusammenhang von Fami-lienverhältnissen, Sozialstruktur und sozialem Wandel in der deutschen Gesellschaft des 19. Jahrhunderts. Suhrkamp: Frankfurt am Main

Rosenkranz, D., Rost, H., Vaskovics, L.A. (1998): Was machen junge Väter mit ihrer Zeit? Die Zeitallokation junger Männer im Übergang zur Elternschaft. Staatsinstitut für Famili-enforschung: Bamberg

Schildt, A. (1997): Freizeit, Konsum und Häuslichkeit in der „Wiederaufbau"-Gesellschaft. Zur Modernisierung von Lebensstilen in der Bundesrepublik Deutschland in den 1950er Jahren. In: Siegrist, H., Kaelble, H., Kocka, J. (Hrsg.): Europäische Konsumgeschichte. Zur Gesellschafts- und Kulturgeschichte des Konsums (18. bis 20. Jahrhundert). Campus: Frankfurt am Main, 307-348

Schmid, W. (1998): Philosophie der Lebenskunst. Eine Grundlegung. Suhrkamp: Frankfurt/M.

Schmidt, S.J. (1994): Kognitive Autonomie und soziale Orientierung. Konstruktivistische Bemerkungen zum Zusammenhang von Kognition, Kommunikation, Medien und Kultur. Suhrkamp: Frankfurt/M.

Schmidt, S.J. (1998): Die Zähmung des Blicks. Konstruktivismus, Empirie, Wissenschaft. Suhrkamp: Frankfurt/M.

Schulze-Buschoff, K. (2000): Über den Wandel der Normalität im Erwerbs- und Familienleben: Vom Normalarbeitsverhältnis und der Normalfamilie zur Flexibilisierung und zu neuen Lebensformen? Wissenschaftszentrum Berlin, Arbeitspapier P00-511: Berlin

Schwab, D. (1975): Familie. In: Brunner, O., Conze, W., Kosellek, R. (Hrsg.): Geschichtliche Grundbegriffe. Klett-Cotta: Stuttgart, 253-301

Sennett, R. (1998): The Corrosion of Character. The Personal Consequences of Work in the New Capitalism. Norton: London

Soeffner, H.-G. (1998): Handeln im Alltag. In: Schäfers, B., Zapf, W. (Hrsg.): Handwörterbuch zur Gesellschaft Deutschlands. Leske + Budrich: Opladen, 276-287

Stacey, J. (1995): Der Kreuzzug der Revisionisten für Familienwerte in den USA. In: Armbruster, L.C., Müller, U., Stein-Hilbers, M. (Hrsg.): Neue Horizonte? Sozialwissenschaftliche Forschung über Geschlechter und Geschlechterverhältnisse. Leske + Budrich: Opladen, 193-218

Statistisches Bundesamt (2000): Im Blickpunkt. Jugend in Deutschland. Kohlhammer: Stuttgart

Thiele-Wittig, M. (1993): Schnittstellen der privaten Haushalte zu Institutionen. Zunehmende Außenbeziehungen der Haushalte im Wandel der Daseinsbewältigung. In: Gräbe, S. (Hrsg.): Der private Haushalt im wissenschaftlichen Diskurs. Campus: Frankfurt/M., 371-388

Trost, J. (1988): Conceptualising the Family. In: International Sociology 3 (4), 301-308

Tyrell, H. (1988): Ehe und Familie - Institutionalisierung und Deinstitutionalisierung. In: Lüscher, K., Schultheis, F., Wehrspaun, M. (Hrsg.): Die „postmoderne Familie". Familiale Strategien und Familienpolitik in einer Übergangszeit. Unversitätsverlag Konstanz: Konstanz, 145-157

Urdze, A., Rerrich, M.S. (1981): Frauenalltag und Kinderwunsch. Motive von Müttern für oder gegen ein zweites Kind. Campus: Frankfurt/M.

Vaskovics, L.H. (1982) (Hrsg.): Umweltbedingungen familialer Sozialisation. Enke: Stuttgart

Vester, H.-G. (2000): Freizeit: Das wahre Leben? In: Hettlage, R., Vogt, L. (Hrsg.): Identitäten in der modernen Welt. Westdeutscher Verlag: Opladen, 349-360

Voß, G. (1991): Lebensführung als Arbeit. Über die Autonomie der Person im Alltag der Gesellschaft. Enke: Stuttgart

Walter, W. (1993): Vom Familienleitbild zur Familiendefinition. Familienberichte und die Entwicklung familienpolitischer Konzepte von 1953 bis 1990. Forschungsschwerpunkt Gesellschaft und Familie. Universität Konstanz, Arbeitspapier Nr. 5: Konstanz

Wehrspaun, Ch., Lüscher, K. (1993): Familiengründung im Wandel. Das Beispiel „später erster Mutterschaft". Arbeitspapier Nr.6, Forschungsschwerpunkt „Gesellschaft und Familie": Konstanz

Wilk, L. (1997): Koordination von Zeit, Organisation von Alltag und Verknüpfung individueller Biographien als familiale Gestaltungsaufgaben. In: Vaskovics, L.A. (Hrsg.): Familienleitbilder und Familienrealitäten. Leske + Budrich: Opladen, 229-247

Wingen, M. (1997): Familienpolitik. Grundlagen und aktuelle Probleme. Bundeszentrale für politische Bildung: Bonn

Wissenschaftlicher Beirat für Familienfragen beim Bundesministerium für Familie, Senioren, Frauen und Jugend (BMFSFJ) (1998): Kinder und ihre Kindheit in Deutschland. Eine Politik für Kinder im Kontext von Familienpolitik. Kohlhammer: Stuttgart

Zeiher, H. (2000): Hausarbeit: Zur Integration der Kinder in die häusliche Arbeitsteilung. In: Hengst, H., Zeiher, H. (Hrsg.): Die Arbeit der Kinder. Kindheitskonzept und Arbeitsteilung zwischen den Generationen. Juventa: Weinheim, 45-69

Michael B. Buchholz

Wie kann Familienberatung und Familientherapie auf die sich ändernden Familienprobleme antworten?

I. Warum Familientherapie und Familienberatung? Ich will in meiner Antwort zunächst auf einige zeitgeschichtliche Veränderungen und dann auf weitere Aspekte des Themas eingehen.

Wenn man ein Buch mit dem Titel „Das Zeitalter der Nervosität" findet, dann liegt die Vermutung nahe, ein solches Buch könne nur jemand aus der Welt der Psycho-Diskurse geschrieben haben. Tatsächlich aber hat sich ein Bielefelder Historiker, Joachim Radkau (1998), dieses Themas angenommen. Wie weit die Wirkungen der Psychotherapeutisierung unseres Alltagslebens reichen, erkennt man bei diesem Autor wie bei vielen anderen daran, daß er eine persönliche Motivierung für sein Thema voranstellt. Solche persönlichen Begründungen wären vor wenigen Jahren noch undenkbar gewesen, man wollte sachlich, ob-jektiv sein; die eigene Person sollte hinter dem Thema zurückstehen. Radkaus Beschreibung seiner Beschäftigung mit dem Thema ist nun höchst interessant. Radkau (1998, 11 ff.) berichtet, er sei zu seiner Studie über unser Jahrhundert u.a. durch das Auffinden der Tagebücher seines Großvaters gekommen. Dieser Großvater hält nämlich in seinen Tagebüchern fest, er sei „nervös" geworden, nachdem er während einer Reise ins Heilige Land um die Jahrhundertwende nach Alexandria gekommen sei und dieses Sündenbabel in ihm verwirrende sinnliche Erfahrungen geweckt habe. Der damals noch unverheiratete Mann ge-rät in allerlei Versuchungen und kämpft gegen sie an. Just so, wie Freud und Breuer es in den „Studien über Hysterie" von 1895 beschrieben haben, ist es nicht diese Erfahrung selbst, die ihn „nervös" gemacht habe, sondern es sei in ihm eine Erinnerung an ein früheres Ereignis geweckt worden, wie er einmal auf Rügen mit der Kutsche fuhr und die Kutscher zwei junge Mädchen mit-genommen haben - die Seelenruhe ist passé. Radkaus Großvater bekommt, nachdem er die Symptome der Nervosität - Herzklopfen, Schweißausbrüche, feuchte Hände und eine stetige Unruhe - bei sich bemerkt hatte, einen Termin bei dem berühmten Schweninger, Leibarzt Bismarcks. Dieser empfiehlt eine besondere Therapie: heiraten. Genau das wiederholt Freud, wenn er irgendwo notiert, die eigentlich normale Form, der Neurose zu entgehen, sei, eine Ehe einzugehen. Die unbefriedigten Sinne werden als Quelle der Nervosität identifi-ziert und man kann durchaus in dieser Beschreibung des Großvaters eine Be-stätigung der Freudschen Idee sehen, daß es nicht Ereignisse selbst sind, die

Nervosität produzieren, sondern deren Verarbeitung. Wie Freud es beschrieb, geschieht diese Verarbeitung hier auf dem Weg der „Assoziation": Die Reise durch Alexandria wird mit einer anderen, Sinnlichkeit irritierend stimulierenden Erfahrung in Verbindung gebracht, also „assoziiert".

Der Unterschied zu heute ist aber nicht zu übersehen. Wir sehen heute nicht nur, daß Befriedigung der Sinnlichkeit kein Therapeutikum mehr ist. Statt der Sinnlichkeit ist der Sinn selbst nervös geworden. In diese Sphäre des nervösen Sinns sind auch die bislang Sinn garantierenden Institutionen wie Ehe und Familie hineingezogen. Ehe und Familie erscheinen nicht mehr als Lösung für unbefriedigte Sinne, sondern geradezu als Problemgeneratoren. Spätestens mit dem Buchtitel von Horst-Eberhard Richter „Patient Familie" ist die Familie tatsächlich zum Patienten geworden, nämlich seit 1970.

Einer der in der familientherapeutischen Welt meistzitierten Autoren, Niklas Luhmann (1997, 802), formuliert die zu bewältigende Irritationsproduktion prägnant. Er schreibt: „Die Erwartungen, die an Intimbeziehungen (Stichwort Liebesheirat) gerichtet werden, sind so stark gesteigert, weil man schließlich Motive braucht, sich darauf einzulassen, daß in den anschließenden Ehen ein erheblicher Therapiebedarf entsteht und es häufig zu Scheidungen und Neuversuchen kommt."

Heirat und Ehe sind nicht mehr Therapie der Wahl, sondern werden irritiert als Orte der Irritationsproduktion wahrgenommen. Von dem in großväterlichen Zeiten noch empfohlenen Medikament sind heute die Nebenwirkungen allzu gut bekannt.

Die Folgen des ehelich erzeugten Therapiebedarfs sind anhand verschiedener Statistiken, die auf die Scheidungsziffern Bezug nehmen, wohl bekannt. Ich habe dies ausführlich in meinem Buch „Dreiecksgeschichten" (Buchholz 1993) deutlich gemacht. An der Frage, ob die Familie immer noch, wie Max Horkheimer meinte, die „Ahnung eines besseren Zustands" in sich berge, oder ob sie eher die „Hölle" sei, scheiden sich die Geister. Die öffentlichen Diskussionen darüber sind kontrovers. Aber Luhmann weist zurecht auf eine verschärfte Problematisierung hin: Gerade die gesteigerten Erwartungen an den Himmel auf Erden sind Problemproduzenten. Wir wissen mittlerweile zu gut, daß man sich mit der Hoffnung auf den Himmel tatsächlich die Hölle auf Erden bereiten kann. Ehe und Familie haben vielerlei Konkurrenten bekommen und die öffentliche Semantik bildet das mit teilweise bizarren Wortneuschöpfungen ab. Wir haben Einelternfamilien, Scheidungsfamilien, Nachscheidungsfamilien, Single-Haushalte, Wohngemeinschaften der Alleinerziehenden und der „solo-fathers", Rentner-Kommunen und vieles andere noch. Wir haben meisterliche Wortneuschöpfungen wie den „Lebensabschnittspartner", die umstandslos zugestehen, daß unsere Lebensläufe nicht mehr in vorhersagbaren, standardisierten Bahnen verlaufen, sondern fragmentiert sind - aber wer wollte über all das nur klagen? Schließlich ist mit den so bezeichneten Konkurrenzen zum familialen Standardmodell auch die Möglichkeit insbesondere für Frauen entstanden, aus unwürdigen ehelichen Zwängen auszusteigen und andere, Jüngere haben Wahlmöglichkeiten gewonnen. Damit können sie Erfahrungen insbesondere mit der Sinnlichkeit in einem Alter schon machen, als ihre Großeltern davon nicht einmal zu träumen wagten, sondern nur „nervös" wurden. Unser Problem ist nicht mehr so sehr die Befriedigung, sondern die Wahl, denn wir können unsere Wahlen - der Lebensform wie der Lebensabschnittspartner - nicht mehr zureichend begründen, obwohl die Begründungsansprüche gestiegen sind.

II. Neben diesen hier angedeuteten Veränderungen gibt es solche, an denen die Psychoanalyse direkt mitbeteiligt ist. Während Freud sein populärstes Buch noch als „Psychopathologie des Alltagslebens" betitelte, haben wir es heute mit einer Psychopathologisierung des Alltagslebens zu tun. Psychoanalytische Deutungen haben sich universalisiert. Niemandem mehr sind Begriffe wie Verdrängung, das Unbewußte, Ödipus oder Fehlleistungen unbekannt; jeder weiß, daß es untergründige Verhaltensmotivierungen gibt; und schon in den dreißiger Jahren mokierte sich Elias Canetti über die diesbezüglichen Party-Gesprächsthemen. Was damals noch Deutung war, ist heute Konversationsroutine. Ich will dafür ein Beispiel von vielen möglichen geben.

Der amerikanische Star-Autor John Updike hat ein Buch mit dem Titel „Ehepaare" geschrieben. Die Story spielt in den 60er Jahren in einer kleinen amerikanischen Stadt an der Ostküste, man lernt verschiedene Paare kennen und es wird mit raffinierter ironischer Distanz dem Leser die Sinnlosigkeit eines Lebens auf den Leib gerückt, das sich nur mit Parties oder Tennis-Spielen zu füllen versucht und die dennoch nicht beseitigbare Leere durch Sexspielchen und Partnertausch kompensiert. Das Soziale scheint hier aus der Angst zu entstehen, dabei entdeckt zu werden. Piet, einer der Hauptakteure, erzeugt einen ziemlichen Schlamassel, als er eine der vielen Frauen, mit denen er Verhältnisse begann, geschwängert hatte und eine Abtreibung nötig wird; man zieht sich von ihm zurück, er vernachlässigt sich und verkommt etwas, aber der Glaube, er habe es auch weiter ständig mit den Frauen, erhält sich in seiner Umwelt. So kommt es zu einem Dialog, wo eine der ehemaligen Geliebten zu ihm sagt: „Alle Welt ist davon überzeugt, daß du dir einen Stall voller Mädchen hältst." Und Piet antwortet: „Alle Welt irrt sich. Mich interessieren bloß verheiratete Frauen. Die erinnern mich an meine Mutter" (Updike 1966, 448). So offen also kann man seine ödipale Fixierung gestehen.
Piets Frau hingegen, der Seitensprünge ihres Ehemannes überdrüssig, macht eine Psychotherapie - mit der Folge einer Scheidung. Sie löst sich aus für sie unerträglichen Verhältnissen, aber was *ihre* Emanzipation ist, hat dramatische

Folgen für die gemeinsamen Kinder. Man kann also nicht behaupten, Psychotherapie und Beratung sei ein wirkungsloses Unternehmen; aber anders als es die gegenwärtigen Versuche, Psychotherapie und Beratung in ein instrumentelles Korsett zu zwängen, wollen, kann Psychoanalyse ihre Erfolge nicht deterministisch vorhersagen; sie kann Entwicklungen anregen. Wenn wir die Geschichte von Piet und seiner Frau exemplarisch für die gegenwärtige Zeit lesen, dann können wir sehen, daß es schon wünschenswert gewesen wäre, wenn Piet und seine Familie einige gemeinsame familientherapeutische Sitzungen hätten haben können - gerade die erfolgreiche Therapie eines Einzelnen schafft manchmal Schwierigkeiten für andere, die mit ins Kalkül gezogen werden sollten. Und hier hat man eine Begründung für Familientherapie. Aber warum psychoanalytisch?

III. Die Folgen familiärer Kriege, von Scheidungen, Vernachlässigung und Mißrauch bekommen Psychotherapeuten jeder Couleur in ihren Praxen und Berater in ihren Gesprächszimmern zu sehen und zu hören. Obwohl sie häufig nur einzelne Personen behandeln, kommen sie dabei manchmal zu Befunden, die von denen der Familientherapeuten nicht weit entfernt sind. Ein solcher Psychotherapeut, Christopher Bollas, ein Psychoanalytiker der unabhängigen englischen „middle-group", betitelt sein Buch „Der Schatten des Objekts" (1997) – der Schatten, das sind die Nachwirkungen derjenigen Personen, mit denen uns in Zeiten unserer Unreife sehr intensive, sehr persönliche Beziehungen verbunden haben. Bollas macht hier sehr erhellende Bemerkungen. Er beschreibt Eltern als „Verwandlungsobjekte"; sie haben eine Verwandlungsfunktion. Sie entlasten das Kind von Spannungszuständen, beruhigen es und bewahren Erinnerungen auf. Aber sie können auch in dieser Funktion versagen. „Zu den Hauptzielen eines jeden Kindes", schreibt Bollas (1997, 141), „gehört es, von den Eltern psychisch besetzt zu werden, selbst wenn das heißen sollte, zu einem verläßlichen negativen Selbstobjekt für sie zu werden. Denn die eigentliche Angst des Kindes ist, man könne ihm keinerlei Beachtung schenken, als sei es tot." Die kindliche Erlebnisverarbeitung ist eines der exquisiten Themen der Psychoanalyse gewesen; sie kann hier historische Priorität beanspruchen und hat ein ungemein differenziertes klinisches Wissen darüber zusammengetragen. Dies bezieht sich vor allem darauf, wie „tote Kinder", wenn sie denn je die Hilfe eines Psychoanalytikers finden, wieder lebendig werden können - ich verwende den Ausdruck von Bollas in einem metaphorischen Sinne. Der Psychoanalytiker Bollas geht aber noch mehr Schritte in die familientherapeutische Richtung: „Ein Kind entwickelt meiner Ansicht nach", schreibt Bollas (1997, 126), „einen Fixierungspunkt nie aus sich allein heraus, vielmehr muß man von einem Stockungs- und Fixierungspunkt der Familie sprechen." Solche Sätze erfreuen einen Familientherapeuten, der zugleich Psychoanalytiker ist, denn die familientherapeutische und die psychoanalytische Erfahrung konvergieren hier in konfliktfreier Weise. Nimmt man hinzu, daß andere Psychoanalytiker bei der Behandlung von schwerer gestörten Patienten dazu raten, auch einmal die Angehörigen zu einem Gespräch zu sehen - denn was Borderline-Patienten an Schrecknissen und Mystifizierungen über ihre Herkunftsfamilie berichten, sei keineswegs nur äußerer Ausdruck bloß „innerer" Objekte, sondern brutale familiäre Wirklichkeit -, dann läßt sich die psychoanalytische Bewegung sehen. Psychoanalytiker verschließen sich nicht unbedingt sozialen Erfahrungen, wie man sie in Familien machen kann; vielmehr stellen sie sich ihnen.

IV. Ich will nun zum Thema der familiären Fixierungspunkte ein Beispiel schildern, das ich vor vielen Jahren als Leiter einer ambulanten Familienberatungsstelle erlebt habe. Es handelt sich um ein neunjähriges Mädchen, die stotternde Sabine, die mit ihrer Familie vom Lehrer geschickt worden ist. Der Grund, der die Familie in die Beratungsstelle führte, hat also etwas mit dem Sprechen und dessen Organ, dem Mund, zu tun.

Mir begegnet eine sich äußerst harmonisch, problemfrei gebende fassadenhafte Fernsehfamilie. Alle lächeln sich ständig gegenseitig an. Sabine wird gebraucht als umstrittene Bundesgenossin zwischen den Eltern, erkennbar an einem bestehenden Interaktionsmuster. Die Mutter legt ihr bestimmte Äußerungen, die sie getan haben soll, in den Mund, z.b. daß sie gerne in die Beratungsstelle habe gehen wollen. Noch bevor Sabine antworten kann, meint der Vater zu Sabine gewandt: „Aber du hast doch auch gesagt, du hättest gerne heute nachmittag gespielt." Sabine antwortet nicht, kann ja eigentlich auch nicht antworten, sondern lächelt mit blendend weißen Zähnen beide Eltern an, lediglich ihre Augen, zwischen Vater und Mutter hin und her wandernd, verraten ihren Konflikt. Faßt man das Stottern als eine Störung auf, bei der man unmöglicherweise versucht, gleichzeitig zwei gegenläufigen Impulsen zu folgen, dann kann man hier schon ahnen, wie das Stottern familiär produziert wird. Nicht alle Kinder in der Rolle eines umstrittenen Bundesgenossen jedoch beginnen zu stottern; hier kommt eine Fixierung ans Sprechen und an den Mund hinzu: die Mutter ist Zahnärztin, der Vater muß beruflich oft Vorträge für Reisefachleute halten. Alle Familienmitglieder haben es also mit dem Sprechen oder dem Mund zu tun.

Beiläufig wird erwähnt, daß Sabine Einzelkind sei, und als Beleg für die familiäre Harmonie wird angefügt, daß Sabine sogar oft nachts in das elterliche Bett auf die „Besucherritze" kommt und ihre Stofftiere mitbringt. Sie sei immer ein ganz unkompliziertes Kind gewesen, habe keine Trotzphasen gehabt, die Mutter bezeichnet sie wörtlich als „pflegeleicht". Im weiteren Gespräch besteht der Vater zweckorientiert immer wieder darauf, der Therapeut solle mehr fragen, um Sabine besser, „zielgerichteter" helfen zu können. Die Mutter öffnet sich ein wenig und erzählt gedrückt, sie könne aus medizinischen Gründen keine weiteren Kinder mehr bekommen. Sie habe Sabine schon früher erklärt, der Arzt habe gesagt, sie könne dann sterben. Darin steckt auch eine angstmotivierte Erwartung, daß Sabine also die Mutter schonen müsse und nicht beanspruchen dürfe. Aber, lächelt sie über ihre Traurigkeit hinweg, sie habe ja Sabine. Keine weiteren Kinder bekommen zu können, gibt dieser Mutter offenbar ein arg schlechtes Selbstwertgefühl. So freue sie sich, wenn sie, die doch eine schlechte Pädagogin sei, dennoch mal mit der Lehrerin bezüglich der Hausaufgaben usw. übereinstimme. Hier wird Sabine munter und gibt der Mutter und dem Vater Noten als Pädagogen: die Mutter bekommt eine Drei, denn sie ist die schlechtere Pädagogin als der Vater, der erhält eine Zwei. Sabine gibt die Noten. Wenn auch spielerisch, übt sie doch die Autorität. Sie regelt in gewisser Weise die pädagogische Selbstachtung der Eltern - und darin übt sie eine quasitherapeutische Aufgabe. Solche Erfahrungen haben mich zu der Annahme geführt, daß Kinder nicht nur „Objekte" oder „Selbstobjekte" der Eltern sind, sondern ihrerseits eine Art naturwüchsiger therapeutischer Verwandlungsfunktion für ihre Eltern übernehmen (Buchholz 1985, 1995); sie versuchen mit ihren Mitteln, Eltern aus deren Fixierung zu lösen, leider nicht immer erfolgreich. Aber es hilft, die Kinder als so kompetent zu betrachten wie das die „baby-watcher" längst tun (Dornes 1993) und sich an deren Hilfeversuchen für die Eltern zu orientieren.

Ich bringe das Gespräch auf die Rolle Sabines als Einzelkind zurück, und der Vater meint: „Naja, das gleicht schon einem Problemchen." Man müsse sich nur mal vorstellen, Sabine stoße etwas zu. „Sehen Sie nur", sagt er, „denn eins minus eins ist null." Das wirkt wie ein Schock, gerade weil er es so nüchtern sagt. Auf ihm lastet das Beziehungsmuster seiner Familie, mehrere Kinder zu haben und nun auch selbst haben zu sollen - und nun geht das mit seiner Frau nicht. Ich spüre, welche Angst ihm der Gedanke „eins minus eins ist null" macht, und daß er so distanziert davon sprechen muß, weil er schon den Gedanken kaum erträgt.
Aber erstaunlich ist nun, daß sich die Mutter ähnlich äußert, offen darüber spricht, daß es eine ständige Besorgtheit gibt, Sabine könne etwas zustoßen. Ein Unfall, gar ihr Tod, ist anscheinend ständig präsent. Und ein denkbarer „Ersatz" für Sabine, der als Thema ebenfalls in der Luft liegt, würde, so die ärztliche Mitteilung, die Mutter das Leben kosten. Ich frage mich, ob Sabine sich fragt, wieviel sie bereits die Eltern „gekostet" habe? Sabine, die eben etwas munterer werden wollte, erstarrt in ihrem Lächeln. Die gemeinsam geteilte unbewußte Phantasie dieser Familie könnte man so formulieren: „Sich auszusprechen, den Mund aufzumachen, also frei und ungehemmt in Beziehung zueinander zu treten, bedeutet, sich zu töten." Sie wird durch die Harmoniefassade und den Helfer-Mythos abgewehrt, verbindet aber zugleich die Familie. Sie übt hier die synthetische Funktion aus.

Ich äußere nun der Familie gegenüber, daß ich den Eindruck tiefer innerer Verbundenheit zwischen allen spüre, die so weit geht, daß sie ganz ähnlich sein wollten, wie man an der gemeinsamen Art zu lächeln sehen könne. Das Lächeln bringe aber auch zum Ausdruck, daß die Familie sich im Positiven verbinden wollte. Der Vater unterbricht mich fast grob: So sei es. Schließlich habe „es ja auch gar keinen Sinn", sagt er, „über Blut und Leichen, Tod und Mord und all das zu reden". Ich erkläre weiter, daß alle das Negative offenbar auch spürten und sich darüber hinweghelfen wollten. Der Vater wolle Sabine durch zielgerichtete Gespräche helfen, die Mutter, indem sie eine gute Pädagogin sein wolle, aber Sabine helfe auch den Eltern, indem sie manchmal zu ihnen ins Bett komme, um zu trösten und getröstet zu werden, aber sicher auch, um zu zeigen, daß sie noch da sei. Hier fügt die Mutter ein, ja, Sabine sei „so etwas wie die Krankenschwester in der Familie". Diese schöne Metapher erhellt, daß Sabine hilft, aber wir sehen auch das andere Muster: Wenn Sabine als Krankenschwester gebraucht wird, dann gibt es ja auch im metaphorischen Sinne „Kranke". Sie „pflegt" sozusagen die Verletzungen der Eltern. Und als die Mutter so von Sabines Rolle als Krankenschwester spricht, deute ich, vielleicht sei es manchmal für Sabine schwer, *beiden Eltern zugleich* zu helfen.
Hier beginnt Sabine bitterlich zu weinen, die Mutter reicht ihr ein Taschentuch und erzählt, daß Sabine in der vergangenen Nacht erneut zu den Eltern ins Schlafzimmer gekommen sei. Daran kann sich Sabine zuerst nicht erinnern. Die Familie schweigt, und dann fällt Sabine ein, sie habe nämlich geträumt, daß sie vor einem Schrank im Flur stehe, den habe sie aufgemacht, und darin sei der Vater gewesen, und der sei ganz kaputt. Jetzt ist die Mutter in Panik. Sie habe nämlich immer geglaubt, zu helfen sei „Sabines Wesen", aber jetzt? Vielleicht überfordere man sie ja viel zu sehr. Sie schweigt betroffen, beide Eltern spüren, in welcher Weise sie Sabine gebraucht haben; zwar ist Sabine durch meine Deutung aus einer aktuellen Einbindung als umstrittene Bundesgenossin befreit und dann tauchen typischerweise Träume auf - aber für welche elterlichen Verletzungen ist sie Krankenschwester? Auf Seiten der Mutter liegen die Dinge einfach; die Mutter hat Angst zu sterben, wenn sie sich nicht schonte und weitere Kinder bekäme. Sabines Traum gibt einen Hinweis auf den Vater und zugleich ist er dadurch, daß er in Anwesenheit des Vaters erzählt wird, ein mächtiger Anstoßgeber für den Vater. Sabines Traum, so möchte ich prägnant sagen, bedarf keiner Deutung; er ist selbst schon eine Deutung der väterlichen Fixierung.

Der Vater nimmt den Anstoß auf. Vielleicht, meint er, sei wirklich etwas in ihm kaputt. Er ist nämlich der Älteste von mehreren weiteren Geschwistern. Als er neun Jahre alt war, mußte er auf den fünfjährigen Bruder aufpassen. Der Kleine spielte auf der Straße, lief einem Ball hinterher und wurde von einem vorbeifahrenden Auto erfaßt. Er starb im Krankenhaus. Der Vater bringt die Geschichte kaum heraus, stockt, unterdrückt die Tränen, stockt und – stottert schließlich.

Schließlich löst sich sein Krampf in einem erschütternden Weinen und Sabine fragt ihn, als er sich wieder gefangen hat, ob ihn denn nie jemand getröstet habe? „Nie! Das ist es ja gerade", ist die gepreßte Antwort. Er habe es nie verwunden und wisse bis heute nicht, ob er eigentlich von seiner Familie für schuldig gehalten werde.

V. Leicht kann man sich vorstellen, daß damit ein zentrales Thema für die weiteren Familiengespräche gefunden war, aber ich will hier zum Stichwort der familiären Fixierungen zurückkehren. Man könnte ja sagen, der Vater hat eine Übertragung auf seine Tochter, die diese in der tröstenden Krankenschwesternrolle fixiert hat. Aber dann ist die Übertragung ja gerade *nicht* Wiederholung, denn er hatte ja gerade niemanden, der für ihn als „Krankenschwester" gesorgt hätte – was also würde es bedeuten, die Übertragung *als Wiederholung* aufzufassen?
Ich definiere die Übertragung deshalb einfach und schlicht, indem ich sage: Die Übertragung ist eine gebrauchte Beziehung. Ich meine das durchaus doppeldeutig: Die Beziehung wird gebraucht und sie ist sozusagen „second hand". Die Übertragung auf die eigenen Kinder fixiert diese an jener Stelle, an der sie gebraucht werden. Die Übertragung auf einen Therapeuten fixiert diesen dort, wo er gebraucht wird. Der Unterschied zwischen dem Kind und dem Berater oder Therapeuten ist der, daß der Therapeut sie eben selbst zum Thema machen kann. Das Gebrauchtwerden in einer Beziehung wird dabei nicht überflüssig. Die kooperative Arbeit an dem, was die Beziehung ausmacht, wird gebraucht und sie ist, wie mittlerweile alle therapeutischen Schulen einheitlich lehren, heilsam; die schafft die nötige Intimität und die erforderliche Distanz zugleich.

Durch die langjährige Spaltung zwischen Psychoanalytikern einerseits, Systemtherapeuten oder Verhaltenstherapeuten andererseits waren bestimmte Themen aus dem familientherapeutischen Diskurs seltsamerweise wie verdrängt und werden nur mühsam eingeholt. Das betrifft die gemeinsame Fixiertheit, das betrifft die Traumerzählung in der Familientherapie (Buchholz 1988), das betrifft aber auch die Rolle der Affekte. Hier wird der Nachholbedarf auf seiten der nicht-psychoanalytischen Familientherapeuten bemerkt und für Abhilfe gesorgt; meine Mitherausgeber der Zeitschrift „System Familie", Rosemarie Welter-Enderlin und Bruno Hildenbrand, wurden hier initiativ und haben dazu im März 1997 einen wundervollen Kongreß in Zürich organisiert (Welter-Enderlin, Hildenbrand 1998).

Es lassen sich aber auch Veränderungen innerhalb der psychoanalytischen Auffassungen sehen. Ich habe Sabines Traum als eine Deutung bezeichnet. Das ist ungefähr so wie in einer anderen Geschichte: Melanie Klein deutete - wie es ihrem Konzept entsprach - einem kleinen Jungen alles, was er während der Behandlungsstunde bei ihr tat, als seinen unbewußten Wunsch, er wolle mit ihr sexuell verkehren. In der 5. Sitzung berichtete der Junge einen Traum: Er hatte von jemandem geträumt, der es als seine Aufgabe ansah, die Welt mittels bestimmter Formeln zum Frieden zu bekehren. Melanie Klein hat auch diesen Traum mit ihren Formeln gedeutet, aber John Gedo (1986), Psychoanalytiker aus Chicago, kommt auf diese alte Geschichte zu sprechen und bemerkt trocken, dieser Traum bringe wohl deutlich die Wahrnehmung des Jungen von abgewehrten Selbstanteilen seiner Therapeutin zum Ausdruck. Andererseits zeigt uns diese Geschichte die neue Auffassung, daß sogar Träume etwas mit Interaktion, mit menschlichen Beziehungen, mit dem Sozialen zu tun haben. Die Psychoanalyse interessiert sich für Verarbeitungen sozialer, interaktiver Erfahrungen, die bis in die Tiefe der Traumverarbeitung reichen. Der Traum wandelt Ereignisse in Erlebnisse um und gibt ihnen seelischen Gehalt. Die Kluft zwischen dem Psychischen und dem Sozialen ist weit weniger scharf als bislang angenommen, so, wie sich auch die Grabenkämpfe zwischen psychoanalytischen Einzel- und systemischen Familientherapeuten längst überflüssig gemacht haben. Man kann wieder voneinander lernen.

VI. Aber es gibt eine Dimension des Sozialen, auf die ich schon zu sprechen gekommen bin: den Wandel der Familienformen. Hier möchte ich fordern, daß Familientherapeuten, egal welcher schulischen Orientierung, sich Gedanken darüber machen, wie sie Alternativen zum konventionellen familiären Standard-Modell unterstützen können, denn der dort erzeugte Therapiebedarf, von dem Luhmann sprach, ist ja nicht zu übersehen. Aber übersehen sollte man auch nicht, daß diejenigen, die Alternativen erproben, ihrerseits ans Standardmodell fixiert sind und therapeutische Hilfe zur Lösung aus solchen Fixierungen gut gebrauchen können. Dann könnten auch Versuche mit alternativen Lebensformen vielleicht erfolgreicher verlaufen. Ich will dazu ein Beispiel aus einem Gespräch mit einem Vertreter jenes Familientyps nennen, die ich einmal als „Anti-Familie-Familien" bezeichnet habe (Buchholz 1995).

Es handelt sich im folgenden um das dritte Gespräch mit Herrn L. und Frau K., beide Mitte 30, die eine gemeinsame siebenjährige Tochter Hilke haben. Herr L. und Frau K. sind nicht verheiratet, sie lebten seit Hilkes Geburt zusammen in einer Landkommune; seit einem knappen Jahr haben sie sich getrennt, Hilke ist mit ihrer Mutter in eine gemeinsame Wohnung in ein nahegelegenes Dorf gezogen, während Herr L. am alten Ort wohnen blieb. Hilke läßt sich seit dieser Zeit nichts mehr sagen, sie terrorisiere beide Eltern und diese können sich nicht auf Absprachen, die Alltagsregelungen von Hilke betreffen, einigen.

Der Vater berichtet eine charakteristische Szene:

Vater: Gestern hab ich Hilke nach der Schule zu Lene (Frau K., der Mutter von Hilke) gebracht, Lene hat zu der Zeit noch gearbeitet. Hilke und ich wollten dann schwimmen gehen, und ich bin runter gegangen ans Auto, um was zu richten, und als ich wieder rauf kam, hatte Hilke die Tür zugeworfen, und ich konnte nicht mehr rein. Ich hab halt keinen eigenen Schlüssel für Lenes Wohnung.

Herr L. schildert hier eine dramatische Szene aus dem familialen Alltag, die sich am Vortag mit seiner Tochter ergab. Neben einem ersten Widerspruch - er bringt Hilke zu deren Mutter Lene, obwohl die gar nicht zu Hause ist, um dann mit Hilke schwimmen zu gehen - fällt eine andere Unstimmigkeit auf: Seine Erklärung, er habe keinen eigenen Schlüssel, erstaunt nicht nur deshalb, weil sie im Tonfall zurückgenommen und bescheiden gemacht wird, sondern weil sie als eine „Erklärung" abgegeben wird. Wofür besteht hier ein Erklärungsbedarf?

Hilke hat die Tür zugemacht und er konnte nicht rein. Die soziologische Dimension dieser Szene wird erkennbar, wenn man sich auf einer Art Kontrastfolie vorzustellen versucht, ein autoritärer Vater hätte diese Szene noch in den 60er Jahren berichtet; er hätte nicht erklärt, keinen Schlüssel zu besitzen, sondern hätte eine mehr oder weniger lautstarke Auseinandersetzung mit seiner Tochter begonnen. Statt dessen wird hier der Konflikt einvernehmlich zu regeln versucht; der Preis für den Konsens allerdings ist der Erklärungszwang des Vaters. Es ist, als wolle der Vater sagen: Wenn er den Schlüssel gehabt hätte, wäre das Problem leicht zu lösen gewesen. Zwang zum Konsens heute, wo damals autoritäre Bestimmung gewesen wäre. Die angesprochenen Veränderungen etwa zu der Zeit von Radkaus Großvater sind nicht nur äußerlich, sondern werden intern verhandelt.

Aber - warum erzählt er die Geschichte dem Therapeuten? Hier äußert sich eine unausgesprochene Erwartung: daß der *Therapeut* Hilke zur Rede stellen soll - natürlich „therapeutisch", also wiederum konsensorientiert. Dazu bräuchte allerdings der Therapeut den „Schlüssel" - und man kann sehen, daß diesem eine Bedeutung als „Erlebnissymbol" zukommt, die sich erst noch herausschälen muß. Achten wir auf die nun stattfindenden Bedeutungsselektionen.

Die Mutter fährt fort:

Mutter: Hilke hat es mir am Abend erzählt, und daß sie dann den Vater nach 'ner halben Stunde wieder rein gelassen hat. Es kommt ja auch drauf an, wie man das jemandem sagt; Reinhart (Herr L.) ist ja auch sonst sehr unaufmerksam, beim Essen oder so, da hab ich auch Schwiergkeiten mit.
Vater: Das Problem ist halt, ich kann da das Hausrecht nicht ausüben.

Die Mutter gibt hier eine gewisse Zwiespältigkeit zu erkennen, auch sie will den Konflikt konsensuell regeln und schlägt deshalb eine psychologisierende

Deutungsmöglichkeit vor: Es könnte sein, daß Hilkes Verhalten eine Reaktion auf die *im allgemeinen* „unaufmerksame" Art des Vaters ist. Diese „Art" soll nun erklären, weshalb er überhaupt in diese Situation geraten ist. Gerade die Psychopathologisierung schiebt dem Vater allerdings den „schwarzen Peter" zu; sie ist ein Angriff gegen ihn, auf den er mit Verweis auf das Hausrecht reagiert. Das Hausrecht in der Wohnung seiner Ex-Freundin zu besitzen, wäre, so eine erste Bedeutungsschicht des Erlebnissymbols, Zeichen für den Schlüsselbesitz. Er ist aber auch zugleich Indikator für ein ungelöstes institutionelles Problem, auf das der Vater aufmerksam machte: das Hausrecht.

Dieser richtige Hinweis auf die problematische juristische Seite ihrer Beziehung wird hier in einer Weise verwendet, die eher Fragen aufwirft. Der Vater bietet eine quasi-juristische Deutung der Situation an, aber sie überzeugt nicht ganz. Er, der eine alternative Lebensform abgekoppelt von institutionellen Vorgaben gewählt hat, besteht auf der Ausstattung mit formalen, institutionalisierten Rollenmerkmalen des Rechtssystems - das ist ein merkwürdiger Widerspruch. Es bestätigt sich, daß der „Schlüssel" nicht nur eine konkret-reale, sondern auch eine symbolische Bedeutung hat. Hinter dem Problem mit der Alltagsregelung muß sich noch eine andere Bedeutung verbergen; die Lösung des „institutionellen" Problems, der Besuchsregelung und der väterlichen Rechte, ist fixiert, solange an ihm noch eine andere Bedeutung mit abgehandelt wird.

Die Mutter berichtet nun, daß Hilke sich auch bei ihr schon öfter in ihr Zimmer eingeschlossen hat, und sagt dann:

> *Mutter:* Hilke, daß du dich verschließt, ist doch im Grunde erst, seit wir in der neuen Wohnung wohnen.
> *Hilke:* Sei still! Du hast mich doch gestern nicht abholen wollen, weil du dann mit Reinharts Arbeitskollegen zusammengetroffen wärst nach dem Schwimmbad.
> *Mutter:* Ja, das stimmt, ich hab immer das Gefühl, daß du dich meiner schämst, Reinhart, vor deinen Arbeitskollegen. Was ich nie verstanden habe.
> *Vater:* Schämen ist nicht das richtige Wort, wir fangen halt immer gleich Streit an.
> *Therapeut:* Es scheint so zu sein, daß immer einer ausgeschlossen sein muß; diesmal sind Sie, Frau K., anscheinend aus der Beziehung zu den Arbeitskollegen ausgeschlossen. Umgekehrt war es hier so, daß Mutter und Tochter zusammen sind und Sie, Herr L., kommen nicht rein.

Die vom Vater einleitend berichtete dramatische Szene war keineswegs ein einmaliges Ereignis, Hilke verschließt sich öfter; und gleichzeitig wird damit eine neue Deutung angeboten: Hilke schließt nicht den Vater aus, sie schließt sich ein. Hilke reagiert mit einer Enthüllung der Motive der Mutter, die nicht erleben möchte, daß Reinhart sich ihrer schämt. Hier hat die Mutter sich verschlossen und wir erfahren sogleich, daß Reinhart sich seinerseits vor ihr verschließt, weil er den Streit vor seinen Arbeitskollegen fürchtet. Dieses in den

verschiedenen Szenen strukturell identische Moment des gegenseitigen Aus-
schließens hebe ich in meiner ersten therapeutischen Deutung heraus.

Darauf nun reagiert Hilke, indem sie mir ein Bild überreicht, das sie auf einem
kleinen, mitgebrachten Block während der Stunde gemalt hat, und sagt dazu:

> *Hilke:* Da staunt jemand Bauklötze (lacht und läuft wieder auf ihren Platz).
> *Mutter:* Ja, Reinhart, Du warst so oft so unaufmerksam, und immer dieses Flucht-
> verhalten, kaum kam mal 'n bißchen Spannung irgendwie auf, hast du gleich Hasch
> geraucht. Pfeife, ab hinter den Schleier. Immer war unser Kontakt damit unter-
> brochen.
> *Vater:* Du hast das doch gar nicht mitgekriegt, wenn ich geraucht hab'.
> *Mutter:* Ich wußte nie, ist er für mich erreichbar oder nicht?
> *Therapeut:* Ist die Tür zu oder nicht? Reinhart, Sie scheinen sich manchmal so
> hinter den Schleier zurückzuziehen und dann haben Sie, Frau K., keinen Schlüssel.
> *Mutter:* Ja, genau.
> (kurzes Schweigen)

Hier wird zweierlei sichtbar:

1. „Sich-Verschließen" ist eine Art Überschrift für die Beziehungen innerhalb der
Familie.
2. Das, was anfangs auf einer konkret-realen, den institutionellen Konflikt aus-
zeichnenden Ebene sich abspielte, bekommt *auch in der Wahrnehmung der Familienmitglieder* eine symbolische Bedeutung.

Nach einem gewissen Schweigen überreicht Hilke mir ein neues Bild und
erlaubt mir, vorzulesen, was sie darauf geschrieben hat:

> *Therapeut:* Hilke meint, da sei etwas, was den Vater böse macht.
> *Vater:* Wir haben uns immer wieder gefragt, ob es möglich sein würde, ein gemein-
> sames Sorgerecht ... und ich hab' dich immer wieder gebeten, dich auch mal in
> meine Lage ... (schweigt).
> *Therapeut:* Was Sie böse macht, scheint's, ist, daß Sie Vater sind, aber sich als Va-
> ter nicht so richtig berechtigt fühlen.
> *Vater:* Ach, das ist ein altes Problem. Meine Mutter ist vor einem Jahr gestorben[1],
> sie hatte einen Herzfehler und war immer viel im Krankenhaus, und da war schon
> immer bei uns 'ne andere Frau im Haus, die die Wäsche machte und so. Und mein
> Vater war eigentlich Bäcker, und wir waren aber vier Kinder und hatten nie Geld,
> und da kam er immer abends, machte das Abendessen und verschwand dann noch
> mal zu 'ner anderen Arbeit. Als Kind hab' ich ihn halt kaum kennengelernt. Ich war
> auch oft bei so 'ner Tante.

---

[1] Also zum Zeitpunkt der Trennung der Partner!

Mutter: Das möchte ich auch mal sagen: Mit der Beziehung zu deinem Vater war ich auch nie einverstanden, die war einfach unangemessen.

Vater: Naja, er hatte sehr viele Schwierigkeiten, den Tod meiner Mutter zu verdauen, und da hat er sich sehr allein immer gefühlt, er war gerade berentet worden und hätte endlich Zeit gehabt für seine Frau, und da starb die. Und er hatte überhaupt keine Kontakte bei uns im Dorf, die hatte immer meine Mutter so gemacht. Er war halt aus der DDR gekommen[2] ins Dorf meiner Mutter und jetzt war er allein, und ich hab ihm da halt im wesentlichen zugehört, ihm mal die Wäsche gemacht und war halt zwei- bis dreimal die Woche bei ihm abends ... ich war halt doppelt behängt, hier und dort, aber die Beziehung zu meinem Vater war mir halt sehr wichtig. Ich hatte früher immer schwere Autoritätsprobleme mit ihm, bin mit 16 Jahren von zu Hause weg und jetzt so seine Schwäche erleben ...

Therapeut: Ja, und jetzt haben Sie ihn so umsorgt, so wie damals diese andere Frau, und es scheint, daß Sie nicht so sehr den Platz des Sohnes, sondern eigentlich mehr den Platz der Mutter ihm gegenüber eingenommen haben, Sie helfen ihm so gegen die Einsamkeit ... zu Hause scheint die Mutter mehr die Türen auf- und zugemacht zu haben, die hatte den Schlüssel, knüpfte die Kontakte.

Vater: Jaa, das stimmt irgendwie ... der Schlüssel, das ist irgendwie das Väterliche (lacht), mein Vater hatte auch nie einen bei sich ... .

Hilke: Guck mal, Herr Buchholz!

(Hilke spielt am Puppentheater König und Königin).

Der „Schlüssel" ist das Symbol des Väterlichen, aber ich glaube, der Weg, auf dem dies erfahrbar wird, ist doch aufschlußreich. Nicht der therapeutische Interpret weiß das von vornherein, sondern diese Bedeutung erschließt sich dialogisch.

Zudem ist der Zusammenhang zweier „life events" deutlich geworden: Die Datierung des Konflikts mit Hilke fällt zeitlich mit dem Tod von Herrn L.s Mutter zusammen. Herr L. hat hier nicht nur einen Konflikt zwischen zwei Loyalitäten zu bewältigen, sondern er ersetzt dem Vater die Mutter - und das hat auch eine soziologisch relevante Komponente. Da er in späteren Sitzungen davon spricht, daß er sich beim Zuhören gegenüber dem Vater tatsächlich irgendwie weich und eher weiblich empfunden habe, kann man sehen, wie seine negativ-ödipale Fixierung ins Zentrum des Dialogs gerät; sein Selbstkonzept verändert sich, und da ihm in seiner neuen Familie gleichsam die traditionellen institutionellen Stützen fehlen, um sich als Mann zu fühlen, bringt er dieses defiziente Selbstgefühl in seiner ersten Äußerung zum Ausdruck: Er hat den Schlüssel nicht und er erwartet ihn von einer Institution, wie etwa dem Rechtssystem - ersatzweise vom Therapeuten.

Damit will ich selbstverständlich nicht sagen, daß man sich nur mit traditionellen institutionellen Stützen als Mann fühlen kann, aber die moderne Frage, wel-

---

[2] Schon in den 50er Jahren.

che Identitätsentwürfe aus der Identifizierung mit den eigenen Eltern noch tragen und welche einer Änderung bedürfen, um den eigenen und neuen Ansprüchen an die Legitimität zu entsprechen, ist hier in einer unbewußten Verankerung zu sehen. In der Familie seiner Herkunft verhält er sich gemäß der alten Liebesmetapher, wonach Liebe zur Aufopferung verpflichtet - hier dem Vater gegenüber und in der unbewußten Bedeutung einer Identifizierung mit seiner Mutter. Diese Liebesmetapher allerdings kollidierte mit der in seiner alternativen Familie. Hier erscheint Liebe ja als zu bewältigende Problemmenge. Ich leite daraus die allgemeine Frage ab: Kann, wenn von „Beziehung" statt von Liebe gesprochen wird, dies zu mehr Freiheitsgraden beitragen?

VII. Zusammenfassend könnte man sagen: Psychoanalytische Familientherapie wird gebraucht, um höchst relevante Themen wie den Traum, die Phantasie und die symbolische Erlebnisverarbeitung im familientherapeutischen Diskurs lebendig zu erhalten. Familienberatung und -therapie werden praktisch gebraucht, um Familien bei der Lösung aus ihren Fixierungen zu helfen und dies insbesondere bei jenen Familien, die Alternativen zum Standardmodell erproben. Sie wird besonders gebraucht, wenn gerade der Erfolg einer Einzeltherapie Folgen für Dritte, insbesondere für Kinder nach sich zöge. Familientherapie insgesamt kann ihren Beitrag zur Erhellung des sozialen Wandels aus der Binnenperspektive erlebender Menschen beitragen, und sie sollte dies getrost mutiger noch tun. Dies berührt insbesondere die mehrgenerationale Weitergabe, ein Thema, dem sich Radkau mit dem Hinweis auf seinen Großvater schon gestellt hatte.
Moderne Menschen sind in ihren Beziehungsthematisierungen auch dadurch gekennzeichnet, daß sie etwas resigniert die Liebe nicht mehr als Leidenschaft, sondern eher als Problem wahrnehmen. Jugendliche schon können aus Lektüre und Schulunterricht wissen, auf welche Probleme sie sich bei ihren ersten Versuchen einlassen, und daß sie gewissermaßen nur nacharbeiten, was die andern schon erfahren und beschrieben haben. Mütter können aus allerlei Journalen wissen, was sie beim Stillen ihres Säuglings erleben, Väter, was „Vaterwerden" bedeutet. Über Liebe wird wenig im Sinn einer Passion, eines leidenschaftlichen Erlebens gesprochen; die Liebe wird von der „Beziehungs"-Metapher ersetzt, und das schließt ein, über Liebe vor allem als „Problem" zu reden.

Deutlich sollte geworden sein, daß psychoanalytische Familientherapeuten sich ihrerseits mit den institutionellen Problemen modernen Familienlebens auseinandersetzen müssen. Die Familie hat traditionellerweise immer auf zwei Beinen gestanden: Einerseits rechtlich kodifizierte Form als Vertragsgemeinschaft; andererseits war sie erst möglich, als sich die freie Liebeswahl von Partnern über Standesgrenzen hinweg historisch durchgesetzt hatte. Wo die institutionelle Form überwiegt, haben wir es mit der Langeweile des Immergleichen, mit formalisierten Alltagsroutinen zu tun; wo die freie Liebe überwiegt, müssen unter Umständen Probleme bewältigt werden, für die institutionelle Verfahrensweisen neu erfunden werden müssen. Gerade alternativ Lebende erfahren dann das Paradoxon, daß sie noch im Dissens einer Trennung intensiv auf den Konsens angewiesen sind. Und manchmal bezahlen die Kinder die Zeche eines Liebeshandels, an dem sie nicht einmal beteiligt gewesen sind. Hier klingen ethische Fragen an.

Die beiden Beine der Familie so wieder in die Balance zu bringen, daß ein aufrechter Gang möglich wird, sehe ich als Hauptziel einer gelingenden Familientherapie und Familienberatung an. Dann muß die vielberufene moderne Individualisierung nicht in Isolierung enden, sondern kann als Chance zur Personalisierung genutzt und therapeutisch unterstützt werden. Und Liebe und Sexualität könnten wieder als das wahrgenommen werden, was sie sind: eine nach wie vor unbewältigte, aber nach wie vor vitalisierende Irritation.

Literatur

Bollas, C. (1997): Der Schatten des Objekts. Das Ungedachte Bekannte. Zur Psychoanalyse der frühen Entwicklung. Klett-Cotta: Stuttgart

Buchholz, M.B. (1985): Kinder in der Familientherapie - systemtheoretische und psychoanalytische Überlegungen. In: Overbeck, G. (Hrsg.): Familien mit psychosomatisch kranken Kindern. Vandenhoeck und Ruprecht: Göttingen

Buchholz, M.B. (1990): Die unbewußte Familie. Psychoanalytische Studien zur Familie in der Moderne. Springer: Berlin/Heidelberg/New York, 1995, 2. Aufl.

Buchholz, M.B. (1993): Dreiecksgeschichten - Eine klinische Theorie psychoanalytischer Familientherapie. Vandenhoeck & Ruprecht: Göttingen

Dornes, M. (1993): Der kompetente Säugling. Fischer: Frankfurt/M.

Gedo, J.E. (1986): Conceptual Issues in Psychoanalysis. Essays in History and Method. The Analytic Press: Hillsdale/New Jersey

Luhmann, N. (1997): Die Gesellschaft der Gesellschaft, 2 Bde. Suhrkamp: Frankfurt/M.

Radkau, J. (1998): Das Zeitalter der Nervosität. Deutschland zwischen Bismarck und Hitler. Hanser: München/Wien

Richter, H.-E. (1970): Patient Familie. Rowohlt: Reinbek bei Hamburg

Updike, J. (1966): Ehepaare. Rowohlt: Reinbek bei Hamburg

Welter-Enderlin, R., Hildenbrand, B. (Hrsg.) (1998): Gefühle und Systeme. Die emotionale Rahmung beraterischer und therapeutischer Prozesse. Carl Auer: Heidelberg

Urte Finger-Trescher

Psychosoziale Beratung von Familien im institutionellen Kontext
Aktuelle Fragen und konzeptionelle Überlegungen

1. Die (ab-)wählbare Familie

In den letzten Jahrzehnten hat sich unsere Gesellschaft und haben sich mit ihr auch die Formen des familiären Zusammenlebens erheblich verändert. Diese Veränderungen werden häufig beklagt. Man beklagt die zunehmende Individualisierung in der sogenannten Risikogesellschaft (vgl. Beck 1986; Beck, Beck-Gernsheim 1990), die Anonymität der Lebensverhältnisse in den Großstädten, Entfremdung und mangelnde Kommunikation in Beziehungen, emotionale Kälte und Gleichgültigkeit im tagtäglichen Zusammenleben. Dies alles wird in unmittelbaren Zusammenhang gesetzt mit dem sogenannten Zerfall der Familie (vgl. Finger-Trescher, Trescher 1992).

Tatsächlich sind Ehe und Familie in modernen wertepluralistischen Industriegesellschaften keine gleichsam naturgegebenen Werte mehr. Dies beweist nicht nur die ständig steigende Scheidungsrate und die Vielzahl der Paare, die ohne Trauschein zusammenleben. Jede Form der Lebensgestaltung ist möglich: als Single, in hetero- oder homosexuellen Lebensgemeinschaften, mit Kindern oder ohne Kinder, in gemeinsamen oder getrennten Haushalten, mit diesem oder einem anderen Lebenspartner, mit seinen und/oder meinen Kindern oder in einer anderen Konstellation. Alles ist möglich, legal und immer wieder neu wählbar. Die privaten Lebensverhältnisse sind wählbar geworden in einer bislang nicht gekannten Vielfalt und damit einhergehend natürlich auch die Familienverhältnisse. Ehe und Familie erscheinen also den meisten Erwachsenen und vor allem den Heranwachsenden nicht mehr als die Lebensform schlechthin, sondern allenfalls als eine für einen bestimmten Lebensabschnitt mögliche Form unter anderen.

Familiäre Brüche werden sehr viel selbstverständlicher in Kauf genommen, als dies noch vor ein oder zwei Generationen der Fall war. Die veränderte Stellung der Frau in der Gesellschaft hat hierzu wesentlich beigetragen. Durch ihr gestiegenes Bildungsniveau, durch ihre Erwerbstätigkeit sind Frauen unabhängiger geworden und viel eher bereit, eine unbefriedigende Familiensituation zu beenden. Sie entscheiden sich für Trennung trotz der häufig damit einhergehenden erheblichen sozialen und ökonomischen Nachteile. Eheschließungen zur ökonomischen Absicherung sind heute für einen Großteil von Frauen überflüssig geworden.

Die Vielzahl der möglichen Lebensformen bedeutet einen Zugewinn an persönlicher Freiheit, auf den viele Menschen wohl nicht mehr verzichten möchten. Sie bedeutet aber in der Tat auch eine Zunahme von Unsicherheit und persönlichem Lebensrisiko. Diese Unsicherheit, dieses Lebensrisiko bezogen auf Familie, Arbeit, Wohnsituation, spüren und erleben sie täglich - z.b. dann, wenn sie im engsten Freundeskreis nun schon zum dritten Mal erleben, daß ein Paar sich trennt, oder wenn plötzlich der Vater der besten Freundin aus der Familie „verschwunden" ist.

Den real sich wandelnden und ständig zur Disposition stehenden familiären und quasi-familiären Lebensformen stehen nun eigentümlicherweise paradoxe Idealbilder entgegen, denen zufolge die Familie der Ort der absoluten Verläßlichkeit, des Vertrauens, der Liebe und des privaten Glücks sei. Dieses Idealbild erfährt eine neue Blüte, seit die Familie in der modernen Industriegesellschaft ihre sozioökonomische Funktion mehr und mehr einbüßt und die tatsächlichen Lebensformen in nie gekannter Vielfalt von ihr abweichen.

Im Zuge der Industrialisierung hat die radikale Trennung zwischen der Privatsphäre mit ihren persönlichen Beziehungen und der Berufswelt mit den unpersönlichen Beziehungen einen einschneidenden Bedeutungswandel für die Institution Familie bewirkt, aus der eine Ideologie der Intimität entstanden ist (vgl. Sennett 1986). Diese Ideologie der Intimität geht einher mit unrealistischen Glücks-Erwartungen an die Familie und sieht in ihr die Institution, in der Nähe, Intimität, Offenheit, Liebe und Glück realisiert werden können und sollen. Die Kluft zwischen diesen Erwartungen auf der einen und erlebter Realität auf der anderen Seite führt nun zu tiefen Enttäuschungen, massiven Kränkungen und Konflikten. „Die persönlichen Beziehungen werden mit Erwartungen eines auf die (einzelne) Person Abgestimmtseins überlastet, woran sie oft zerbrechen ... Dies aber verstärkt die Suche danach und läßt das Ungenügen der unpersönlichen Beziehungen um so deutlicher hervortreten" (Allert 1997, 7). Und wenn das Glücksversprechen sich in dieser Partnerschaft, Ehe oder Familie als unerfüllbar erweist, erfüllt es sich vielleicht in der nächsten oder übernächsten.

Nicht nur Lebens- oder Ehepartner, auch Kinder werden mit enormen emotionalen Erwartungen überfrachtet. Familien mit ein oder zwei Kindern sind sich der zeitlichen, finanziellen und emotionalen Investitionen in ihre Kinder durchaus bewußt und erwarten entsprechende Amortisierungen, zumindest auf dem emotionalen Sektor. Dies gilt vor allem für Frauen, die nach wie vor den größten Teil der Kinderpflege und Erziehung leisten. Denn „das familiäre Binnenklima hat sich gewandelt. Die Familien sind kleiner geworden, die Kinderzahl ist gesunken und die Bedeutung des einzelnen Kindes, auch seine Relevanz für den affektiven Haushalt der Eltern, ist gestiegen" (Fend 1988, 126). Die Grenze zwischen den Generationen ist unscharf, unklar geworden, wo die Möglichkeit, immer wieder neue und andere Liebes- oder Familien-Beziehungen einzugehen, auch den Älteren gestattet, sich nicht auf Lebenszeit zu binden oder festzulegen. Die Identitätsfindung junger Menschen, ihr Versuch, sich von der Elterngeneration abzugrenzen und eine eigene Zukunft zu generieren, scheint heute ungleich schwieriger zu sein als noch vor dreißig Jahren. Die Generation ihrer Eltern und Lehrer fühlt sich der gesellschaftlichen Vorgabe des „forever young", der auch beruflich erforderlichen Flexibilität und Mobilität verpflichtet. „Jugendlichkeit" ist eine durch die Medien massiv verbreitete Norm geworden, an der sich alle Altersstufen zu messen haben. Vierzigjährige unterscheiden sich im Kleidungsstil kaum von ihren heranwachsenden Kindern. Fünfzig- bis sechzigjährige Großeltern gehen nach beendeter Zweit- oder Drittehe „wieder auf den Markt", sie suchen Abenteuer oder neue Partnerschaften wie ihre Kinder oder Enkel. Und es scheint keinen von Jugendlichen kreierten „Trend", keine „Bewegung" zu geben, die nicht unmittelbar vermarktet und somit ihres identitäts- und zukunftsstiftenden Sinnes beraubt würde (vgl. Finger-Trescher 1997). In unseren sogenannten postmodernen Gesellschaften sind Jugendliche „in bisher unbekannter Weise aufgefordert, sich ihren Lebenssinn und ihre Identität aus einer nicht zu überschauenden Fülle von vereinbaren und unvereinbaren Möglichkeiten selbst zu konstruieren" (Krappmann 1998; zit. nach Bohleber 1999, 511).

Aber auch ökonomische Probleme wie steigende Arbeitslosigkeit, beengte Wohnverhältnisse und drohende Armut erzeugen emotionalen Druck, Angst und Unsicherheit. Kinder zu haben ist zu einer Art Luxus geworden. Familien mit mehreren Kindern geraten, wenn sie nicht zu den Spitzenverdienern zählen, nur allzuleicht in das gesellschaftliche und ökonomische Abseits. Betroffen hiervon sind in sehr hohem Maße Migrantenfamilien, die ganz eindeutig mehr Kinder haben als deutsche Familien.

Viele Menschen, gerade auch Jugendliche und junge Erwachsene, fühlen sich orientierungslos im Dschungel möglicher oder scheinbar möglicher Lebensentwürfe. In der Berufswelt außerhalb des privaten Bereichs ist die Wahlmöglichkeit für den Einzelnen indes nur eine scheinbare, sie ist in Wirklichkeit für viele Menschen außerordentlich begrenzt. Aber - gerade diese Restriktionen im öffentlichen Leben, in der Berufswelt, die Unüberschaubarkeit realisierbarer Chancen erhöhen bei vielen Menschen die Attraktivität der „Familie als Rückzugsort und Handlungsraum für den affektiven Nahbedarf" (Allert 1997, 280). „Die neue Unübersichtlichkeit" (Habermas 1986) der Lebenswelten hat dazu geführt, daß viele Menschen in ihrer Lebensplanung - das gilt auch für die Familienplanung - unsicher sind, sich bei der Bewältigung vielfältig auftretender Konflikte überfordert fühlen. Der Bedarf an Beratung, von der rein informativen Beratung über Schwangerschaftskonfliktberatung, Erziehungsberatung bis hin zu Lebensberatung und Pychologischer Beratung ist entsprechend enorm gestiegen. Auch Kinder und Jugendliche fühlen sich oft ratlos und brauchen

Unterstützung, sei es bei familiären Problemen, bei Schwierigkeiten in der Schule, in ihrer Peergroup oder wenn sie Fragen zu Freundschaft, Liebe und Sexualität haben.

Der Gesetzgeber hat diesen Bedarf erkannt und zumindest im Rahmen der Jugendhilfe einen Rechtsanspruch auf kostenlose Beratung für die betreffenden Personengruppen festgelegt. Jedoch geht der Beratungsbedarf weit über diese gesetzlich geregelten Beratungsangebote hinaus. Beratungsbedarf besteht aber auch bei vielen Menschen, die keine Beratung in Anspruch nehmen. Diese Menschen, so könnte man sagen, finden nicht den Weg zu den vorgehaltenen Beratungsangeboten. Man kann aber auch umgekehrt sagen: Diese Menschen werden von den vorhandenen Beratungsinstitutionen nicht erreicht.

2. Beratungs-Institutionen: Professionelle Nischen für psychosoziale Fachkräfte oder Dienst-Leistungs-Betriebe für Ratsuchende?

Beratungs-Institutionen bieten attraktive Arbeitsplätze gerade im psychosozialen Bereich und besonders natürlich, wenn diese Arbeitsplätze durch öffentliche Mittel gesichert sind, wie dies beispielsweise im Bereich der Erziehungsberatung noch weitgehend der Fall ist. Dies zeigt sich u.a. darin, daß die Fluktuation in diesen Einrichtungen in der Regel niedrig, die Nachfrage dagegen hoch ist. Im Vergleich mit anderen sozialen Diensten und Berufen, die insgesamt kein hohes gesellschaftliches Ansehen genießen, sind gerade psychosoziale Beratungs-institutionen und BeraterInnen privilegiert. Unabhängig davon, ob die in ihnen tätigen Beraterinnen und Berater ihre eigenen Lebensprobleme besser bewältigen als ihr Klientel, haftet ihnen ein Nimbus des „Besser-Wissens" und „Besser-Könnens" an. Darüber hinaus bietet der (daten-) geschützte Beratungsraum nicht nur Ratsuchenden, sondern in gewissem Sinne auch Beraterinnen und Beratern Schutz vor Transparenz und Kontrolle ihrer Leistung. Die Arbeitsbedingungen sind vergleichsweise angenehm, zum einen durch die „Komm-Struktur" dieser Einrichtungen, zum anderen durch die relativ freie Zeiteinteilung. Darüber hinaus kommen Menschen, die eine Beratungs-Institution aufsuchen, in der Regel freiwillig und sind entsprechend motiviert, die ihnen angebotenen Leistungen anzunehmen. Da die Beratungsgespräche im geschützten Raum des jeweiligen Beraters unter Ausschluß von Dritten stattfinden, kann kein Außenstehender und auch kein Vorgesetzter letztendlich die Güte und Qualität einer solchen Beratung beurteilen, zumal dann, wenn die Beratungen besonderen Datenschutzvorschriften unterliegen. Dies beinhaltet eine weitgehende Autonomie in der Gestaltung der Beratungsarbeit. Zwar können Vorgaben gemacht werden über die Anzahl der zu leistenden Beratungsstunden pro Mitarbeiter und Mitarbeiterin. Aber letztendlich wird niemand wirklich prüfen können, warum Termine ausfallen, abgesagt werden oder Beratungsprozesse abgebrochen werden. Die fachliche Kompetenz und die Qualität der beraterischen Leistung ist in diesem Bereich also nur schwer und eigentlich nur indirekt zu messen, etwa durch regelmäßige Fallbesprechungen oder Dokumentationen der Beratungsprozesse. Und gerade diese unabdingbaren (Selbst-) Kontrollinstrumente werden meines Wissens wenig genutzt. In vielen psychosozialen Beratungs-Institutionen herrscht auch heute noch das Selbst-(Miß-) Verständnis einer privaten Gemeinschaftspraxis vor, das nur schwer korrigierbar ist, da es unbestreitbar eine Reihe von Vorteilen für die Beschäftigten mit sich bringt, zumal dann, wenn ihre Arbeitsplätze – glücklicherweise - gesichert sind. Die Attraktivität dieser Einrichtungen für die Fachkräfte läßt nun noch keine Aussagen zu über die Qualität ihrer Leistungen für Ratsuchende. Was aber braucht Beratung, wie muß Beratung im institutionellen Kontext gestaltet werden, damit sie von den Ratsuchenden genutzt werden kann, damit sie effektiv ist?

3. Guter Rat ist schwer zu finden. Über die mühevolle Suche nach hilfreicher Beratung[1]

Eine junge Frau, geschieden, ist eigentlich alleinerziehende Mutter trotz neuem Lebenspartner. Sie ist berufstätig, ihre Finanzlage ist knapp, ihre Wohnung zu klein. Sie fühlt sich mit ihrem Leben unzufrieden. Von ihrem vierjährigen Kind fühlt sie sich oftmals überfordert, sie ist gereizt und häufig aggressiv. Abends kann sie wegen des Kindes das Haus nicht verlassen, denn ihr Freund ist weder bereit, das Kind zu hüten, noch billigt er, daß sie ohne ihn ausgeht. Mit diesem Freund ist sie nicht sehr glücklich. In der Liebe klappt es schon seit einiger Zeit nicht mehr richtig. Er arbeitet im Schichtdienst und ist häufig abwesend. Sie verbringt viele Abende allein vor dem Fernseher und ißt dann große Mengen Chips und Süßigkeiten. Mittlerweile hat sie zehn Kilogramm an Gewicht zugenommen, fühlt sich deshalb noch unwohler, ißt daher noch mehr Chips etc. Das Kind, das die Unzufriedenheit der Mutter natürlich spürt, wird zunehmend schwierig, aggressiv. Die junge Frau ist vom Leben, von sich selbst enttäuscht. Sie hatte einmal den Traum von einem „riesengroßen Holztisch, um den herum eine große Familie mit vielen Kindern und natürlich mit Vater und Mutter einträchtig und vergnügt beim Abendessen sitzt". Sie wollte mindestens drei Kinder haben. Der Vater ihres Kindes konnte diesen Lebensentwurf nicht teilen. Er verließ sie. Der Freund, aus einer Kultur stammend, in der es üblich ist, viele Kinder zu haben, wäre durchaus bereit, eine große Familie zu gründen. Aber unsere junge Frau kann sich das mit ihm nicht mehr vorstellen. Zu groß er-

---

[1] Alle Fallbeispiele sind durch Datenanonymisierung unkenntlich gemacht.

scheinen ihr die Unterschiede im Umgang der Geschlechter, in den Vorstellungen, wie Familie gelebt werden soll.

Diese junge Frau nun entschließt sich, Beratung in Anspruch zu nehmen. Doch an wen soll sie sich wenden? In einer Zeitschrift findet sie die Annonce eines Zentrums für Eßstörungen. Wenn sie in den Spiegel schaut, erscheint ihr hier die Lösung zu liegen. Nach einem Gespräch mit der Erzieherin ihres Kindes denkt sie daran, sich an eine Erziehungsberatungsstelle zu wenden. Wenn es wieder unschöne Auseinandersetzungen mit dem Freund gibt, erscheint es ihr aber sinnvoller, eine Paarberatungsstelle aufzusuchen. Andererseits wäre vielleicht der Beratungsdienst für binationale Partnerschaften der richtige Ort. Der Gynäkologe, mit dem sie andeutungsweise ihre sexuellen Schwierigkeiten besprochen hat, rät ihr, sich an eine Sexualberatungsstelle zu wenden.
Diese junge Frau hat nicht nur persönliche Probleme. Sie hat in der Tat auch das Problem, die für ihre Probleme richtige Beratungsstelle zu finden. Alle scheinen irgendwie zu passen, aber keine erscheint wirklich paßgenau. Wird sie im Zentrum für Eßstörungen auch über ihre sexuellen Probleme sprechen können? Wird sich die Erziehungsberatungsstelle mit ihren Eßstörungen auseinandersetzen? Wird sie in der Beratungsstelle für binationale Paare Gehör finden für die Probleme ihres Kindes? Wird sich die Sexualberatungsstelle mit den kulturellen Schwierigkeiten in ihrer Partnerschaft befassen? „Besorge Dir, so kann man einem Ratsuchenden sagen, die Telefonnummer einer Beratungsstelle und einen Termin und ich sage Dir, was Dir fehlen wird" (Thiersch 1990, 143).

Die Fragen, die sich diese junge Frau zu recht stellt, müssen sich die Beratungsinstitutionen selbst stellen, wenn sie die Menschen, die Beratung brauchen, erreichen wollen. Man kann dieser Frau wohl kaum raten, sich gleichzeitig an vier verschiedene Beratungsstellen zu wenden. Sie würde auch nicht einsehen wollen, daß sie vier Spezialprobleme hat, sie hat *ein* großes Problem: die Unzufriedenheit mit ihrem Leben.
Es erscheint ihr schließlich am sichersten, sich an eine Lebensberatungsstelle zu wenden, von der sie sich umfassende Hilfe verspricht. Sie nimmt ihren ganzen Mut zusammen und wählt die Nummer der Beratungsstelle. Der Anrufbeantworter klärt sie darüber auf, daß sie außerhalb der Öffnungszeiten anruft und verweist sie auf den übernächsten Tag. Am übernächsten Tag ist ihr Mut gesunken, sie ist frustriert. Und sie denkt sich: Brauche ich so eine Lebensberatung überhaupt?

Es vergehen einige Wochen, ihre Probleme haben sich nicht gelöst. Ein erneutes Gespräch mit den Erzieherinnen ihres Kindes beunruhigt sie. Sie fühlt sich unter Druck gesetzt, als Mutter unfähig, schuldig, ratlos. Wieder faßt sie den Entschluß, einen Versuch bei einer Beratungsstelle zu wagen. Mit klopfendem

Herzen ruft sie bei einer Erziehungsberatungsstelle an und erreicht diese sogar. Unsicher, wie sie sich verhalten soll, beginnt sie, über ihr Problem mit dem Kind zu sprechen – schließlich hat sie eine Erziehungsberatungsstelle angewählt. Nachdem sie der Dame am anderen Ende der Telefonleitung einiges über ihre Schwierigkeiten erzählt hat, wird sie um Auskunft gebeten über folgende Daten: Name und Geburtstag des Kindes, Name und Geburtstag der Mutter, Name und Geburtstag des Vaters, Anzahl und Alter der Geschwister, Anschrift. Ist sie berufstätig? Wenn ja: Wieviele Stunden täglich arbeitet sie? Beruf des Vaters? Wann habt sie geheiratet? Ist sie geschieden - seit wann? Gibt es einen neuen Lebenspartner? Wie heißt er und wann ist er geboren? Es folgen noch weitere Fragen zum Beratungsanlaß. Nachdem sie alle Fragen beantwortet hat, wird ihr zugesichert, daß sie in ca. zwei Monaten mit einem Termin rechnen kann. Zuvor allerdings solle sie bitte den Fragebogen, der ihr noch in der gleichen Woche zugeschickt werde, vollständig ausgefüllt zurücksenden. Außerdem solle sie sich darauf einstellen, daß zum ersten Gespräch grundsätzlich die ganze Familie, in ihrem Falle also Mutter, Lebenspartner und Kind erwartet werden. Die Erstgespräche finden ebenfalls grundsätzlich vormittags zwischen 9 Uhr und 11 Uhr statt. Der Einwand der jungen Frau, daß sie um diese Zeit an ihrem Arbeitsplatz sein müsse, wird mit dem Kommentar beantwortet, ein bißchen Zeit müsse sie sich für ihr Kind schon nehmen.

Diese junge Frau ist nach ihrem Telefonat wütend und irgendwie beschämt. Sie fühlt sich nicht ernstgenommen, im Gegenteil: Ihr Gefühl, versagt zu haben, hat sich noch verstärkt. Sie kann sich nicht vorstellen, an dieser Beratungsstelle offen über ihre Probleme zu sprechen. Sie wird weiterhin ohne Beratung leben, wie andere auch.

4. Problemlagen

Ich möchte mit dem eben angeführten Beispiel einige Problemlagen verdeutlichen, die Beratungsinstitutionen manchmal anhaften.

4.1 Problemlage 1: Die Diffusität beraterischer Kompetenz

Gerade im Bereich der psychosozialen, psychologischen oder pädagogischen Beratung ist ja „das Diffuse beraterischer Kompetenz" oft evident (Buchholz 1988; Finger-Trescher 1999b). Im Falle unserer jungen Frau dürfte es nicht nur schwierig sein, die richtige Beratungsstelle zu finden, sondern auch innerhalb einer bestimmten Institution den richtigen Berater. Oder bräuchte sie vielleicht eine Beraterin? Welche Methode wäre für sie die angemessene? Nehmen wir an, in einer bestimmten Beratungsstelle verfügen wir über zwei Kompetenzen, zwei unterschiedliche Qualifikationen also. Welche der beiden ist angemessen?

Können alle alles machen? Welches Beratungsangebot wäre dieser jungen Frau angemessen? Welches methodische Vorgehen könnte ihr helfen?

Tatsächlich ist es schwierig, einem Außenstehenden zu erklären, *warum* in einer Beratungsinstitution *welcher* Mitarbeiter *welchen* Klienten *wie* berät und *warum* und *wie* - wenn überhaupt - diese Beratung *was* bewirken soll. Es ist deshalb so schwierig zu erklären, weil sich die multiprofessionellen Teams oft genug über die Antwort auf diese Fragen selbst nicht einigen können und es eher vermeiden, hierüber nachzudenken. Die Unsicherheit, bezogen auf die eigene Kompetenz, auch auf die Kompetenz der jeweiligen Institution, wird also gerne abgewehrt. Im Folgenden nenne ich die mir am häufigsten scheinenden Abwehrformen:

1. Man klammert sich an die vermeintlich gesicherten - und erlernten - Methoden therapeutischer Schulen (systemische Familientherapie, Psychoanalyse, Verhaltenstherapie, Gestalttherapie etc.), allerdings oftmals ohne den Rahmen und die notwendigen Settings und nicht einmal das geeignete Klientel für die Anwendung dieser Methoden zur Verfügung zu haben.

2. Man denkt gar nicht erst darüber nach und geht wie selbstverständlich davon aus, daß das, was man schon immer gemacht hat und wofür man mehr oder weniger gut bezahlt wird, richtig sein muß, weil es legitim ist.

3. Man hält contraphobisch fest an der Richtigkeit der Angebotsstruktur, beklagt aber die Unzulänglichkeit des Klientels, das sich nicht ins Schema des „homo consultabilis" (vgl. Thiersch 1990) pressen lassen will. „Der homo consultabilis nämlich ist hilfsbedürftig und gewillt, sich auf unser Angebot von Beratung einzulassen" (Thiersch 1990, 143).

4. Man bedient sich des in den Verwaltungsreformbemühungen entstandenen - und sehr angesehenen - Vokabulars, bemüht sich um „neue Steuerung", initiiert „Organisationsentwicklungsprozesse" und betreibt „Qualitätsmanagement" und „Qualitätssicherung", womit freilich nicht inhaltliche beraterische Qualität gemeint ist. Dies erfordert einen hohen Aufwand an Zeit, Energie und Geld, so daß für Fragen nach der beraterischen Qualität nicht viel übrig bleibt.

4.2 Problemlage 2: Starre Konzepte und Methoden

„Beratung hilft – das wäre ihre Moral –, indem sie in ihrer entmoralisierenden Nüchternheit eine Chance zur Distanz und Aufklärung bietet, damit sich in den festgefahrenen Verhältnissen neue Handlungsmöglichkeiten zeigen. Beratung aber bleibt ineffektiv – das wäre ihre geheime, hinter dem Rücken ihrer Absicht wirksame Moral –, weil sie gerade auch in ihren fachlich scheinenden institutionellen und methodischen Rahmenbedingungen ein Arrangement repräsentiert, dessen normative Bestimmtheit Hilfsmöglichkeiten so einschränkt, daß sie die Hilfsabsicht verhindern" (Thiersch 1990, 137).

Daß Beratung entmoralisierende Nüchternheit voraussetzt, um effektiv zu sein, ist kein neuer Gedanke. So einfach und selbstverständlich dieser Gedanke erscheinen mag, so schwierig ist doch seine Umsetzung. Entmoralisierende Nüchternheit, so meine ich, kann auch nur dann sinnvoll sein, wenn sie sich zuerst in der Haltung der Beraterinnen und Berater und auch in der Haltung der Beratungsinstitutionen sich selbst gegenüber zeigt. Dies würde bedeuten, die eigenen Vorannahmen, die eigenen Konzepte und Kompetenzen immer wieder aufs neue mit kritischer Distanz zu betrachten und zur Disposition zu stellen. Erstarrte, unhinterfragbare Konzepte spiegeln die Angst vor Veränderung, dem Unbekannten, dem Nicht-Wissen, die Angst der Berater, selbst ratlos zu sein und zu erscheinen. Erstarrte Theorien und Konzepte verhindern die Konstruktion von Beratungssettings, die den Klienten im wahrsten Sinne des Wortes angemessen sind. Als Beispiel aus dem Bereich der Erziehungsberatungsstellen, das vermutlich auch auf andere Beratungsinstitutionen zutrifft, möchte ich hier das Anmeldeverfahren anführen, das unsere junge Frau ja schmerzlich erfahren hat.

Wer zur Beratung geht, hat bereits viele eigene Lösungsmöglichkeiten versucht, alleine, mit dem Partner, mit Freunden oder anderen vertrauten Personen. Erst wenn diese Versuche scheitern, reift der Entschluß, fremde Hilfe, professionelle Hilfe in Anspruch zu nehmen. Für viele Menschen stellt dies einen sehr schweren Entschluß dar. Obwohl „Niederschwelligkeit" als Qualitätsmerkmal einer guten Beratungsstelle unbestritten ist, werden in den meisten Beratungsstellen Anmeldungen dennoch nach wie vor vom Sekretariat aufgenommen. Die Fälle geraten erst einmal unbesehen in eine mehr oder weniger lange Warteschleife. Die Erfahrung zeigt aber, daß Klienten sich meist erst dann entschließen, eine Beratungsstelle aufzusuchen, wenn sie bereits unter erheblichem emotionalem Druck stehen. Der Entschluß, *jetzt* bei der Beratungsstelle anzurufen oder auch persönlich vorstellig zu werden, ist meistens von akuten Konflikten und massiven Affekten, von Ängsten, Scham- und Schuldgefühlen begleitet. Gerade für weniger motivierte, ängstliche oder mißtrauische Klienten, für Jugendliche und für viele ausländische Familien ist die Möglichkeit, ein sofortiges Gespräch mit einem Berater oder einer Beraterin zu führen, von nicht zu unterschätzender Bedeutung. In dem Moment, in dem der emotionale Druck so groß ist, daß sie den ersten Schritt in eine Beratung wagen, sollte eine qualifizierte Fachkraft zur Verfügung stehen, die zuhört, die die Probleme ernstnimmt, die Abhilfe und Unterstützung anbietet. Diese Erfahrung wirkt für viele Klienten im Sinne einer „holding und containing function" (vgl. Trescher 1992; Finger-Trescher 1999a,b) entlastend und vertrauensbildend und bietet als solche eine strukturierende Grundlage weiterer Beratungs- oder Therapieprozesse. Oftmals reicht sogar ein solches Erstgespräch aus, weiterer Beratungsbedarf erübrigt sich. „Die für die Beratung so wichtige positive Übertragung ... beginnt also bereits am Telefon, was die Aufgabe des Beraters beim Erstkontakt entscheidend erleichtert - ein nicht unerheblicher Vorteil der Privatpraxis gegenüber den meisten Beratungsstellen, wo die Terminvergabe rein administrativ durch eine Sekretärin abgewickelt wird" (Figdor 1999, 76). Daß eine sensible und gut geschulte Sekretärin in der Lage ist, Daten aufzunehmen und den Klienten freundlich und anteilnehmend zu begegnen, ist unbestritten. Sie kann aber doch nur mehr oder weniger standardisierte Daten aufnehmen und weitergeben. Beraten und psychodynamische Daten erheben im Hinblick auf eine Indikationsstellung kann, darf und soll sie nicht. Durch die Einführung umfassender offener Sprechstunden können aber auch Beratungs-institutionen ihrem Klientel einen direkten Zugang ohne administrative Umwege und Hürden ermöglichen. Offene Sprechstunden verlangen Beraterinnen und Beratern allerdings etwas ab, vor dem sie sich mit dem klassischen Anmeldeverfahren schützen können: Sie muten ihnen den „Überfall" von unmittelbarer Not und Konflikten der Klienten zu. Sie werden auch noch stärker als sonst konfrontiert mit der Diffusität ihrer beraterischen Kompetenz, mit der Unklarheit darüber, ob, wie und wodurch ihre Beratungen helfen. Sie verlangen ihnen ab, mit professioneller Nüchternheit die eigenen Unsicherheiten auszuhalten.

Die Frage, was institutionelle Beratung braucht, um effektiv zu sein, kann man also zunächst einmal so beantworten: Sie braucht die Bereitschaft der Institution und der BeraterInnen, umzudenken, sich auf neue Gedanken und Konzepte einzulassen, letztendlich, sich auf die Bedürfnisse ihrer Klienten, die durchaus unterschiedlich, ja sogar ganz anders als die Interessen der Institution und der in ihr Beschäftigten sein können, einzulassen. Hierzu bedarf es auch der Reflexion der professionellen Haltungen, der öffentlichen und der privaten Wertvorstellungen wie auch des vorherrschenden „Normalitätsbegriffs". Denn dieser bestimmt letztendlich die Art und Weise, in der die Angebote der Institution umgesetzt werden und auch das, was der einzelne Berater und die einzelne Beraterin im Gespräch mit Ratsuchenden hört und sieht.

4.3 Problemlage 3: Die beraterischen Vorannahmen

Beratung bedarf einer bewußten methodengeleiteten Grundhaltung, die Obholzer als „licenzed stupidity" (Obholzer 1994, zit. nach Wellendorf 1998, 24) benannt hat. *Nicht-Wissen* als professionelle Grundhaltung im Beratungsprozeß ist letztendlich nichts anderes als die An-Erkennung des Anderen, es ist nicht mehr als die methodische Umsetzung des Wissens um das Unbewußte (des eigenen und des „anderen"). Das Unbewußte ist ja per definitionem „nicht bewußt", es ist etwas, was wir nicht wissen, was wir in einem gemeinsamen „Forschungsprozeß" mit unseren Klienten zu entschlüsseln, dessen Sinn wir als „Lernende" herzustellen suchen (vgl. Freud 1927; Trescher 1991; Datler 1997, 187ff.). Psychosoziale Beratung unterliegt leicht der Gefahr, auf der einen Seite persönliche Beziehungen zu mythologisieren und auf der anderen Seite gesellschaftliche und kulturelle Strukturen zu verleugnen. Beraterinnen und Berater fühlen sich häufig bewußt oder unbewußt nicht nur dem Mythos der „Beziehungsarbeit" (Dörr 1996), sondern auch dem Mythos vom wahren Selbst, das gepflegt oder erst entdeckt und dann gepflegt werden muß, verpflichtet. Dies kann zu Verleugnung und Privatisierung und oftmals auch zur Umdeutung von Lebensproblemen führen, die eben keineswegs nur privater oder familiärer Natur sind, sondern handfesten gesellschaftlichen Umständen entspringen. Im Zuge solcher Verleugnungen mag dann das Selbst als Hauptbürde des einzelnen erscheinen, das im Beziehungskontext enthüllt werden soll. Sennett spricht in diesem Zusammenhang auch von einer „Tyrannei der Intimität" (Sennett 1986), die sich als Fortsetzung der Ideologie der Intimität oftmals auch in professionelle Helfer-Klient-Beziehungen hineinschleicht.

„Sich-selbst-Kennenlernen", „Kommunikation", „Nähe", „Offenheit", „Gefühle-Zulassen", „Beziehungsarbeit", „Bindungsfähigkeit" gelten im Kreise psychosozialer Helfer oft als moralische Werte an sich. Sie werden wie magische Zauberformeln gehandelt. Man spricht davon, ob jemand im Beratungsgespräch „Nähe zulassen" kann, „sich öffnen kann". Wenn ja, erscheint die Prognose gut. Wenn nein, erscheint sie eher schlecht. Die „Beziehungsklärung (erscheint, Anm.d.V.) als Allheilmittel" (Fengler 1998, 177). Wichtig erscheint somit nicht so sehr, was jemand tut, sondern „wie er sich dabei fühlt" (Sennett 1986, 334). Dies alles sind Vorannahmen, die natürlich in die Beratungen einfließen. Es sind dies Vorannahmen, die durchaus suggestiven, wenn nicht gar manipulativen Charakter annehmen können, wenn man nicht bereit oder in der Lage ist, sie als Wertvorstellungen zu sehen, die keineswegs von allen Klienten geteilt werden. So leiden beispielsweise Menschen, die von Arbeitslosigkeit betroffen sind, die im gesellschaftlichen Abseits und in Armut leben, unter diesen Umständen mehr und brauchen eher hierfür Lösungen als für ihre Beziehungsprobleme. Viele Menschen aus anderen Kulturen sehen überdies persönliches Glück nicht im Austausch gegenseitiger Selbstenthüllungen. Sie erleben die Enthüllung ihrer Intimsphäre vor jeglichem Dritten als Zumutung, ja in gewissem Sinne als Angriff auf ihre Menschenwürde. Einer der Gründe, warum unsere junge Frau die Beratungsstelle nicht aufgesucht hat, war die Vorgabe, mit Freund und Kind zu erscheinen. Sie wollte aber über ihre intimen Probleme nicht in Anwesenheit dieser Menschen sprechen. Ihr Freund hätte es darüber hinaus empört abgelehnt, vor fremden Menschen seine privaten Verhältnisse zu offenbaren.

Es gibt noch andere Vorannahmen und Werthaltungen, die die Beratungsarbeit, gerade im Kontext von Familie, beeinflussen: Noch immer geistert das Bild der sogenannten vollständigen Familie durch die Köpfe, als sei diese automatisch ein Ort, an dem Kinder für sie günstige oder gute Entwicklungschancen hätten. Noch immer wirkt unheilvoll das Klischee der Kleinfamilie, bestehend aus dem Vater als Ernährer, der dienenden, allenfalls zuverdienenden Mutter und den glücklichen, wohlerzogenen Kindern in die Diagnose, Indikationsstellung und Beratung hinein im Sinne von diagnostischen Schnellschüssen. Es handelt sich dabei um Defizitdefinitionen, die a priori den Beratungsprozeß steuern und das Beratungsziel im Sinne von Defizitbeseitigung einseitig, also ohne Diskurs mit den Betroffenen, festlegen - woran so manche Beratung scheitert. Ich erläutere dies im Folgenden an einigen kleinen Beispielen:

Die Mutter ist berufstätig, macht gar Karriere ... „Aha, sie hat zuwenig Zeit für das Kind." *(Eine anständige Mutter macht keine Karriere, sondern lebt im Dienst der Familie).*

Die Mutter ist alleinerziehend, war gar niemals verheiratet mit dem Kindsvater und hat noch zwei weitere Kinder von verschiedenen Männern ... „Daher also die Verhaltensproblematik des Kindes." *(Eine anständige Frau hätte sich einen ordentlichen Ehemann gesucht, keinesfalls aber wechselt eine anständige Frau und Mutter so offenkundig ihre Liebespartner).*

Die Eltern wollen sich trennen ... „Da haben wir den Grund für die Schulschwierigkeiten." *(Ordentliche Eltern weisen keine persönlichen Defizite auf, die zu Trennung führen, sie sind in der Lage, die Familie vollständig zu halten.)*

Diese Liste ließe sich beliebig verlängern.

4.4 Problemlage 4: Enge Spezialisierung

Beratungsinstitutionen, so eine Studie von Kurz-Adam (1995), haben oftmals spezifische Profile, die gekennzeichnet sind von hoher Fachkompetenz, aber vergleichsweise geringer Flexibilität gemessen an der Vielfalt der Lebensformen und Probleme ihrer Klienten. Eine zu enge Spezialisierung aber wirkt für viele Klienten, Ratsuchende, wie eine verschlossene Tür. Beratungsinstitutionen müssen angesichts der Vielfalt, Unübersichtlichkeit und Komplexität der Lebensprobleme, die Ratsuchende heute haben, ihr Potential zur Vielfältigkeit der Kompetenzen und Angebote verstärkt nutzen. „Verstehen", schreiben Buchholz und Streeck (1994, 73), „ist Alltagsgeschäft. Doch wo die Welt nur noch verschieden interpretiert werden kann, droht der interaktive Kollaps." Wenn die Welt von den Ratsuchenden nur noch verschieden interpretiert werden kann, müssen die Beratungsinstitutionen dieser Verschiedenheit der Interpretationsmuster Rechnung tragen - wobei Verschiedenheit natürlich nicht Beliebigkeit sein kann.

Beratung in einer Institution ist niemals nur ein dialogischer Prozeß zwischen zwei Personen – zwischen Ratsuchender oder Ratsuchendem einerseits und Beraterin oder Berater andererseits. Das Profil der Institution, ihr Auftrag, ihre Zielsetzungen und Leitbilder, ihre Präsentation bestimmen wesentlich den einzelnen Beratungsprozeß. Beratungsinstitutionen verfügen, anders als private psychotherapeutische oder Beratungspraxen, in der Regel über vielfältige fachliche Ressourcen, deren Zusammenwirken außerordentlich produktiv und innovativ hinsichtlich der direkten Versorgung von Klienten und auch hinsichtlich der Struktur der Institution selbst sein kann. Allerdings ist hierfür eine Transparenz über das Leistungsspektrum und die einzelnen Kompetenzen nach innen und außen erforderlich, die keineswegs immer gegeben ist. Erforderlich ist auch intensive *Teamarbeit* an den Fällen sowie Kooperation und Vernetzung mit anderen Beratungsdiensten, denn natürlich wird niemals eine einzige Einrichtung auf wirklich alle Problemlagen gleichermaßen kompetent reagieren können. Die Zusammenarbeit im Team, aber auch die Zusammenarbeit von verschiedenen Teams im konkreten Fall ist dabei als wesentliches Element fachlicher Qualität und gleichzeitig als ein hervorstechendes Element der Qualitäts-Sicherung zu werten (vgl. Finger-Trescher 1999a,b). Das Team ist eine fachliche Ressource, über die Beratungs-Institutionen verfügen, wodurch sie sich von privaten Praxen unterscheiden. Die Fallbesprechung in der Team-Gruppe ist ein Instrument, das konsequent und regelhaft im Dienste der Klientenversorgung, im Dienste guter Beratungsarbeit also, genutzt werden sollte. Denn bei jeder Fallbesprechung entwickelt sich in der Team-Gruppe ein Interaktionsprozeß, der wesentliche intrapsychische, interpersonelle und institutionelle Konfliktverarbeitungsmuster der Klienten spiegelt. Die Beiträge der einzelnen Kolleginnen und Kollegen sind Facetten eines Ganzen, das im Laufe des Prozesses an Evidenz gewinnt. So ist es beispielsweise nicht unerheblich, ob bei einer Fallbesprechung viel gelacht wird, ob es bei unterschiedlichen Auffassungen zu einem Konkurrenzkampf zwischen den Kollegen kommt, ob Langeweile oder Müdigkeit auftritt oder eine aggressive Stimmung vorherrscht. Diese Dynamiken sind wertvolle Daten, die dem Verständnis, der Indikationsstellung, dem weiteren Beratungsprozeß im jeweiligen Fall dienen. Fallbesprechungen im Team sind auch unerläßlich für die Herstellung von Transparenz bezüglich der einzelnen Fachkompetenzen – weshalb sie oft gefürchtet und vermieden werden; und sie dienen gleichzeitig der kontinuierlichen Selbst-Kontrolle, Reflexion und Qualifizierung. Jeder einzelne profitiert dabei nicht nur von den Sichtweisen seiner Team-KollegInnen, sondern entscheidend vom (Reflexions-)Prozeß der Team-Gruppe als Ganzer.
Beratung im institutionellen Kontext hat den Vorteil, nicht nur unterschiedliche Kompetenzen und Settings anbieten zu können, sondern in der Regel auch über Zeitressourcen zu verfügen, die den unterschiedlichen Bedarfen der Ratsuchenden entsprechend eingesetzt werden können. In vielen Fällen genügt ja

eine Beratung der Ratsuchenden. In anderen Fällen aber ist therapeutische Arbeit indiziert. Häufig muß auch - gerade bei Kindern, Jugendlichen und jungen Erwachsenen - das soziale Umfeld in die Indikationsstellung und in die Beratung einbezogen werden. Darüber hinaus gilt es auch und in sehr weitem Maße, das soziale Milieu und die Kulturzugehörigkeit des Ratsuchenden mitzubedenken. Die fachlichen, finanziellen und zeitlichen Ressourcen, über die die jeweilige Beratungs-Institution verfügen, ermöglichen es anders als in privaten Beratungspraxen, auch auf die unterschiedlichen Bedarfe einzelner Ratsuchender kompetent zu reagieren. Manche Klienten brauchen Hilfen aus verschieden Bereichen. Hierzu ein kleines Fallbeispiel:

Einer iranischen Mutter wurde von der Schule ihres 10jährigen Sohnes empfohlen, sich an eine Erziehungsberatungsstelle zu wenden. Der Junge hat erhebliche Integrationsprobleme. Er spricht leidlich Deutsch, zeigt aber ganz offen, daß er sich in diesem Land, in dieser Schule nicht wohl fühlt, auch nicht wohl fühlen will, denn er möchte am liebsten in seine Heimat zurück. Der Weg dahin ist aber verschlossen: Die Mutter, die aus politischen Gründen zwei Jahre in ihrer Heimat inhaftiert war, kann nicht mehr zurückkehren. Hier lebt sie relativ isoliert. Sie leidet an Depressionen. Sie hat während ihrer Haft auch Folter erlebt und ist psychisch schwer traumatisiert.

In diesem Fall wird recht schnell klar, daß dieser Mutter mit Erziehungsberatung alleine nicht geholfen ist:

Die Beratungsstelle empfiehlt daher, daß sie sich auch an einen Verein wendet, der sich auf die Beratung und Hilfe für Folteropfer aus ihrem Heimatland spezialisiert hat, da sie dort nicht nur kompetente Beratung und Verständnis für ihre ganz spezifische Situation bekommen kann, sondern auch die Möglichkeit erhält, aus ihrer sozialen Isolation herauszufinden. Aber auch der Weg dahin muß von der Beratungsstelle angebahnt werden, denn diese Frau hat nicht die Kraft, sich alleine dorthin zu wenden. Neben der Erziehungsberatung im engeren Sinne - also neben der Beratung der Mutter bezogen auf die Integrationsprobleme ihres Sohnes - muß für sie ein psychotherapeutisches Angebot entweder innerhalb der Institution oder außerhalb arrangiert und vorbereitet werden. Darüber hinaus muß überlegt werden, ob für den Jungen ein therapeutisches Angebot sinnvoll ist, und wenn ja, welches und zu welchem Zeitpunkt. Die Mutter braucht zudem Unterstützung bei der Suche nach einer geeigneten Wohnung unter Einschaltung von Sozialamt und Jugendamt, denn das Leben in einer Einzimmerwohnung zusammen mit dem Zehnjährigen schadet beiden und behindert damit auch jeden psychologischen Beratungs- oder Therapieerfolg.

Um dieser Mutter und ihrem Kind wirklich helfen zu können, muß eine Beratungs-Institution also ein ganzes Spektrum an unterschiedlichen Ressourcen zur Verfügung stellen anstatt sich auf eine spezifische Maßnahme oder Methode zu beschränken.

Fachliche Spezialisierung ist notwendiger Bestandteil für beraterische Kompetenz. Man kann sagen, sie ist die Bedingung für Kompetenz. Sie ist aber auch einschränkend, sie kann häufig den sich veränderten Bedarfen und vor allem den vielfältigen Bedarfen der Klienten nicht genügen, sie bedarf der Erweiterung und der gemeinsamen Reflexion und Kooperation mit anderen. Erforderlich hierfür ist die Bereitschaft der Institution und der einzelnen Beraterinnen und Berater, ihre Kompetenzen auszuweiten, über die unterschiedlichen Kompetenzen Transparenz herzustellen, ihre Zielsetzungen regelhaft zu überprüfen, ihre Strukturen dem Bedarf der Ratsuchenden anzupassen, ihre fachlich erscheinenden Überzeugungen zur Disposition zu stellen und - wie bereits beschrieben - die Haltung des Nicht-Wissens, d.h. des Lernen-Wollens und Rat-Suchens bewußt und selbst-bewußt einzunehmen.

Ein guter Berater bleibt stets ein Rat-Suchender, denn psychosoziale Beratungsarbeit ist nun einmal eine Übung in Bescheidenheit.

Literatur

Allert, Th. (1997): Die Familie. Fallstudien zur Unverwüstlichkeit einer Lebensform. Walter de Gruyter: Berlin, New York

Beck, U. (1986): Risikogesellschaft. Suhrkamp: Frankfurt/M.

Beck, U., Beck-Gernsheim, E. (1990): Das ganz normale Chaos der Liebe. Suhrkamp: Frankfurt/M.

Bohleber, W. (1999): Psychoanalyse, Adoleszenz und das Problem der Identität. In: Psyche 53, 507-529

Buchholz, M. (1988): Macht im Team - intim. In: Praxis der Kinderpsychologie und Kinderpsychiatrie 37, 281-290

Buchholz, M., Streek, U. (1994): Psychotherapeutische Interaktion: Aspekte qualitativer Psychotherapieforschung. In: Buchholz, M., Streek, U. (Hrsg.): Heilen, Forschen, Interaktion. Leske & Budrich: Opladen, 67-120

Datler, W. (1997): Bilden und Heilen. Matthias Grünewald: Mainz

Dörr, M. (1996) Beziehungsarbeit. Brandes und Apsel: Frankfurt/M.

Fend, H. (1988): Sozialgeschichte des Aufwachsens. Suhrkamp: Frankfurt/M.

Fengler, J. (1998): Helfen macht müde. Zur Analyse und Bewältigung von Burnout und beruflicher Deformation. Pfeiffer: München

Figdor, H. (1999): Toni ist wie verwandelt. Über den Beginn der Erziehungsberatung bei einem 7 jährigen Buben mit aggressiven Auffälligkeiten. In: Datler, W., Figdor, H., Gstach, J. (Hrsg.): Die Wiederentdeckung der Freude am Kind. Psychoanalytisch-pädagogische Erziehungsberatung heute. Psychosozial: Gießen, 76-89

Finger-Trescher, U. (1991): Wirkfaktoren der Einzel-und Gruppenanalyse. frommann-holzboog: Stuttgart-Bad Cannstatt

Finger-Trescher, U. (1997): Jugend und Gewalt. Neue Herausforderungen am Ende des Jahrhunderts? In: Krebs, H., Eggert-Schmid Noerr, A., Messer, H. u.a. (Hrsg.): Lebensphase Adoleszenz. Matthias Grünewald: Mainz, 210-226

Finger-Trescher, U. (1999a): Psychoanalytisch-pädagogische Strukturmerkmale von Erziehungsberatung in der Institution. Zur Konzeption der Beratungsstelle für Eltern, Kinder und Jugendliche der Stadt Offenbach/M. In: Datler, W., Figdor, H., Gstach, J. (Hrsg.): Die Wiederentdeckung der Freude am Kind. Psychoanalytisch-pädagogische Erziehungsberatung heute. Psychosozial: Gießen, 178-195

Finger-Trescher, U. (1999b): „Macht im Team - intim": Zur Aktualität des Artikels von M. Buchholz 10 Jahre nach seiner Veröffentlichung. In: LAG Hessen (Hrsg.): Erziehungsberatung in Hessen. LAG Info Nr. 20. Selbstverlag: Groß Gerau, 48-57

Finger-Trescher, U., Trescher, H.-G. (Hrsg.) (1992): Aggression und Wachstum. Theorie, Konzepte und Erfahrungen aus der Arbeit mit Kindern, Jugendlichen und jungen Erwachsenen. Matthias Grünewald: Mainz

Freud, S. (1927): Nachwort zu „Die Frage der Laienanalyse". GW XIV. Fischer: Frankfurt/M. 1972, 287-296

Habermas, J. (1986): Die neue Unübersichtlichkeit. Suhrkamp: Frankfurt/M.

Kurz-Adam, M. (1995): Modernisierung von innen? Wie der gesellschaftliche Wandel die Beratungsarbeit erreicht. In: Kurz-Adam, M., Post, I. (Hrsg.): Erziehungsberatung und Wandel der Familie. Leske + Budrich: Opladen, 175-195

Krappmann, L. (1998): Soziologische Dimensionen der Identität. Klett-Cotta: Stuttgart

Obholzer, A. (1994): Afterword. In: Obholzer, A., Zagier, R. (Hrsg.): The Unconscious at Work. Routledge: New York, 206-210

Sennett, R. (1983): Verfall und Ende des öffentlichen Lebens. Fischer: Frankfurt/M.

Thiersch, H. (1990): Zur geheimen Moral der Beratung. In: Brunner, E., Schönig, W. (Hrsg.): Theorie und Praxis von Beratung. Lambertus: Freiburg/Breisgau, 129-151

Trescher, H.-G. (1991): „Ungleichheit für Alle!" - Aspekte des Gegenstandbereichs, der Methode und der Lehre psychoanalytischer Heilpädagogik. In: Z.f.Hochschuldidaktik 15, 324-346

Trescher, H.-G., Finger-Trescher, U. (1992): Setting und Holding Function. Über den Zusammenhang von äußerer Struktur und innerer Strukturbildung. In: Finger-Trescher, U., Trescher, H.-G. (Hrsg.) (1992): Aggression und Wachstum. Matthias Grünewald: Mainz, 90-116

Wellendorf, F. (1998): Der Psychoanalytiker als Grenzgänger - Oder: Was heißt psychoanalytische Arbeit im sozialen Feld? In: Eckes-Lapp, R., Körner, J. (Hrsg.): Psychoanalyse im sozialen Feld. Psychosozial: Gießen, 13-32

Udo Rauchfleisch

Familien mit gleichgeschlechtlichen Paaren
Probleme und Chancen

1. Ausgangslage

Angesichts steigender Scheidungsraten und der Tatsache, daß viele Paare ein Zusammenleben „ohne Trauschein" der traditionellen Ehe vorziehen, wird immer wieder das Lamento über den „Zerfall der Familie" angestimmt und mitunter geradezu eine Weltuntergangsstimmung beschworen. Während Eineltern-, Patch-Work-, Stief- und andere nicht-traditionelle Familienformen noch halbwegs toleriert werden – obwohl auch einige dieser Varianten mit den ihnen gegenüber bestehenden Vorurteilen zu kämpfen haben –, trifft die gleichgeschlechtliche Partnerschaft mit Kindern in weiten Kreisen unserer Bevölkerung auf vehemente Ablehnung. Diese gipfelt im allgemeinen darin, daß Lesben und Schwulen die Erziehungskompetenz abgesprochen wird und das Aufwachsen mit zwei Frauen oder zwei Männern als für die Entwicklung der Kinder verhängnisvoll eingeschätzt wird. Dabei ist es ein gängiges Argument in solchen Diskussionen, daß Kinder für ihre gedeihliche Entwicklung Mutter und Vater benötigten und das Aufwachsen mit Vertreterinnen respektive Vertretern „nur" eines Geschlechts insbesondere die Identitätsbildung der Kinder erheblich beeinträchtige.

Die Brisanz dieses Themas wird dann allerdings oft durch den Hinweis entschärft, dies sei eigentlich ein „randständiges" Problem, das sich ja nur „ausgesprochen selten" finde. Tatsächlich jedoch ist die Zahl gleichgeschlechtlicher Partnerschaften und auch die Zahl von Lesben und Schwulen, die mit Kindern zusammenleben, keineswegs klein, wie etwa Schätzungen aus den USA zeigen, die von ca. sechs bis vierzehn Millionen Kindern in lesbischen und schwulen Partnerschaften sprechen (vgl. Patterson 1992). Für die europäischen Länder liegen meines Wissens keine entsprechenden Schätzungen vor. Aber auch hier ist mit einer nicht unbeträchtlichen Zahl von Kindern zu rechnen, die in gleichgeschlechtlichen Partnerschaften aufwachsen.

2. Probleme von Familien mit gleichgeschlechtlichen Partnerschaften

Wie die zuletzt diskutierten Überlegungen zeigen, erfahren gleichgeschlechtliche Paare in der Öffentlichkeit eine mehr oder weniger starke Ablehnung ihrer Lebensform. Hinzu kommen die negativen Klischeebilder, die weithin über Lesben und Schwule bestehen. Sie führen zum einen zu Entwertungen und sozialen Ausgrenzungen gleichgeschlechtlich empfindender Menschen und beeinflussen zum anderen auch deren Selbstbilder, die sich ja aus der Interaktion zwischen dem Individuum und der es umgebenden Sozietät formen.

Im Hinblick auf die in der Öffentlichkeit verbreiteten *negativen Klischeebilder* sind für gleichgeschlechtlich empfindende Paare mit Kindern die beiden folgenden besonders belastend: Zum einen ist es die – irrige – Vorstellung, *Lesben seien männlich und Schwule weiblich identifiziert*, mit der Konsequenz, gleichgeschlechtlich empfindende Menschen seien keine „richtigen" Frauen und Männer, sondern maskuline Frauen mit Männerhaß respektive feminine Männer mit Frauenhaß. Daraus wird dann für ihren Umgang mit Kindern abgeleitet, sie würden die Identitätsentwicklung der Heranwachsenden behindern, da sie ihnen keine angemessenen Modelle weiblicher und männlicher Rollen vorlebten.

Zum anderen ist es die Unterstellung, Lesben und insbesondere Schwule stellten eine „*Verführungsgefahr*" für Kinder dar. Aus diesem Grund sei es nicht verantwortbar, Kinder in ihre Obhut zu geben.

Die beiden genannten Vorurteile führen zu der Ansicht, daß gleichgeschlechtlich empfindenden Paaren erzieherische Kompetenz abzusprechen sei und daß sie deshalb nicht in der Lage seien, Kinder aufzuziehen. Derartige Vorurteile finden sich nicht nur in der Allgemeinbevölkerung, sondern zum Teil auch unter Fachleuten im psychosozialen Bereich mit entsprechenden unheilvollen Konsequenzen für Beratungen und Therapien sowie in juristischen Kreisen, was sich in Scheidungssituationen häufig negativ auf Sorgerechtsentscheide auswirkt. In derartigen Diskussionen wird dann zur Untermauerung der negativen Einstellung gegenüber der Elternschaft gleichgeschlechtlicher Paare nicht selten auch das Argument angeführt, Lesben und Schwule seien zu wenig bindungsfähig und könnten wegen ihrer *instabilen Beziehungen* ihren Kindern nicht die emotionale Sicherheit und Kontinuität bieten, die diese für ihre gedeihliche Entwicklung benötigten.

Obwohl diese Vorurteile relativ weit verbreitet sind, hält letztlich keines von ihnen einer kritischen Prüfung stand. Wie ich an anderer Stelle ausgeführt habe (vgl. Rauchfleisch 1996), ist es eine unhaltbare Verkürzung der psychoanalytischen Theorie und entspricht in keiner Weise dem heutigen Stand der Theoriebildung, bei Lesben von einer männlichen und bei Schwulen von einer weiblichen Identifizierung zu sprechen. Die Geschlechtsidentität entsteht nicht erst in der konflikthaften ödipalen Konstellation zwischen Mutter, Vater und Kind, sondern stellt – abgesehen von *hereditären Komponenten* – ein *Verschmelzungsprodukt* dar

- aus der sich sehr früh (bis zum Ende des zweiten Lebensjahres bildenden) *Kerngeschlechtsidentität*, eines tief in die leibseelischen Vollzüge eingeschriebenen „Wissens" darum, männlichen oder weiblichen Geschlechts zu sein, der *Geschlechtsrolle*, die sich aufgrund der Interaktion mit der Umgebung formt und lebenslangen Wandlungsprozessen ausgesetzt ist,

- und der *Geschlechtspartnerorientierung*, die bestimmt, auf Personen welchen Geschlechts sich die erotischen und sexuellen Interessen richten (vgl. Mertens 1992).

Ferner sind für die Ausbildung der Geschlechtsidentität die erotischen und sexuellen Phantasien, die sozialen Präferenzen und nicht zuletzt die Selbstdefinition von entscheidender Bedeutung.

Die *angebliche Verführungsgefahr* ist gleichermaßen ein absurdes, der Realität in keiner Weise entsprechendes Vorurteil. Wenn es um Übergriffe gegenüber Kindern geht, so haben wir es mit dem Phänomen der Pädophilie respektive Pädosexualität zu tun, die unabhängig von Homo- und Heterosexualität ist und in jedem Fall ein unzulässiges Überschreiten der Generationengrenzen darstellt. Außerdem ist sexuelle Ausbeutung ein Verhalten, das sich in erster Linie im heterosexuellen Bereich (als Übergriff heterosexueller Väter gegenüber ihren Töchtern) findet.

Was schließlich die *Stabilität oder Instabilität gleichgeschlechtlicher Beziehungen* angeht, zeichnen sich schwule Beziehungen einerseits tatsächlich durch einen häufigeren Partnerwechsel aus als heterosexuelle Beziehungen, wobei allerdings meines Wissens keine exakten Untersuchungen darüber vorliegen, ob das Beziehungsverhalten schwuler Partnerschaften mit Kindern mit dem Beziehungsverhalten schwuler Paare ohne Kinder übereinstimmt oder von diesem abweicht.

Eine andere Situation hingegen finden wir bei Lesbenpaaren. Sie zeigen eine gegenüber Schwulen größere Beziehungskonstanz. Letztlich scheint das Beziehungsverhalten aber insgesamt weniger von der sexuellen Orientierung als vielmehr in erster Linie vom Geschlecht bestimmt zu sein. Nach wie vor werden – heterosexuelle und lesbische – Frauen offensichtlich in einer Art sozialisiert, die ihnen das Leben in einer monogamen Beziehung als für sie verbindlich vor Augen stellt, während es – heterosexuelle wie schwule – Männer geradezu für ein „Markenzeichen" echter Männlichkeit zu halten scheinen, mit einer möglichst großen Zahl von Partnerinnen respektive Partnern sexuelle Beziehungen gehabt zu haben.

Außerdem ist bei der, wie etliche Umfragen zeigen, insgesamt tatsächlich größeren Zahl von Partnerinnen- respektive Partnerwechseln gleichgeschlechtlicher Paare zu berücksichtigen, daß diese Beziehungen in vielen Ländern nach wie vor weder juristisch vom Staat noch spirituell von den Kirchen gestützt und damit stabilisiert werden. Die fehlende rechtliche und spirituelle Anerkennung und die Tatsache, daß gleichgeschlechtliche Paare häufig nicht als Paar, sondern als Individuen angesprochen werden, führt im Gegenteil gerade zu einer Destabilisierung dieser Beziehungen.

Hinzu kommen die Erfahrungen von Diskriminierungen und Ausgrenzungen, die Lesben und Schwule vielfach in der Gesellschaft erleben. Derartige gemeinsame Erfahrungen führen nicht nur zu größerer Solidarität miteinander, sondern wirken sich auch als Belastungen aus, die heterosexuelle Menschen in dieser Art nicht erleben. Sie üben einen zusätzlichen Druck auf die Partnerschaften von Lesben und Schwulen aus und destabilisieren die Beziehung.

Die Art, wie lesbische Frauen und schwule Männer in ihren gleichgeschlechtlichen Partnerschaften miteinander und mit ihren Kindern in dieser oft schwierigen Situation umgehen, hängt wesentlich von ihrer bisherigen Entwicklung, ihrem „coming out" ab (vgl. Rauchfleisch 1996). Der Coming-Out-Prozeß umfaßt zwei Aspekte: zum einen das innere Gewahrwerden der gleichgeschlechtlichen Orientierung und zum anderen das Hinaustreten mit dieser Orientierung an eine mehr oder weniger breite Öffentlichkeit sowie das Finden eines eigenen lesbischen respektive schwulen Lebensstils. Auf diesem Weg ist es von ausschlaggebender Bedeutung, von welcher Art die Eltern-Kind-Beziehung war und ob es den Eltern gelungen ist, ihre Kinder, die sie anders (nämlich heterosexuell) erwartet haben, als sie tatsächlich sind, in deren Anders-Sein zu akzeptieren und wertzuschätzen.

Ferner kommt es im Rahmen des coming out natürlich auch auf die Reaktionen der weiteren Umgebung an (Lehrerinnen und Lehrer, Pfarrerinnen und Pfarrer, Kameradinnen und Kameraden sowie andere Bezugspersonen). Je mehr Wertschätzung die Heranwachsenden von der Umgebung erfahren, desto positiver gestaltet sich ihr Selbstbild als Lesbe oder Schwuler und desto besser können sie sich mit den im weiteren Coming-Out-Prozeß auftauchenden Problemen, die ich oben beschrieben habe, auseinandersetzen. Dominieren hingegen negative Reaktionen der Umgebung, so besteht die Gefahr, daß die heranwachsenden Lesben und Schwulen die von der Umgebung vermittelten negativen Bilder verinnerlichen, was zu großer Unsicherheit und Schamgefühlen bis hin zu massiver Selbstablehnung führen kann.

Bei der Frage nach der Struktur und Dynamik gleichgeschlechtlicher Partnerschaften mit Kindern ist schließlich zu berücksichtigen, daß diese Paare *keine Modelle* besitzen, an denen sie sich orientieren könnten. Das Beispiel ihrer, eine heterosexuelle Beziehung führenden Eltern eignet sich nur bedingt für ihre Situation als lesbisches oder schwules Paar mit Kindern. Zum einen entspricht, wie oben dargestellt, die gleichgeschlechtliche Partnerschaft in ihrer Struktur und Dynamik nicht der heterosexuellen Ehe, und zum anderen befinden sich die in einer solchen Konstellation aufwachsenden Kinder in einer anderen Situation als die in einer heterosexuellen Familie lebenden Kinder.

3. Positive Aspekte der gleichgeschlechtlichen Partnerschaften mit Kindern

In den bisherigen Ausführungen haben die Probleme, denen sich gleichgeschlechtliche Paare mit Kindern gegenübersehen, einen großen Raum eingenommen. Dadurch mag bei den Leserinnen und Lesern der Eindruck entstanden sein, diese Familien befänden sich in einer sehr schwierigen Situation, die möglicherweise Erwachsene wie Kinder überfordere und den Kindern keine gedeihlichen Entwicklungsbedingungen biete. Es soll deshalb nun anhand von Vergleichsstudien geprüft werden, wie die Situation in solchen Familien tatsächlich aussieht.

Dabei sei das *Fazit* bereits an dieser Stelle vorweggenommen: *Gleichgeschlechtliche Beziehungen weisen in der Regel einen hohen Grad an Zufriedenheit auf, da sie sich vor allem durch eine egalitäre Rollenverteilung auszeichnen* (vgl. Krüger-Lebus u.a. 1999; Kurdek 1993; Patterson 1995), *und die in solchen Familien aufwachsenden Kinder entwickeln sich so wie Kinder aus vergleichbaren heterosexuellen Familien, ja sie zeigen in mancherlei Hinsicht sogar eine bessere Entwicklung* (vgl. Rauchfleisch 1997). Wichtig für eine ungestörte Entwicklung der Heranwachsenden ist ein positives Selbstbild des lesbischen respektive schwulen Elternteils und der dazu gehörenden Partnerin respektive des Partners. Je offener die gleichgeschlechtlich empfindenden Erwachsenen leben und je weniger sie die Kinder dadurch belasten, daß sie ihnen gegenüber der Umwelt ein Schweigen über die wahren Familienverhältnisse auferlegen, desto besser entwickeln sich die Kinder (vgl. Huggins 1989; Rand u.a. 1982).

Im einzelnen finden wir bei einem Vergleich von Kindern, die bei lesbischen Müttern oder bei schwulen Vätern (was allerdings – wie im heterosexuellen Bereich – seltener ist) aufgewachsen sind, mit Kindern aus heterosexuellen Familien die folgenden *Befunde* (vgl. hierzu auch die große Übersichtsarbeit über die zu diesem Thema vorliegende Literatur von Patterson 1992, sowie die Langzeitstudie von Tasker u.a. 1995):

Im Hinblick auf die *intellektuelle, emotionale und soziale Entwicklung* lassen sich bei streng parallelisierten Gruppen homo- und heterosexueller Eltern keinerlei Unterschiede in der Entwicklung der Kinder feststellen. Insbesondere bestehen bei den Kindern keine Unterschiede bezüglich ihrer *sexuellen Orientierung* (vgl. Kirkpatrick u.a. 1981; Green 1978; Green u.a. 1986; Golombok u.a. 1983). Damit erweist sich eines der Hauptargumente, das gegen gleichgeschlechtliche Paare gerichtet wird, ihre Partnerschaft werde die Entwicklung der Kinder in ihrer sexuellen Identität stören, als gegenstandslos (wobei zu beachten ist, daß in der Vorstellung, eine allfällig höhere Rate an gleichgeschlechtlichen Orientierungen stelle eine „Störung" dar, eine homosexualitätsfeindliche Haltung sichtbar wird).

Ferner hat es sich in einer Reihe von Studien gezeigt, daß auch das *Geschlechtsrollen-Verhalten* von Kindern, die in gleichgeschlechtlichen Partnerschaften aufwachsen, sich in nichts von dem unterscheidet, das Kinder aus heterosexuellen Familien aufweisen (vgl. Green 1978; Green u.a. 1986; Kirkpatrick u.a. 1981; Hoeffer 1981; Golombok u.a. 1983; Rees 1979; Gottman 1990; Kentler 1989). Dabei wurden von den Autorinnen und Autoren Kinder verschiedener Altersstufen, bis hin ins Erwachsenenalter, berücksichtigt, und das Geschlechtsrollen-Verhalten wurde nach unterschiedlichen Kriterien erfaßt (zum Beispiel bevorzugtes Spielzeug, beliebte Spiele und Tätigkeiten, bevorzugte Fernsehsendungen und Filmschauspieler etc.).

Auch hinsichtlich der *Geschlechtspartner-Orientierung* liegen vergleichende Untersuchungen an Kindern vor, die in lesbischen und schwulen Partnerschaften und in heterosexuellen Familien aufgewachsen sind (vgl. Bailey u.a. 1995; Golombok u.a. 1983; Rees 1979; Huggins 1989; Miller 1979; Javaid 1993; Gottman 1990; Bozett 1980, 1982, 1989). Diese Studien zeigen übereinstimmend, daß die Geschlechtspartner-Orientierung der Kinder aus lesbischen und schwulen Partnerschaften sich nicht von der anderer Kinder unterscheidet und im Rahmen der Erwartungswerte der Gesamtbevölkerung liegt.

Die uns heute vorliegenden Untersuchungen zur Entwicklung von Kindern lesbischer und schwuler Eltern, die in gleichgeschlechtlichen Partnerschaften leben, zeigen darüber hinaus:

In bezug auf psychiatrische Störungen sowie emotionale und Verhaltensprobleme finden sich keine Unterschiede zu Kindern, die in heterosexuellen Familien aufwachsen (Kirkpatrick u.a. 1981; Golombok u.a. 1983; Gottman 1990; Patterson 1992,1993; Steckel 1987; Victor u.a. 1995).

Auch bezüglich des *Selbstkonzepts* stimmen die Kinder von lesbischen und schwulen mit denen heterosexueller Eltern überein (vgl. Puryear 1983; Huggins 1989).

Ebenso finden sich keinerlei Unterschiede zwischen diesen Gruppen im Hinblick auf die *moralische Entwicklung* (vgl. Rees 1979) und das Gefühl, wichtige Ereignisse *selber steuern* zu können oder dabei dem Einfluß anderer Menschen ausgesetzt zu sein (locus of control, vgl. Puryear 1983; Rees 1979).

Schließlich gleichen auch die *sozialen Beziehungen* von Kindern homosexueller und heterosexueller Eltern einander weitgehend und lassen bei den in gleichgeschlechtlichen Partnerschaften aufwachsenden Kindern keinerlei Auffälligkeiten erkennen (vgl. Green 1978; Golombok u.a. 1983; Green u.a. 1986; Kirkpatrick u.a. 1981; Harris/Turner 1985/86).

In einigen Bereichen der *sozialen Kompetenz* erweisen sich die Kinder lesbischer und schwuler Eltern sogar als anderen Kindern *überlegen* (wie wir es ähnlich bei den Kindern von Eineltern finden; vgl. Rauchfleisch 1997):

> So fördern lesbische Mütter bei ihren Kindern im allgemeinen häufigere und intensivere Beziehungen zu den Vätern und zu anderen männlichen Familienangehörigen und Freunden als heterosexuelle Mütter, und zwar speziell dann, wenn die lesbischen Mütter in gleichgeschlechtlichen Partnerschaften leben (vgl. Kirkpatrick u.a. 1981; Golombok u.a. 1983). Außerdem entwickeln Kinder lesbischer und schwuler Eltern ein größeres Ausmaß an Toleranz und an Einfühlungsfähigkeit gegenüber anderen Menschen (vgl. O'Connell 1993; Harris/Turner 1985/86) und lernen in der Zwei-Mütter- respektive Zwei-Väter-Familie einen wesentlich partnerschaftlicheren Beziehungsstil kennen als in vielen heterosexuellen Familien, so daß sie später in eigenen heterosexuellen Beziehungen auch eher zum Aufbau einer *egalitären Paarbindung* fähig sind (vgl. Baptiste 1987; Kentler 1989). Dies ist insofern plausibel, als das ihnen in der gleichgeschlechtlichen Partnerschaft vorgelebte Modell nicht, wie vielfach in heterosexuellen Ehen, von hierarchischen, patriarchalischen Strukturen ausgeht, sondern sich an der Gleichberechtigung und Gleichbefähigung der beiden Partnerinnen und Partner orientiert.

Wie bereits erwähnt, fehlt es Lesben und Schwulen weitgehend an Modellen für ihre Partnerschaften. Aus dieser Tatsache resultieren indes nicht nur Schwierigkeiten und Belastungen, sondern sie bietet den Partnerinnen respektive Partnern auch einen ungleich größeren Spielraum für ganz individuelle Gestaltungen ihrer Beziehungen, als heterosexuelle Paare sie im allgemeinen haben respektive sich nehmen oder sich zu nehmen wagen. Dies betrifft beispielsweise die *Regulierung von Nähe und Distanz*, die bei lesbischen und schwulen Paaren im allgemeinen viel individueller gehandhabt wird, indem die Partnerinnen respektive Partner darauf bedacht sind, sich eigene Räume (im konkreten wie im übertragenen Sinn) zu schaffen und gegenseitig zu garantieren, die ihnen die für sie je nötigen Expansionsmöglichkeiten und Freiheiten lassen.

Von anderer Art als in vielen – zumindest traditionellen, patriarchal-strukturierten – heterosexuellen Ehen sind die gleichgeschlechtlichen Beziehungen auch im Hinblick auf die Ausgestaltung der in der Partnerschaft eingenommenen *Rollen*. Manche lesbischen und schwulen Paare orientieren sich, zumindest in der Anfangsphase ihrer Beziehung, zwar an traditionellen „Mann"- und „Frau"-Rollen mit den daran geknüpften Kompetenzen, Rechten und Pflichten. Schon bald aber spüren solche Paare, daß sie die große Chance ihrer gleichgeschlechtlichen Partnerschaft ungenutzt lassen, wenn sie solche Rollenklischees aus der heterosexuellen Welt ungeprüft übernehmen. Es kommt dann, wie bereits ausgeführt, zu einer eher egalitären Rollendefinition und -verteilung, die vor allem bei lesbischen Paaren (und dies ist ja die weitaus größte Zahl von gleichgeschlechtlichen Familien mit Kindern) die Partnerschaft wesentlich befriedigender macht, als dies in traditionellen heterosexuellen Ehen vor allem für die Frauen im allgemeinen der Fall ist.

Schließlich liegt eine Besonderheit gleichgeschlechtlicher Partnerschaften darin, daß diese Beziehungen oft – und zwar wesentlich häufiger als im heterosexuellen Bereich – selbst nach Auflösung der Partnerschaft und Eingehen einer neuen Beziehung in freundschaftlicher Weise weitergepflegt werden. Auf diese Weise entsteht ein tragfähiges Beziehungsnetz, das ein wirksames, innerpsychisch wie sozial stabilisierendes Element darstellt und damit ein Gegengewicht gegen die sonst zum Teil in der Gesellschaft erlebten Ausgrenzungen bildet.

Für die in solchen Beziehungen aufwachsenden Kinder ergibt sich daraus zum einen die Erfahrung eines wesentlich breiteren Spektrums an Frauen- und Männerkompetenzen, als Kinder aus heterosexuellen Familien mit traditioneller Rollenverteilung sie im allgemeinen erleben. Diese Kinder sind deshalb, wie die in Eineltern-Familien aufwachsenden Kinder (Rauchfleisch 1997), auch erheblich sensibler und kritischer gegenüber rigiden Geschlechtsrollendefinitionen und insbesondere gegenüber Diskriminierungen von Frauen. Zum anderen erleben Kinder aus gleichgeschlechtlichen Familien ein in vielerlei Hinsicht besonders solidarisches Beziehungsnetz ihrer Eltern, das auch sie innerpsychisch wie sozial stabilisiert und damit der Verunsicherung, die sonst durch ihre spezielle Lebenssituation entstehen könnte, entgegenwirkt.

4. Inwieweit sind diese Befunde mit unseren gängigen Entwicklungstheorien kompatibel?

Meine Ausführungen mögen den Leserinnen und Lesern zwar durchaus plausibel erschienen sein. Dennoch stellt sich an diesem Punkt der Diskussion die Frage, inwieweit die referierten Befunde mit unseren anerkannten Entwicklungstheorien in Übereinstimmung stehen – oder ob sie diese Konzepte radikal in Frage stellen.

Gewiß bedarf es einiger Erweiterungen und Ergänzungen gerade der psychoanalytischen, aber auch manch anderer Konzepte, die im allgemeinen von der traditionellen heterosexuellen Zwei-Eltern-Familie ausgehen und andere Familienmodelle nicht in ihre Überlegungen einbeziehen. Doch sind meiner Ansicht nach keine fundamentalen Neuformulierungen nötig, wenn es um die Frage der Kompatibilität der Beobachtungen an gleichgeschlechtlichen Familien mit den gängigen Entwicklungstheorien geht.
In diesen Konzepten wird der Mutter als der primär das Kind versorgenden Person eine zentrale Bedeutung beigemessen. Sie ist diejenige, die in der frühesten Kindheit über taktile und akustische Signale, in der oralen Phase über die Er-

nährung, bei der Ausbildung eines Ur-Vertrauens und in den vielen anderen Situationen des nahen Umgangs mit dem Säugling und Kleinkind eine *holding function* erfüllt und damit dem Kind ein fundamentales Gefühl von Sicherheit und Wohlbehagen vermittelt. Sie ist es auch, in deren Augenleuchten das Kind sich spiegeln und damit sein Selbstwertgefühl entwickeln kann. Die Mutter schafft dem Kind das ihm zuträgliche und damit seine Entwicklung fördernde *affektive Klima* und bietet durch ihre Präsenz die Sicherheit, die das Kind auf dem Weg zu immer größerer Autonomie benötigt, speziell auch in Entwicklungsphasen, in denen das Kind sich zwar zunehmend von der Mutter entfernt, sich – gerade deshalb – aber auch immer wieder ihrer Präsenz versichern muß.

Diese hier in aller Kürze resümierten Aspekte der psychoanalytischen Entwicklungstheorie lassen erkennen, daß der Mutter eine zentrale Bedeutung für die Entwicklung des Kindes zugeschrieben wird. Sie ist in unserer Gesellschaft im allgemeinen die primär das Kind versorgende Person, und von ihrer Konstanz und Verfügbarkeit wird das Wohlergehen des Kindes weitgehend bestimmt. Diese Feststellung ergibt sich nicht nur aus den theoretischen Konzepten, sondern fußt auch auf einer Fülle empirischer Befunde aus dem klinischen Alltag, aus Verhaltensbeobachtungen an Säuglingen und Kleinkindern und ihren Eltern wie auch aus umfangreichen epidemiologischen Untersuchungen. Sie entspricht auch dem *gesunden Menschenverstand* und ist insofern plausibel, als der Säugling und das Kleinkind völlig auf die Unterstützung durch Dritte angewiesen sind. Hinzu kommt, daß der Mensch infolge seiner mangelnden Instinktgebundenheit in hohem Maße von Außeneinflüssen geprägt wird und die wichtigsten – und größten – Entwicklungsschritte in der frühen Kindheit zu durchlaufen hat. Trotz der Plausibilität der These von der zentralen Bedeutung, welche die Mutter für das Kind besitzt, erheben sich bei genauerer Betrachtung jedoch einige Fragen, die gerade für das Thema der alternativen Familienformen, vor allem wenn es um sogenannte *unvollständige* Familien (zu denen neben Eineltern- auch gleichgeschlechtliche Familien gehören) geht, relevant sind.

Die erste Frage ist die, *ob unbedingt die Mutter die primär versorgende Person sein muß*, ob nur sie als Frau in der Lage ist, dem Kind all das an Einfühlung, Unterstützung und Sicherheit zu bieten, was es für eine gedeihliche Entwicklung benötigt. Die Konstellation der primär versorgenden Mutter und des sekundär dabei beteiligten Vaters ist zwar die in unserer Gesellschaft häufigste. Dies besagt jedoch keineswegs, daß nicht auch der Vater die *mütterlichen* Funktionen übernehmen könnte. Es liegen zwar erst relativ wenige empirische, kontrollierte Studien, vor allem auch Langzeituntersuchungen über die Entwicklung von Kindern vor, die ausschließlich oder in erster Linie vom Vater versorgt worden sind. Doch weisen die uns heute bereits verfügbaren Informationen darauf hin, daß es keinen Grund gibt, daran zu zweifeln, daß auch Väter ihre Kinder gut versorgen und erziehen können.

Eine weitere Frage ist die, welche *Rolle der Vater* in der Entwicklung des Kindes spielt. Er erscheint in den neueren psychoanalytischen Konzepten für den Knaben nicht mehr nur als verbietende Instanz der ödipalen Phase oder für das ödipale Mädchen als inzestuöses Liebesobjekt. Der Vater stellt vielmehr von früh auf für das Kind, das bereits im Kleinkindalter für trianguläre Prozesse offen ist, eine wichtige, die Entwicklung des Kindes mitgestaltende Bezugsperson dar (vgl. Abelin 1971, 1975; Prall 1978; Mertens 1990, 1992; Rotmann 1978; Stork 1983).

Aus der Sicht der neueren Psychoanalyse gewinnt der Vater seine Bedeutung vor allem als Kontrastrepräsentanz zu jener der Mutter, indem er die enge Beziehung zwischen Mutter und Kind mehr und mehr erweitert. So wird er zum Schrittmacher im kindlichen Entwicklungsprozeß der Trennung, Verselbstän-digung und Individuation. Wie Greenson (1968) ausgeführt hat, liegt für den präödipalen Knaben eine entwicklungsnotwendige Aufgabe darin, seine Identifikation mit der Mutter als der ihm anfangs am nächsten stehenden Person zu lösen und sich statt dessen mit dem Vater zu identifizieren. Auch das kleine Mädchen muß sich zwar von der Mutter *ent-identifizieren*, wenn es in der Adoleszenz zu einer eigenen Identität finden möchte. Doch haben ihm die frühen Identifikationen mit der Mutter bereits zu einer teilweise ausgebildeten weiblichen Identität verholfen.

Bei der Ent-Identifizierung, wie sie der Junge und das Mädchen gegenüber der Mutter vornehmen, spielen verschiedene Faktoren eine Rolle: die vorher erreichte innere Sicherheit und Stabilität, die es dem Kind ermöglichen, einen zumindest partiellen Verzicht auf die von der Mutter garantierte Bedürfnisbefriedigung und Nähe zu leisten; das Erleben, daß die Mutter den Vater wertschätzt und so die Identifikation vor allem des Knaben mit dem Vater erleichtert; und nicht zuletzt das Verhalten des Vaters selbst, der sich für eine solche Identifikation anbietet oder sich ihr versagt.

Wie diese Überlegungen zeigen, ist der Vater bei den Entwicklungsschritten der Ent-Identifizierung und damit des Abstand-Nehmens des Kindes von der Mutter nicht nur ein passives Objekt. Er stellt sich vielmehr seinerseits dem Kind aktiv als *verlockende Alternative* (vgl. Mertens 1990, 67) zur Verfügung. Schließlich kommt in diesem Prozeß aber auch der Mutter eine wesentliche Bedeutung zu, indem sie durch die Qualität ihrer Beziehung zum Mann das Kind diesen als einen *willkommen geheißenen Dritten* (Mertens 1990, 67) erleben läßt. Wie Tress (1986) bei der Interpretation seiner an alleinerziehenden Müttern erhobenen Befunde ausführt, bleibt die Mutter in einer solchen Familienkonstellation im allgemeinen viel stärker auf den abwesenden, aber als solchen gewünschten und vermißten Vater bezogen als die Mutter einer offen oder latent zerrütteten, aber „vollständigen" Familie.

Analog ist es bei der lesbischen Mutter: Das bei ihr aufwachsende Kind hat die Möglichkeit, sich den *für die Triangulierung nötigen Dritten in der erweiterten Umwelt zu suchen.* Denn als familiale Lebensform ist die Struktur des Vaters, auch wenn er nicht leibhaftig präsent ist, erhalten. „Der idealisierte, vermißte Vater bleibt in seinem Fehlen gewollt und gegenwärtig. Derart vermittelt er den Weg zu allen nur zugänglichen Ersatzpersonen, bei denen das Kind sich umsehen darf, um den unter ihnen zu verehren, der so zu sein scheint wie der phantasierte Vater. Über diesen Weg werden vermutlich zahlreiche Aspekte der Väter von Spielkameraden internalisiert und zugleich damit die Struktur des dort mitzuerlebenden triangulierten Familiengefüges. So kann auch im Zusammenleben mit der alleinerziehenden (und der lesbischen; Anm. d.V.) Mutter dank einer an Vater-Substituten vollzogenen frühen Triangulierung der faktisch abwesende Vater als triadischer Bezug immer mitgemeint sein" (Tress 1986, 149). Diese Familienkonstellation ist insofern sogar noch günstiger als im Fall des präsenten, dem Kind aber keine positiven Entwicklungsanstöße gebenden Vaters, als das Kind bei der Orientierung an außerfamilialen Vatergestalten nicht in Loyalitätskonflikte mit dem leiblichen Vater kommt. Ebenso fällt es einem ohne den Vater aufwachsenden Kind leichter, sich seine Identifikationen mit der Welt der Väter außerhalb der eigenen Familie zu holen, als beim Zusammenleben mit einem realen Vater, der sich einer frühen Triangulierung verweigert und so zu einem negativen Vorbild wird.

Eine wichtige Voraussetzung für eine solche positive Entwicklung des ohne Vater aufwachsenden Kindes liegt allerdings darin, daß die Mutter fähig sein muß, die (reale oder phantasmatische) Beziehung des Kindes mit einem erwachsenen Mann innerlich zu bejahen und ihn als den *willkommen geheißenen Dritten* (Mertens) zu akzeptieren und wertzuschätzen. Wie die oben referierten Resultate der Untersuchungen an lesbischen (aber auch an alleinerziehenden) Müttern zeigen, unterhalten ihre Kinder im allgemeinen einen lebhaften Kontakt mit den leiblichen Vätern und einer großen Zahl anderer Männer, so daß sie über eine breite Matrix männlicher Bezugspersonen verfügen, die sie für den Prozeß der Triangulierung nutzen können.

Der Prozeß der frühen Triangulierung geht über den Aufbau der Beziehung zur konkreten menschlichen Person des Vaters hinaus und „verweist strukturell auf die Einführung eines dritten Objektes schlechthin" (Tress 1986, 149). Damit wird der „Bezug zum Vater als dem Andersartigen" gestiftet, und dieser Bezug geht niemals verloren, „auch wenn der Vater auf eine Leerstelle oder eine unzugängliche symbolische Form reduziert ist" (Stork 1983, 72).

Aus den bisherigen Ausführungen ergibt sich, daß nicht die leibliche Präsenz der Mutter oder des Vaters oder beider Elternteile im Familienverband notwendig ist, damit die Kinder eine ungestörte Entwicklung durchlaufen. Von zentraler Bedeutung sind vielmehr zwei Bedingungen: Es muß ihnen *eine konstante*

Bezugsperson zur Verfügung stehen, die ihnen ein fundamentales Gefühl von Sicherheit und Selbstvertrauen vermittelt. Diese primäre Bezugsperson muß die *Beziehung des Kindes zu einem „dritten Objekt"* (weiblichen oder männlichen Geschlechts) *außerhalb des Familiensystems bejahen.* Auf diese Weise eröffnet der bzw. die außerhalb stehende Andersartige den Weg aus der symbiotische Züge aufweisenden Dyade des Kindes zum primär versorgenden Elternteil, sei dieser weiblichen oder männlichen Geschlechts.

Diese Überlegungen entsprechen den modernen psychoanalytischen Entwicklungskonzepten, bei denen zwar oft von „der Mutter" oder „dem Vater" die Rede ist, die Eltern letztlich aber Chiffren für Interaktionsmuster darstellen. So spricht beispielsweise Kernberg (1989, 106f) im Zusammenhang mit der Strukturierung von Libido und Aggression von „reziproken (bemutternden) Reaktionen aus der Umgebung" und deutet durch das In-Klammern-Setzen des Adjektivs *bemutternd* an, daß es hier um eine *Funktion* und nicht um eine bestimmte Person geht. Wesentlich ist nicht in erster Linie das Geschlecht des betreffenden Elternteils, sondern die Tatsache, daß das Kind auf einen „reagierenden Partner ... (trifft), der die kindlichen Verhaltensweisen mit Verhaltensweisen beantwortet, der geliebt, herbeigesehnt, gebraucht und gehaßt wird; der auf vielfältige Weise ein Modell für Imitation und Identifikation darstellt, mit dem das Kind eine symbiotische Dualunion erlebt und einen ‚Dialog' unterhält, an dessen Erwartungen es sich anzupassen lernt, dessen Sichtweise es aufnimmt und sein Selbsterleben danach ausrichtet usf."(Mertens 1990, 44).

Das Geschlecht der primär *bemutternden* Person spielt wohl erst in zweiter Linie eine Rolle. Wenn die primäre Beziehung wie bei lesbischen Müttern die zur Mutter ist, eröffnet das *väterliche Symbol* (Stork 1976) den Weg aus der Dyade. Falls jedoch der schwule Vater die primär versorgende Person ist, wird die Mutter in diese symbolische Rolle treten und die dyadische Vater-Kind-Beziehung auflösen. Bisher liegen keine detaillierten Beobachtungen zur Entwicklung solcher primär bei Vätern aufwachsender Kinder vor. Es spricht jedoch alles dafür, daß eine solche Entwicklung ähnlich verlaufen wird wie die Prozesse in traditionellen Familien zwischen Mutter und Kind:

> Bei dem primär vom Vater versorgten *Jungen* dürfte es – wie bei der Mutter-Tochter-Beziehung – eine vor allem auf Identifizierungen und einer moderaten Ent-Identifizierung beruhende Entwicklung sein, die dem Knaben die Individuation ermöglicht. Beim primär vom Vater betreuten *Mädchen* wird die Entwicklung analog der Mutter-Sohn-Beziehung der traditionellen Familie verlaufen, bei der die Komplementarität der Geschlechter im Vordergrund steht und von vornherein zu einer größeren Distanz des Kindes vom versorgenden Elternteil führt.

Es gibt keinen Grund anzunehmen, daß derartige Entwicklungen in irgendeiner Hinsicht größere Probleme mit sich bringen als die in unserer Gesellschaft nach wie vor wesentlich häufigeren Konstellationen, bei denen die Mutter die primär betreuende Person ist. Wesentlich für den „Strukturwandel vom dyadischen zum triadischen Objektbezug" ist, wie Tress (1986, 150) aufgrund seiner Untersuchung formuliert, die „Grundlage einer guten dyadischen Primärbeziehung", die indes nicht vom Geschlecht der primär versorgenden Person abhängt.

Literatur

Abelin, E.L. (1975): Some further observations and comments on the earliest role of the father. In: Int. J. Psycho-Anal. 56, 293-302

Bailey, J.M., Bobrow, D., Wolfe, M., Mikach, S. (1995): Sexual orientation of adult sons of gay fathers. In: Special Issue: Sexual orientation and human development. Developmental Psychology 31, 124-129

Baptiste, D.A. (1987): Psychotherapy with Gay/Lesbian Couples and their Children in "Stepfamilies": A Challenge of Marriage and Family Therapists. In: Coleman, E. (Ed.): Psychotherapy with Homosexual Men and Women. New York, 223-238

Bozett, F.W. (1980): Gay fathers: How and why they disclose their homosexuality to their children. In: Family Relations 29, 173-179

Bozett, F.W. (1982): Heterogeneous couples in heterosexual marriages: Gay men and straight women. In: J. Marital Fam. Ther. 8, 81-89

Bozett, F.W. (1989): Gay Fathers: A Review of the Literature. In: Bozett, F.W. (Ed.): Homosexuality and the Family. New York, 137-162

Golombok, S., Spencer, A., Rutter, M. (1983): Children in lesbian and single-parent households: Psychosexual and psychiatric appraisal. In: J. Child Psychol. Psychiat. 24, 551-572

Gottman, J.S. (1990): Children of Gay and Lesbian Parents. In: Bozett, F.W., Sussman, M.B. (Ed.): Homosexuality and Family Relations. New York, 177-196

Green, R. (1978): Sexual identity of 37 children raised by homosexual or transsexual parents. In: Amer. J. Psychiat. 135, 692-697

Green, R., Mandel, J.B., Hotvedt, M.E., Gray, J., Smith, L. (1986): Lesbian mothers and their children: A comparison with solo parent heterosexual mothers and their children. In: Arch. Sex. Behav. 15, 167-184

Greenson, R.R. (1968): Dis-Identification. In: Int. J. Psycho-Anal. 49, 370-374

Harris, M.B., Turner, P.H. (1985/86): Gay and lesbian parents. In: J. Homosex. 12, 101-113

Hoeffer, B. (1981): Children's acquisition of sex-role behavior in lesbian-mother families. In: Amer. J. Orhtopsychiat. 5, 536-544

Huggins, S.L. (1989): A comparative study of self-esteem of adolescent children of divorced lesbian mothers and divorced heterosexual mothers. In: Bozett, F.W. (Ed.): Homosexuality and the Family. New York, 123-135

Javaid, G.A. (1993): The children of homosexual and heterosexual single mothers. In: Human Development 23, 235-248

Kentler, H. (1989): Leihväter. Kinder brauchen Väter. Rowohlt: Reinbek

Kernberg, O.F. (1989): Objektbeziehungen und Praxis der Psychoanalyse. Klett-Cotta: Stuttgart

Kirkpatrick, M., Smith, C., Roy, R. (1981): Lesbian mothers and their children: A comparative survey. In: Amer. J. Orthopsychiat. 51, 545-551

Krüger-Lebus, S., Rauchfleisch, U. (1999): Zufriedenheit von Frauen in gleichgeschlechtlichen Partnerschaften mit und ohne Kinder. In: System Familie 12, 74-79

Kurdek, L.A. (1993): The allocation of household labour in gay, lesbian, and heterosexual married couples. In: J. Soc. Issues 49, 127-139

Mertens, W. (1990): Psychoanalyse. Kohlhammer: Stuttgart

Mertens, W. (1992): Entwicklung der Psychosexualität und der Geschlechtsidentität. Bd. 1: Geburt bis 4. Lebensjahr. Kohlhammer: Stuttgart

Miller, B. (1979): Gay fathers and their children. In: Family Coordinator 28, 544-552

O'Connell, A. (1993): Voices from the heart: The developmental impact of a mother's lesbianism on her adolescent children. In: Special Issue: Lesbians and lesbian families: Multiple reflections. Smith Coll. Stud. Soc. Work 63, 281-299

Parke, R.D. (1982): Erziehung durch den Vater. Klett-Cotta: Stuttgart

Patterson, Ch.J. (1992): Children of lesbian and gay parents. In: Child Development 63, 1025-1042

Patterson, Ch.J. (1993): Children of lesbian and gay parents. In: Ann. Progress Child Psychiat. Child Development, 33-62

Patterson, Ch.J. (1995): Families of the lesbian baby boom: Parents division of labour and children's adjustment. In: Dev.Psychol. 31, 115-123

Prall, R.C. (1978): The role of the father in the preoedipal years. In: J. Amer. Psa. Ass. 26, 143-161

Puryear, D. (1983): A Comparison between the Children of Lesbian Mothers and the Children of Heterosexual Mothers. Doct.Diss. California School of Professional Psychology: Berkeley, California

Rand, C., Graham, D.L.R., Rawlings, E.I. (1982): Psychological health and factors the court seeks to control in lesbian mother custody trials. In: J. Homosex. 8, 27-39

Rauchfleisch, U. (1996): Schwule. Lesben. Bisexuelle. Lebensweisen, Vorurteile, Einsichten. Vandenhoeck & Ruprecht: Göttingen, 2. Auflage

Rauchfleisch, U. (1997): Alternative Familienformen. Eineltern, gleichgeschlechtliche Paare, Hausmänner. Vandenhoeck & Ruprecht: Göttingen

Rees, R.L. (1979): A comparison of children of lesbian and single heterosexual mothers on three measures of socialization. Doct.Diss., California School of Professional Psychology: Berkeley, Ca. (zit.nach Parke, 1982)

Rotmann, M. (1978): Über die Bedeutung des Vaters in der „Wiederannäherungs-Phase". In: Psyche 32, 1105-1147

Steckel, A. (1987): Psychosocial Development of Children of Lesbian Mothers. In: Bozett, F.W. (Ed.): Gay and Lesbian Parents. New York, 75-85

Stork, J. (1976): Die seelische Entwicklung des Kleinkindes aus psychosomatischer Sicht. In: Eicke, D. (Hg.): Psychologie des 20. Jahrhunderts. Bd.2. Kindler: München, 868-932

Stork, J. (1983): Frühe Triangulation. In: Mertens, W. (Hrsg.): Psychoanalyse. Ein Handbuch in Schlüsselbegriffen. Urban und Schwarzenberg: München u.a., 69-76

Tasker, F., Golombok, S. (1995). Adults raised as children in lesbian families. In: Amer.J.Orthopsychiat. 65, 203-215

Tress, W. (1986): Das Rätsel der seelischen Gesundheit. Vandenhoeck & Ruprecht: Göttingen

Victor, S.B., Fish, M.C. (1995): Lesbian mothers and the children: A review for school psychologists. In: School Psychol. Rev. 24, 456-479

Frank Dammasch

Das Kind, seine alleinerziehende Mutter und der virtuelle Vater*

„Es gibt keine guten Väter, das ist die Regel; die Schuld daran soll man nicht den Menschen geben, sondern dem Band der Vaterschaft, das faul ist. Kinder machen, ausgezeichnet; Kinder haben, welche Unbill! Hätte mein Vater weitergelebt, er hätte mich mit seiner ganzen Länge überragt und dabei erdrückt. Glücklicherweise starb er sehr früh. Ich schreite von einem Ufer zum anderen, allein und voller Mißachtung für diese unsichtbaren Erzeuger, die ihren Söhnen das ganze Leben lang auf dem Rücken hocken: ich ließ hinter mir einen jungen Toten, der nicht die Zeit hatte, mein Vater zu sein, und heute mein Sohn sein könnte.
War es ein Glück oder ein Unglück?" (Sartre 1968, 12)

1. Einleitung

Das Bild des Vaters und die auf der familialen Triade beruhenden Sozialisationswurzeln des Subjekts sind in diesem Jahrhundert einem rasanten Verfall unterworfen. Konnte Sigmund Freud sich noch auf der Basis relativ gefestigter patriarchaler Sozialisationsstrukturen intensiv mit dem Wunsch des kleinen Jungen, seinen Vater zu töten, beschäftigen und die psychoanalytische Theorie um die Konflikte des ersten vaterlosen Kindes – König Ödipus – gruppieren, so sehen wir uns heute in Psychotherapie, Beratung und Pädagogik mit dem umgekehrten Phänomen konfrontiert: der offensichtlichen oder verborgenen Suche des Kindes nach dem Vater bei einem gleichzeitigen Übergewicht mütterlicher Präsenz.

Die Tendenz zur Auflösung traditionell triadischer Familienstrukturen ist empirisch belegt. Unter den vielfältigen neuen Formen familiären Zusammenlebens nimmt dabei die Eineltenfamilie eine hervorragende Stellung ein. Laut aktuellem Mikrozensus des statistischen Bundesamtes gibt es Mitte 1999 rund 1,6 Millionen alleinerziehende Mütter mit insgesamt 2,3 Millionen Kindern[1]. Die Zahl alleinerziehender Frauen mit Kindern unter 18 Jahren ist in Deutschland zwischen 1991 und 1999 um 22,7 % gestiegen. Annähernd vierzig Prozent

---

* Der Aufsatz ist die überarbeitete Fassung eines Vortrages, der im Rahmen einer Vortragsreihe des Instituts für analytische Kinder- und Jugendlichen-Psychotherapie in Hessen e.V. im Frankfurter Holzhausenschlößchen am 11. Mai 1999 gehalten wurde.
[1] Bei diesen Zahlen ist zu beachten, daß hier die juristische Form „Alleinerziehende" erfaßt wird. Somit fallen Alleinerziehende mit Partner im Haushalt auch in diese Kategorie.

der alleinerziehenden Mütter sind ledig. Die Familiensoziologin Rosemarie Nave-Herz (1994, 98f.) geht davon aus, daß die „Mutter-Familie ohne Ehesubsystem sehr wohl im Zuge des stärker gewordenen Individualisierungsprozesses für manche Frauen eine neue subjektiv bejahte und geplante Familienform" darstellt.

Ich möchte mich in meiner Darstellung auf diese soziologische Gruppe der Kinder von ledigen Müttern beschränken, die in ihrem Leben noch niemals über einen längeren Zeitraum kontinuierliche Erfahrungen mit einer väterlichen Bezugsperson gemacht haben. An diesen sozusagen basal vaterlosen Kindern können wir besonders eindrucksvoll die Entwicklungsbedingungen von Kindern alleinerziehender Mütter studieren.

An anderer Stelle habe ich (vgl. Dammasch 2000) ausführlich die psychologische und psychoanalytische Forschung zu Scheidungsfolgen und zur Bedeutung des anwesenden und des abwesenden Vaters für die Entwicklung des Kindes diskutiert, so daß ich mich hier auf die Darstellung eines Einzelfalls aus der psychoanalytischen Praxis beschränken kann. Mein Versuch, die innere Erlebniswelt eines einzelnen Kindes zu verstehen, begreife ich auch als eine notwendige Ergänzung zur gängigen Forschungsperspektive, die dazu neigt, die innere Lebenswelt des kindlichen Subjekts ausschließlich äußeren Verhaltensmustern und Denkrastern der Erwachsenen unterzuordnen. Während die Ängste, Wünsche und Enttäuschungen von Mutter und Vater in bezug auf sich selbst und in bezug auf ihr Kind insbesondere in Scheidungsfamilien oft großen Raum einnehmen, kommt das Kind selbst selten zur Sprache. So findet man z. B. eine breite Literatur zur sozialen und psychologischen Situation der alleinerziehenden Mutter, während man außerhalb psychoanalytischer Studien so gut wie keine Literatur zur subjektiven Situation des Kindes alleinerziehender Mütter findet[2]. Ich werde die Geschichte der Behandlung eines zehnjährigen Mädchens vorstellen, das von Geburt an ganz ohne Vater aufgewachsen ist. Dieses Mädchen hat mich in intensiver Weise zum ersten Mal mit den Wünschen und Ängsten vaterloser Kinder in Berührung gebracht.

---

[2] Lediglich die amerikanische Forscherin Judith Wallerstein hat sich in einer Langzeituntersuchung über die Folgen einer Scheidung intensiver mit den Lebens- und Beziehungsentwürfen der betroffenen Kinder beschäftigt. In Kürze erscheint von ihr in Buchform eine Follow-Up-Studie, die die weitere Entwicklung von Kindern und Eltern 25 Jahre nach der Scheidung untersucht. Auch die tagespolitische Diskussion um Adoptionsrechte und Reproduktionsmedizin ist dadurch gekennzeichnet, daß immer wieder das Recht des Erwachsenen auf ein Kind im Mittelpunkt steht. Das Kind wird dabei unter der Hand zum Objekt emotionaler Selbstverwirklichungsansprüche von Erwachsenen degradiert und seiner Subjekthaftigkeit entkleidet. Insgesamt muß festgestellt werden, daß die sozialpolitische Diskussion wie auch Teile der Forschung in diesem Bereich stark bestimmt werden von den eigenen latent wirksamen Hintergrundideologien.

Der Gedanke, ein Mädchen vorzustellen, entwickelte sich auch aus meiner Erfahrung, daß das Problem der Vaterlosigkeit in psychoanalytischen Betrachtungen vorwiegend im Zusammenhang mit der Entwicklung des Jungen diskutiert wird. Ich denke da zum Beispiel an Sigmund Freuds vielschichtige Analyse der frühen Vaterlosigkeit von Leonardo da Vinci (1910). Nach Freud beeinflußte der fehlende Vater einerseits positiv den großen Forschungsdrang und die Kreativität Leonardos. Andererseits behinderte die enge Mutter-Sohn-Bindung die psychosexuelle Entwicklung und die spätere Beziehungsfähigkeit Leonardo da Vincis. Ich denke auch an Alexander Mitscherlichs Studie (1973) über die Auswirkungen der gesellschaftlichen Entwertung väterlicher Vorbildfunktionen auf die Sozialisation des Sohnes. Die wissenschaftlichen Forschungen über die unterschiedlichen Wege in die vaterlose Gesellschaft gelten zumeist der männlichen Entwicklung. Für die Entwicklung des Jungen finden wir einen breiten Konsens darüber, daß die Möglichkeit, sich mit einem Vater zu identifizieren, grundlegend ist für den Aufbau einer stabilen männlichen Geschlechtsidentität. Die männliche Entwicklung ist angewiesen auf die körperlich reale Spiel- und Interaktionserfahrung mit einem emotional bedeutungsvollen Mann (vgl. Herzog 1998). Der Junge ist sozusagen biopsychologisch darauf programmiert, eine väterliche Bezugsperson zur Trennung von der Weiblichkeit der Mutter benutzen zu können. Die Identifikation mit einem Mann ermöglicht dem Jungen die Entidentifizierung von der Mutter (vgl. Greenson 1968) und führt idealerweise zur Bildung einer positiven Vorstellung von Männlichkeit. Psychoanalytische Beobachtungen zeigen, daß die Suche nach dem Vater beim Jungen schon sehr früh, vor dem 18. Lebensmonat beginnt. Diese biologische Komponente bei der Identitätsentwicklung des Jungen brachte Psychoanalytiker dazu, von „Vaterdurst" (Abelin 1986) bzw. vom „Hunger nach dem Vater" (Herzog 1980) zu sprechen. Einige wissenschaftliche Untersuchungen zeigen auf, daß vaterlose Jungen deutlich femininer sind. Bisweilen entwickeln sie eine Tendenz, den Mangel an männlicher Identität durch übertrieben zur Schau gestellte Männlichkeit oder aggressives Verhalten zu überdecken (vgl. Lamb 1976). Ich möchte es bei diesen wenigen Gedanken zur Entwicklung des Jungen einer alleinerziehenden Mutter belassen und mich nun dem Kern meines Aufsatzes zuwenden.

Es geht um die Entwicklung eines Mädchens, das alleine mit seiner Mutter aufwächst und von Geburt an keinen Kontakt zu seinem Vater hat. In meiner Falldarstellung werde ich die Patientin selbst zu Wort kommen lassen und den Dialog zwischen ihr und mir beschrieben. Ich hoffe, daß dadurch ein lebendiger und intensiver Eindruck von der Gestaltungskraft der Beziehung dieses vaterlosen Kindes entsteht. Ich habe mich entschieden, einen dichten Einblick in die psychoanalytische Behandlung eines Kindes zu ermöglichen, weil ich glaube, daß so am besten die Gefühle, Ängste und Wünsche des vaterlosen Kindes verstanden werden können. Zwar ist Carla, wie ich die Patientin nennen werde, ein einzigartiges Mädchen, aber sie steht mit ihren Konflikten gleichzeitig exemplarisch für viele andere vaterlose Kinder. Selbstverständlich sind persönliche und biographische Details sehr sorgfältig verschlüsselt worden.

2. Erstgespräche

Die motorisch auffallend behäbige und sehr langsam redende Mutter meldet ihre zehnjährige Tochter an, weil diese seit kurzem nicht mehr aus dem Hause gehe, nicht mehr ihre Freunde besuche, oft traurig sei und häufig krank werde. Die Mutter erzählt, daß sie einen neuen Freund kennengelernt habe und daß sie es nun wichtig finde, die „symbiotische Beziehung zu ihrer Tochter zu entzerren". Zum leiblichen, weit entfernt wohnenden Vater gäbe es bis auf einen unbedeutenden kurzen Kontakt im Alter von fünf Jahren keine Beziehung, nur sehr seltene unerfreuliche Telefongespräche.

Als ich das Mädchen zum erstenmal sehe, sitzt sie im Wartezimmer, traurig und deprimiert eng an ihre ebenfalls traurige Mutter geschmiegt. Beide wirken auf mich wie miteinander verbundene verlassene Schwestern. Nach meiner Begrüßung bewegt sich das zehnjährige Mädchen nur zögerlich und sehr langsam von der Mutter fort. Sie hat lange, strähnige, blonde Haare, ein blasses Gesicht mit Rändern um die Augen, trägt einen viel zu groß wirkenden Schulranzen auf dem Rücken und begrüßt mich blicklos mit kaum spürbarem Händedruck. Ein Bild des Jammers. Alles hängt an ihr herunter, die Haare, der Kopf, die Jeansjacke. Sie fragt, wo sie ihren Ranzen hinstellen kann, kommt langsam an den Tisch, setzt sich und sitzt mir traurig und in sich gekehrt gegenüber.
Nach einer Weile fühle ich mich aufgefordert, das Gespräch zu beginnen, und frage schließlich: „Weißt Du, warum Du heute zu mir gekommen bist?" „Ja, ich bin oft so traurig, daß sich mein Papa nicht um mich kümmert!" kommt die überraschend klare Antwort. „Das mußt du mir näher erklären!" „Mein Papa lebt in Schweden und kann doch nur englisch, da kann ich doch nicht mit ihm reden. Er kümmert sich nicht um mich. Das letzte Mal habe ich ihn gesehen, als ich fünf Jahre alt war. Da wußte ich gar nicht so richtig, daß er mein Papa ist. Ich glaube, ich muß auch darunter leiden, daß er mit meiner Mami Streit hat. ... Die streiten sich immer. ... Nächstes Jahr komme ich aufs Gymnasium, da lerne ich dann Englisch." Ihr Erzählen ist langsam und schleppend, wird immer wieder durch Pausen und schweres Atmen unterbrochen.

Soweit zunächst die Schilderung der ersten Begegnung, wie sie im Behandlungsprotokoll des Therapeuten festgehalten wurde.

In der Psychoanalyse gibt es zwei Wege, um sich der Innenwelt eines Analysanden zu nähern. Zum einen nehmen wir die Sprachäußerungen ernst und zum zweiten schauen wir im Sinne eines szenischen Verstehens, welche Beziehung der Patient mit Hilfe der Sprache und der nonverbalen Handlung eigentlich zu uns herstellt. Was macht der Patient offen und verschwiegenermaßen mit dem Therapeuten? Wie können die Szenen verstanden werden, die das Mädchen hier bei der ersten Begegnung mit dem Analytiker herstellt?

Zunächst wirkt das Mädchen ganz eins mit ihrer Mutter. Aneinandergeschmiegt und traurig warten beide gemeinsam auf das Erscheinen des Therapeuten. Nur sehr zögerlich und langsam trennt sich Carla aus der Umklammerung mit der Mutter und zeigt dadurch sichtbar an, daß es ihr schwerfällt, sich so einfach von der Mutter zu lösen. Erst nach einer Aktivität von mir, auf sie zuzugehen und sie zu begrüßen, kann sie schließlich zögerlich ihre Mutter im Wartezimmer hinter sich lassen. Die Aktivität überläßt sie dabei zunächst ganz dem Therapeuten. In ihrer Körperlichkeit zeigt sie große Ähnlichkeit mit der Mutter, die sich ja auch eher behäbig und langsam bewegt. So scheint hier der Gedanke der Mutter, es gehe darum, die Symbiose zwischen ihnen beiden zu entzerren, tatsächlich Gestalt anzunehmen. Mutter und Tochter sind in einer Symbiose des Leidens miteinander verstrickt. Die Patientin scheint bis in die Körperlichkeit hinein so mit der Mutter identifiziert, daß ihr Körper sich im gleichen behäbigen Rhythmus bewegt wie jener der Mutter. Die Tochter hat eine starke Tendenz, die Einheit mit ihrer Mutter aufrechtzuerhalten, und überläßt dem Therapeuten die Eröffnung des Gesprächs.

Dann ist es aber einigermaßen erstaunlich, wie sie sofort und klar antwortet: Ihr Problem sei, daß ihr Papa sich nicht um sie kümmere. Trotz des Beibehaltens ihrer Langsamkeit redet sie relativ klar von ihrem „Papa". Ein Mädchen, von dem man weiß, daß es seinen Vater so gut wie gar nicht kennt, bezeichnet ihn dennoch als „Papa", so als wäre er ihr doch vertraut, gut bekannt und nahe. Und nicht nur das! Der Papa hat zudem auch eine kontinuierliche Beziehung zur Mama. Sie streiten sich nämlich immer. In diesen paar Worten von Carla ist ein Phänomen verdichtet, das ich bei fast allen Kindern alleinerziehender Mütter feststellen kann: Das vaterlose Kind erschafft sich in der Phantasie den Vater selbst! Das Familien-Dreieck wird mit Hilfe der Vorstellungskraft des Kindes selbst kreiert. Ich möchte betonen, daß es sich hierbei um eine kreative Ich-Leistung handelt, mit der das Kind sich eine Repräsentanz des Vaters selbst bei völligem Fehlen realer Vater-Erfahrungen aufbaut.

Carla hat sich ein eigenes Vaterbild aufgebaut, das möglicherweise auf der Grundlage mütterlicher Erzählungen im Zusammenspiel mit eigenen Wunschvorstellungen gebildet wurde. Sogleich ist hier auch die strukturbildende Funktion dieses inneren Vaterbildes zu sehen: Während Carla mit ihrer Mutter im Wartezimmer in schweigender und leidender Anlehnung verbunden war, wird sie im Dialog mit dem Therapeuten durch die Erwähnung des Vaters auf einmal erstaunlich klar. Die Nennung des Vaters gibt ihr die Sprache. Ihre bisher unklaren Wünsche bekommen eine eindeutige Richtung. Die Formulierung des Vaterwunsches in der Sprache ist es, die das vorher Diffuse strukturiert und überraschenderweise einen klaren Dialog mit dem Therapeuten ermöglicht. Das Mädchen faßt nun auch sogleich einen in die Zukunft gerichteten Beschluß: Sie will nämlich englisch lernen, um mit ihrem Vater in Kontakt zu kommen. Hier entwickelt die Patientin im Gespräch mit dem Therapeuten unerwartet schnell eine positive, sprachlich fundierte Perspektive für sich: Englisch ist die Sprache des Vaters, und sie möchte unbedingt die Sprache des Vaters lernen. Die Benutzung der Sprache und der Inhalt ihrer Worte zeigen eine aktive nach vorne gerichtete Lebendigkeit mit dem ausdrücklich geäußerten Wunsch, das väterliche Objekt für sich zu gewinnen. Aber die Art und Weise, wie die Patientin die Worte ausspricht - langsam und schleppend - zeigen an, daß es so nicht leicht werden wird, den männlichen Dritten aktiv für sich zu gewinnen.

Wir sehen bei Carla also zwei gegeneinander gerichtete Bewegungen: Auf der einen Seite gibt es eine Ähnlichkeitsverbindung zwischen Mutter und Tochter bis in die körperliche Bewegung, Gestik, Mimik und in den Verbalisierungsmodus hinein, auf der anderen Seite formuliert sie verbal klar ihren Wunsch nach einer Beziehung in der Sprache zu einem Papa, der für sie weit entfernt wohnt. Ich habe diese beiden Tendenzen des Mädchens aufgezeigt, weil dies meiner Erfahrung nach ein Kräftefeld darstellt, in dem sich typischerweise Töchter alleinerziehender Mütter bewegen. Ein aktiver Beziehungswunsch nach dem außermütterlichen männlich Fremden - dem väterlichen Objekt - wird von einer gegenteiligen Kraft, dem Festhalten an dem weiblich Bekannten - Mütterlichen - behindert. Das Wirken dieser beiden Kräfte ist in einer dichten analytischen Beziehung in der Wahrnehmung der Gegenübertragung durch den Therapeuten unmittelbar spürbar. Fühlt sich der Therapeut in einer Stunde in idealisierender Weise wichtig genommen, werden seine Deutungen vom Analysanden mit positiver Wertschätzung behandelt, so fühlt er sich in der nächsten Stunde wie ein unbeteiligter Zuhörer, ausgeschlossen, entwertet und unwichtig für den Fortgang der weiteren Beziehung. So jedenfalls ging es mir mit Carla.

Hatte ich nach dem ersten Gespräch das Gefühl, einen bedeutungsvollen Kontakt zu ihr hergestellt zu haben, so muß ich vor der nächsten Stunde durch den Anruf der Mutter erfahren, daß ihre Tochter sich weigere, nochmals zu dem „blöden Mann" zu gehen. Erst mein beharrliches Festhalten an der Vereinbarung und die Überredung durch die Mutter bringt die Patientin schließlich zum zweiten Gespräch:

Sie schluchzt viel, weint, sitzt kauernd vor mir, erzählt, sich wiederholend, von ihrer Traurigkeit, die alles überziehe. Ich fühle mich als ausgeschlossener Betrachter, unfähig irgendetwas zu sagen, zu fragen oder ihr zu helfen. Mit der Traurigkeit scheint sie die Verbindung zu ihrer Mutter aufrechtzuerhalten und mich auszuschließen. Schließlich redet sie stockend von einer Theateraufführung: Begegnung mit dem Fremden. „Was sie unter einem Fremden verstehe?" frage ich. „Vielleicht ein Außerirdischer", sagt sie. Mir ist klar, daß sie damit natürlich auch ihre jetzige Situation mit mir als Fremdem und Außerirdischem beschreibt, aber irgendetwas hindert mich daran, eine Deutung der aktuellen Situation zu formulieren. Ich habe das Gefühl, sehr vorsichtig sein zu müssen und nicht zu laut sein zu dürfen, um sie nicht zu verschrecken. Schließlich erzählt sie von der Schule.
„Heute haben wir eine Mathearbeit geschrieben, und da habe ich auch geweint."
„Wie hast du denn dann die Arbeit geschrieben?" „Ich wollte nicht weinen, habe es dann doch, meine Lehrerin hat mich getröstet, gesagt, daß es doch nicht so schlimm ist." „War die Arbeit wichtig?" „Ich bin nicht so gut in Mathe, und es war eine ganz wichtige Arbeit. Die Note ist für das Zeugnis wichtig." „Ah ja, dann warst du sicher vorher aufgeregt, weil du eine gute Arbeit schreiben wolltest?!" „Ja, ich war sehr aufgeregt, und dann bin ich ganz traurig gewesen und habe geweint."
„Vor Situationen, die für einen wichtig sind, ist man manchmal aufgeregt. - Ich glaube, heute, vor unserer Stunde, da ist es dir ähnlich gegangen. Du warst aufgeregt, wie das wohl heute mit uns zwei wird. Zu mir bist du aber dann traurig und weinend gekommen, weil es leichter ist für dich, traurig zu sein - das Gefühl kennst du ja - als aufgeregt zu sein und dann vielleicht Angst zu bekommen." Carla schaut mich zum ersten Mal an, klar und überrascht, nickt und läßt ihre Augen kaum mehr von mir.

Ich hoffe, es ist anschaulich geworden, wie sich der Wunsch des Mädchens nach der Begegnung mit einem Fremden und die Angst vor dem unbekannten Außerirdischen schon in den ersten beiden Interviews mit dem Therapeuten zeigen. Warum mußte Carla nach dem ersten Gespräch mit dem Therapeuten die Mutter davon überzeugen, daß der Mann blöd ist? Wenn wir mal die Möglichkeit beiseite lassen, daß der Mann wirklich blöd ist, was natürlich nie auszuschließen ist, so denke ich, daß Carla im ersten Gespräch tatsächlich einen guten Kontakt zum Therapeuten hergestellt hat und sich verstanden fühlt. Gerade das macht ihr große Angst. Sie hat überraschend die Erfahrung gemacht, daß ihr Wunsch, so jemanden wie einen Vater für sich zu gewinnen, tatsächlich Realität werden könnte. Allein diese Aussicht, innerlich sehnsüchtig erhofft, stellt gleichzeitig eine große Gefahr für sie dar. Zum einen weiß sie eigentlich nicht, was sie mit einem Fremden, Außerirdischen, Mann anfangen soll, denn sie hat ja keine wirklichen Erfahrungen, auf die sie bauen könnte, und zum anderen hat sie in ihrer Innenwelt ein Elternpaar entworfen, das sich immer streitet. Also, wenn sie nun den Vater für sich gewinnt, muß sie dann nicht zwangsläufig die Wut der Mutter fürchten? Denn in ihrer inneren Konstruktion eines immer streitenden Elternpaares gibt es nur ein Entweder-Oder. Entweder du hältst zur

Mutter oder du hältst zum Vater. Kurz gesagt: Bevor überhaupt eine tragfähige Beziehung entstehen könnte, ist Carla in der Übertragungsbeziehung zum Analytiker schon in einen heftigen Loyalitätskonflikt verstrickt. Da ihr die Mutter als einziges Standbein natürlich grundlegend wichtig ist, muß sie unbewußt alle Kraft daran setzen, daß ihr sehnsüchtiger Wunsch nach dem Vater nicht verwirklicht wird. Der Kontakt zum Vater ist für Carla nur möglich, und dies ist ein ganz typischer Mechanismus bei Kindern alleinerziehender Mütter, wenn die Mutter ihn aktiv und bisweilen sogar gegen den geäußerten Willen des Kindes durchsetzt.

Man kann nicht genug betonen, daß das Kind einer Alleinerziehenden dringend auf die aktive Unterstützung der Mutter beim Finden eines väterlichen Dritten angewiesen ist. Zwar bildet sich im Innenleben des Kindes auch unabhängig von der Mutter eine Sehnsucht nach einem schützenden und idealisierten Vaterbild aus, aber bei der Möglichkeit eines wirklichen Kontaktes bedarf es der tatkräftigen Unterstützung durch die Mutter. Neben meinen Behandlungserfahrungen zeigen auch andere psychoanalytische Studien (vgl. McDougall 1989): Der kindliche Zugang zum Vater ist wesentlich davon bestimmt, in welcher Art und Weise die Mutter die Andersartigkeit des Vaters - vor allem natürlich seine Männlichkeit - schätzt und sie dem Kinde nahebringt.

Daneben gibt es noch einen weiteren wichtigen Aspekt: Das Kind einer alleinerziehenden Mutter ist auch ein verlassenes Kind! Es denkt vielleicht: „Ich bin nicht liebenswert, deshalb ist mein Vater nicht bei uns geblieben. Irgendetwas habe ich an mir, daß sich mein Vater nicht um mich kümmert. Vielleicht bin ich zu dumm oder zu häßlich oder zu böse." Aufgrund einer egozentrischen, von Größenvorstellungen bevölkerten Weltsicht ist sich vor allem das kleine Kind sicher, daß es selbst die Verantwortung für den Verlust des Vaters zumindest mitträgt. Eine Untersuchung an der Hampstead Clinic in London hat ergeben, daß gerade Mädchen das Fehlen ihres Vaters unbewußt mit der Unzulänglichkeit ihres Körpers in Zusammenhang bringen (vgl. Burgner 1985). So ist das Selbstwertgefühl vaterloser Kinder auf mehreren Ebenen so gut wie immer stark in Mitleidenschaft gezogen. Auf der Basis eines schwachen Selbstwertgefühls hat Carla Angst, daß sie wieder verlassen werden könnte. Um sich vor dieser Angst zu schützen, bleibt sie passiv und überläßt der Mutter und dem Therapeuten die Verantwortung für die weitere Gestaltung der Beziehung.

Wegen des aufgezeigten inneren Loyalitätskonfliktes und wegen der Phantasie, eigentlich nicht liebenswert zu sein, ist es in der Arbeit mit vaterlosen Kindern wichtig, daß auch der Therapeut sich von dem teilweise lärmenden Widerstand eines Kindes nicht davon abhalten läßt, den darunter verborgenen leisen, aber großen libidinösen Wunsch nach einem Dritten wahrzunehmen. Der Arbeit mit der Mutter kommt dabei eine besondere Bedeutung zu. Auf der einen Seite sind die Wurzeln ihres manifesten oder latenten Konflikts im Umgang mit dem

Manne, bei dem im Hintergrund immer ein Konflikt mit dem Vater steht, aufzuarbeiten.[3] Auf der anderen Seite ist es aber wichtig, die Mutter darauf hinzuweisen, daß das Kind früher oder später zwangsläufig einen starken Widerstand gegen eine Therapie entwickeln wird, weil es Angst bekommt, die vertraute dyadische Bindung zur Mutter zu gefährden. Im Falle von Carla ist es schließlich der Mutter zu verdanken, daß eine analytische Psychotherapie stattfinden kann. Die Mutter befürwortet die Therapie, obwohl sie wie so viele langfristig alleinerziehende Mütter starke innere Vorbehalte gegen Repräsentanten des männlichen Geschlechts hegt und obwohl die Tochter ihr gegenüber den beschriebenen starken Widerstand zeigt. Ausdrücklich möchte sie verhindern, daß ihre Tochter dieselben Erfahrungen macht, die sie in ihrer Kindheit gemacht hat.

3. Behandlung

Ich möchte nun anhand der ausführlichen Darstellung des Behandlungsverlaufs zeigen, wie konflikthaft sich bei diesem vaterlosen Kind insbesondere die Separation von der Mutter gestaltete. Die Loslösung von der Mutter und das Finden des Dritten sind dabei sich bedingende und ergänzende Prozesse. Ich stelle die Therapie so genau dar, weil ich die psychischen Bewegungen von Carla für beispielhaft für die inneren Konflikte vieler vaterloser Kinder halte. Weil Carla besonders fähig ist, ihre Wünsche und Konflikte in Worte zu fassen, können wir durch sie besonders viel über die innere Erlebniswelt vaterloser Kinder lernen.

Ein halbes Jahr nach den Erstgesprächen beginnt die Behandlung. Während Carla ihrer Mutter nach wie vor erzählt, was für ein blöder Typ ich sei, daß sie bloß hoffe, möglichst bald von mir wegzukommen, die Mutter sie endlich abmelden solle, die Betreuer in der Spielstube viel netter seien und auch meinten, sie bräuchte überhaupt keine Therapie, ist von all diesen Angriffen in den Behandlungsstunden nichts zu spüren. Im Gegenteil: Sie strahlt mich an, wenn sie die Treppe zu mir „hochfliegt", kommt immer viele Minuten zu früh, ist bemüht, eine wirklich gute Patientin zu sein. Aber wie macht man das, eine gute Tochter für einen unbekannten Vater zu sein? Sie zeigt mir ihre Sehnsucht nach dem Vater - aber wie wäre es, wenn er wirklich plötzlich vor der Tür stünde? Sie kann es sich zunächst gar nicht vorstellen. Sie wüßte nicht, was sie machen

---

[3] Neben einer latenten Entwertung des Männlichen oder maligner Konflikte mit dem inneren Vaterobjekt habe ich bei alleinerziehenden Müttern auch oft das Fortbestehen einer ödipalen Idealisierung des inneren Vaterobjekts gefunden. Ein wirklicher, realer Mann, der Vater des Kindes, konnte an dieses innere, hochidealisierte Vaterbild nicht heranreichen und wurde deshalb verlassen. So entstand im Inneren der Mutter mit Hilfe des eigenen Vaters eine für Außenstehende unsichtbare Dreiecks-Familie.

könnte. Auf alle Fälle würde sie zu ihrer Mutter laufen, denn sie verstehe ja seine Sprache gar nicht. Nur die Mutter könnte sie verstehen. Die würde dann dolmetschen. Aber eigentlich wisse sie gar nicht, was sie mit ihrem Vater anfangen solle. Er wüßte bestimmt auch nicht, was er mit ihr anfangen könne.

Neben sehr lebendigen, aufregenden Stunden höre ich in langen Phasen ihre ausführlichen Erzählungen von der Schule, von der Spielstube, von den Freundinnen, von den Spielen mit den Puppen als unbeteiligter Zuhörer, gelangweilt, mit Material überschwemmt, finde keinen Zugang zu ihrem Innenleben. Ich fühle mich ausgeschlossen, obwohl sie doch wirklich für sie wichtige Themen zu besprechen scheint. Alles erscheint wie ein Brei, mit dem ich vollgestopft werde. Die gähnende Langeweile ist zeitweise kaum zu ertragen, ermüdet mich. Ich fühle mich dann unfähig, sie zu verstehen. Vielleicht kann ich als Mann ein Mädchen in dem Alter nicht verstehen? In meiner therapeutischen Kompetenz fühle ich mich entwertet, ja auch entmännlicht.

Die Interpretation der Gegenübertragungsgefühle zeigt mir so, daß Carla, wenn sie als aktiv schillerndes Mädchen, das einen Vater für sich alleine gewinnen könnte, zu mir kommt, von der Angst vor dem Verlust der Mutter überfallen wird und innerlich zurückkehrt in den sicheren Hafen der Mutter-Tochter-Beziehung. Sie schließt quasi das Nichtmütterliche, das andersartige Fremde an mir aus. Andererseits wird sie so aber auch zu meinem Lehrmeister ihrer Muttersprache (vgl. Herzog 1991). Sie identifiziert sich mit dem Bild einer versorgenden Mutter und macht mich zu einem Baby, das sie mit einem Brei aus Worten füttert. Indem sie so etwas Bekanntes mit mir herstellt, die frühe Mutter-Kind-Dyade, kann sie mich mit ihren Erfahrungen bekannt machen und gleichzeitig ihre Angst vor den Gefühlen dem aufregend Fremden gegenüber unter Kontrolle halten. Dieses schon in den Erstgesprächen sichtbare Thema taucht in unterschiedlicher Verkleidung immer wieder auf, bestimmt zentral den therapeutischen Prozeß.

Carla hat viele Ängste. Sie hat Angst vor Spinnen. Besonders nachts in ihrem Zimmer. Früher hatte sie keine Angst davor, hat sogar ihrer Mutter die Spinnen weggemacht, die sei nämlich sehr ängstlich, aber jetzt ... Als sie in ihrem Zimmer eine gesehen hat, ist sie zu ihrer Mutter ins Bett gekrochen, hat da geschlafen, aber da hat sie einen Alptraum gehabt, daß überall Spinnen sind und eine große schwarze auf ihrem Gesicht hockt. Früher hatte sie auch immer Angst vor Monstern, die um ihr Bett herum saßen, sie auffressen wollten, nur den Kopf nicht, sie hat sich unter der Bettdecke versteckt.

Eine besondere Angstphantasie beschäftigt sie seit kurzem, eigentlich seit Beginn der Therapie:

Im Bett, versteckt unter der Decke, stellt sie sich vor, der Vampir Graf Dracula („Den Film kenne ich ganz genau!") käme zu ihr ins Zimmer und beiße sie in den

Hals. Wenn er sie gebissen habe, würde sie auch zum Vampir werden. Das mache ihr große Angst. Da sie ihre nächtlichen Bettvorstellungen recht lustvoll ausschmückt, frage ich nach, was ihr denn an diesem Gedanken eigentlich soviel Angst mache? „Ich habe gar nicht soviel Angst davor, daß mich der Vampir beißt. Aber was macht dann meine Mutter? Sie gehört ja dann nicht wie ich zu den Vampiren!"

So lernen wir langsam gemeinsam zu verstehen, daß ihre Ängste daher stammen, daß sie einen so starken Wunsch hat, einem Dracula-Mann nahe zu sein, aber daß sie dann große Angst bekommt, einerseits von dem Mann abhängig zu werden und andererseits ihre Mutter zu verlieren. Diese Angst treibt sie dann wieder zurück in die Arme der Mutter, und sie muß nachts vereint mit ihr im Bett einschlafen.

Carla hat große Probleme, sich von der Mutter zu lösen. Dies äußert sich z. B. konkret darin, daß sie keine Tür in ihrem Zimmer hat, mit dem sie ihren Raum vom mütterlichen Raum abgrenzen kann. Es dauert viele Stunden, bis deutlich wird, daß sie große Schuldgefühle bekommt, wenn sie etwas eigenes macht, weil sie die Phantasie entwickelt hat, ihre Mutter sei ganz auf sie angewiesen. „Wenn ich meine Tür zumachen würde, dann würde sich meine Mutter schlecht fühlen", sagt sie. Aber schließlich kommt sie auf die Idee, daß die Tür doch wichtig ist, damit sie Geschenke für die Mutter machen könne. Ich sage ihr: „Also wenn du deine Mutter schon ausschließt, dann willst du ihr wenigstens Geschenke machen, weil man dann nicht so ein schlechtes Gewissen haben muß." Sie gibt mir recht und bestätigt in der folgenden Stunde ihre Schuldgefühle der Mutter gegenüber: Die hätte ja dann niemanden für sich, sei so alleine, man würde ihr das nicht ansehen, aber innerlich gehe es ihr dann schlecht. Vielleicht sterbe sie sogar, wenn sie so alleine sei.

Was wehrt die Patientin durch das Festhalten an der „symbiotischen Beziehung" auf der Basis eines schlechten Gewissens eigentlich ab?

Carla schildert mir ihre Freude darüber, daß sie bald alleine mit einer befreundeten Familie in den Urlaub fahren werde. Ein bißchen Sorgen hat sie, daß sie da wieder Heimweh bekomme. Ich sage: „Wegfahren ist ja so, wie die Tür zumachen und da bekommst Du ja schnell Mitleid mit deiner Mutter, machst Dir Sorgen, daß ihr was passiert und kannst dann nichts mehr für Dich genießen." „Ich denke immer, meine Mutter stirbt, ein Einbrecher kommt, oder sie kommt unter die Räder eines Autos." „Was wäre aber nun, wenn deine Mutter, während du im Urlaub bist, auch in den Urlaub fährt." „Da wäre ich sauer, ihr kann es schon gut gehen, aber sie soll nicht wegfahren." „Und wenn sie es nun doch tut, z. B. mit einem Mann." Carla braust nun auf, die Zornesröte steigt ihr ins sonst blasse Gesicht. „Das wäre eine Unverschämtheit. Das kann sie nicht machen. Da wäre ich superwütend. Da wollte ich dabeisein." „Da wäre dir also eine Mutter, um die du dich sorgst und auf die du achten mußt, doch lieber." „Auf alle Fälle."

Meine provozierende Frage bringt ans Tageslicht, daß durch die fürsorglich-kontrollierende Einstellung starke Eifersuchts- und Neidgefühle vermieden werden. Durch ihr Bild, die Mutter sei schwach und hilfsbedürftig, macht sie sich selbst groß, quasi zur Mutter ihrer Mutter. Durch diese Selbstvergrößerung gelingt es ihr, Gefühle von Neid und Rivalität aus der Zweierbeziehung zur Mutter herauszuhalten. Die Vorstellung, die Mutter könne sich ohne sie vergnügen, vielleicht sogar mit einem Mann, löst in der Patientin mächtige Wut aus. Das Fehlen der Zimmertür wird also nicht alleine durch die altruistische Sorge um die Mutter verursacht, sondern entspringt auch Carlas Wunsch nach umfassender Kontrolle über die Mutter. Vor allem will sie sehen und hören, ob ein Mann im Zimmer der Mutter übernachtet. Wenn die Tür geschlossen wäre, könnte die Tochter nicht mehr überwachen, was die Mutter tut, welche vielleicht lustvollen Dinge hinter der Tür geschehen. Der Ausschluß aus der Urszene - der sexuellen Beziehung zwischen Mutter und Vater - wird nicht akzeptiert.

Nach beharrlichen Deutungen dieser unbewußten Mutter-Tochter-Verklammerung auf der Basis von Kontrolle und Schuldgefühlen gelingt es Carla schließlich doch, einen ersten Separationsschritt zu tun, die Tür als Begrenzung ihres Raumes einzusetzen und ab und zu sogar zu schließen. Sie fährt mit einer befreundeten Familie in den Urlaub - ohne Heimweh.

4. Der virtuelle Vater

Im folgenden möchte ich der Frage nachgehen, wie sich Carlas innere Beziehung zum unsichtbaren leiblichen Vater im Verlauf der Behandlung verändert. Ihren leiblichen Vater hat sie ja nur einmal kurz im Alter von drei Jahren gesehen. Immer wieder beschäftigt sie der Wunsch, Kontakt zu ihm aufzunehmen, aber sie spricht seine Sprache ja nicht. Er spricht nur englisch. Sie lernt englisch. Es ist eines ihrer besten Fächer. Aber ob er überhaupt an ihr interessiert ist? Warum kümmert er sich nicht um sie? Er zahlt auch keinen Unterhalt. Die Mutter ist wütend auf ihn. Carla wird langsam auch wütend auf ihn. Dabei ist sie einerseits mit dem Blick der Mutter identifiziert, andererseits aber ist es auch ein eigener Zorn auf den Vater. Er meldet sich nicht, gratuliert ihr nicht zum Geburtstag. Sie will die Photographie nicht mehr sehen, wo sie als kleines Kind bei ihm auf dem Schoß sitzt. Die Mutter soll es verstecken, ganz unten in der Schublade. Sie will nicht mehr an ihn denken, ihn vergessen, er denkt ja auch nicht an sie, sonst würde er sich ja melden. Sie will nicht mehr traurig sein wegen ihm. In ihrer Wut bleibt er lebendig. Sie hat die Idee, ihm alles in einem Brief zu schreiben. Daß sie wütend auf ihn ist, daß er sich nicht um sie kümmert, daß er noch nicht mal ihren Geburtstag weiß, das sage doch alles. Überhaupt ist er blöd. Er ist ein mickriger, häßlicher Typ.

Aber schreiben möchte sie ihm dann doch lieber nicht, dann würde er sich vielleicht überhaupt nicht mehr melden. Sie könne ja nicht den Brief mit „Dear Asshole!" eröffnen. Oder sie würde ihm netter schreiben, und er schriebe ihr nicht zurück, das könne sie nicht ertragen. Außerdem würde sie ihm nur schreiben, wenn ihre Mutter mitschreibt, aber die wolle das nicht. Es geht hin und her. Carla will immer weniger von ihrem Vater wissen. Die traurige Sehnsucht weicht der Wut. Zum Entsetzen der Mutter drückt die Patientin ihren Zorn drastisch aus: „Von mir aus könnte er tot sein. Hauptsache, ich erbe sein Haus in Schweden."

Sie beschäftigt sich mit der Familiengeschichte, stellt Fragen: Wie haben sich meine Eltern kennengelernt? Warum ist mein Vater weggegangen? Die zweite Frage beantwortet sie selbst, und dabei läßt sie keinen tröstenden Hinweis auf die schlechte Beziehung zwischen ihren Eltern zu: „Ich bin nicht gut genug für ihn gewesen! Er hat mich nicht geliebt, deshalb ist er weggegangen." Mit dieser grundlegenden Kränkung wird sie leben müssen.

Aber den Vater nicht wirklich, sinnlich unmittelbar erlebt zu haben, hat auch einen Vorteil. Carla modelliert sein Phantasiebild in ihrem Inneren, wie es ihr paßt. Aus dem idealisierten Traummann, dem Märchenprinzen, dem ihre ganze Liebe gehört, wird flugs der entwertete kleine Idiot, den sie prima hassen kann. Diese Bewegung ist umkehrbar. Der Wunsch, ihm zu schreiben oder ihn zu besuchen, gerät mit den Möglichkeiten, die mit ihrem Älterwerden zunehmen, und den sich entwickelnden Sprachkenntnissen zunehmend in den Hintergrund. Sie möchte ihre Phantasiebilder nicht durch die vielleicht krude Realität zerstören lassen.

Natürlich spielt bei der Veränderung der psychischen Auseinandersetzung mit ihrem leiblichen Vater auch die zunehmend positive Übertragungsbeziehung zu mir eine Rolle. Der abwesende Phantasievater wird zu einem sichtbaren Therapeuten-Vater, der ihr greifbar und konstant zur Verfügung steht. In dem Maße, wie sie sich der Beziehung zum Therapeuten sicher sein kann, kann sie sich mit den wirklichen Kränkungen durch den leiblichen Vater auseinandersetzen. Psychoanalytisch betrachtet unternimmt sie aber auch eine Spaltung der Vaterrepräsentanz: In dem Maße, wie der Therapeut in der Übertragung mit dem idealisierten Vater gleichgesetzt wird, wird das Bild vom leiblichen Vater negativ besetzt. Carla gelingt es allmählich im beschriebenen Hin- und Her, sich von der Mutter zu trennen und auch das Männliche - das Nicht-Mütterliche, das Nicht-Versorgende - am Therapeuten zu schätzen. Exkursionen ins außerirdische Männerland sind aufregend und ängstigend zugleich. Symbolisch verdichtet zeigen sich diese beiden Seiten von ihr, als sie sich in der Faschingszeit mehrere Stunden lang ernsthaft mit der Frage auseinandersetzt, ob sie sich als Nonne oder als Braut verkleiden soll. Als Nonne bliebe sie in einer mütterlichen Welt und würde einen idealisierten Phantasievater, den lieben Gott, anbeten, als Braut würde sie sich von der Mutter lösen und eine körperlich-sexuelle Beziehung zu einem Mann herstellen. Der Mann verheißt den vielleicht lustvollen Übergang in die ödipale Welt, aber auch den Verlust der frühen Mutter. Die Entscheidung fällt ihr verständlicherweise schwer.

Wie dramatisch für ein basal vaterloses Kind der Übergang von der Beziehung zur Mutter zur Beziehung zum Vater ist, zeigt sich schließlich noch einmal aufgrund einer äußeren Veränderung: Ich ziehe mit meiner Praxis nach Frankfurt um. Dies bedeutet für Carla: Ich verlasse den mütterlichen Bereich, ihre vertraute Umgebung. Ich bin nun nicht nur der Fremde, der Andere, sondern werde ganz räumlich-konkret zum „Außerirdischen" und komme damit in ihrem inneren Erleben ihrem leiblichen Vater noch näher. Aus einem Termin, den sie zwischen Schule, Spielstube und Wohnung legen konnte, wird eine aufwendige Reise, die zweimal in der Woche den ganzen Nachmittag einnimmt. Obwohl sie sich eigentlich gut in Frankfurt auskennt, verliert sie nach meinem Umzug die Orientierung. Sie verwechselt die U-Bahn-Ausgänge, verirrt sich in den Stationen, hat Angst vor den Betrunkenen, weiß plötzlich nicht mehr, wo sie ist. Ist das wirklich die richtige Bahn? Sie gerät in Panik, fühlt sich „wie ein Baby, das gerade auf die Welt gekommen ist". Sie hat das Gefühl, zu träumen oder verrückt zu sein. Sie kommt viel zu spät zu den Stunden. Auf dem Weg zurück nach Hause hat sie ähnliche Probleme. Nach den Sitzungen ist mir schwindlig, ich weiß nicht ein noch aus, mache mir große Sorgen über die weitere Entwicklung. Sie wirkt auch viel magerer. Ich frage mich, wie es kommt, daß sie sich auf der Fahrt nicht nur vaterlos, sondern auch mutterseelenallein fühlt. Meinen Wegzug scheint sie wie eine traumatische Erfahrung zu erleben. Ein Zusammenbruch der bisherigen Ordnung. Stunde um Stunde besprechen wir ihre Ängste und Verwirrungen, denen sie auf dem Weg zu mir wie auch auf dem Weg zurück ausgesetzt ist.

Ich glaube, an diesen Phänomenen wird deutlich, daß Carla innerlich keine tragfähige Verbindung zwischen der Beziehung zur Mutter und der Beziehung zum Vater gebildet hat. Sie hat keine triangulierende Repräsentanz eines irgendwie positiv miteinander verbundenen Elternpaares aufgebaut. Ihre Innenwelt läßt ihr nur die Möglichkeit, entweder mit der Mutter oder mit dem Vater verbunden zu sein. Die positive Verbindung zwischen beiden fehlt in ihrem Innenraum, daher verirrt sie sich auf dem Weg. Wenn sie sich dem Vater-Therapeuten in der Wirklichkeit nähert, bekommt sie panische Angst, die Mutter zu verlieren, und dies führt zu massiven Verwirrtheitszuständen.

Dieses Beziehungsmuster ist meiner Erfahrung nach typisch für Kinder dauerhaft alleinerziehender Mütter. Die innere Triangulierung ist labil. Aufgrund des Fehlens der Verinnerlichung eines libidinös miteinander verbunden Elternpaares bekommen die Beziehungsmuster häufig eine „Entweder-Oder-Qualität". Der Dritte wird dabei dann nicht einfach nur ausgeschlossen, wie es für das

111

ödipale Dreieck normal ist, sondern die Repräsentanz des Dritten steht in Gefahr, ganz aus der Innenwelt des Subjekts verloren zu gehen. Metaphorisch könnte man sagen: Das Kind hat nicht erlebt, daß es zwischen Mutter und Vater eine Brücke gibt, die haltbar und begehbar ist. Die fehlende Repräsentanz der Verbindung des elterlichen Paares behindert die progressiven Entwicklungsmöglichkeiten des Kindes erheblich. Dadurch bekommen aktuelle Beziehungen häufig die Anmutung einer symbiotischen Bindung, die vor allem durch regressive, präödipale Erlebnismuster gekennzeichnet ist. Der Schritt auf die andere Seite der Brücke ist immer mit der Gefahr des Zusammenbruchs der Brücke verbunden.

Ich kann an dieser Stelle nur erwähnen, daß hier natürlich auch eine unbewußte Wut auf die Mutter eine Rolle spielt, die besonders deshalb so ängstigend ist, weil sie sich ja innerlich nicht stabil auf die Repräsentanz einer elterlichen Bindung beziehen kann. Erst als Carla sich allmählich ihrer Wut auf die Mutter nähern kann, gelingt ihr eine bessere Orientierung auf der inneren Fahrt zwischen Mutterwelt und Vaterwelt. Es kommt zwischen Mutter und Tochter zu immer größeren Streitigkeiten, speziell vor den Therapiestunden. Die Patientin ist nicht mehr gewillt, zu spät zu mir zu kommen, wie es manchmal vorgekommen ist, weil sie zuhause noch essen soll. In der wachsenden Sicherheit, den Therapeuten-Vater durch den Umzug nicht verloren zu haben, traut sie sich, Ärger zu zeigen. „Ihr Pech, daß es Streit gibt, sie kann ja das Essen schon fertig haben, wenn ich von der Schule komme, aber nein, dann ist sie noch am Kochen und ich soll hierhin zu spät kommen, da habe ich mir eine Banane geschnappt und bin so losgelaufen!" Carla probiert neue Wege zu mir wie auch auf der Rückfahrt zur Mutter aus, kann sich im Netz der Untergrundbahn besser orientieren. Sie schimpft auf die Mutter, die immer unpünktlich sei, alles drehe sich bei ihr nur ums Essen. Den mütterlichen Einheitsbrei wolle sie nicht mehr essen, sie esse lieber Steaks.

Carla entwickelt sich, ist nun 12 Jahre alt:

„Ich bin größer geworden. Das sagen alle. Dabei ist mein Vater ganz klein. Und Mädchen kommen auf ihre Väter." Sie habe viel von ihrem Vater, das Gesicht, die weiße Hautfarbe. Also wenn sie zwischen Mutter und Vater sitzen würde, würden alle denken, sie komme auf ihren Vater. Nur ist er klein. „Also ich werde mindestens so groß wie meine Mutter." „Dann wirst Du ja fast so groß wie ich." „Ja", strahlt Carla mich an.

Hier zeigt sich ein Phänomen, das in der pädagogischen oder psychotherapeutischen Arbeit mit vaterlosen Mädchen häufig festzustellen ist. Das Mädchen sucht den Vater - und in der Übertragung den Therapeuten, zunächst nicht primär als potentielles ödipales Liebesobjekt, sondern es sucht die Identifikation

112

mit dem Vater, die Identifikation mit dem Nicht-Mütterlichen, die Identifikation mit der Differenz (vgl. Benjamin 1992). Im Bezugsrahmen einer inneren Triangulierung sind der Prozeß der Identifikation mit der Fremdheit des Vaters und der Prozeß der Separation von der Mutter sich dialektisch ergänzende Bewegungen bei der Individuation des Subjekts. „Die Möglichkeit des Mädchens, sich über die Kontrastbeziehung zum sinnlich erfahrbaren Vater, der von der Mutter emotional anerkannt wird, einerseits mit dem Anderen, dem Fremden, dem Nicht-Homologen, dem Männlichen zu identifizieren und andererseits sich als Subjekt mit eigenem Begehren zu erkennen, erscheint uns eine wesentliche Bedingung zu sein, um sich den Übergang in die ödipale Phase mit ihren sexuellen und aggressiven Wirrnissen zu erlauben" (Dammasch/Metzger 1998, 229).

Auf der Basis dieser ersten Identifikationen mit dem Vater-Therapeuten konnte Carla, inzwischen im Alter von dreizehn Jahren, im weiteren Verlauf sich langsam auch ihren pubertären Wünschen nähern. Dies geschah allerdings sehr vorsichtig und wurde immer wieder von Angst und reaktiven regressiven Bewegungen begleitet. Es ist klar, daß ein Mädchen, das niemals die ödipale Liebe zum Vater konkret sinnlich erfahren konnte und auch nicht die Erfahrung machen konnte, daß der Vater ihren weiblichen Körper schätzt, das sinnliche Begehren des kleinen Mädchens akzeptiert, ohne es realiter zu erfüllen, daß solch ein Mädchen es insbesondere in der Adoleszenz bei der notwendigen Integration der genitalen Sexualität in das präödipale Körperbild schwer haben wird.

5. Abschließende Gedanken

Auf der Grundlage meiner psychotherapeutischen Arbeit mit Carla und anderen Kindern alleinerziehender Mütter und meiner psychoanalytischen Forschung über die Entwicklungsmöglichkeiten von Kindern in Einelternfamilien[4] möchte ich meine psychoanalytischen Reflexionen über das vaterlose Kind in Thesenform zusammenfassen:

1. Ein Kind kann nicht ohne familiale Triade leben. Diese biologische Selbstverständlichkeit gilt auch für die Psyche. Wenn es keinen Vater in der kindlichen Lebenswelt gibt, erschafft sich das Kind ein eigenes Vaterbild in der

---

[4] Hierbei handelt es sich um ein Forschungsprojekt des Instituts für analytische Kinder- und Jugendlichen Psychotherapie in Frankfurt, das sich aus einem universitären Forschungsprojekt entwickelt hat mit dem Titel: „Psychische Entwicklung (Chancen und Risiken) von Kindern in Einelternfamilien". In diesem Projekt werden mit der Methode der teilnehmenden Beobachtung die familiären Interaktionen in Einelternfamilien und deren mögliche Auswirkungen auf die Kindesentwicklung untersucht. Erste Ergebnisse dieser, von Herrn H.G. Metzger und mir geleiteten Untersuchung sind Mitte des Jahres 2001 zu erwarten.

Phantasie. Es braucht dieses innere meist hochidealisierte Vaterbild, um sich aus der primären Identifikation mit dem Mutterbild zu lösen. Die Loslösung von der Mutter mithilfe eines selbsterschaffenen großartigen Vaterbildes ist die (Grundvoraussetzung für Entwicklung und Individuation.) Das Vaterbild schützt das Ich vor der bedrohlichen Wiederauflösung im Strudel der Symbiose mit der Mutter. Entwicklungspsychologische Untersuchungen gehen übereinstimmend davon aus, daß der Prozeß der Individuation und die frühe Triangulierung etwa im Alter von 18 Monaten einsetzt.

2. Die Falldarstellung hat gezeigt, daß auch Mädchen einen Vater brauchen, um sich aus der Ähnlichkeitsverbindung mit der Mutter zu lösen. Dabei sucht das Mädchen den Vater zunächst nicht als ödipales Liebesobjekt, sondern es wünscht sich, so zu sein wie der Vater. Um sich aus der Gleichheit mit der Mutter zu lösen, sucht das kleine Mädchen die Identifikation mit dem Nicht-Mütterlichen, dem Nicht-Gleichen, dem Männlichen. Der Vater bringt insofern die Differenz, das Fremde in die Mutter-Kind-Dyade ein und verhilft damit zur Separation, auf deren Basis sexuelles Begehren überhaupt erst entstehen kann.

3. Die Erschaffung und Ausgestaltung des inneren Vaterbildes in der Phantasie ist abhängig von der Art und Weise, wie die Mutter die Andersartigkeit des Vaters - seine Männlichkeit - empfindet und sie dem Kinde nahebringt.

4. Die Möglichkeit des Kindes, aus dem unsichtbaren Dritten der Phantasie schließlich einen sichtbaren Dritten in der Wirklichkeit zu machen, hängt wesentlich von der Fähigkeit der alleinerziehenden Mutter ab, die Trennung vom Kinde zuzulassen und aktiv den Übergang in die Welt der Väter zu protegieren. Da das Kind aufgrund des väterlichen Mangels in der Familie keine innere Repräsentanz eines positiv verbundenen Elternpaares bilden kann, ist es notwendig, daß die Mutter gemeinsam mit dem Kind die Brücke zum Mann, bzw. zum Pädagogen, Berater oder Therapeuten symbolisch mitbeschreitet. Auf der Seite der Mutter ist es wichtig, sich mit dem eigenen Männer- und Vaterbild - und das heißt auch mit dem eigenen inneren Vater - auseinanderzusetzen. Eine gemeinsam getragene Mutter-Kind-Illusion „Wir zwei sind uns genug!" ist ein Hindernis bei der Individuation des Kindes und beim Übergang in die ödipale Welt. „Dyadische Beziehungen tendieren dazu, für sich selbst zu stehen und Befriedigung in der Unmittelbarkeit zu zweit zu suchen. Ist die dyadische Beziehung durch die Dominanz von regressiven Abwehrprozessen bestimmt, so bleibt die Entwicklung blockiert oder verlangsamt" (Metzger 2000, 183).

5. In diesem Zusammenhang ist es wichtig zu betonen, daß es in einer Einelternfamilie ganz konkret wichtig ist, daß die Mutter den potentiellen Ort für einen Dritten, nämlich die andere Seite des Ehebettes, prinzipiell frei hält. Erst die mütterliche Akzeptanz der Tatsache, daß in ihrer Familie ein gegengeschlechtlicher Dritter fehlt, ermöglicht die für die kindliche Entwicklung

notwendige Entidealisierung der dyadischen Illusion, führt den Mangel und die Differenz als entwicklungsförderndes Moment in den familiären Diskurs ein und eröffnet dem Kind die Möglichkeit, den Wunsch nach einem Dritten zu spüren und zu formulieren.

Für die Entwicklung von Kindern aus Einelternfamilien ist es besonders wichtig, daß sie einen bedeutungsvollen Dritten im kulturellen Umfeld finden können. Dem Pädagogen, Kinderarzt, Erziehungsberater oder Psychotherapeuten kommt neben seiner beruflichen Aufgabe dabei die wichtige Funktion eines aus der Außenwelt kommenden Dritten zu. Er hilft bei der Loslösung von der Mutter und vor allem bei der Relativierung der immer vorhandenen heftigen Ambivalenzkonflikte zwischen Mutter und Kind. Bei der Beratung und Psychotherapie von basal vaterlosen Kindern und ihren alleinerziehenden Müttern geht es also zunächst darum, die Funktion des moderierenden und trennenden Dritten zu übernehmen. In bestimmten Fällen sollte sich der Therapeut nicht scheuen, im Laufe des Behandlungs- oder Beratungsprozesses die Funktion eines Gesetzgebers zu übernehmen, der aktiv das Nein zum Mutter-Kind Inzest[5] vertritt, um dadurch die symbolschaffende Kastration des Kindes zu ermöglichen (vgl. Dolto 1989, 140 ff.). Insbesondere in der Erziehungsberatung von alleinerziehenden Müttern ist es wichtig, immer wieder die gesetzgebende Funktion im Inneren der Mutter zu stärken. Nach meiner Beobachtung suchen vor allem Mütter von Söhnen die Unterstützung durch einen Dritten bei der erzieherisch konsequenten Umsetzung der notwendigen Kastration des Wunsches, in den Mutterleib zurückzukehren. Carla hatte das Glück, daß ihre Mutter selbst danach drängte, den Platz neben sich nicht auf Dauer durch ihr Kind, sondern durch einen Mann zu besetzen. Dies half mit, die dyadische Illusion zu zerstören, und gab den Anstoß für die Bewegung hin zur ödipalen Triade. Die aufschimmernde Pubertät des Mädchens verstärkte diese Bewegung. Wie wir gesehen haben, steht Carla genau auf der Schwelle zwischen der homosexuellen Welt der Mütter (Nonne - Kloster) und der heterosexuellen Welt der Väter (Braut - Ehe). Die weitere Entwicklung in der Adoleszenz wird zeigen, ob es ihr gelingt, den Übergang in die ödipale Welt des sexuellen Begehrens und der Eifersucht zu finden.

---

[5] Inzest ist hier im Sinne der französischen Psychoanalyse gemeint als unbewußte Phantasie des Kindes, daß es eine Möglichkeit gibt, in die warme Weite des glatten Mutterleibes zurückzukehren. J. Chasseguet-Smirgel spricht in diesem Zusammenhang von der „archaischen Matrix des Ödipuskomplexes" (1988, 88 ff).

Literatur

Abelin, E.L. (1986): Die Theorie der frühkindlichen Triangulation. In: Stork, J. (Hrsg.): Das Vaterbild in Kontinuität und Wandlung. Frommann-Holzboog: Stuttgart, 45-62

Benjamin, J. (1992): Vater und Tochter: Identifizierung mit Differenz. In: Psyche 46, 821-846

Burgner, M. (1985): The Oedipal Experience: Effects on Development of an Absent Father. In: International Journal of Psychoanalysis 66, 311-320

Chasseguet-Smirgel, J. (1988): Zwei Bäume im Garten. Verlag Internationale Psychoanalyse: München–Wien

Dammasch, F. (2000): Die innere Erlebniswelt von Kindern alleinerziehender Mütter. Eine Studie über Vaterlosigkeit anhand einer psychoanalytischen Interpretation zweier Erstinterviews. Brandes und Apsel: Frankfurt/M.

Dammasch, F., Metzger, H. G. (1998): Die Suche nach dem Fremden - theoretische Grundlagen und eine empirische Studie zur Bedeutung des Vaters in der familiären Triade. In: Jongbloed-Schurig, U., Wolff, A. (Hrsg.): „Denn wir können die Kinder nach unserem Sinne nicht formen" - Beiträge zur Psychoanalyse des Kindes- und Jugendalters. Brandes und Apsel: Frankfurt/M., 225-247

Dolto, F. (1989): Fallstudien zur Kinderanalyse. Klett-Cotta: Stuttgart

Freud, S. (1910): Eine Kindheitserinnerung des Leonardo da Vinci. In: GW VIII. Fischer: Frankfurt/M. 1941, 127-211

Greenson, R.R. (1968): Dis-identifying from Mother - its special importance for the boy. In: International Journal of Psychoanalysis 49, 370-374

Herzog, J.M. (1980): Sleep Disturbance and Father Hunger. In: Psychoanalytic Study of the Child 35, 219-233

Herzog, J. M. (1991): Die Muttersprache lehren. Aspekte des Entwicklungsdialogs zwischen Vater und Tochter. In: Jahrbuch der Psychoanalyse 27, 29-41

Herzog, J. M. (1998): Frühe Interaktionen und Repräsentanzen: Die Rolle des Vaters in frühen und späten Triaden; der Vater als Förderer der Entwicklung von der Dyade zur Triade. In: Bürgin, D. (Hrsg.): Triangulierung. Schattauer: Stuttgart, 162-178

Lamb, M. E. (1976): The Role of the Father: An Overview. In: Lamb, M. E. (Ed.): The Role of the Father in Child Development. Wiley: New York

Mc Dougall, J. (1989): The dead father: On early psychic trauma and its relation to disturbance in sexual identita and in creative activity. In: International Journal of Psychoanalysis 70, 205-219

Metzger, H.G. (2000): Zwischen Dyade und Triade. Psychoanalytische Familienbeobachtungen zur Bedeutung des Vaters im Triangulierungsprozeß. edition diskord: Tübingen

Mitscherlich, A. (1973): Auf dem Weg zur vaterlosen Gesellschaft. Piper: München

Nave-Herz, R. (1994): Familie heute. Wissenschaftliche Buchgesellschaft: Darmstadt

Sartre, J. P. (1968): Die Wörter. Rowohlt: Reinbek bei Hamburg

Fakhri Khalik

Leben in zwei Heimatländern[*]
Erfahrungen aus der psychotherapeutischen Arbeit mit Mitgliedern
aus Migrantenfamlien

1. Autobiographischer Zugang

Als ich nach Deutschland kam, studierte mein Bruder in Erlangen. Er erklärte mir: „Du kannst nicht hierblieben, Du mußt Dir Zulassungen in einer anderen Stadt besorgen." Damit fing etwas an, was ich heute als typisch für den Prozeß des Zuwanderns von Migranten verstehe: Statt in eine Gemeinschaft auf genommen zu werden, wird man auf sich selbst zurückgewiesen, statt in der Familie oder bei Familienmitgliedern einen ersten Halt zu finden, müssen alle Probleme und Schwierigkeiten individuell angegangen werden. Das Individuum steht im Zentrum aller Aktivitäten, nicht die Gruppe.

In meiner ursprünglichen Kultur ist man mit 18 Jahren nicht einfach erwachsen und muß von nun an allein für sich verantwortlich sein, sondern man bleibt auch weiterhin eingebunden in die Familienstrukturen, in die Beziehungen zu den unmittelbaren Verwandten ebenso wie in die zu den Nachbarn und zu den Menschen der unmittelbaren Umgebung, z.B. den Händlern um die Ecke.

Ich kam also in eine Kultur, in der die ritualisierten Beziehungsvorgänge eine vollkommen andere Bedeutung hatten als in meiner Herkunftskultur. Der Satz „Du mußt nach Heidelberg gehen", bedeutete also für mich: Du gehörst nicht mehr zu uns. Wir sind nicht mehr im Irak, wir sind in Deutschland. Damit begann für mich der Kulturschock als ein Objektverlust.

Ich kam dann zu einer deutschen Familie mit einem Adoptivkind, die in einer Vier-Zimmer-Wohnung lebte. Ab acht Uhr abends wurde es in dem Haus ruhig, das Kind befand sich im Bett und das Ehepaar im Wohnzimmer – lesend. Diese Stille empfand ich wie das Leben in der Kälte eines Kühlschranks. In meiner Ursprungsfamilie waren wir sieben Kinder, ein Onkel lebte im Haus sowie zwei Hausangestellte. Ständig hatten wir Besuch, oft bis zwölf Uhr in der Nacht. In Deutschland fehlten mir die Anwesenheit und die Stimmen der Menschen, die ich für meinen Bedarf an Wärme und Sicherheit, für mein Gefühl von Lebendigkeit benötigte. Die Stille empfand ich als Bedrohung, die ich nicht nur bei dieser Familie erlebte, sondern überall, auf der Straße, in der U-Bahn, in der Universität, überall dort, wo ich Menschen erlebte, die nicht miteinander sprechen. Da das Miteinander-Sprechen in der hiesigen Art des Lebens reduziert ist,

---

[*] Ich danke Christian Büttner für die ergänzende Durchsicht des Textes.

117

wurde ich in jedem Augenblick darauf gestoßen, daß ich mich in einer anderen, in einer fremden Kultur befand. Wenn jemand laut wurde und dies als Störung empfunden und zurückgewiesen wurde, das verwirrte mich. Diese Art, als Einzelperson in der Gesellschaft existieren zu müssen, führte mich so manches Mal an den Rand tiefer depressiver Gefühle – nicht im Sinne einer Einschränkung, eher im Sinne des Anstoßens eines Veränderungsprozesses.

Ich versuchte schließlich, mir mehr unbewußt als bewußt eine neue Gruppe zu schaffen, um meinen Objektverlust – zunächst durch die Zugehörigkeit zu einer politischen Gruppierung – zu kompensieren. Als zweiten Versuch, neue Bindungen herzustellen, bot sich mir die Zugehörigkeit zu den Menschen an, mit denen ich gemeinsam studierte. Das wichtigste aber war für mich die sehr frühe Gründung einer neuen Familie. Meine Integration wurde dadurch erleichtert, daß ich den Weg zurück zu einer Bindung in Gruppenzusammenhängen fand. In ihnen konnte die Trauer über den Objektverlust verarbeitet und gewissermaßen eine – wenn auch unvollständige – „Wiedergutmachung" erfahren werden.

Später, als Psychotherapeut, der mit interkulturellen Familien arbeitet, konnte ich meine Empathie aufgrund meiner eigenen Erfahrungen und die Fähigkeit zur „Übersetzung" der Übergangsgefühle bei der Migration fruchtbar einsetzen.

Eine bosnische Familie zum Beispiel mit fünf Mitgliedern lebte in einer Ein-Zimmer-Wohnung, die von der Gemeinde zur Verfügung gestellt worden war. Wenn ich diese Familie besucht habe, waren jedesmal Gäste anwesend, das Zimmer war gewissermaßen überfüllt, Menschen auf dem Boden, die Kinder auf dem Schoß der Mutter. Diese Nähe dieser Menschen, die Körperkontakte konnte ich unmittelbar als das erleben, was sie brauchten. Jedesmal, wenn ich diese Familie besuchte, war ich von dem Impuls beherrscht, ihr eine größere Wohnung zu verschaffen. Die Familie leistete jedoch Widerstand, sie verstand mich nicht. Ich dagegen dachte an die Zukunft, das Wachstum der Kinder, die elterliche Sexualität – meine deutsch gedachte Wahrnehmung.

Mich beschäftigte, warum die Mutter Widerstand gegen meine Versuche leistete, eine aus der deutschen Perspektive plausible Verbesserung der Lebensverhältnisse zu erreichen. Es brauchte den Weg über meine Erfahrung von Kühlschrankkälte, um zu verstehen, daß diese Familie das Fremde besser ertragen konnte, wenn sie den konkreten Beziehungszusammenhang über die Geräusche, die Gerüche und die körperlichen Kontakte zur Verfügung hatten. Meine ursprüngliche Erfahrung des Ankommens half mir zu verstehen, daß ich bei dieser Familie das fand, was ich selbst vermißt hatte. Meine ursprüngliche Identität kam zum Vorschein, d.h. ich begann, meine Anstrengungen bei den Behörden, eine neue Wohnung zu besorgen, rückgängig zu machen. Vielleicht würde es zu einem späteren Zeitpunkt günstiger sein, dieser Familie und ihren Mitgliedern einen größeren Abstand zueinander zuzumuten. Es wurde das virulent, was ich als synthetische Identität bezeichne, meine Empathie für die Menschen aus der „fremden" Kultur und meine deutsche Identität als Arzt und Psychiater. Ich konnte allerdings meine deutschen Kollegen, einen Pfarrer und eine Sozialarbeiterin, nicht leicht überzeugen, daß es aus kultureller Sicht notwendig sei, die Familie erst einmal in ihren Verhältnissen zu belassen.

Bevor ich nun versuche, meine Erfahrungen aus der klinischen Arbeit mit Migrantenfamilien systematisch darzustellen, muß vorausgeschickt werden, daß die Grundlage der Migration, mit der ich zu tun habe, immer eine Erfahrung der Not ist, sei es die wirtschaftliche Not der Menschen, sei es politische Verfolgung und das Erlebnis von Folter, sei es Konfrontation mit Krieg und Zerstörung.

2. Versuch einer Typisierung

Die Migration ist eine Zäsur und auch oft ein Kulturschock im Leben der migrierten Familien, der die Familienmitglieder in einen psychischen Notstand versetzt. Dies verlangt eine nachträgliche Regulierung, die nicht immer gelingt. Die Rollenverschiebung innerhalb der Familie verhindert häufig eine adäquate neue Regulierung. Die Frage, die sich stellt, ist, ob diese neue Regulierung und Rollenverteilung mit Berücksichtigung der Herkunftskultur und der neuen Kultur gelingt. Kann die Familie einen intrapsychischen Kompromiß zwischen der neuen und der alten Kultur herstellen oder nicht? Dabei spielt die Akkulturation eine zentrale Rolle. Sind die Eltern in der Lage, einen ausreichenden intrapsychischen Raum als Werkstatt für die Akkulturation zu schaffen (als Ich-Leistung), so gelingt es ihnen, eine synthetische „neue innere Kultur" oder Identität zu erreichen.

Diese „neue synthetische Kultur" kann auch eine Chance für die aufnehmende Kultur sein, wenn sie in der Lage ist, das Fremde zu metabolisieren. Diese Metabolisierung ist machbar, wenn wiederum ein sozialer und psychischer Raum in den Menschen der aufnehmenden Kultur entwickelt werden kann. Ohne das Fremde kann sich eine Kultur kaum progressiv verändern. Ich zitiere Devereux: „Heterogene-Kulturareale können also offensichtlich nur aus der Begegnung, dem Verschmelzen der Neustrukturierung und Umwandlung separat existierender Kulturen hervorgehen und aus den kulturgestaltenden Innovationen auf einer höheren Ebene, wie sie aus dem Zusammentreffen mindestens zweier Einzelkulturen, die ehedem anderen Kulturbereichen angehörten, resultieren" (Devereux 1985, 86).

Die Dynamik der Migrationsfamilien hängt von der Geschichte und dem Lebenslauf der Familienmitglieder sowie von der Motivation und der Migrationsgeschichte ab. Ich möchte die „interkulturelle Familie" wie folgt typisieren:

1) Familien, bei denen die Männer die Frauen oder die Frauen ihre Männer
aus dem Herkunftsland „geholt" haben

Von großer Bedeutung für die Entwicklung der interkulturellen Familie im aufnehmenden Land scheint mir zu sein, wer welches Familienglied in die „Fremde" holt. Nach meiner Beobachtung sind es zum Beispiel marokkanische Männer, die ihre Frauen aus der Heimat holen, wohingegen junge türkische Frauen, die hier geboren oder aufgewachsen sind, ihre Männer aus der Türkei „bringen", d.h. sie fahren mit der Absicht zu heiraten in die Türkei, suchen sich ihren Mann und bringen ihn nach Deutschland.

Die Frauen der ersten Konstellation sind meistens viel jünger als ihre Männer und stehen im Bildungsniveau viel höher und dem Fremden offener gegenüber, weil sie die Bereitschaft haben auszuwandern. Ein Beispiel:

> D. wurde mit neunzehn Jahren an ihren Cousin in Deutschland verheiratet. Damals besuchte sie die dreizehnte Klasse eines Gymnasiums in Marokko. Der Mann ist sieben Jahre älter als sie und von Beruf Bauarbeiter. Er lebt seit seinem sechsten Lebensjahr mit seinen Eltern in Deutschland. D. mußte mit den Schwiegereltern eine Dreizimmerwohnung teilen, sich der dominanten Schwiegermutter unterwerfen und den Haushalt managen. Da diese Familie nach geschlossenen, traditionellen, marokkanischen Vorstellungen lebte, durfte D. keinen Kontakt zu Freunden, geschweige denn zu Deutschen haben. Nach drei Jahren flüchtete D. mit Hilfe ihrer Schwägerin aus diesem Familienverband ins Frauenhaus. Diese Ehe scheiterte, weil die Familie des Ehemannes ihre kulturelle Normalität, obwohl sie seit ca. fünfundzwanzig Jahren in Deutschland lebte, unverändert gelassen hatte.
>
> Da die akkulturative Leistung bei solchen Familien gering ist, bleiben sie der Integration gegenüber verschlossen. Das synthetische Selbst oder die synthetische Identität der Familienmitglieder kann sich im Sinne einer Ich-Synthese nicht entwickeln. D. besucht zur Zeit das Abendgymnasium und beabsichtigt, Jura zu studieren.

Bei der zweiten Konstellation ist die Situation ähnlich. Die Frauen haben ein höheres Bildungsniveau und stehen meistens am Anfang ihrer beruflichen Karriere. Deren Männer bleiben oft arbeitslos, weil sie die deutsche Sprache nicht beherrschen. Sie verlieren plötzlich ihre traditionelle Rolle als Mann und werden von ihren Frauen abhängig. Sie haben das Gefühl, nichts mehr zu sagen zu haben. Sie werden still, und die gesamte Verantwortung liegt bei der Frau, was oft eine narzißtische Kränkung bei den Männern verursacht. Sie fühlen sich überflüssig und machtlos.

Eine wichtige Rolle beim Scheitern dieser Ehen (was nicht selten vorkommt) spielen unterschiedliche Sozialisationserfahrungen der Partner. Die Frau besitzt möglicherweise schon eine synthetische Identität, der Mann dagegen nicht. Bis dahin, daß der Mann ebenfalls eine synthetische Identität entwickelt hat, ist es ein langer Weg. Wenn dies über die Akkulturation als Brücke und als aktiver Prozeß beim Mann erreicht ist, dann hat die Partnerschaft Chancen zu überleben; wenn nicht, dann scheitert sie höchstwahrscheinlich.

2) Familien, bei denen die Väter ihre Ehefrauen und ihre Kinder sehr viel später nach Deutschland zu sich holen

Diese Konstellation ist typisch für die erste Generation der sogenannten Gastarbeiter. Ich habe damit zuerst mit jugoslawischen Familien zu tun bekommen, beobachte diese Familienentwicklung inzwischen aber vermehrt auch bei marokkanischen Familien. In vielen Fällen kommt der Mann nach Deutschland, bleibt eine gewisse Zeit, heiratet dann in Marokko und läßt seine Frau zunächst in seiner Herkunftsfamilie zurück. Nach einigen Jahren holt er sie und die nichtschulpflichtigen Kinder nach Deutschland, während schulpflichtige Kinder in der Herkunftsfamilie verbleiben, damit sie dort der Herkunftskultur verpflichtet bleiben. Bei diesen Familien hat die Integration eine schlechte Prognose.

Hierzu ein erstes Beispiel:

Jalals Vater kam mit ca. zwanzig Jahren nach Deutschland. Er arbeitet bis jetzt bei der Post. Nach fünf Jahren heiratete er in Marokko. Er ließ seine Frau aber bei seinen Eltern und besuchte sie ein- bis zweimal im Jahr. Nach sechs Jahren – mittlerweile hatten sie drei Kinder – holte er seine Familie nach Deutschland. Jalal, den ältesten Sohn, ließ er bei den Großeltern. Die Familie besuchte ihn alle zwei Jahre einmal. Er war ein sehr guter Schüler. Mit vierzehn Jahren holte ihn sein Vater nach Deutschland. Zwei Jahre besuchte er eine Realschule, brach sie aber ab. Mit sechzehn Jahren kam er mit Drogen Kontakt, erst in Form des Dealens, dann wurde er selbst abhängig. Zweimal wurde er wegen Drogenbesitzes festgenommen. Bei einer Auseinandersetzung verletzte er seinen Vater durch einen Messerstich schwer. Der erste Kontakt zum Jugendamt fand durch den Vater statt. Das blieb ohne Ergebnis. Das Jugendamt fühlte sich nicht zuständig und unternahm nichts. Jalal wurde daraufhin aus der Familie ausgeschlossen und lebte fast ein Jahr auf dem Dachboden, wo ihn die Mutter ohne Wissen seines Vaters unterstützte. In dieser Zeit entwickelte er eine Psychose und wurde in eine psychiatrische Klinik eingewiesen. Zur gleichen Zeit erkrankte die zwei Jahre jüngere Schwester an psychogenen Ohnmachtsanfällen. Die Familie stand mit ihren Problemen völlig allein da, obwohl sie mit drei Institutionen Kontakt hatte: mit der Schule, dem Gericht und dem Jugendamt.

Ein zweites Beispiel:

Samiras Vater kam 1960, 22jährig, nach Deutschland. Er ließ seine Frau mit drei Kindern in Marokko und besuchte sie einmal im Jahr. Nach 23 Jahren, mittlerweile hatten sie 9 Kinder, holte er seine Familie nach Deutschland. Die zwei ältesten Söhne blieben in Marokko. Samira kam mit 14 Jahren ungewollt mit der Mutter und den Geschwistern nach Deutschland. In Marokko habe die Familie ein unbekümmertes Leben gehabt, sie lebten in einem relativ großen Haus und hatten Kontakte zu vielen Freunden und Verwandten. Damals habe Samira sich im Sommer auf den Besuch des Vaters gefreut, da er viele Geschenke mitbrachte und nach vier Wochen wieder nach Deutschland zurück fuhr. So habe sie ihren Vater erlebt und so fand sie die Situation gut. Sie erwähnte: „Er kam, es war schön, und ich wußte, er wird wieder gehen." Die Situation in Deutschland habe sich für sie verändert. Der Vater war immer da, das war für sie ungewohnt und streckenweise unerträglich. Sie sagte, sie möge ihn, aber er sei ihr fremd geworden. Der Vater sei ihr in Marokko näher gewesen als in Deutschland. Mit 16 Jahren unterbrach Samira ihre Ausbildung und heiratete einen Landsmann, der hier in Deutschland geboren und schon berufstätig war. Ihre frühe Heirat sei nichts anders als die Flucht vor dem Vater gewesen, der sehr streng mit den Kindern umgegangen sei. Sie beteuerte immer wieder, sie möge ihren Mann. Zu diesem Zeitpunkt kamen die beiden ältesten Brüder aus Marokko, die später eine Drogenkarriere durchmachten. Mit 17 Jahren bekam sie das erste Kind, mit 19 das zweite, beides Mädchen, mit 26 Jahren das dritte Kind, einen Sohn. Nach der Geburt des Sohnes erkrankte sie an einer tiefen Depression mit Verfolgungsideen. In der Therapie konnten wir erarbeiten, daß die ungewollte Migration als ein Objektverlust erlebt wurde. Sie sagte: „Hätte uns mein Vater in Marokko gelassen, wären wir alle glücklich geblieben."

Da bei den meisten dieser Familien nicht alle Familienmitglieder zugleich nach Deutschland kommen und die Kinder zuweilen zwischen den verschiedensten Stellen hin- und hergeschoben werden (zwischen Eltern, Großeltern, Pflegefamilien im Herkunfts- und Residenzland und Heimen), kommt es bei vielen dieser Kinder bereits in der frühen Kindheit zu multiplen Trennungserlebnissen mit allen negativen Folgen für die weitere Entwicklung. Hierbei spielt für die betroffenen Kinder besonders die Abwesenheit des Vaters eine Rolle, der in der Mehrzahl der Fälle nicht gleichzeitig mit seinen Kindern nach Deutschland übersiedelt. Als Folge davon herrscht bei den meisten Kindern eine deutliche Ambivalenz, d.h. einerseits eine starke Idealisierung mit entsprechenden Phantasien und andererseits Ablehnung und Enttäuschung gegenüber den Vätern, die sie sehr oft über lange Zeit nur in den Ferien oder überhaupt nicht gesehen haben. Nach meiner Beobachtung kommen psychische Störungen, Schulleistungsschwierigkeiten und Verhaltensauffälligkeiten bei Kindern, die zunächst im Heimatland aufgewachsen sind und erst später nach Deutschland zu ihren Eltern gekommen sind, im Vergleich zu den Kindern, die von vornherein zusammen mit den Eltern aufgewachsen sind, häufiger vor. Am meisten sind die Jugendlichen der Altersstufe zwischen 12 und 17 Jahren betroffen. In dieser Altersstufe sind die Jugendlichen zweifach belastet, und zwar durch die Adoleszenz und deren Problematik sowie durch die Folgen der Migration.

3) Familien, bei denen Vater und Mutter in Deutschland aufgewachsen oder geboren sind

Für diese Familien kann die Migration eine gute Chance bedeuten. Sie sind eher in der Lage, beide Kulturen zu integrieren. Sie sind gleichermaßen von der ursprünglichen und von der deutschen Kultur geprägt, und dies ist die wichtigste Voraussetzung für die Entwicklung einer synthetischen Identität. Es bedeutet die Möglichkeit eines psychischen Gleichgewichtes. Ein Vater, der hier aufgewachsen ist, sagte mir: „Ich habe zwei Heimatländer, die Türkei und Deutschland. Wenn ich pensioniert bin, werde ich im Winter in der Türkei und im Sommer in Deutschland leben."

4) Flüchtlingsfamilien: Wirtschaftsflüchtlinge, politische Flüchtlinge mit Erfahrungen von Folter und Kriegsflüchtlinge

In Europa gab es, der UNHCR-Statistik von 1997 zufolge, 3.166.039 Flüchtlinge. Davon befanden sich in Deutschland 1.266.000, das sind 0,75% der Gesamtbevölkerung. Wenn man sich mit diesen Menschen konfrontiert sieht, kann man nicht umhin, auf ihre politische Situation einzugehen. Auch wenn es mir vor allem um ihre innerpsychische Situation geht, möchte ich doch darauf hinweisen, daß Krieg, Bürgerkrieg und Vertreibung die kardinale Fluchtursache der Menschen aus ihrer Heimat oder der umkämpften Regionen, in denen sie leben, ist. Ich erinnere nur an den Balkankrieg mit ca. drei Millionen Flüchtlingen, den Golfkrieg mit über einer Million Flüchtlingen sowie die Binnenvertriebenen in Afrika mit über einer Million Flüchtlingen und Asien mit knapp zwei Millionen Flüchtlingen.

Diese Familien sind dreifach belastet: erstens durch die Zerstörung ihrer Heimat, ihrer Häuser und die ungewollte Flucht; zweitens durch die Strapazen auf der Flucht in das aufnehmende Land, die meistens mit vitaler Bedrohung begleitet ist; und drittens im Residenzland durch den Kulturschock. Mitglieder solcher Familien sind sehr oft extremtraumatisiert. Die Extremtraumatisierung entsteht aber nicht nur durch Lageraufenthalt, Folter und Mißhandlung – wie sie von den Behörden als einzig relevant erachtet werden –, sie kann auch durch das nächtliche Durchwaten eines Flusses, durch den Marsch durch einen Wald mit der Angst, entdeckt zu werden, oder auch die Erfahrung einer hochgradigen Erniedrigung im Aufnahmeland verursacht worden sein. Die Belastungen der Familien durch solche Traumata wirken auf die psychische Ökonomie der Familie und verändern ihre Objektbeziehungen (z.B. durch das Auseinanderreißen der Kommunikationsstruktur). Hierzu wieder ein Beispiel:

Eine vierköpfige Familie flüchtete aus Persien nach Deutschland. Der älteste Sohn war acht Jahre alt. Der Vater war ein hoher Offizier, der zuerst bei der Monarchie, dann bei der islamischen Republik gedient hatte. Er habe sich aktiv am Golfkrieg beteiligt und wurde dafür auch ausgezeichnet. Aus politischen Gründen flüchtete er mit seiner Familie nach Deutschland. In Deutschland war er zuerst drei Jahre lang arbeitslos, fand dann eine Stelle als Pkw-Fahrer bei einer Autovermietungs-Firma, was in der Familie als Erniedrigung empfunden wurde. Nach 14 Jahren ist er immer noch nicht der deutschen Sprache mächtig. Dagegen erlernte seine Frau die Sprache relativ schnell und fand alsbald eine Stelle in der Altenpflege, wo sie sich engagiert und zu ihrer Zufriedenheit arbeitet, obwohl sie in Persien als Gymnasiallehrerin gearbeitet hatte.

Der Sohn erkrankte an Kontakt- und depressiven Störungen sowie an impulsiver Aggressivität. Die Pathogenität der Depression und der Kontaktstörung besteht darin, daß der Sohn die Schwäche des Vaters als Objektverlust intrapsychisch wahrnimmt. Der Vater ist nicht mehr in der Lage, dem Sohn Schutz und Geborgenheit zu geben, er wird als schwach und ohnmächtig erlebt. In diesem Moment gewinnt die Mutter eine andere Bedeutung. Sie spielt eine stärkere Rolle in der Familie und gewinnt an Autorität. Sie ist in der Lage, den Kindern mehr Halt zu geben als der Vater. Dagegen verliert der Vater an Bedeutung und Macht in der Familie. Dies führte auch zu einer ambivalenten Beziehung zum Vater. Sehr oft übernahm der Sohn auch elterliche Funktionen, z.B. Behördengänge und kleinere Übersetzungen.

Was häufig nicht verstanden wird, ist die Tatsache, daß Extremtraumatisierung nur bedingt von dem Akt der Traumatisierung selbst abhängt, sondern vielmehr die Schwere einer psychischen Beeinträchtigung meint, die – durch welches Ereignis auch immer – entstanden ist. Extremtraumatisierung ist für mich deshalb eher erkennbar an der Schwere und der Persistenz der Symptome, die mir in Migrantenfamilien begegnen.

3. Chancen der Akkulturation

Insgesamt wird durch den Wechsel in eine fremde Kultur die Kinderebene vorzeitig zur Autonomie gedrängt und die Elternebene geschwächt. Dies bleibt nicht ohne Bedeutung für die adäquate Entwicklung der Kinder. Jede forcierte Autonomie hinterläßt emotionale Defizite in der Entwicklung von Kindern und Jugendlichen. Hier wird deutlich, welche Veränderungen die Vaterrolle erfährt und welches Gleichgewicht sie benötigt, um zum selbstbewußten Handeln zu befähigen. Dazu wird oft eine spezifische interkulturelle Psychotherapie notwendig, bei der die Kenntnisse über die jeweilige Kultur eine wichtige Rolle spielen. Ich zitiere Peter Fürstenau: „In einer Zeit, in der die moralischen Auffassungen, Sitten und Gebräuche, die religiösen Positionen immer weniger einheitlich sind, sondern immer vielgestaltiger werden, in der Menschen mit unterschiedlichen Kulturen und ethnischen Herkünften zusammen leben und miteinander auszukommen suchen, ist dies eine für den Psychotherapeuten nicht einfach zu lösende Aufgabe. Die interkulturelle Familie steht unter einer Zerreißprobe durch die Akkulturation" (Fürstenau 1992, 84).

Ohne Akkulturation kann keine adäquate Integration stattfinden. Die akkulturativen Räume in dem psychischen Gebäude sind die Werkstätten der Integration. Darin wird das Fremde mit dem Eigenen synthetisiert, und es entsteht eine synthetische Identität oder eine synthetische Ich-Struktur aus der Herkunftskultur und aus der neuen Kultur. Mario Erdheim stellt fest: „Statt Kultur mit dem Bekanntem, Vertrauten, schon immer Familiären gleichzusetzen, sollte man sich aufs Fremde beziehen: Kultur ist das, was in der Auseinandersetzung mit dem Fremden entsteht, sie stellt das Produkt der Veränderung des Eigenen durch die Aufnahme des Fremden dar" (Erdheim 1992, 734).

Gelingt die Akkulturation z.B. durch das Erlernen der deutschen Sprache und die Übernahme der politischen Kultur, dann erreicht die interkulturelle Familie eine gute Integration. Devereux spricht beim Kulturwandel von einem „Keim" (Devereux 1985, 87). Dieser Keim einer arealen ethnischen Persönlichkeit wird zuerst den Kindern von Erwachsenen eingepflanzt, deren eigene areale ethnische Persönlichkeit immer noch − und auch weiterhin − dem Kulturkreis entspricht, welchem sie ehedem angehört hatten. Mit anderen Worten: Erwachsene, die psychisch nicht, im arealen Sinne jedoch teilweise akkulturiert sind und am Aufbau der neuen Kultur mitwirken, ziehen in den Anfängen Kinder groß, die ihnen auch in der psychischen Akkulturation bereits überlegen sind.

Die zweite Hürde, welche die interkulturelle Familie überwinden muß, ist die Anpassung an eine stark individualisierte und schnelle Veränderungen gewohnte Gesellschaft, in der das Individuum im Zentrum der Ereignisse steht. Dagegen stand in der ursprünglichen Kultur die Gruppe im Zentrum des Lebens. Das Schicksal des Individuums und seine Entwicklung ist stark an die Gruppe gebunden. Das Medium Gruppe ist der Boden, in dem das Individuum wächst.

Dazu zitiere ich zum Schluß Paul Parin, der in seinen ethnopsychoanalytischen Vergleichsstudien festhält, daß zum Beispiel bei den Kindern der Dogon „das Gefühl des Einsseins mit der Mutter durch ihre lange fortgesetzte und gewährende Zuwendung viel länger erhalten (bleibt) als bei uns. Die kindliche Allmacht wird nie ganz an die Erziehungspersonen abgegeben, sondern mit ihnen geteilt. Die Erziehung geschieht auch nicht durch Zuwendung oder Entzug von Liebe, sondern sie beginnt sozusagen erst im Verlauf des dritten Lebensjahres, wenn sich die Mutter plötzlich physisch ganz vom Kind trennt, es auch nicht mehr stillt, sondern es der Fürsorge der aufsteigenden Reihe von Geschwistern, Gespielen und Verwandten (einschließlich der eigenen Eltern) überläßt. Das hat zur Folge, daß das Kind sein Allmachtsgefühl nie ganz aufgibt, sondern es auf die Gruppe verteilt. Das Gefühl, geliebt zu werden und mit der Welt fertig zu werden, hängt von der Zugehörigkeit zur Gruppe ab, die sich während der Kindheit und der Adoleszenz zu verschiedenen Gruppen ausdifferenziert" (Parin 1978, 144).

Literatur

Devereux, G. (1985): Realität und Traum, Psychotherapie eines Prärieindianers. Suhrkamp: Frankfurt/M.

Erdheim, M. (1992): „Das Eigene und das Fremde". In: Psyche 46, 730-744

Fürstenau, P. (1992): Entwicklungsförderung durch Therapie. Pfeiffer: München

Parin, P. (1978): Der Widerspruch im Subjekt. Ethnopsychoanalytische Studien. Syndikat/EVA: Frankfurt/M.

Carsten Rummel

Die Freiheit, das Chaos der Liebe und die Notwendigkeit einer neuen Generationenethik

1. Einleitung

Als Jurist und Soziologe habe ich mit der Kindschaftsrechtsreform und den sich daraus für professionelle Tätigkeit ergebenden Veränderungen im Rahmen der Trennungs- und Scheidungsberatung nach § 17 Abs. 1 Ziff. 3 und Abs. 2 des Kinder- und Jugendhilfegesetzes (KJHG 1999) zu tun. Wenn die Kindschaftsrechtsreform den Ausdruck des Wandels unserer Gesellschaft auf der Ebene des Generationenverhältnisses darstellt, so kann unterstützende und helfende Arbeit eigentlich nur dann fruchtbar werden, wenn sie sich denselben gesellschaftlichen und individuellen Werten verpflichtet fühlt wie das reformierte Recht. Diese Übereinstimmung in der Zielsetzung durch derart unterschiedliche Disziplinen, wie sie das Recht auf der einen und die Psychologie oder Sozialpädagogik auf der anderen Seite darstellen, kann auch in dem Aufgabenfeld des § 17 KJHG (1999) nur durch eine übergeordnete Theorie, hier durch eine Ethik des Generationenverhältnisses erreicht werden, die der gesellschaftlichen Entwicklung angemessen ist. Eine derartige Ethik hat die Bedingungen zu schützen, welche die jeweils kommende Generation benötigt, um an dieser Gesellschaft in Würde und Selbstbestimmung teilzuhaben.

Meine Ausgangsthese lautet daher: *Unser Zuwachs an Freiheit im Gesellungs- und Partnerschaftsverhalten der Menschen und das daraus resultierende „Chaos der Liebe" ist es insbesondere nach der Reform des Kindschaftsrechts nicht nur für die Eltern, sondern auch für die damit im psychosozialen Bereich befaßten Helfer notwendig, sich einer unserer gesellschaftlichen Entwicklung angemessenen Generationenethik bewußt zu werden.*

Unsere Gesellschaft zeichnet sich dadurch aus, daß die Freiheit des Einzelnen nicht nur im Mittelpunkt ihrer Werteordnung steht, sondern diese zugleich ein fast alle gesellschaftliche Bereiche durchdringendes Gestaltungsprinzip darstellt. Alle Gesellschaften, die diesem Prinzip folgen, haben mit einem spezifischen Widerspruch zu kämpfen. Je selbstverständlicher sich das Prinzip „Freiheit des Einzelnen" in allen Lebensbereichen durchsetzt, um so mehr schwindet das Bewußtsein, daß Freiheit eine Unzahl sozialer, sozioökonomischer, kultureller und nicht zuletzt auch rechtlicher Bedingungen voraussetzt. Das birgt die Gefahr in sich, daß Freiheit zuvörderst als Handlungsfreiheit der Akteure begriffen wird, auch dann, wenn sie in das Leben anderer eingreifen.

Jeder Freiheitswahrnehmung, die diesen Zusammenhang von Freiheit und den Voraussetzungen, die Freiheit ermöglichen und erhalten, nicht mit einbezieht, wohnt die Tendenz inne, Freiheit als gesellschaftlichen Zustand tendenziell in Frage zu stellen. Das verhält sich im Generationenverhältnis und dessen rechtlicher Ausgestaltung im Eltern-Kind-Verhältnis, dem Kindschaftsrecht nicht anders. Bis zur Kindschaftsrechtsreform waren die Rechte, die einem Kind gegenüber seinen Eltern zustanden, davon abhängig, in welcher Rechtsbeziehung seine Erzeuger zueinander standen. Das führte zu unvertretbaren Benachteiligungen von Kindern, deren Eltern nie miteinander verheiratet oder geschieden waren, denn allein Kindern, deren Eltern verheiratet waren, wurde die Chance eingeräumt, zwei mit sorgerechtlicher Kompetenz ausgestattete Elternbeziehungen zu haben. Eine derartige Gestaltung des Eltern-Kind-Verhältnisses stand in erster Linie im Dienst der Aufrechterhaltung der Privilegierung der Ehe.

Wurde nach der Geburt eines Kindes die Ehe nicht eingegangen oder wurde sie geschieden, konnte das Kind nur eine mit elterlicher Sorgerechtskompetenz ausgestattete Beziehung erwerben bzw. behalten. Legitimiert wurde das mit dem Argument, das Kind müsse aus dem Streit seiner Eltern herausgehalten werden. Die Zunahme an Handlungsfreiheit der Erwachsenen im Partnerschaftsverhalten ließ die Zahl der derart benachteiligten und dadurch in ihrer Persönlichkeitsentwicklung belasteten Kinder immer größer werden.

Die Kindschaftsrechtsreform hat damit tendenziell ein Ende gemacht, indem sie grundsätzlich davon ausgeht, daß ein Kind das Recht auf die verantwortliche Fürsorge beider Eltern hat, gleichgültig in welcher Rechtsbeziehung diese zueinander stehen. Das bedeutet aber, daß Eltern, die jeweils in vollkommen unterschiedliche familiale Bezüge eingebunden sein können, nunmehr miteinander Verantwortung für ihr gemeinsames Kind zu tragen haben. Bei der Bewältigung dieser schwierigen Aufgabe werden sie und die mittelbar davon betroffenen anderen Familienangehörigen mit vielen tief in ihnen verankerten sittlichen Vorstellungen von familialer Privatheit und Elternschaft in Konflikt kommen. Die dadurch notwendig werdenden schwierigen Balance-Akte zwischen den widerstreitenden Interessen können sie nur bewältigen, wenn ihnen als Orientierung eine klar und deutlich ausgeprägte Generationenethik zur Verfügung steht. Eine derartige Ethik muß die Bedingungen der Persönlichkeitsentwicklung eines jungen Menschen, die ihn befähigen, an unserer freiheitlichen Gesellschaft teilzuhaben, als verpflichtenden Ausgangspunkt zum Inhalt haben, dabei aber die Freiheitswahrnehmung der Eltern im Partnerschaftsverhalten unangetastet lassen.

Das hat aber Konsequenzen für die in diesem Bereich arbeitenden Professionen. Es gibt zwei sehr unterschiedliche Gründe, warum auch sie sich diesen Begriff aneignen müssen. Zum einen versteht es sich von selbst, daß man das, wozu man befähigen soll, zumindest dem Begriff nach kennen muß. Zum anderen ergibt sich diese Notwendigkeit auch aus dem Umstand, daß die psychosozialen Helfer ihre Arbeit auf dem Hintergrund von - insbesondere psychologischen bzw. psychotherapeutischen - Disziplinen erbringen, die vielfach auf Traditionen beruhen, die einem anderen historischen Stadium der Entfaltung des Freiheitsbegriffs verpflichtet sind. Das kommt dadurch zum Ausdruck, daß sie zuvörderst darauf ausgerichtet sind, das Individuum zu befähigen, seine Interessen und seine Handlungsfreiheit gegen die sittlich vorhandenen Normen durchzusetzen. Reflektiert beratende Hilfe in ihrem professionellen Handelndie eigene Geschichte, die als dogmatische Sätze, professionelle Gewohnheiten und Sichtweisen immer noch ihren Ausdruck finden, bei der relativ neuen Aufgabe der Beratung nach § 17 KJHG (1999) nicht mit, so läuft sie Gefahr, die Bedingungen, die die Freiheitsfähigkeit des Nachwuchses ermöglichen, systematisch auszublenden.

Ich bin mir daher sicher, daß eine klare Generationenethik die psychosozialen Professionen in Stand setzen kann, den Eltern und ihren Kindern in einer Weise zu helfen, die die Eltern nicht daran hindert, ihre Freiheit wahrzunehmen, zugleich jedoch der Verpflichtung nachkommt, den Kindern zur Freiheitsfähigkeit zu verhelfen.

2. Die Freiheit des Einzelnen als spezifisches Strukturmerkmal unserer Gesellschaft

Die Würde des Menschen gemäß Art. 1 Abs. 1 GG und die freie Entfaltung seiner Persönlichkeit gemäß Art. 2 Abs. 1 GG stehen an erster Stelle der in der Verfassung verankerten Grundrechte. Nach der Rechtssprechung des Bundesverfassungsgerichts stellt der Grundrechtskatalog unserer Verfassung keine wertneutrale Ordnung dar, sondern innerhalb der Grundrechte hat sich eine objektive Wertordnung herausgebildet, die in den Mittelpunkt der sozialen Gemeinschaft die sich frei entfaltende menschliche Persönlichkeit und ihre Würde stellt. Diese Wertung hat als verfassungsrechtliche Grundentscheidung für alle Bereiche des Rechts - die Gesetzgebung, die Verwaltung und die Rechtssprechung - unabdingbar bindende Gültigkeit. Damit eben auch für die rechtliche Ausgestaltung des Eltern-Kind-Verhältnisses.

Unsere demokratisch verfaßte Gesellschaft ist darauf angewiesen, daß die überwiegende Mehrheit der Menschen, wenn sie sich aus der Familie ablösen, die Fähigkeiten erworben haben, ihr Leben eigenverantwortlich und selbsterhaltungsfähig in die Hand zu nehmen. Diese Fähigkeiten sind jedoch nicht durch einen rein kognitiven Lernvorgang anzueignen. Ihre Aneignung setzt eine spezifische Form des Entfaltens personaler Eigenschaften voraus, die in unserer Gesellschaft eigentlich nur die Familie gewähren kann.

3. Die rechtliche Ausgestaltung des Eltern-Kind-Verhältnisses

Aus der Tatsache, daß die freie Entfaltung der Persönlichkeit und die Würde des Menschen im Mittelpunkt unserer Gesellschaft steht, ergibt sich zwingend, daß bei der Ordnung zwischenmenschlicher Beziehungen grundsätzlich niemandem Rechte an einer anderen Person eingeräumt werden können, die nicht zugleich pflichtgebunden sind und die Menschenwürde des anderen respektieren. Die Anerkennung der Elternverantwortung und der damit verbundenen Rechte findet daher ihre Rechtfertigung darin, daß das Kind des Schutzes und der Hilfe bedarf, um sich zu einer eigenverantwortlichen Persönlichkeit innerhalb der sozialen Gemeinschaft zu entwickeln, wie sie dem Menschenbild des Grundgesetzes entspricht. Das Kind bedarf der Erziehung und der damit verbundenen Bestimmungsmacht als Bedingung seiner Hinführung zu Freiheit und Selbstverantwortung. Erziehungsherrschaft, wie sie über das Kind ausgeübt wird, ist insofern nicht Eingriff in die Freiheit, sondern notwendige Voraussetzung späterer Selbstbestimmung. Dem entspricht ein Recht des Kindes auf Erziehung, das es aus seinem Freiheits- und Entfaltungsanspruch hat.

Wenn das Bundesverfassungsgericht auf der Ebene der einzelnen Eltern-Kind-Beziehung von späterer Selbstbestimmung bzw. dem Freiheits- und Entfaltungsanspruch auf der Einzelfallebene spricht, so ist damit die Fähigkeit gemeint, als zukünftiger Erwachsener über diejenigen Kompetenzen zu verfügen, die notwendig sind, um als freier, zur Eigenverantwortlichkeit und Selbsterhaltung fähiger Bürger an unserer von Freiheit gekennzeichneten Gesellschaft teilhaben zu können.

Diese Inhaltsbestimmung ergibt sich nicht allein aus dem Interesse des Kindes, sondern zugleich auch aus dem legitimen Interesse der staatlichen Gemeinschaft an der Erziehung des Nachwuchses. Genau das aber spricht der 5. Familienbericht an, wenn er betont, daß es eine unabdingbare Voraussetzung der Sicherung unserer freiheitlichen Lebensbedingungen für die Zukunft ist, daß ein qualifizierter Nachwuchs, der mit den in unserer Gesellschaft notwendigen Daseinskompetenzen ausgestattet ist, herangezogen wird. Die sorgerechtliche Ausgestaltung des Eltern-Kind-Verhältnisses ist daher ein wesentlicher Teil des Generationenverhältnisses.

4. Die inhaltliche Ausgestaltung der elterlichen Verpflichtung

Am Ende der Sozialisation muß das Individuum in der Lage sein, auf sich allein gestellt seinen Weg durchs Leben entsprechend seiner Anlagen und Möglichkeiten zu gehen. Dazu bedarf es eines in der Geschichte zuvor kaum gekannten Maßes der Fähigkeit zur Selbststeuerung. Gerade in einer von Wandel gekennzeichneten Gesellschaft setzt diese Fähigkeit voraus, daß das Individuum in der

Lage ist, sich jederzeit seiner selbst vergewissern zu können. Hierzu bedarf der junge Mensch der Identität im Sinne einer statusmäßigen und sozial klar erkennbaren Zuordnung zu einer Familie, aber auch im Sinne einer sozioemotionalen und soziokulturellen Handlungskompetenz, sich zu vielen Lebensbereichen in Beziehung zu setzen, ohne dabei seine Individualität aufzugeben, sondern sie vielmehr dort zu verwirklichen.

Conditio sine qua non für die Herausbildung derartiger Fähigkeiten sind Bindungen, vor allem die Bindungen an die Eltern, die den jungen Menschen den notwendigen Rückhalt geben. Bindungen stellen sozusagen die soziokulturelle Lebensgrundlage des Menschen dar, von der aus er sich entfalten kann. Die Kontinuität der Bindungen, insbesondere die an die Eltern, stellt damit die Basis zur Entwicklung einer freiheitsfähigen Persönlichkeit dar. Die soziale Identität eines Menschen ergibt sich in erster Linie durch das Erleben und Verarbeiten der unterschiedlichen Persönlichkeiten von Mutter und Vater. Damit ist es die Pflicht der Eltern, dem Kind nicht nur zu ermöglichen, sich mit der eigenen Person auseinanderzusetzen, sondern eben auch mit der des anderen Elternteils.

Die Zunahme an Freiheit auf der Handlungsebene der Erwachsenen, insbesondere im Gesellungsverhalten, hat zur Folge, daß jedermann jederzeit seine Beziehungen beenden kann, auch dann, wenn sie bereits zu einer Elternbeziehung geworden sind, ohne irgendeine Sanktion fürchten zu müssen. Das aber hat zur Folge, daß die Kontinuität der Beziehungen des Kindes zu beiden Eltern und damit die sozioemotionale und soziokulturelle Grundlage ihrer Persönlichkeitsentwicklung jederzeit in Frage gestellt werden kann.

5. Das Kindschaftsrecht vor und nach der Reform

Damit stellt sich die Frage, wie das Kindschaftsrecht mit diesem Widerspruch vor der Reform umgegangen ist und was sich durch die Kindschaftsrechtsreform geändert hat.

Vor der Reform war das Kindschaftsrecht von Strukturen beherrscht, die dazu führten, daß das Rechtsverhältnis, in dem die Erzeuger eines Kindes miteinander standen, der wesentliche Bestimmungsfaktor dafür war, welche Rechte dem Kind gegenüber seinen Erzeugern zustanden oder nicht. Die Tatsache, daß das Recht systematisch zwischen ehelichen und nichtehelichen Kindern unterschied, hatte unmittelbar zwingende Folgen für die Struktur der Sorgerechtsentscheidung bei Trennung und Scheidung von verheirateten Eltern.

Allein dem Kind miteinander verheirateter Eltern war es vorbehalten, zwei mit sorgerechtlicher Kompetenz ausgestattete Elternbeziehungen zu haben. Dem nichtehelichen Kind war dies unter allen rechtlich möglichen Ausgestaltungen absolut verwehrt. In der Regel hatte die Mutter das Sorgerecht und der Vater war ausgeschlossen. Wenn der Vater das Kind mit Einwilligung der Mutter für ehelich erklären ließ, ging das Sorgerecht auf ihn über. Der Mutter wurde das Sorgerecht damit automatisch entzogen.

Da die Ehe die ausschließliche Grundlage dafür bot, daß Eltern das Sorgerecht gemeinsam inne haben konnten, bedeutete der Ausspruch der Scheidung den Untergang der rechtlichen Grundlage für das gemeinsame Sorgerecht mit der Folge, daß der Familienrichter, ob er wollte oder nicht, das Sorgerecht einem der beiden Eltern zuteilen mußte, selbst dann, wenn beide Eltern es gemeinsam ausüben wollten.

Das Bundesverfassungsgericht hatte es erst im Jahre 1982 möglich gemacht, daß Eltern, die das Sorgerecht bei der Scheidung gemeinsam beantragten, dieses auch nach der Scheidung gemeinsam beibehalten konnten. Wenn sich allerdings einer der beiden Eltern weigerte, gleichgültig mit welcher Begründung, war das gemeinsame Sorgerecht absolut ausgeschlossen.

Für die außerehelich geborenen Kinder hatte dies vielfach zur Folge, daß sie ihre Väter gar nicht erst kennen lernten, und für die Scheidungskinder, daß sie den Kontakt zu dem Elternteil, der das Sorgerecht nicht inne hatte, sehr häufig einige Zeit nach der Scheidung verloren.

Die Struktur dieses Rechts wurde in vielen Variationen als an den Interessen des Kindes ausgerichtet legitimiert. Von den Vätern nichtehelicher Kinder wußte man, daß ihr Entschluß, nicht zu heiraten, Beweis genug war, ihnen zu unterstellen, daß sie kein echtes Interesse an ihren Kindern hatten. Eltern, die sich scheiden ließen, hatten damit bewiesen, daß sie nicht mehr in Lage waren, gemeinsam für das Kind Verantwortung zu tragen. Die gebräuchlichste Begründung, sowohl gegenüber den außerehelichen Kindern als auch den von Scheidung betroffenen, lautete, das Kind müsse aus dem Streit der Eltern herausgehalten werden.

Das alles hatte nur wenig mit der Wahrung der Interessen des Kindes zu tun, sondern in erster Linie mit dem Schutz der Institution Ehe. Dieser wurde dadurch erreicht, daß das Privileg, das Sorgerecht gemeinsam innezuhaben, verheirateten Eltern vorbehalten blieb.

Weder der Öffentlichkeit noch der überwiegenden Zahl der Professionellen ist die Verwechslung des Schutzes der Institution Ehe mit den Entwicklungsinteressen der Kinder je so richtig bewußt geworden. Zu tief hatte sich im Bewußtsein der Mehrheit der Bürger, aber auch dem der Professionellen, die Vorstellung eingegraben, diese unterschiedliche Behandlung von ehelichen und nichtehelichen, aber auch von Kindern verheirateter und geschiedener Eltern entspräche tatsächlich deren Interessen. Diese Verwechslung von Interessen der etablierten Erwachsenenwelt mit denen der betroffenen Kinder hat dazu geführt, daß viele hunderttausend nichteheliche Kinder nur einen ihrer beiden leiblichen Eltern kennengelernt haben, und eine nicht geringere Zahl nach der Scheidung ihrer Eltern den Kontakt und die Beziehung zu einem der beiden Eltern verloren hat.

An der Aufrechterhaltung dieser im Nachhinein kaum noch nachvollziehbaren Versimplifizierung, die unter Berufung auf das Kindeswohl geradezu gebetsmühlenartig immer wieder beschworen wurde, waren jedoch nicht nur Juristen, sondern auch zum großen Teil die psychosozialen Berufe wie z.b. psychologische und sozialpädagogische Gutachter sowie auch Autoren beteiligt.

Vor diesem Hintergrund ist es als die große Leistung der Kindschaftsrechtsreform anzusehen, daß mit ihr die strukturelle Ungleichheit von ehelichen und nichtehelichen Kindern ein Ende fand. Damit hörte aber die Ehe auf, allein das Privileg zu vermitteln, beiden Eltern das Sorgerecht gemeinsam zuzuordnen. Das wiederum hat zur Folge, daß sich der Staat nicht bei jeder Scheidung genötigt sieht, ohne elterlichen Antrag in die Sorgerechtsposition eines Elternteils einzugreifen. Eltern können geschieden werden, ohne daß der Familienrichter eine Entscheidung zum Sorgerecht trifft, so daß es bei beiden Eltern bleibt.

Mit dem neuen Kindschaftsrecht ist es möglich, daß Eltern in den unterschiedlichsten Gesellungsformen und Lebenssituationen gemeinsam rechtlich kompetent Verantwortung für ihre Kinder tragen. Selbst Eltern, die verheiratet sind, aber mit einem anderen als dem eigenen Ehegatten ein Kind gezeugt haben, können mit diesem anderen gemeinsam elterliche Sorge im Hinblick auf ihr gemeinsames leibliches Kind innehaben.

6. Vom Eingreifen zum Befähigen

Man kann das reformierte Sorgerecht ohne Zweifel auch als Ausdruck der Entfaltung des Freiheitsbegriffs im Verhältnis Kind-Eltern-Staat ansehen.

War es vor der Reform noch unmöglich, Eltern, die nicht verheiratet waren, das gemeinsame Sorgerecht zu geben, stellt es der Gesetzgeber nunmehr ihrer freien Entscheidung anheim, durch Abgabe einer Sorgerechtserklärung kund zu tun, daß sie beide bereit sind, das Sorgerecht gemeinsam inne zu haben. Trennen sich Eltern, die das Sorgerecht gemeinsam inne haben, oder beantragen verheiratete Eltern die Scheidung, so sieht der Staat sich nicht mehr automatisch gezwungen, das Wohl des Kindes durch rechtliche Regelungen zu sichern. Er stattet die Eltern statt dessen mit einem Anspruch auf „Beratung" aus, mit dem sie befähigt werden sollen, trotz ihrer veränderten Lebenssituation die Verantwortung für ihr Kind zu dessen Wohl weiter der neuen Situation angemessen wahrzunehmen. Nunmehr werden auch Eltern-Kind-Konstellationen möglich, die mit allen bisher denkbaren Tabus brechen. So können Eltern eines Kindes jeweils mit einem anderen Partner verheiratet sein und trotzdem gemeinsam das Sorgerecht an ihrem außerhalb dieser Ehe gezeugten Kind inne haben.

Zweifelsohne verlangt das den Eltern ein Maß an Kompetenz ab, das zu erwerben die wenigsten zuvor Gelegenheit hatten. Um Eltern genau mit dieser Kompetenz auszustatten, hat der Gesetzgeber ihnen einen Anspruch auf Beratung gemäß § 17 Abs. 1 Ziff. 3 und Abs. 2 KJHG (1999) verschafft. Da die Familienrichter gem. § 613 Abs. 1 ZPO in Scheidungsverfahren und gem. § 52 Abs. 1 Satz 2 FGG in anderen das Kind betreffenden Verfahren verpflichtet worden sind, die Parteien auf bestehende Möglichkeiten der Beratung durch die Beratungsstellen und Dienste der Träger der Jugendhilfe hinzuweisen, ist der § 17 Abs. 1 und 2 KJHG (1999) quasi zum integralen Bestandteil des Kindschaftsrechts geworden.

Damit erhält aber die Befähigung zu elterlicher Autonomie, d.h. zur eigenen Entscheidungsfindung der Eltern durch Beratung einen Vorrang vor der Problemlösung durch staatliches Entscheiden bzw. Eingreifen. Das aber entbindet uns nicht von der Pflicht, genau herauszuarbeiten, welche ungeheure Herausforderung dieser neue Umgang mit den Beziehungen der Kinder zu ihren Eltern und anderen wichtigen Bezugspersonen sowohl gegenüber den Eltern selbst, aber auch für die damit befaßten Berater darstellt.

Das alles bricht mit tradierten Vorstellungen von Elternschaft, die noch zu einem großen Teil in der Bevölkerung verankert sind. Vielen wird es daher nicht leicht fallen, damit umzugehen, zumal ein nicht geringer Teil der Bevölkerung immer noch nach dem Modell der tradierten Kernfamilie lebt, in der die Eltern verheiratet sind und die Kinder bis zu ihrer natürlichen Ablösung aus dem Elternhaus mit ihnen unter einem Dach leben.

Vielen wird es schwer fallen, mit einem Kind unter einem Dach zu leben, das zu einer anderen Familie, mit der man sich häufig nicht versteht, zugleich andere seelisch intime Kind-Eltern-Beziehungen hat. Zu wichtig ist die Privatheit der Familie, als daß man ohne große Probleme einer anderen Familie durch ein Kind die Gelegenheit geben will, Einblick in die eigene Familie zu verschaffen. Familie definiert sich durch das Abgegrenztsein von der Außenwelt. Gegenüber ihrem Innen- und Außenverständnis ist die allgemeine Öffentlichkeit in gleicher Weise außen wie eine andere Familie. Um des eigenen Kindes willen muß diese Grenze nun relativiert werden.

7. Psychosoziale Aspekte des Familienlebens und das Chaos der Liebe

Das Phänomen „Liebe" hat es zu allen Zeiten menschlicher Geschichte gegeben. Gerade aber hinsichtlich seines Bezuges zur Elternschaft hat es in der historischen Entwicklung der Gesellschaft unterschiedliche Erscheinungsformen und Funktionen.

Unter den gegebenen gesellschaftlichen Bedingungen ist fast jedes Individuum gezwungen, die wesentlichen Lebensbedingungen auf sich selbst gestellt, losgelöst von kooperativen bzw. familialen Strukturen, in Form von Vereinbarungen bzw. von Verträgen auszuhandeln. Das hat Verkehrsformen hervorgebracht, die den Agierenden eine fast dauernd differenzierende Disziplinierung ihrer Emotionen abverlangt. Freiheit des Einzelnen heißt für viele nicht zuletzt auch Freiheit von emotionaler Geborgenheit, Freiheit von vorgefundenen Sinnbezügen z.b. durch Religion oder Glauben.

Dadurch ist der Einzelne auf das Vorhandensein eines Lebensbereiches angewiesen, der es ihm ermöglicht, dieses hohe Maß an ständiger Selbstdisziplinierung zu kompensieren. Das ist in unserer Gesellschaft der Ort der Privatheit, die Familie, insbesondere die Partnerbeziehung. Sie wird vielfach zum Lebenssinn. Die Mehrheit der Familien geht aus Beziehungen hervor, in denen die Erwachsenen einander in „Liebe" zugetan sind. Unter dem Einfluß des christlichen Eheideals gelang es der bürgerlichen Bewegung, die romantische Liebesvorstellung normativ an die Ehe und Familie zu binden.

Liebe entsteht in unserer Kultur vornehmlich durch Projektion von Wunschvorstellungen bzw. Übertragungen auf den Partner, die häufig mit dessen sozialer bzw. personaler Realität wenig zu tun haben. Damit unterliegen diese Beziehungen jedoch einem ungeheuren Erwartungsdruck, der aus Wunschvorstellungen des Liebenden herrührt, denen die geliebte Person in vielen Fällen auf Dauer nicht gerecht werden kann.

Werden die an den Partner gerichteten Erwartungen und Hoffnungen angesichts der sozialen Realität, die gerade durch die Ankunft eines Kindes ihr ökonomisch hartes Gesicht zeigt, enttäuscht, so wandelt sich Liebe fast zwangsläufig in ihr Gegenteil, in Haß. Zudem bricht für viele mit dem Scheitern der Partnerschaft der einzige emotionale Halt auseinander. Die daraus resultierende Gegnerschaft ist zugegebenermaßen eine schlechte Voraussetzung, weiterhin gemeinsam Verantwortung für ein Kind zu tragen.

Die Mehrheit der Eltern muß auf Grund der strukturellen Rücksichtslosigkeit der Gesellschaft gegenüber der Familie erhebliche Belastungen und Nachteile hinnehmen. Die Gratifikation einer Arbeitsleistung eines Einzelnen richtet sich danach, welchen Preis der einzelne Arbeitnehmer dafür erzielt. Das Einkommen ist unabhängig davon, ob der Arbeitende für sich allein oder für eine große Anzahl von Kindern zu sorgen hat. Das Heranziehen von Kindern ist zwar ungeheuer kosten- und arbeitsintensiv. Es stellt aber keinen in ökonomischen Kategorien ausdrückbaren Wert dar, da es notwendigerweise in „Privatheit" vollzogen wird.

Menschen, die Kinder erziehen, werden dadurch gegenüber anderen, die keine Kinder haben, erheblich benachteiligt. Die überwiegende Mehrzahl der gesellschaftlichen Teilsysteme ist nach einer Organisationslogik aufgebaut, die das Vorhandensein des Humanvermögens und der entsprechenden Daseinskompetenzen als immer schon gegeben ansieht. Da seine Herstellung in der „Privatheit" der Familie erfolgt und daher keinerlei Marktwert hat, braucht der Markt keinerlei Rücksicht darauf zu nehmen, ob Familienmitglieder, die in diesen der Marktlogik verpflichteten Organisationen den Familienunterhalt verdienen müssen, sich im Konflikt zwischen Anforderungen dieser Organisation und solchen aus der Familie zwangsläufig für die Organisation entscheiden. Die daraus resultierenden Belastungen, die sonst andere Menschen in unserer Gesellschaft in dieser Dauer und Intensität normalerweise nicht erleben, werden in den Familien vielfach als subjektiv durch den Partner verursacht erlebt. Innerfamiliale Beziehungen werden dadurch ungeheuer belastet, was dazu beiträgt, daß elterliche Paarbeziehungen auseinanderbrechen.

Vor dem Hintergrund der historisch überkommenen Arbeitsteilung innerhalb der Familie werden Frauen hierdurch besonders benachteiligt. Die Rollenkonfusionen innerhalb der Familie, die sich aus dem Prozeß der zunehmenden Gleichberechtigung der Frauen ergeben, haben für alle Familienmitglieder Orientierungsschwierigkeiten zur Folge. Der unzweifelhaft größere Anteil der Frauen an der täglichen Fürsorge für Kinder läßt schon aus kompensatorischen Gründen in ihren Augen die Bedeutung der Väter für ihre Kinder gering erscheinen, was ihre subjektive Bereitschaft, die Väter nach einer Trennung an der Verantwortung zu beteiligen, erheblich beeinträchtigt bzw. häufig ausschließt.

Diese strukturell verursachten Widersprüche werden in der Familie, insbesondere in Familienkrisen subjektiv auf der Beziehungsebene erlebt und verursachen das, was die Autoren U. Beck und E. Beck-Gernsheim (1990) als das „ganz normale Chaos der Liebe" bezeichnet haben. Eltern wird es dadurch sehr schwer gemacht, in partnerschaftlichen Krisen, die zu Trennung und Scheidung führen, ihr Handeln gegenüber den Kindern an den oben genannten elterlichen Pflichten auszurichten, da sie viel zu sehr von den eigenen Schwierigkeiten beherrscht werden. Sowohl im Bewußtsein der Betroffenen selbst als auch in der Rhetorik über Familie, insbesondere über Eltern bei Trennung und Scheidung, werden vorwiegend die auf der Beziehungsebene sichtbar werdenden Schwierigkeiten thematisiert und als Folge der subjektiven Unfähigkeit der Partner dargestellt.

Es gibt Anlaß genug, davon auszugehen, daß die Beschränkung der Außenwahrnehmung auf das subjektive Beziehungsversagen dazu beiträgt, es den Eltern noch schwieriger zu machen, in dem „ganz normalen Chaos" einer auseinanderbrechenden Beziehung die gegenseitige Güte und den Respekt gegenüber dem jeweiligen Partner aufzubringen, der notwendig ist, damit man gemeinsam unter den veränderten Bedingungen für die Kinder Verantwortung wahrnehmen kann.

8. Inhalt einer Generationenethik

Da die rein biologische Tatsache, daß einem Menschen das Leben geschenkt worden ist, keinesfalls ausreicht, um später als Erwachsener selbstverantwortlich und selbsterhaltungsfähig an der Gesellschaft teilhaben zu können, sind Eltern verpflichtet, dem Kind die dazu notwendigen soziokulturellen Fähigkeiten zu vermitteln. Diese Verpflichtung muß unabhängig davon bestehen, in welcher Rechtsbeziehung die Eltern zueinander stehen. Ändern Eltern ihre Beziehung auf der tatsächlichen Ebene, z.b. durch eine Trennung oder durch eine Scheidung, so ändert das grundsätzlich nichts an der Verpflichtung beider Eltern.

Unsere Rechts- und Sittenordnung schließt aus, die Kinder durch eine Vorschrift vor Schaden zu bewahren, die den Eltern verbietet, sich voneinander zu trennen, bevor die aus ihrer Beziehung hervorgegangenen Kinder sich von Ihnen altersgemäß selbst gelöst haben. Es bedarf daher einer Regelungsstruktur, zugleich aber auch einer Ethik des Eltern-Kind-Verhältnisses, welche die Handlungsfreiheit der Erwachsenen auf der Gesellungs- bzw. auf der Partnerschaftsebene unangetastet läßt, ihnen aber bei der Wahrnehmung ihrer Handlungsfreiheit gegenüber Partnerbeziehungen die Pflicht auferlegt, die Bindungen, welche die eigenen Kinder zur Entfaltung ihrer Persönlichkeit benötigen, zu schützen. Mit anderen Worten, wenn elterliche Beziehungen bzw. Bindungen die sozioemotionale Grundlage der Persönlichkeitsentwicklung darstellen, dann ergibt sich daraus die Pflicht, die Beziehungen des Kindes zum jeweils anderen Elternteil in einer Weise aufrecht zu erhalten, die es ihm ermöglicht, diesen Elternteil der jeweiligen Situation angemessen elterlich kompetent zu erleben. Der nichtbetreuende Elternteil hat die Pflicht, die Verantwortung für das Kind weiter wahrzunehmen und die Beziehung zum Kind aufrecht zu erhalten. Beide Eltern haben dabei um des Kindes willen die Pflicht, die neue Privatheit des ehemaligen Partners zu respektieren. Gleichermaßen gehört dazu die Pflicht, dem betreuenden Elternteil die materiellen Bedingungen zu verschaffen, die notwendig sind, damit er das Kind versorgen und erziehen kann.

9. Die Bedeutung der psychosozialen Helfer und ihre Probleme bei der Wahrnehmung der Aufgabe nach § 17 KJHG

Da dem Gesetzgeber klar geworden ist, daß der Erhalt von Beziehungen nicht durch rechtliche Regulierungen und schon gar nicht durch Eingriffe in die Rechte eines Elternteils erreicht werden kann, sondern eher durch die Befähigung der Eltern, ihre Trennung so zu gestalten, daß dem Kind angstfrei ermöglicht wird, seine Beziehungen weiter zu erleben, hat er den Beratungsanspruch des § 17 Abs. 1 Ziff. 3 und Abs. 2 KJHG (1999) geschaffen.

Damit kommt den Psychologen, Psychotherapeuten und Sozialpädagogen, die in den entsprechenden Beratungsstellen arbeiten, eine wichtige und zugleich auch äußerst schwierige Aufgabe zu. Gilt es doch, Eltern, die sich selbst in einer Situation befinden, in der sie sich häufig bis in den Kern ihrer Person in Frage gestellt erleben, zu befähigen, an den Interessen des Kindes orientiert zu handeln. Die erwachsene Klientel, die sich nicht selten mehr als Feinde denn als Partner einer Elternbeziehung erleben, sind in dieser Zeit derartig von den eigenen Problemen besetzt, daß die Interessen der Kinder nur dann eine Chance haben, im Fühlen und Denken ihrer Eltern Gewicht zu erlangen, wenn deren Bedürfnisse als geradezu übermächtige Norm dem inneren Chaos der Eltern entgegentreten.

Die Schwierigkeit dieser Aufgabe wird kaum jemand verkennen. Das hat zur Folge, daß an den meisten Beratungsstellen hochqualifiziertes Personal, vornehmlich Psychologen, Psychotherapeuten und Sozialpädagogen mit speziellen Zusatzausbildungen arbeiten. Damit befinden sich die Eltern in der Obhut von professionellen Spezialisten, denen man zuschreibt, von Berufs wegen zu wissen, worauf es ankommt. So kann die Verwirklichung des vom Gesetzgeber angestrebten Ziels eigentlich nur noch an der Unfähigkeit der Eltern selbst scheitern.

An dieser Stelle möchte ich mir jedoch erlauben, von außen, also ohne selbst Psychologe oder Sozialpädagoge zu sein, einige Betrachtungen nahe zu legen, nach denen es einem Trugschluß gleicht, allein die Ausstattung mit hochqualifiziertem Fachpersonal wie eben Psychologen, Psychotherapeuten oder Sozialpädagogen mit Zusatzausbildung garantiere schon, daß Beratung zu dem vom Gesetzgeber erwünschten Erfolg führt.

Ich möchte, soweit das im Rahmen eines solchen Beitrages möglich ist, der Frage nachgehen, ob nicht in den Traditionen, Methoden und Sichtweisen gerade der Profession Psychologie bzw. Psychotherapie Strukturen angelegt sind, die es äußerst schwierig machen, den widerspruchsvollen Zusammenhang von „Freiheitswahrnehmung" der Erwachsenen auf der einen und der „Freiheitsfähigkeit" der Kinder als elterlichen Erziehungsauftrag auf der anderen Seite wahrzunehmen und fruchtbar zu seiner Bewältigung beizutragen. Zweifelsohne geht es doch in dieser relativ jungen Form von Beratung darum, Menschen zu befähigen, über die eigenen akut brennenden Bedürfnisse und Antriebe hinaus zu wachsen und jedenfalls teilweise gemäß den Entwicklungsbedürfnissen des eigenen Nachwuchses zu handeln.

Da ich seit zwanzig Jahren Gremien angehöre, in denen es um die Weiterentwicklung der Rechtsgrundlagen der Jugendhilfe, aber auch des Familienrechts geht, bin ich nicht ganz ohne Erfahrung bezüglich des Einsatzes von psychologischen bzw. psychotherapeutischen Theorien bei der Interpretation familialer oder quasi-familialer Beziehungen.

Mein eindrücklichstes, zugleich aber auch erschütterndes Erlebnis war dabei der Einfluß, den die Arbeiten von Anna Freud, zusammen mit Goldstein und Sollnit, unter den Titeln „Jenseits des Kindeswohls" und „Diesseits des Kindeswohls" auf die Ausgestaltung des Pflegekinderwesens genommen haben. Ihre meiner Ansicht nach psychoanalytisch verkürzte Sichtweise kam den nach einfachen Lösungen suchenden Gestaltern der sozialen Arbeit derart entgegen, daß diese Theorien noch lange einen großen Einfluß hatten, obwohl die Ergebnisse der empirischen Bindungsforschung ganz andere Lösungen nahelegten. Ihre Botschaft, die an den Herausgabekonflikt zwischen Eltern und Pflegeeltern anknüpfte, war: Wenn ein Kind einmal Bindungen zu seinen Pflegeeltern aufgenommen hat, bedarf es in erster Linie der Sicherheit, daß diese Bindungen auch weiterhin Bestand haben. Eltern, die wieder Kontakt zu ihren Kindern aufnehmen wollten, wurden so zu „Störern", denen die Neuaufnahme der Beziehung zu ihren Kindern nur gestattet werden sollte, wenn sie beweisen konnten, daß das zum Wohle ihrer Kinder unbedingt notwendig sei. Diesen Beweis mußten sie jedoch meistens schuldig bleiben, da sie ja aktuell keinen Kontakt zu ihren Kindern hatten.

In die Kinder wurde ein Bedarf nach Ruhe hineindefiniert, der die Pflegeeltern und die Jugendhilfe der schwierigen Aufgabe enthob, Wege zu finden, beide, sowohl die Herkunftseltern als auch die Pflegeeltern für das Kind erlebbar zu machen. Ein typisches Beispiel für die Unfähigkeit von Erwachsenen, mit dem Problem umzugehen, ist, daß ein Kind unterschiedliche Beziehungen zu zwei Familien hat. Dieses Problem der Erwachsenen wurde in einen ganz bestimmten, unbedingt notwendigen Bedarf der betroffenen Kinder umdefiniert, nämlich den Bedarf nach Ruhe, Sicherheit und Eindeutigkeit.

Ein weiteres Beispiel ließ mich aufhorchen, als ich an einer Arbeitsgruppe teilnahm, in der es um die Implementation des neuen Kindschaftsrechts in die Praxis der Jugendhilfe ging. Dabei ergab sich die Frage, ob denn ein Berater im Rahmen seiner Aufgabe nach § 17 Abs. 2 und 3 KJHG (1999) zu erkennen geben soll, daß er der Ansicht sei, Eltern hätten alles in ihrer Macht stehende zu tun, um dem von der Trennung oder Scheidung seiner Eltern betroffenen Kind soviel wie möglich an elterlicher Beziehung und elterlicher Kompetenz zu erhalten bzw. das Kind soweit wie möglich aus den Differenzen, die sie auf der Paarebene miteinander haben, herauszuhalten. Ein Mitglied der Arbeitsgruppe, das neben einem nicht-therapeutischen Beruf zugleich eine Ausbildung als Familientherapeut hatte, beharrte darauf, daß es das Setting einer Beratung dem Berater verbiete, in irgendeiner Weise seinen eigenen Standpunkt offenzulegen. Vielmehr habe sich der Berater strikt an das Gebot der Neutralität zu halten und den Eltern keinerlei Vorgaben zu machen.

Der § 17 Abs. 2 KJHG (1999) stellt eine Hilfe für die Eltern im Interesse der betroffenen Kinder dar. Das ergibt sich nicht nur aus dem Wortlaut des § 17 KJHG (1999) selbst, sondern auch aus der Tatsache, daß diese Vorschrift einen Teil des Kinder- und Jugendhilfegesetzes darstellt. Dieses Gesetzeswerk steht daher, wie sich aus § 1 Abs. 1 KJHG (1999) ergibt, in allererster Linie im Dienst der Verwirklichung der Rechte von Kindern und Jugendlichen auf „Förderung ihrer Entwicklung und Erziehung zu einer eigenverantwortlichen und gemeinschaftsfähigen Persönlichkeit". Trotzdem kommt dieser engagierte Fachmann zu dem Ergebnis, der Psychologe, Therapeut oder Sozialpädagoge, der Beratung nach § 17 KJHG (1999) erteilt, habe neutral zu bleiben. Dies ergebe sich aus dem Setting von Beratung, auch wenn sie familiensystemisch angelegt sei. Eine derartige Neutralität sei zuvörderst dem Respekt der Persönlichkeit des einzelnen Klienten geschuldet, zumal dieser ja aus freiem Entschluß gekommen sei. Das allein gebiete dem Berater, sich der Klientel gegenüber jeglicher Haltung, die als direktiv empfunden werden könne, zu enthalten.

Hinter dieser Art des Gebrauchs des Begriffs Freiheit steht ein Verständnis von Freiheit, das sie in allererster Linie als Handlungsfreiheit der Akteure, und hier im Generationenverhältnis als Handlungsfreiheit der Eltern wahrnimmt und die Eltern vor normativem Ansinnen schützt. Die in der Tradition psychotherapeutischen Helfens stehende Methodik der Neutralität, die das Setting, in dem geholfen wird, prägt, hat für den therapeutisch geschulten Experten ein derartiges Gewicht, daß ihm das geäußerte Problem gar nicht der Frage Wert ist zu prüfen, ob denn auf diese Weise die Interessen der Kinder irgendeine Chance haben, zur Geltung zu kommen.

Ganz offenbar geht jener Experte davon aus, daß die Interessen der Kinder im Prozeß der Beratung notwendigerweise von selbst zu Tage treten. Nach allem, was ich über Psychotherapie und Beratung weiß, aber auch über den Konflikt, den ein sich trennendes Paar durchlebt, sind hier Zweifel anzumelden.

10. Die Aufgabe des § 17 KJHG (1999) und das traditionelle Selbstverständnis von Psychotherapie

Das zuvor genannte Beispiel veranlaßt mich, einen Blick auf die Geschichte der Psychologie bzw. der Psychotherapie zu werfen. Dieser erschließt mir jedoch nicht die Erkenntnis, daß die Befähigung zum Beachten und Einhalten von Normen gegenüber Dritten oder die Wahrnehmung der Interessen der im Setting nicht unmittelbar repräsentierten Kinder ihre klassische Stärke darstellt.

Deswegen ist es meines Erachtens wichtig, der Frage nachzugehen, ob denn nicht mit der Psychologie bzw. der Psychotherapie, wie sie sich in der Geschichteherausgebildet haben, Traditionen, Sichtweisen und professionelle Muster bzw. Gewohnheiten verbunden sind, die genau jener Verwechslung der Interessen der Erwachsenen mit denen der Kinder, wie sie tief in unserer Kultur verankert sind, unbemerkt zum Überleben verhilft. Nicht zuletzt deswegen, weil auch die Psychologie in ihrer Geschichte ein Selbstverständnis entfaltet hat, das seine Legitimation in erster Linie aus der Befähigung zur Freiheitswahrnehmung des handelnden Individuums gewann statt in der Hinführung zur Beachtung von Normen.

Die Psychologie und nicht zuletzt die Psychotherapie verdanken ihre Entstehung der Tatsache, daß im Laufe der gesellschaftlichen Entwicklung religiösen Weltbildern, sittlichen und normativen Leitbildern, die in früheren Abschnitten der Geschichte Menschen die Integration in die Gesellschaft ermöglichten und den Menschen fast umfassende Orientierung in allen Lebensbereichen verschafften, mehr und mehr der totale Geltungsanspruch versagt blieb, weil sie den veränderten Lebensbedingungen nicht mehr gerecht wurden.

Mit der langsam zunehmenden Individualisierung wurde es für die Menschen immer wichtiger, aus sich selbst heraus eigene Wege durch das Leben zu finden. Die Psychotherapie sah es zuvörderst als ihre Aufgabe an, die Menschen von inneren Hemmnissen zu befreien, die ihren Ursprung in der Verinnerlichung von Normen hatten, die auf Grund sozialer Veränderungen ihre Sinnhaftigkeit verloren hatten und zugleich den vitalen Interessen und Bedürfnissen der Individuen im Wege standen. Die spezifische Aufgabe der Psychotherapie war es, das Individuum gegen die Herrschaft gesellschaftlicher Normen zu stärken, indem das, was im Innersten der Menschen als Bedürfnis oder Trieb angelegt war, zur Gegennorm erhoben wurde. Das sollte ihnen die Kraft geben, sich durchzusetzen.

Die psychologische Wahrnehmung des jeweils einzigartigen Wesens Mensch wurde seiner normativen Eingebundenheit in die Familie und die Gesellschaft entgegengesetzt. Von daher folgte zwingend, daß sich Psychotherapie auf das Individuum in seiner jeweiligen Einzigartigkeit konzentrierte, um es zu befähigen, sich entgegen den herrschenden Vorstellungen von normativen Schranken selbst zu verwirklichen. Sie legitimierte ihr Handeln und ihre professionelle Berechtigung zum großen Teil mit den von ihr selbst gefundenen inneren und „wahrhaften" Eigenschaften des einzelnen Menschen. Das solchermaßen zum Gegenstand psychologischer Psychotherapie gemachte Individuum wurde fast ausschließlich als Träger psychologisch zu beschreibender Eigenschaften gesehen.

Bei der Beratung nach § 17 KJHG (1999) wird den Vertretern dieser Profession, die zumeist noch eine berufliche Sozialisation erfahren haben, die jener oben beschriebenen Tradition verpflichtet war, nunmehr etwas ganz anderes abverlangt. Bei einer Beratung nach § 17 Abs. 1 Ziff. 3 und Abs. 2 KJHG (1999) wird es zur Aufgabe des Beraters, Menschen in existentiellen Konflikten mit einem ehemaligen Liebespartner in die Lage zu versetzen, ihr Verhalten an den Entwicklungsbedürfnissen anderer Menschen, also denen der eigenen Kinder auszurichten, ja, ihnen deutlich zu machen, daß das spezielle Verhältnis, in dem sie als Eltern zu ihren Kindern stehen, sie verpflichtet, über alle Schwierigkeiten des schmerzhaften Chaos einer Trennung hinweg deren Entwicklungsbedürfnisse als Inhalt einer zwingenden Norm anzuerkennen.

Damit kann es aber nicht mehr ausreichen, daß der Berater die zu ihm kommenden Individuen ausschließlich als Träger einer Summe psychologischer Eigenschaften betrachtet. Es kommen Menschen zu ihm, deren Existenz sich soziokulturell dadurch auszeichnet, umfassend für einen anderen Menschen Verantwortung zu tragen. Eltern-Kind-Beziehungen sind quasi von ihrer soziokulturellen Natur aus immer auch normativ geprägt.

Nunmehr wird psychologischer Dienstleistung abverlangt, sich zum Anwalt der Entwicklungsbedürfnisse von Kindern zu machen und die ihre Dienste in Anspruch nehmenden Erwachsenen zur Einhaltung von Normen unter extrem schwierigen Bedingungen zu befähigen, insbesondere dann, wenn die betroffenen Kinder nicht nur einer Familie, sondern auf Grund der Freiheitswahrnehmung ihrer Eltern gleich zwei Familien angehören.

Das aber sprengt die Horizonte der klassischen Therapieformen und den darauf aufbauenden Erfahrungshintergrund, auf dem die Mehrheit der Therapeuten und Psychologen sozialisiert worden ist. Die Psychoanalyse, die Verhaltens- und die Gesprächstherapie sind individuumzentriert.[1] Die systemische Therapie bezieht sich auf die gesamte Familie, aber eben auf ein Familiensystem. Das Kind, bei dem es bei der Beratung nach § 17 Abs. 2 KJHG (1999) geht, gehört aber oft schon zu zwei Familiensystemen. Damit dürfte ein Verständnis von Beratung, das fast ausschließlich die Eigenschaften eines Individuums zum Gegenstand des eigenen beruflichen Handels macht, den zu lösenden Problemen nicht mehr gerecht werden.

Ich bin der Überzeugung, daß die Mehrheit der Berater in der Familienberatung und insbesondere in der Trennungsberatung diese traditionellen Sichtweisen längst hinter sich gelassen hat. Nicht ganz so sicher bin ich mir, ob dies für ein anderes Phänomen gilt, nämlich die Neigung der Psychologen, das Entstehen der von ihnen zu bearbeitenden Probleme fast ausschließlich als psychologisch verursacht zu definieren. Derartige Begriffssysteme neigen dazu, sich „selbstreferentiell" zu verhalten. Das heißt, alle auftauchenden Probleme

---

[1] Diese Aussage dürfte für den überwiegenden Teil der althergebrachten Konzeptionen von Psychoanalyse gelten. Jüngere psychoanalytische Konzepte der Objektbeziehungstheorie, Gruppenpsychoanalyse, Familientherapie und Erziehungsberatung verfolgen andere Perspektiven (vgl. dazu u.a. den Beitrag von Buchholz in diesem Band). Genauer zu prüfen wäre allerdings, in welchem Umfang diese Entwicklungen auch in die tagtäglich ausgeübte Beratungspraxis Eingang gefunden haben (Anm. d. Red.).

können mit dem vorhandenen Begriffssystem erfaßt und bearbeitet werden, weil es auf die Veränderungen der Außenanforderungen mit der Interpretationserweiterung ihrer internen Begriffe reagiert. Das hat aber zur Folge, daß ein solches System gesellschaftliche Veränderungen vollkommen negieren kann, wie sie im 7. Kapitel beschrieben worden sind. Damit enthebt sich ein derartiges System der Frage, ob die gesellschaftlichen Veränderungen nicht gänzlich andere Problemlösungen verlangen.

An dem Beispiel der „Neutralität" und der Art und Weise, wie sie als dogmatische, kontextunabhängig gültige Regel psychologischen Helfens eingeführt wurde, wird meines Erachtens deutlich, daß in den professionellen Traditionen selbst Strukturen angelegt sind, welche die Verwechslung der Handlungsfreiheit des Individuums mit der Verpflichtung, die der Rolle der Mutter oder der des Vaters soziokulturell anhaftet, fördert.

Beratungen, die sich einem derart begründeten Neutralitätsgebot unterwerfen, können aber nur dann zu dem erwünschten Erfolg führen, wenn die Lösungen der Probleme in der Beratung von den Eltern selbst kommen, ohne Anstöße und Hinweise von außen. Das aber wird durch die Beratungspraxis eindeutig widerlegt. Wenn Trennungs- und Scheidungsberatung heute erfolgreich ist, dann deswegen, weil sie auf die aktuell konkreten Probleme der Klientel eingeht, zugleich aber deutlich macht, daß es hier und jetzt in erster Linie um die Interessen der Kinder geht. Dabei ist es natürlich während einer Beratung dem Berater unbenommen, zur Lösung einer Paarproblematik, welche die Eltern an der Wahrnehmung ihrer elterlichen Verantwortung bzw. Kooperation hindert, eine Sequenz einzulegen, in der das Kind keinerlei unmittelbare Rolle spielt. In dieser Sequenz erscheint Neutralität geboten, nicht jedoch bezogen auf den gesamten Beratungsvorgang.

11. Abschlußbemerkung

Wenn ich mir zuvor erlaubt habe, das Aufgabenverständnis, daß ich dem § 17 KJHG (1999) im Kontext der Kindschaftsrechtsreform entnehme, in Beziehung zu dem klassischen Aufgabenverständnis von Psychotherapie zu setzen, dann ging es mir nicht in erster Linie um wissenschaftliche Korrektheit. Ich wollte nichts anderes erreichen, als die alltäglich verwendeten Begriffe, therapeutischen Dogmen und zur Selbstverständlichkeit ihrer Professionen gewordenen Techniken daraufhin zu überprüfen, ob sie nicht dazu beitragen, jener oben genannten Versubjektivierung und Psychologisierung Vorschub zu leisten, die dann oft dazu führt, daß die Interessen der beteiligten Erwachsenen die der betroffenen Kinder dominieren.

Jener hier soziologisch entfaltete Ansatz über Familie sollte zugleich Anlaß sein, darüber nachzudenken, ob denn die Arbeit der Beratung nach § 17 Abs. 1

Ziff. 3 und Abs. 2 KJHG (1999) nicht dadurch bereichert werden kann, den Menschen die Kollektivität ihres Erlebens vor Augen zu führen, indem man ihnen durch Gruppen, in denen sie Schicksalsgenossen treffen, verdeutlicht, daß das, was sie erleben, unter den gegebenen Umständen auf traurige Art „ganz normal" ist.

Literatur

Beck, U., Beck-Gernsheim, E. (1990): Das ganz normale Chaos der Liebe. Suhrkamp: Frankfurt/M.

Goldstein, J., Freud, A., Solnit, A.J. (Hrsg.) (1973): Jenseits des Kindeswohls. Suhrkamp: Frankfurt/M., 1974

Goldstein, J., Freud, A., Solnit, A.J. (Hrsg.) (1979): Diesseits des Kindeswohls. Suhrkamp: Frankfurt/M., 1982

Bundesministerium für Familie, Senioren, Frauen und Jugend (Hrsg.) (1999): KJHG (Kinder- und Jugendhilfegesetz, achtes Sozialgesetzbuch). Eigenverlag: Berlin, 9. Auflage

Literaturumschau

Ulrike Kinast-Scheiner

Psychoanalytische Beiträge zum Prozeß des Alterns
Ein Literaturbericht

1. Einblicke

„Das Altern ist ein Ärgernis, und das Ärgernis wird auch nicht geringer dadurch, daß jeder von diesem Skandal betroffen ist. Jeder ist ein Alternder, der auf einmal in der Zeit die Widersacherin des Lebens entdecken muß und dann die Zeit zu überlisten sucht. Der Prozeß des Alterns beginnt irgendwann, bei manchen sehr früh, bei anderen später. Man spürt das Altern, wenn man die Zeit gewahr wird. Man fängt an zu fragen, was Zeit wohl sei, und entdeckt, wie leicht man sich in einem unlösbaren Denkspiel verfängt, über die Vergänglichkeit nachzusinnen. Es sind jedoch ganz konkrete Fragen, die mit dem Beginn des Alterns auftauchen und über Dasein und Zeitvergehen nachdenken lassen, ganz konkrete Erfahrungen, die dem Alternden plötzlich die Welt einengen. Man wird sich fremd, man erfährt den Blick des anderen, man versteht die Welt nicht mehr, da man ihre neuen ‚Sprachen‘ nicht verstehen gelernt hat: die Sprachen der sich fortentwickelnden Wissenschaften, der neuen philosophischen Richtungen, der jungen Literatur, Musik, Kunst oder Mode" (Amèry 1968, Klappentext).

Jean Amèry (1968) legt in seinem Buch „ausgewiesen durch nichts als eine Neigung zur Nachdenklichkeit" Versuche über das Altern vor. Versuch ist aber hier nicht im Sinn von Experiment zu verstehen, sondern vielmehr im Sinn von *Suche* nach etwas, „dessen Unauffindbarkeit der analytischen Vernunft von vorneherein einsichtig war" (Amèry 1968, 9). In den fünf Essays greift er Dimensionen des Erlebens von Älterwerden auf, die u.a. auch Gegenstand *psychoanalytischer* Betrachtungsweisen darstellen: Das erste Essay „*Alter als Ärgernis und Skandal*" sieht im psychoanalytischen Sinn das Alter als eine einzige narzißtische Kränkung. Das zweite Essay „*Dasein und Zeitvergehen, sich fremd werden*" behandelt die Frage nach der Identität. „*Der Blick der anderen*", „*Die Welt nicht mehr verstehen*" und „*Mit dem Sterben leben*" bilden die Themenkreise der drei weiteren Essays.

Ähnlich wie das Thema Geschwisterbeziehungen, das in der vorangegangenen Ausgabe des Jahrbuchs Gegenstand der speziellen Literaturumschau war

(Kinast-Scheiner 1999), war das Thema Alter(n)[1] bis vor kurzem für die Psychoanalyse bzw. für Psychoanalytiker größteils tabu - was angesichts der Tatsache, daß jeder Mensch davon betroffen ist und wir heute in einer alternden Gesellschaft (in 25 bis 30 Jahren wird ca. die Hälfte der Bevölkerung in Deutschland und Österreich zu den über 60jährigen zählen) leben, erstaunlich ist.

Widerstände gegen eine psychoanalytische Auseinandersetzung mit dem fortschreitenden Erwachsenenalter und gegen eine psychoanalytische Behandlung älterer und alter Menschen lassen sich zunächst einmal auf jene Schwierigkeiten zurückführen, die „Alt-Vater" Freud laut Radebold (1992a, 1994b)[2] mit der Thematik Altern und Alter hatte. Es sei auffallend, in welchem Umfang Freud Altern als Lebensphase und Prozeß abwehren mußte. An einer Altersphobie leidend, stellte er in seinen wenigen diesbezüglichen Aussagen Altern weitgehend als regressiven Prozeß dar (Freud 1898, 513; 1904, 9; 1905, 87; 1918, 151; 1937, 87). Unverändert hat er bis zu seinem Lebensende daran festgehalten, daß „ein Alter in der Nähe des 5. Dezenniums" eine Kontraindikation für die psychoanalytische Behandlung darstelle, da der Abstand zu den prägenden Kindheitserlebnissen zu groß und das zu bearbeitende neurotische Material zu umfangreich sei. Außerdem bestehe bei zunehmenden hirnorganischen Veränderungen auf seiten der Älteren kein Interesse an einer derartigen Behandlung. Inzwischen ist für die Psychoanalyse relativ umfassend erforscht, daß auch die Jüngeren bei der Behandlung Älterer auf große, teilweise schwer zu überwindende affektive (zum Teil unbewußte) Schwierigkeiten stoßen (Radebold u.a. 1973, 1981; Radebold 1986a; 1992a: Hinze 1987; Kemper 1990): Nachdem sie sich nun mühsam allmählich äußerlich und innerlich (weitgehend mit Hilfe ihrer Lehranalyse) von ihren Älteren (in der Altersrelation = Eltern) abgelöst haben, begegnen die jungen Analytiker erneut in der unbewußten Wahrnehmung „Eltern". Wiederum unbewußt übertragen sie auf diese Patienten Wünsche, Erwartungen, Ängste, Konflikte und Interaktionsmuster, die aus der Kindheit stammen. Dazu erleben sie sich von diesen Älteren selbst in die Position von Kindern bzw. Enkelkindern versetzt und damit kaum für kompetent gehalten. Aufgrund dieser Übertragungskonstellation liegen die größeren Schwierigkeiten laut Radebold (1996, 246) eindeutig auf seiten der Jüngeren. Sie müssen eine ihnen unbekannte geschichtliche, soziale, moralische und religiöse Wirklichkeit kennenlernen; die Alternden konfrontieren sie mit bisher abgewehrten Bereichen wie schwere chronische Krankheiten mit nachfolgenden Behinderungen, Verlusten von noch älteren, gleichaltrigen sogar jüngeren

---

[1] Die Kombination beider Themenkreise (Geschwister, Alter) erfordert ebenfalls eine differenzierte Betrachtungsweise, da alt werdende Geschwister u.a. als „Mit-Überlebende" einer Generation innerhalb einer Familie besondere Bedeutung füreinander haben dürften.
[2] Zum Thema „Der alternde Freud" siehe auch Harsch (1996, 23ff).

Familienangehörigen, Arbeitskollegen, Freunden und Bekannten, von erworbenen Fähigkeiten und von sozialen und materiellen Positionen sowie mit Sterben und Tod. Sie konfrontieren sie weiterhin mit der Frage, ob und wie man alt werden möchte. Viele verständliche Gründe halten Jüngere davon ab, Alternde mit Hilfe einer langen und intensiven Beziehung in psychotherapeutische Behandlung zu nehmen. Es ginge auch nicht darum, so Hinze (1987), vorwiegend oder ausschließlich Ältere zu behandeln, sondern parallel zu Erwachsenen im jüngeren oder mittleren Alter auch solche im höheren und hohen Alter. Selbst wenn sich „Alternde in ihrer regressiven Situation noch ältere, weise, abgeklärte, sie entschuldigende und verstehende Therapeuten" wünschen, so wird dieser Wunsch kaum für eine größere Anzahl in Erfüllung gehen. Einerseits möchten Psychoanalytiker selbst unbewußt die Position des Elternteils einnehmen (sie altern mit ihren Patienten, sind aber oft älter als diese), andererseits setzt das Ausscheiden aus dem Arbeitsprozeß Grenzen (Rückgabe der kassenärztlichen Ermächtigung mit 65), erläutert Radebold (1996, 247).

Aber nicht nur Psychoanalytiker haben Schwierigkeiten mit dem eigenen Älterwerden und den Umgang mit älteren und alten Menschen. Nur schwer kann man akzeptieren, daß die eigenen Eltern alt, in ihrem Denken und Handeln langsamer, gebrechlicher und vielleicht pflegebedürftig werden. In Gesprächen ist oftmals herauszuhören, daß es gleichsam als „Verrat" am eigenen Kindsein empfunden werde, wenn Eltern nicht mehr „funktionieren". Dieselben Eltern, die alle Verantwortung übernommen haben, die hilfreich und unterstützend beim Erwachsenwerden waren, funktionieren nicht mehr so, wie man es in Erinnerung hat. Viele „alte" Kinder können es ihren Eltern nicht „verzeihen", wenn diese ihre Selbständigkeit verlieren und nun in umgekehrter Folge von ihnen abhängig werden. Diese Sichtweise ist häufig auch im pädagogischen Kontext anzutreffen. Die meisten Angebote, die Formen von Lernen oder Beratung beinhalten, richten sich an „*kompetente Senioren*" (das Wort *alt* wird tunlichst vermieden), die in ihrer Flexibilität – sowohl physischer als auch psychischer Natur – noch kaum etwas eingebüßt haben.

In einer ersten Annäherung an das Thema *Altern und Psychoanalyse* habe ich vor allem auf die Widerstände gegen eine Auseinandersetzung mit dem Thema Altern und gegen die Bereitschaft, mit alten Menschen psychoanalytisch zu arbeiten, hingewiesen. Der Artikel gliedert sich nun weiters in nachstehende Kapitel:

2. Psychoanalyse und Altern: Zwei einander Fremde beginnen den Dialog
3. Allgemeine und altersspezifische psychoanalytische Entwicklungs- und Krankheitstheorien in der Literatur
4. Zur psychodynamischen Sicht des Alterns
5. Zur Bildungsarbeit mit älteren und alten Menschen
6. Kurzer Ausblick

2. Psychoanalyse und Altern: Zwei einander Fremde beginnen den Dialog

In den USA begannen ab 1960 erstmals Psychoanalytiker, sich systematisch und langfristig theoretisch und praktisch mit Altersfragen zu befassen, erörtert Radebold (1997, 7). In diese Zeit fällt die Gründung der „Boston Society for Gerontologic Psychiatry" von 1963, die regelmäßig Symposien veranstaltete; 1969 wurde das „Journal of Geriatric Psychiatry" ins Leben gerufen, die bis heute weltweit einzige psychoanalytisch ausgerichtete gerontopsychiatrische Publikation. In großem Umfang liegen hier theoretische und praktische Kenntnisse zu einzelnen Behandlungsverfahren in unterschiedlichen Settings, zu Krankheitsbildern, zur Übertragung moderner psychoanalytischer Konzepte auf den Altersbereich und ebenso zur psychoanalytischen Entwicklungspsychologie vor. Gerade für letztere dokumentieren einige Übersichtsbände (Greenspan/Pollock 1981; Pollock/Greenspan 1993, 1996) die systematische Wissenserweiterung aufgrund umfangreicher Forschungen.

Im deutschsprachigen Raum dagegen begann man sich erst seit Anfang der Achtzigerjahre umfassender für derlei Fragestellungen und die Behandlung Älterer zu interessieren, was vor allem den „einsamen" Vorarbeiten Hartmut Radebolds (1972a, 1972b, 1973, 1974, 1976, 1979a, 1979b, 1979c, 1983a, 1983b, 1984) zu verdanken ist. Radebold (1992, Vorwort) selbst schreibt rückblickend:

> „Als ich mich vor über 20 Jahren für die Psychotherapie über 50jähriger als mein zukünftiges Arbeits- und Forschungsgebiet entschied, erlebte ich mich bald in einer isolierten Situation. Die psychoanalytischen Kollegen reagierten desinteressiert oder deutend; ihre Deutungen reichten von unbearbeiteten Konflikten mit den Eltern über eine ‚Rebellion gegen den Vater Freud' durch Aberkennen der Altersgrenze für Behandlungen bis hin zum ‚Blick durchs Schlüsselloch'. Die psychiatrischen Kollegen interessierten sich weder für die Psychoanalyse noch für den Altersbereich. Die geriatrischen wie auch die gerontopsychiatrischen Kollegen verstanden Alter weitgehend als organischen bzw. hirnorganischen Prozeß. Für sie alle gab es keine psychodynamische Sichtweise des Alters. Schließlich erwies sich diese Thematik als eindeutig hemmend für eine wissenschaftliche Karriere."

Eine immer noch kleine Gruppe unter der Leitung von Radebold (vertreten an den Universitäten Kassel und Essen) vermittelt der deutschen Fachöffentlichkeit, daß psychoanalytische Psychotherapie für unterschiedliche Krankheitsbilder und unterschiedliche Settingbedingungen (von Beratungsstellen über Praxen, Tageskliniken bis hin zum stationären Bereich) mindestens bis zum 80. Lebensjahr langfristig erfolgreich angewandt werden kann. Gleichzeitig verdeutlichen die Publikationen der letzten Jahre (Hinze 1996; Hirsch 1993; Junkers 1995; Kemper 1990; Kipp/Jüngling 1991; Radebold 1992a, 1992b; Radebold/ Schweizer 1996; Schlesinger-Kipp 1995; Teising 1992, 1998), daß jetzt parallel zur zunehmend systematisiert erfolgenden Sammlung und Sichtung von

Behandlungsverfahren praxisorientierte Forschung durchgeführt wird, aber auch weitgehend theoretisch ausgerichtete Publikationen zunehmen. Eine umfassendere systematische Forschung konnte erst in den letzten Jahren erfolgen, zur Gerontopsychosomatik z.b. ist die *Eldermen-Studie* von Heuft u.a. (1995) zu nennen. Die österreichischen Verhältnisse scheinen da noch schlechter zu sein. Hier ist eine Auseinandersetzung mit dem Thema Alter(n) vor allem dem Sozialgerontologen Leopold Rosenmayr zu verdanken, der sich seit Beginn der 60er Jahre intensiv als psychosozialer Altersforscher betätigt und in mehrfacher Weise auf mögliche Kooperationen von Psychoanalyse und Alternsforschung hinweist (Rosenmayr 1983, 1995, 1996a, 1996b, 1997). Mehrere Beiträge finden sich auch bei Strotzka (1978, 1982, 1983, 1988). Rosa Dworschak hat – immerhin bereits 1972 – einen Zeitschriftenartikel zur „Phase des Alters" publiziert und in einem unveröffentlichten Briefwechsel mit Margret Mahler[3] (von 1972 bis zum Tod Mahlers 1985) diskutieren die beiden alten Damen der Psychoanalyse u.a. ausführlich über das (eigene) Älterwerden und Altsein. Ein kurzer Brief von Dworschak sei hier als Beispiel angeführt[4]:

„M. Enzersorf, 26.12.73

Liebe Margit!

Deine Gedanken über den Narzißmus, den man als alter Mensch hat und pflegen soll, sind sehr einleuchtend. Wenn jemand Kinder hat, dann ist diese Liebe zu ihnen sicher mit viel narzißtischer Freude erfüllt: ‚das habe ich veranlaßt, sie leben durch mich.' Und hat man keine Kinder, hat aber etwas geleistet, dann hat man wohl das Recht, sich auch daran zu freuen und Kontakt mit der Generation zu pflegen, der man etwas gegeben hat und weiterhin gibt. Ich sehe es auch nicht als Regression sondern als Tatsache, daß das Alter als Entwicklungsstufe nicht richtig beschrieben wurde. Immer werden nur die Mängel, die sich zeigen von der folgenden Generation bemerkt und eben bemängelt. Daß auch in der Psyche des Alternden eine weitere Stufe erreicht wird, weiß man wohl erst, wenn man selbst zum Alter gehört" (Dworschak 1972-1985, 3-4).

---

[3] 1922 wurde in Wien der ärztliche Schuldienst eingeführt. Dem Arzt war die Fürsorgerin des Jugendamtes zugeteilt, die den Sprengel, in dem die Schule lag, zu betreuen hatte. Einer der ersten Schulärztinnen war Dr. Margit Schönberger, die später als Margret S. Mahler weltweiten Bekanntheitsgrad erlangte. Die ihr zugeteilte Fürsorgerin war Rosa Dworschak. Beide waren Mitarbeiterinnen und Schülerinnen von August Aichhorn.

[4] Dieses unveröffentlichte Manuskript ist Teil des Nachlasses von Rosa Dworschak, den ich im Rahmen eines Forschungsprojektes zur Geschichte der tiefenpsychologisch orientierten Erziehungsberatung in Wien gesichtet habe. An dieser Stelle möchte ich dem Fond zur Förderung der wissenschaftlichen Forschung (FWF) danken, der die Durchführung dieses Forschungsprojektes unterstützt, das eine Kooperation der Sigmund Freud-Gesellschaft, dem Alfred Adler-Institut und dem Institut für Erziehungswissenschaft der Universität Wien darstellt.

Zurück zur heutigen Forschungssituation: Radebold schätzt noch 1997 die Gruppe, die sich im deutschsprachigen Raum mit psychoanalytischer Alternsforschung beschäftigt, auf maximal zwanzig Mitglieder. Dafür verantwortlich hält Radebold (1997, 9) vor allem den schwierigen Neubeginn nach dem Zweiten Weltkrieg, da nur eine geringe Anzahl von vollausgebildeten Psychoanalytikern und Psychoanalytikerinnen zur Verfügung standen. Diese wiederum widmeten sich – begünstigt durch die eingeführte Kassenfinanzierung – zunächst der psychotherapeutisch-psychosomatischen Versorgung von Kindern und Jugendlichen sowie insbesondere von Erwachsenen zwischen dem 20. und 40. Lebensjahr.

Im folgenden Kapitel werden psychoanalytische Entwicklungs- und Krankheitstheorien referiert, die sich auch oder ausschließlich mit dem Prozeß des Alterns auseinandersetzen.

3. Allgemeine und altersspezifische psychoanalytische Entwicklungs- und Krankheitstheorien in der Literatur

3.1 Altersspezifische psychoanalytische Konzepte, welche die These eines gesetzmäßigen regressiven Verlaufs des Alterns unterstützen

In dem Märchen „Siebzig Jahre" der Gebrüder Grimm (zit. nach Lauritzen 1989, 21) verteilt der Herrgott die Lebenszeiten. Die Tiere Esel, Hund und Affe verzichten freiwillig auf einen Teil der ihnen angebotenen Jahre einer mühseligen Existenz. Nur der Mensch wollte länger leben als die ihm zugestandenen dreißig Jahre:

„Ich will dir die achtzehn Jahre des Esels zulegen, sagte Gott. Das ist nicht genug, sagte der Mensch – Du sollst auch noch die zwölf Jahre des Hundes haben – Immer noch zu wenig. Wohlan, sagte Gott, ich will dir noch die zehn Jahre des Affen geben, aber mehr erhältst du nicht. Der Mensch ging fort, war aber nicht zufriedengestellt. ... Also lebt der Mensch siebenzig Jahre. Die ersten dreißig sind seine menschlichen Jahre, die gehen schnell dahin; da ist er gesund, heiter, arbeitet mit Lust und freut sich seines Lebens. Hierauf folgen die achtzehn Jahre des Esels, da wird ihm eine Last nach der anderen auferlegt: er muß das Korn tragen, das andere ernährt, und Schläge und Tritte sind Lohn seiner treuen Dienste. Dann kommen die zwölf Jahre des Hundes, da liegt er in den Ecken, knurrt und hat keine Zähne mehr zum Beißen. Und wenn die Zeit vorüber ist, so machen die zehn Jahre des Affen den Beschluß. Da ist der Mensch schwachsinnig und närrisch, treibt alberne Dinge und wird ein Spott der Kinder."

Die Schilderung des Alters in diesem Märchen der Gebrüder Grimm entspricht durchaus jenen Auffassungen der Geriatrie und Gerontopsychiatrie, der Pflege, der Altenhilfe und Altenarbeit, in denen der Alternsprozeß mit einer (rückwärts) verlaufenden Kindheit gleichsetzt wird. Die meisten Mitarbeiter stufen das Verhalten der multimorbid und/oder dement Erkrankten, die dadurch gleichzeitig abhängig hilfs- und pflegebedürftig erscheinen, als „kindlich" oder „kindisch" und ihre dabei zu beobachtenden Auffälligkeiten sowohl als *alterstypisch* als auch als *regressiv* ein. In Konsequenz stützt sich die hierfür propagierte Interaktion zwischen Pflegepersonal und diesen Kranken auf das erprobte Modell einer Mutter-Kind-Beziehung, so Radebold (1992a, 102). Diese Ansicht eines gesetzmäßigen regressiven Ablaufes wurde lange Zeit durch psychoanalytische Autoren nachdrücklich gestützt. Freud (1913a, 449) weist darauf hin, daß „die Frauen häufig, nach dem sie ihre Genitalfunktionen aufgegeben haben, ihren Charakter in eigentümlicher Weise verändern ... diese Charakterwandlung entspricht der Regression des Sexuallebens auf die prägenitale, sadistisch-analerotische Stufe. ... sie wäre also nicht nur die Vorläuferin der genitalen Phase, sondern oft genug auch ihre Nachfolge und Ablösung, nachdem die Genitalien ihre Funktion erfüllt haben." Ähnliches formuliert auch Deutsch (1925). Kaufmann (1940) führte nachfolgend für den Mann aus, daß die „Abnahme der Potenz, ... wie bei der Frau mit einem Verlust an Objektbeziehungen und Regressionen" einhergehe. Leeds (1960) verwendete nicht den Ausdruck Regression, sondern „Rezession" und unterschied dabei sechs Stadien. Nach Linden (1963) durchläuft der alte Mensch die Reifungsphasen des Kindes in umgekehrter Reihenfolge. All diese psychoanalytischen Aussagen beruhten auf der These einer *Libidoinvolution*, die dem gewünschten Menschenbild eines asexuellen Älteren entsprach.

Wie bereits erörtert, gehen altersspezifische Konzepte überwiegend von der Annahme aus, für ein normales Leben sei eine Regression auf prägenitale Stufen oder ein Geschlechtershift (Hildebrand 1982) charakteristisch – Männer leben mehr ihre Abhängigkeitswünsche und Frauen ihre aggressiven Anteile im Alter. Der Verlust des Genitalprimates im Alter (Deutsch 1925) stellt eine (vorurteilsbeladene) Sonderform des allgemeinen Regressionskonzeptes (Schumacher 1973) dar. Motiv der Regression seien die Erhaltung der Ich-Stabilität und –Integrität sowie Abwehr narzißtischer Kränkungen. Über die Frage der quantitativen *Veränderung der Abwehrleistungen des Ich* gibt es konträre Auffassungen: Der Ansicht einer verstärkten Abwehr (Burner 1970; zit. nach Heuft 1997, 42) steht die einer abgeschwächten Abwehr im Alter (Wertheim/Lobrinus 1981) gegenüber, wobei bestimmte Abwehrmechanismen für den letzten Lebensabschnitt besonders prägnant sein sollen wie z.B. Somatisierung, Abwertung, Projektion und Verleugnung. Körperliche Alternsvorgänge erhalten mehr Bedeutung in der Annahme, daß die Entstehung psychischer Konflikte im Alter auch Folge einer Auseinandersetzung mit sogenannten „Mediationsfaktoren" (Moore/Christensen 1988) wie Gesundheitszustand, sozialem Umfeld, kognitiven Fähigkeiten usw. sei. Im Zusammenhang damit kann man auch die Äußerung Gutmanns (1981) sehen, der zunächst die unverändert vorherrschende (auch psychoanalytische) defizitorientierte Sicht der Entwicklung in der zweiten Lebenshälfte des Erwachsenen im Sinne eines unabänderlich fortschreitenden Verfalls kritisiert. Sich während des Alterns zeigende psychische Phänomene müßten jeweils kritisch untersucht werden, ob es sich um neue Fähigkeiten oder um eine Reduktion bestehender handle. Die Entwicklung vollziehe sich in unterschiedlichen Lebensbereichen, wobei jeder Teilbereich den anderen wechselseitig beeinflußt. Die Entwicklung in diesen Teilbereichen lasse sich aber über den gesamten Lebenszyklus hinweg verfolgen.

3.2 Die „progressiven" Life-cycle-Theorien von Erikson und Lidz

Einen Teilbereich unseres „Wissens" bilden Vorstellungen darüber, wie sich ein *Mensch während seines Lebenslaufes* gesetzmäßig entwickelt und insbesondere wie sein Leben vom mittleren Alter bis zum Tod verläuft, erörtert Radebold (1992, 55). *Entwickelt er sich überhaupt noch, und wenn ja, in welche Richtung und mit welchen Ergebnissen?*

Die Annahme ungelöster Aufgaben und die Annahme, daß Konflikte aus Kindheit und Jugend auch im Alter neurosefördernd seien, hat noch bis zu den Vertretern entwicklungspsychologischer Ansätze in jüngerer Zeit (z.B. Liptzin 1985) eine zentrale Bedeutung. Während die Phasen der Libidoentwicklung in der psychoanalytischen Metatheorie eher als ein Kontinuum ineinandergreifender, biologisch mitbedingter Reifungsschritte bis zur wiederholten Durcharbeitung in der Pubertät begriffen werden, versuchen die *Life-cycle-Theorien* (acht Phasen bei Erikson) das Leben als aufeinander bezogene zentrale Entwicklungsaufgaben oder als lebenslanges Schicksal von Kernthemen wie Liebe, Sexualität, Arbeit, Tod etc. (Colarusso/Nemiroff 1987) zu begreifen. Dabei komme die Life-cycle-Theorie – laut Heuft (1997, 43) – über eine (idealisierende) Deskription des Alterns nicht eigentlich hinaus. So fasse bei Erikson die Phase 8 „Alter" 30 Lebensjahre und mehr zusammen und versuche lediglich „eine deskriptive Orientierung über den Stand der psychosozialen Entwicklung des alten Menschen" zu geben. Warum es bei einer strenggenommen geglückten Entwicklung bis ins Erwachsenenalter hinein zu aktuellen Symptombildungen kommt, könne mit dem Eriksonschen Modell nicht geklärt werden.
Nichtsdestotrotz leistete Erikson (1950, 1982) mit seinen Publikationen einen entscheidenden Beitrag zur psychoanalytischen Lebenslaufforschung. Er ordnete den psychosexuellen Phasen von Freud bekanntlich eine Folge psychosozialer Entwicklungsphasen („Krisen") zu und zeigte für jede dieser Phasen ihre speziellen Aufgaben und Zielsetzungen auf. Das Individuum muß diese be-

wältigen, um entsprechend für die Anforderungen der nachfolgenden Phase ausgerüstet zu sein. Mit seinem Konzept der acht Stufen führte er erstmals nach der genitalen Phase weitere Phasen des Erwachsenenalters ein. Aber nur drei der von Erikson beschriebenen acht Phasen beziehen sich auf das Erwachsenenalter, wobei sie dabei noch unterschiedliche Zeiträume umfassen. Dabei läßt Erikson die achte Phase, die Phase der „Reife", bereits mit dem fünfzigsten Lebensjahr beginnen. Diese letzte Phase erfaßt somit als einzige die zweite Hälfte des Erwachsenenalters.

Lidz unternimmt 1968 erstmals den Versuch, eine *Gesamtdarstellung* des Lebenszyklus vorzulegen. Für Lidz (1968, 117ff) ergibt sich die phasische Natur des Lebenszyklus aus *mehreren ineinandergreifenden Faktoren*:

- dem körperlichen Reifungsvorgang mit seiner führenden Rolle;
- den gesellschaftlichen Erwartungen (repräsentiert durch Eltern und Geschwister), die zu Umschichtungen im Lebensmuster führen;
- die Zeit bestimmt den phasischen Wandel, weil der altersentsprechende Wandel der körperlichen Statur jeweils auch den Wandel der entsprechenden Einstellung zu sich selbst erforderlich macht;
- der Entwicklung und dem Schwinden der kognitiven Fähigkeiten und Leistungen des Individuums; qualitativ verschiedene Eigenschaften und Fähigkeiten entstehen zu verschiedenen Zeitpunkten in der Persönlichkeitsentwicklung;
- dem kindlichen Erwerb von Eigenschaften, Fähigkeiten, Rollen, insbesondere aber Selbstbeherrschung und Eigenverantwortung durch die Internalisierung elterlicher Eigenschaften und Wesensmerkmale. Diese erfolgt ebenfalls in einzelnen Stadien im Zusammenhang mit der physischen, intellektuellen und emotionalen Entwicklung des Kindes und der ihm gesetzten Ziele und Erwartungen.

Als wichtige Phasen des Lebenszyklus des Erwachsenen beschreibt Lidz folgende: der junge Erwachsene, die Berufswahl, die Wahl des Ehepartners, die Anpassung in der Ehe, die Elternschaft, das mittlere Lebensalter, das Alter und der Tod.

3.3 Life-cycle-Konzepte, welche die Theorien von Erikson und Lidz ergänzen bzw. sich davon abheben

Wie im vorangegangenen Abschnitt referiert wurde, läßt Erikson (1950, 1982) die letzte Entwicklungsphase bereits mit dem fünfzigsten Lebensjahr beginnen. Peck (1956) legte daher, das Konzept der psychosozialen Entwicklungsphasen fortführend, einen Katalog für das mittlere und höhere Alter vor. Er ging ebenfalls von der Annahme aus, daß sich in der zweiten Lebenshälfte ein echter Entwicklungsprozeß vollziehe. Es sei aber nicht so, daß das ganze spätere Leben durch Entwicklungsprozesse gekennzeichnet sei. Es handle sich nicht darum, in welcher Weise sich die Menschen an die Abnahme von Kräften anpassen, sondern darum, in welcher Weise sie neue, andersartige, spezifisch menschliche Kräfte zur Entfaltung bringen. Dies sei es, was die wahrhaft entwicklungsmäßigen Aspekte der Zeit jenseits des 35. Lebensjahres kennzeichne. Für das mittlere Alter bestehen laut Peck (1956, 535ff) folgende Aufgaben:

- die Bewertung der Weisheit im Unterschied zur Bewertung der körperlichen Kräfte,
- Sozialisierung im Vergleich zur Sexualisierung in den menschlichen Beziehungen,
- kathektische (emotionale) Flexibilität versus kathektische Verarmung und
- geistige Beweglichkeit oder geistige Starrheit.

Für das höhere Alter fallen folgende Aufgaben an:

- Ich-Differenzierung oder Verhaftetbleiben in der Berufsrolle,
- Transzendenz des Körperlichen oder Verhaftetsein in körperlichen Beschwerden,
- Ich-Transzendenz gegenüber Ich-Befangenheit.

Gleichzeitig plädiert Peck (1956, 543) bereits dafür, beim Studium der Phasen des späteren Lebens Entwicklungskriterien im Gegensatz zu chronologischen Alterskriterien zu verwenden:

„So kommt es zu einer kritischen Bewährungsprobe der kathektischen Vitalität, wenn die eigenen Kinder aufwachsen und das Elternhaus verlassen. In der einen Familie tritt dies ein, wenn die Eltern kurz vor dem 40. Lebensjahr stehen, im anderen Fall nähern sich die Eltern vielleicht schon dem 60. Lebensjahr ... somit können ältere Männer und Frauen, die sich in der gleichen psychologischen ‚Stufe' befinden, hinsichtlich des chronologischen Alters starke Unterschiede aufweisen ... dagegen können wir davon ausgehen, daß sich beinahe alle Kinder der vorpuberalen Phase mit der gleichen Gesamtheit von entwicklungsspezifischen Aufgaben auseinanderzusetzen haben."

Als weiterer entscheidender Fortschritt einer psychoanalytischen Sicht des Lebenslaufes ist die Arbeit von Colarusso/Nemiroff (1981) zu betrachten. Ihre auf den gesamten Lebenslauf bezogene psychodynamische Sicht stützt sich auf sieben Hypothesen:

a) Beim Erwachsenen verlaufen die Entwicklungsprozesse grundsätzlich schon so wie vorher beim Kind. Hinsichtlich seiner zu leistenden (Entwicklungs-)Aufgaben erweist sich der Erwachsene als ähnlich von der Umwelt abhängig wie das Kind.
b) Der Erwachsene stellt kein abgeschlossenes Ergebnis dar, sondern die Entwicklung schreitet als dynamischer Prozeß während der gesamten Erwachsenenzeit fort.
c) Die Entwicklung des Kindes unterscheidet sich von der des Erwachsenen dahingehend, daß die Entwicklung des Kindes primär auf die Ausbildung der psychi-

schen Struktur ausgerichtet ist, während der Erwachsene mit der ständigen Weiterentwicklung der bestehenden psychischen Struktur und ihrer Nutzung befaßt ist.

d) Die fundamentalen Ergebnisse der Kindheit stellen – fortgesetzt in anderen Formen – zentrale Aspekte des Erwachsenenlebens dar; gleichzeitig erweist sich aber damit eine Sicht der Psychopathologie und des Verhaltens Erwachsener ausschließlich in Begriffen der Kindheit als reduktionistisch.

e) Entwicklungsprozesse von Erwachsenen werden sowohl durch die Vergangenheit als auch durch seine Kindheit geprägt.

f) Der Körper und seine physischen Veränderungen haben tiefgreifende Einflüsse auf die Entwicklung im Erwachsenenalter.

g) Die zunehmende Bewußtheit des Todes in der zweiten Hälfte des Lebens ist ein zentrales, phasenspezifisches Thema der Erwachsenenentwicklung und stellt damit gleichzeitig eine normative Krise durch die Wahrnehmung und Akzeptanz der Begrenztheit der Zeit und der Unausweichlichkeit des eigenen Todes dar.

Ganz nach Eriksons Vorbild stellt Radebold (1992a, 68ff) acht „psychosoziale Aufgaben" zusammen, denen sich der Mensch vom mittleren bis zum hohen Alter stellen muß, wobei je nach Altersphase (Phase 1: 45./50.-60./65. Lebensjahr, Phase 2: 60./65.-70./75. Lebensjahr, Phase 3: nach dem 75./80. Lebensjahr) eine unterschiedliche Auseinandersetzung mit diesen „Aufgaben" erforderlich sei (siehe auch Kutter 1997, 54ff, der diese „Aufgaben" einer selbstpsychologischen Betrachtungsweise unterzieht):

1. „Reagieren auf den sich verändernden eigenen Körper (psychische und physische Anteile)",
2. „Umgehen mit den eigenen libidinösen, aggressiven und narzißtischen Strömungen",
3. „Gestalten der intragenerativen Beziehungen",
4. „Gestalten der intergenerativen Beziehungen",
5. „Sich-Stabilisieren durch Beruf und Interessen",
6. „Erhalten der sozialen Sicherheit/Versorgung",
7. „Erhalten der eigenen Identität" und
8. „Einstellen auf die sich verändernde Zeitperspektive sowie auf Sterben und Tod".

Diese laut Radebold (1992a, 73) zu ergänzende und weiter zu differenzierende Übersicht verdeutliche gleichzeitig, in welchen Teilbereichen welche (notwendigen oder möglichen) Aufgaben anstehen, deren Lösung aus unterschiedlichen Gründen nicht angegangen wird oder mißlingt. Als ebenso wichtig erweise sich dabei das *Konzept des Entwicklungsstillstandes* (Colarusso/Nemiroff 1981; Erikson 1956; Shane 1977) aufgrund eines mißglückten Überganges von einer Entwicklungsstufe zur nächsten. Wohlvertraute Beispiele für entsprechende Störungen stellen die nicht gelösten Aufgaben der Trennung von alten Eltern, von erwachsenen Kindern sowie von dem Partner/der Partnerin oder der Übergang vom Berufsleben in das Alter dar.

Für Jaques (1965, 1981) hingegen vollzieht sich die *Entwicklung in ungleich-mäßigen Schritten*, getrennt durch Perioden rapiden Wechsels im Übergang von einer Stufe zur nächsten. Er verdeutlicht seine Überlegungen am Beispiel der „Midlife-Crisis", die zwischen dem 35. und 40. Lebensjahr das frühere Erwachsenenalter von dem späteren trennt. Anhand von Biographien von Künstlern und aufgrund von Patientenbehandlungen konstatierte er, das Erreichen einer reichen und unabhängigen Erwachsenenzeit stelle die hauptsächliche psychologische Aufgabe dar. Das Paradoxe sei, daß durch den Eintritt in den Höhepunkt des Lebens und in den Status der Erfüllung aber zur selben Zeit der Höhepunkt und die Erfüllung (zeitlich) festgelegt seien. Der Tod folge dann danach (Jaques 1965, 502); d.h. der Eintritt in das mittlere Lebensalter und der absehbare Tod stimulierten eine Wiederholung und Durcharbeitung der infantilen depressiven Position durch die unbewußten Gefühle der Verfolgung und Auslöschung, die der Tod repräsentiert (Jaques 1981, 1-24).

Pollock (1981) wiederum definiert Entwicklung als einen dynamischen Prozeß, der einen Beginn und ein Ende umfaßt, dabei aus zahlreichen sich gegenseitig beeinflussenden Prozessen besteht, die zu unterschiedlichen Ergebnissen führen. Abweichungen von bestehenden Normen können Neuerung, Ursprünglichkeit oder Pathologie darstellen. Damit brauche Entwicklung nicht länger als einziges Kontinuum, als ein einziger Verlauf oder Prozeß vom Beginn zur Gegenwart verstanden werden. Um der Entwicklung als Phänomen insgesamt gerecht zu werden, bedürfe es der *Aufzeigung von Entwicklungslinien* (in Anlehnung an A. Freud 1963). Gleichzeitig plädiert Pollock (1981) für eine stärkere intergenerative Sicht der Entwicklung und damit für Einbeziehung der Generationszyklen. Unter Verwerfung der linearen Sicht schlägt der Autor vor, die Entwicklungsabschnitte als „Entwicklungsfelder" anzusehen. Mit Hilfe dieses „Feldkonzeptes" könnten zahlreiche Variablen, z.B. biologische, soziokulturelle und ökonomische berücksichtigt werden. Ein Entwicklungsfortschritt könne so betrachtet werden als allmähliche Veränderung bestehender Felder in unterschiedlichen Kombinationen, die neue Felder der Entwicklung bedingen. Bei Unterbrechungen oder Krisen könnten Veränderungen schneller ablaufen. Diese unterbrochenen Felder oder Krisen ließen sich als traumatische Störungen auffassen. Bei Beeinträchtigungen der Rekonstruktion oder Progression dieses Feldes könne die Traumatisierung die Grundlage für eine pathologische oder abweichende Progression während des Alterns darstellen. Pollock (1981, 557) verhehlt nicht seine kritische Sicht des psychoanalytischen Vorgehens der Rekonstruktion, um Erklärungen für Verursachung und Entstehung von Störungen und sogar für die normale Entwicklung des Erwachsenen zu liefern; seines Erachtens muß die klinische Rekonstruktion um Querschnitt- und Längsschnittbeobachtungen von innerpsychischen Veränderungen und Einflüssen erweitert werden. Schließlich vollzieht er eine eindeutige Absage an die Annahme, daß alle späteren Erscheinungen (Störungen, Verhaltensweisen etc.) durch Vorgänge in der frühen Kindheit bedingt seien. Zusätzlich beschreibt er den „Trauer-Befreiungsprozeß" als wichtigen Mechanismus der Entwicklung in der zweiten Hälfte des Erwachsenenalters, der Wechsel ermögliche und einen Umwandlungsprozeß anstoße. Die grundsätzliche Einsicht ist, daß Teile des Selbst, wie es einmal war oder wie man hoffte, daß es sein sollte, nicht länger möglich sind. Während des Durcharbeitens der Trauer über ein verändertes Selbst, über den Verlust von anderen, über unerfüllte Hoffnungen und Wünsche wie auch Gefühle über andere reale Verluste und Veränderungen zeige sich eine zunehmende Fähigkeit, der Realität zu begegnen, wie sie ist und wie sie sein kann. Vergangenheit werde wirklich Vergangenheit und werde unterscheidbar von der Zukunft und der Gegenwart. Dabei erweise sich dieser „Trauer-Befreiungsprozeß" genereller als die Trauerreaktion nach dem Tod einer wichtigen Beziehungsperson.

Am Beginn des Kapitels 3.2 stand die Kritik Heufts (1997), daß die Life-cycle-Theorien nichts weiter seien als eine „idealisierende Deskription des Alterns". Heuft (1994, 1997) selbst stellt ein *empirisch gestütztes psychoanalytisches Entwicklungsmodell* der zweiten Hälfte des Erwachsenenlebens vor, das auf sogenannte „Organisatoren" einer Entwicklung im Lebenslauf aufbaut. Die Verwendung des Begriffs Organisator steht dabei in der Tradition von Needham (1931; „embryonaler Organisator"), Spitz (1965; „kritische Knotenpunkte in der Entwicklung des Kleinkindes") und A. Freud (1963; „konvergierende Entwicklungslinien"). Der Autor spricht in seinem „psychosozialen psychodynamischen Konfliktmodell des Lebenslaufs" von drei im Lebenslauf wechselnden „Organisatoren". Bis zum Erwachsenenalter ist dies der „psychische Organisator" (Entwicklungsdimensionen: Trieb, Ich, Primärobjekte, Narzißmus), in der Erwachsenenperiode der „objektale Organisator" (Entwicklungsdimensionen: Objektbeziehung, soziale Kompetenz, Objekterfahrung, Teilhabe) und im Alter der „somatogene Organisator" (Entwicklungsdimensionen: Soma, Körper, Verkörperungen, Leib). Verdeutlicht werden in diesem Modell die unterschiedlichen Entwicklungsschritte sowie deren Psychodynamik und Bezugspunkte im Lebenslauf.

Der in diesem Kapitel gegebene Überblick weist nachdrücklich auf die Bedeutung der Entwicklung während des weiteren Erwachsenenlebens nach Kindheit und Jugend hin. Unübersehbar bleibt gleichzeitig, daß sich die bisherigen Forschungsinteressen weitgehend auf die Abschnitte vom jüngeren bis zum mittleren Erwachsenenalter richteten. Zwar sind die meisten vorgelegten Entwicklungskonzepte auf den ganzen Lebenslauf bezogen, aber erst in den letzten zwei Jahrzehnten nahmen Publikationen zu, die sich mit den Abschnitten des zu Ende gehenden mittleren sowie des höheren und hohen Alters näher befaßten.

Das nächste Kapitel wendet sich der psychodynamischen Sicht des Alterns zu.

4. Zur psychodynamischen Sicht des Alterns

Dieses Kapitel befaßt sich mit dem Körper- und Zeiterleben im Alter, mit (un-bewußten) Konflikten und den damit zusammenhängenden Triebbedürfnissen Älterer (Alterssexualität, prägenitalen Triebwünschen, aggressiven Trieb-regungen), mit dem Angsterleben und Traumatisierungen während des Alterns sowie mit der Frage nach der Identität.

4.1 Die Zeitperspektive im Alterungsprozeß

Zunehmend befassen sich die gerontopsychologische wie auch die sozialgeron-tologische Forschung mit dem Phänomen der Wahrnehmung und insbesondere der Perspektive der Zeit. Dabei erscheint letztere laut Thomae (1989, 56f) „im höheren Alter als Resultat einer kontinuierlichen, jedoch nicht einschneidenden Veränderung und Anpassung an die jeweilige Lebenssituation während des ganzen Lebens". Im Gegensatz zu diesen auf das bewußte Erleben der Zeit ab-zielenden Forschungen scheint nach Radebold (1992, 78) die für Psycho-analytiker interessante Frage der Beeinflussung des Unbewußten durch die Zeit entweder irrelevant oder eindeutig geklärt. Die *Zeitlosigkeit des Unbewußten* hat Freud von Anfang an als eine seiner charakteristischen und entscheidenden Merkmale beschrieben:

„Wir haben erfahren, daß die unbewußten Seelenvorgänge an sich zeitlos sind. D.h. zunächst, daß sie zeitlich nicht zugeordnet werden, daß die Zeit nichts an ihnen ver-ändert, daß man die Zeitvorstellung nicht an sie heranbringen kann" (Freud 1920, 28).

Später benennt Freud bei der Beschreibung des Es noch einmal ausdrücklich dieses Merkmal:

„Im Es findet sich nichts, was der Zeitvorstellung entspricht, keine Anerkennung eines zeitlichen Ablaufs und, was höchst merkwürdig ist und seine Würdigung im philosophischen Denken erwartet, keine Veränderung des seelischen Vorganges durch den Zeitablauf. Wunschregungen, die das Es nie überschritten haben, aber auch Eindrücke, die durch die Verdrängung ins Es versenkt worden sind, sind vir-tuell unsterblich, verhalten sich nach Dezennien, als ob sie neu vorgefallen wären. Als Vergangenheit erkannt, entwertet und ihrer Energiebesetzung beraubt, können sie erst werden, wenn sie durch die analytische Arbeit bewußt geworden sind" (Freud 1932, 80, 81).

Was Freud nun nicht ausdrücklich benannt hatte, vielmehr durch seine Formel von der Zeitlosigkeit des Unbewußten „gerade zu verstecken bestrebt war", ist nach Warsitz (1998, 212) die Entdeckung bzw. Wiederentdeckung einer Form der menschlichen Zeiterfahrung, „der Zeit des Unbewußten, die von jenen autodestruktiven Abwehrmechanismen wie z.B. dem Wiederholungszwang besonders geprägt ist". Während nun das bewußte Zeiterleben und noch mehr die äußere Zeit der gesellschaftlichen und naturhaften Zeitmessungen die *chronologische Zeit* zu totalisieren tendieren, werde im psychischen Leben, speziell in bestimmten neurotischen Verstrickungen die *aionale Zeit*[5] übermächtig. Dadurch, daß der *Doppelcharakter der menschlichen Zeiterfahrung* meist nicht berücksichtigt werde, kämen im interdisziplinären wissenschaftlichen Dialog widersprüchliche Ergebnisse zustande. Konfrontiert man nun die aus klinischer Perspektive gewonnenen Ergebnisse beispielsweise zum veränderten Zeiterleben im Alter mit wissenschaftlichen Analysen, so fällt nach Warsitz (1998, 190) zumindest eine irritierende Paradoxie auf: Während kulturtheoretische, anthropologische und zeitphilosophische Analysen (Rentsch 1992; Mittelstraß 1992; Kamper 1996) zu erstaunlich konvergenten Überlegungen auch in Bezug auf die klinische Perspektive gelangen, scheinen empirisch-psychologische Untersuchungen diesen diametral zu widersprechen (vgl. Thomae 1989). So hatte z.B. eine klinische Zugangsweise zum Zeiterleben im Alter früher den Aspekt der *Vergangenheitsbezogenheit als Folge eines Verlusts von Zukunft* im Alter betont (Warsitz 1984, 1992; Schlesinger-Kipp/Warsitz 1984) bzw. sogar den *Verlust der Gegenwartserfahrung* im Falle schwerer Blockierungen des Zukunftsbezugs postuliert. Der Begriff „Altern als Verlust und Form von Zukunft" soll die Zeiterfahrung durch die multiplen Verlusterlebnisse im Alter (körperlicher, psychosozialer, ideeller Art) bestimmen. Im Zeiterleben depressiver alter Menschen wurde eine spezifische Abwehrstruktur gegenüber der vollständigen Offenheit der Zeitgestalt des erwachsenen Erlebens beschrieben.

Der *Offenheit der psychischen Struktur im Alter* entspricht aber nun ein Befund, der sich beinahe durchgängig konvergent aus neueren anthropologischen und zeitphilosophischen Analysen des Alters ergibt, erörtert Warsitz (1998, 193). Die Möglichkeit, das *Altern als Radikalisierung* (Rentsch 1992; Kamper 1996), als Abschluß und Akzentuierung einer widersprüchlichen und höchst störbaren, aber letztlich auch zu vollendenden Lebensgeschichte, als eine narrativ offene Erzählung zu begreifen, sowohl für die je individuelle als auch für die Geschichte des menschlichen Lebens insgesamt, verbinde die klinische mit der geistes- und sozialwissenschaftlichen Perspektive.

Diese im Alter konstatierte Offenheit der psychischen Struktur wird hingegen von Thomae (1989) verneint. Nach Maßgabe seiner Bonner Langzeitstudie über alte Menschen widerspricht er zentralen Annahmen der von Warsitz (1998) skizzierten Zeitgestalt des Alters: Es gäbe keine gesteigerte Sensibilität alter Menschen für die „entrinnende Zeit" und somit keine „dadurch bedingte krisenhafte Struktur der Zeitperspektive". Alte Menschen fühlten sich vielmehr in

---

[5] „Aion" meint die Zeit als wiederkehrender, sich wiederholender Prozeß des Tagesablaufs, der Jahreszeiten, des Lebenslaufs, ja der Triebhaftigkeit insgesamt, während „Chronos" die Zeit als Ablauf und als gleichförmige Dauer bezeichnet (vgl. Warsitz 1998, 213).

ihren Erlebniswelten überhaupt nicht gegenüber den mittleren Lebensphasen verändert, sie seien eher „hypernormal", d.h. es sei eine „betonte Realitätsorientierung" (Thomae 1989, 64) zu beobachten. Hochnormative Konzepte wie das der „Altersweisheit" – und somit auch das oben genannte Konzept der „Altersradikalität" – seien nicht hilfreich und stünden empirisch auf schwachen Beinen; sie seien „schlichtweg lebensfremd", so Thomae (1989, 65).

4.2 Körperliche Realität und innere Wirklichkeit von Älterwerdenden

In der *Eldermen-Studie* fragte Heuft: „Woran merken Sie, daß die Zeit vergeht?" 79 Prozent der Befragten beantworteten diese Frage mit einem Hinweis auf den körperlichen Alterungsprozeß. Das Erleben von Entwicklung in der Zeit, schlußfolgert Heuft (1997, 50), hat also vor allem körperliche Dimensionen: „Die berichteten Studienergebnisse sprechen für eine veränderte Wahrnehmung des Körpers und seiner Funktionen in der Weise, daß die leibliche Existenz und die körperliche Funktion nicht mehr ausschließlich als selbstverständlich gegeben wahrgenommen wird." Die *Berliner Altersstudie* (Maier/ Baltes 1996) zeigt, daß die 70 bis 100jährigen auf die Frage „Wie schätzen sie zur Zeit ihre körperliche Gesundheit ein?" mit zunehmendem Alter nicht etwa zu schlechteren Beurteilungen gelangen, obwohl körperlich-organische Befunde naturgemäß an Anzahl und Schwere zunehmen. Dies entspricht der mehrfach beschriebenen Differenz zwischen subjektiv und objektiv erlebter Körperrealität.

„Die Differenz zwischen inneren, narzißtischen Phantasien und körperlicher Realität stellt ein charakteristisches, oft sehr schwer wiegendes Konfliktpotential des Alters dar", behauptet u.a. Teising (1998, 125). Nach Ende der pubertären körperlichen Ausreifung würden mit dem weiteren Alter auftretende körperliche Veränderungen zum allergrößten Teil und von den allermeisten Menschen als unerwünschte Phänomene erlebt, von Schwangerschaften (zumindest in den meisten Fällen) einmal abgesehen. Angesichts unseres unaufhaltsamen körperlichen Abbaus hätten wir Menschen von alters her große Anstrengungen unternommen, das Altern zu verzögern, Krankheit und Tod zu bekämpfen und vom Jungbrunnen geträumt. Wir wollen alt werden, aber nicht alt aussehen. Der Konflikt zwischen psychischer Realität und der von der Psyche her gesehen äußeren körperlichen Realität soll mit Hilfe des Jungbrunnens, der den körperlichen Abbau rückgängig macht und ewiges Leben verspricht, gelöst werden. Die altersbedingten körperlichen Veränderungen sind so gut wie nie erwünscht. Das liegt nicht zuletzt auch an den Reaktionen der Umgebung.

Während des Alterns gewinnt der Körper also eine immer wichtigere Aufgabe für Lebensqualität und Autonomie:

- Im Sinne eines „Organisators" (Heuft 1994, 1997) prägt und formt er entscheidend den Alternsprozeß mit, d.h. er ist nicht nur der passive Teilhaber des Alterns.
- Seine Leistungen, insbesondere Aktivität, Beweglichkeit, Hören, Sehen sowie Möglichkeiten der Triebbefriedigung werden mindestens genauso, wenn nicht sogar verstärkt, benötigt (Radebold 1998, 145).
- Der Körper wird immer wichtiger, weil sich die Objektbeziehungen negativ verändern, so Radebold (1998, 145): Partner und Angehörige verändern sich (z.b. durch dementielle Prozesse), sterben und lassen damit den Alternden zurück (hohes Sterberisiko besteht für Hinterbliebene im ersten Jahr danach!). Partner oder Kinder ziehen sich allmählich im Krankheitsfall zurück (siehe z.b. biographische Berichte in Foke 1995); sie zeigten gleichzeitig weniger Nähe, Wärme und Bestätigung als auch Bewunderung oder veranlassen eine Aufnahme der Alterskranken ins Heim (Koch-Straube 1996). Der imaginäre Rückzug in die Unversehrtheit der Kindheit bietet laut Radebold (1996, 1162ff) auf Dauer keinen befriedigenden Ersatz – außerdem war man sich damals seines Körpers, insbesondere in der Pubertät, nicht so sicher (nicht umsonst beziehen sich alle Jungbrunnen-Phantasien auf das junge Erwachsenenalter!). So verbleibe nur der Körper als „letzter Verbündeter".
- Wie die Begriffe „somato-psychosomatische Depression" und „somatogene Depression" belegen, wird der Körper nach Radebold (1998, 146) immer mehr dazu benutzt, psychosoziale Einflüsse und Ereignisse (Affekte, Verluste, Kränkungen, Beschämungen und Defizite) auszudrücken.
- Schließlich belegen die in großem Umfang und zunehmend verordneten Tranquilizer, Schmerz- und Schlafmittel, wie mit ärztlicher Hilfe versucht wird, gegen störende, beunruhigende und scheinbar unverträgliche Symptome vorzugehen bzw. sie zu unterdrücken, betont Radebold (1998, 146).

Alte erzeugen, anders als Kleinkinder, in der Regel nicht mehr so leicht den Glanz in unseren Augen. Fehlt das idealisierende Echo der Umwelt, so Teising (1998, 126), kann das Gefühl von Verzweiflung und Leere aufkommen, das unerträglich werden kann. Versuche, die Konfrontation mit dieser Realität zu meiden, seien häufig narzißtische Phantasien, die z.B. dem Glauben an ein ewiges Leben im Paradies zugrunde liegen, aber auch suizidale Absichten und Handlungen (zum Thema Suizid im Alter siehe Teising 1992, 1996, 43ff). Um die Einschränkungen bzw. den Wegfall von physischen und psychischen Funktionen zu akzeptieren, bedürfe es daher eines „Trauer- und Befreiungsprozesses" (Pollock 1981). Nur ein derartiger Prozeß könne zu einem „Loslassen" und damit innerlich akzeptiertem Ablösen von diesen wichtigen Funktionen führen. Akzeptieren heiße dabei nicht, sich selbstverständlich mit dem Verlust auszusöhnen, sondern ihn in das eigene Körperselbstbild zu integrieren – also ihn zu allen anderen früheren Bildern und Erfahrungen mit dieser Funktion hinzuzufügen.

Um spätestens jetzt Alternden zu einem positiven Erleben ihres Körpers zu verhelfen, bedarf es laut Radebold (1998, 149) im psychoanalytischen Umgang mit Alternden der konsequenten Einbeziehung entsprechenden Materials (Phantasien, Träume, private Theorien, Körperselbstvorstellungen etc.). Der Körper Alternder erhält aber in der Psychoanalyse noch wenig Beachtung. In der Auseinandersetzung damit meint Hirsch (1994a, 83ff), daß einerseits Ältere aufgrund lebenslang bevorzugter Verhaltensweisen bzw. Abwehrstrategien unverändert keinen Grund sehen, bei einer seelischen Behandlung über ihren Körper zu sprechen. Andererseits erwarten Psychotherapeuten (wenn sie sich schon mit Älteren „abgeben"), daß sich die „offizielle Körpermedizin" möglichst in Form einer qualitativ hochwertigen geriatrischen – und dazu noch rehabilitativ ausgerichteten – Versorgung mit der gezeigten Multimorbidität und den zahlreichen Funktionseinschränkungen oder –ausfällen befaßt. Dafür nehme man auch die Einnahme vielfältiger Medikamente mit ihren unüberschaubaren Nebenwirkungen und die Beziehungen zu den sie verordnenden mehrfachen Behandlern als „medizinischen Objekten" in Kauf.

Daß die psychoanalytische Profession in besonderer Weise die Möglichkeit zu bieten scheint, den unaufhaltsamen Altersprozeß hinauszuschieben, bemerkt Teising (1998, 132). Es gebe keine geregelte Altersgrenze psychoanalytischer Berufstätigkeit. Es gäbe Berichte von Psychoanalytikern, die, körperlich schwer krank und gezeichnet, bis ans Ende ihrer Tage behandeln. Als im Psychoanalytischen Institut von Michigan über die Frage diskutiert wurde, wie lange Lehranalytiker tätig sein sollten, stellte ein Teilnehmer die Frage, ob denn überhaupt bewiesen sei, daß die Sterblichkeit mit dem Alter ansteige.

Psychische Verarbeitung körperlichen Alterns erfordere das Ertragen der Spannung zwischen der fortschreitenden Entfernung von narzißtischen Größenvorstellungen mit harmonisch-ozeanischen Körpergefühlen einerseits und der permanenten lebenslangen Suche nach einem auch körperlich empfundenen paradiesischen Gefühlszustand andererseits, betonen u.a. Teising (1998) und Kutter (1997). In diesem Zusammenhang beschreibt Hurwitz (1992) die libidinöse Besetzung des eigenen Körpers in Abhängigkeit von seinen primären Beziehungserfahrungen. Die libidinöse Besetzung des Körpers gehe oft einher mit einem Abzug der libidinösen Besetzung von Objektrepräsentanzen, deren reale Äquivalente, nämlich Objektbeziehungen in der Außenwelt, mit zunehmendem Alter eingeschränkter zur Verfügung stehen. Diese *Übertragung der Libido von Objektrepräsentanzen auf Organrepräsentanzen* sei eine Entwicklung im Altersprozeß angesichts des näher rückenden Todes. Der verstärkte *Körpernarzißmus* könne als eine spezifisch altersgemäße Abwehrleistung gesehen werden, die der Verzweiflung, der Wut, der Depression und der Verleugnung vorzuziehen ist.

Die Wirkung einer *negativ* getönten Mutter-Erfahrung für das Körperbild im Alter beschreibt Teising (1998, 136) anhand einer Fallvignette:

> „Eine 70jährige Patientin sprach voller Zorn von ihrem runzeligen Gesicht und ihren hängenden Brüsten. Sie erzählte, daß sie angesichts ihres Spiegelbildes in einem Schaufenster das Gefühl bekam, in ihrem Körper habe sich eine alte Frau breit-

gemacht, die ihr völlig fremd war. Trotz ihrer Wut fühlte sie sich ohnmächtig und unfähig, sie zu vertreiben. Daß sie wie ihre Mutter im gleichen Alter aussah, bedeutete keinen Trost für sie, da sie von eben dieser narzißtischen Mutter als Kind nie die Zuwendung erhalten hatte, die sie gebraucht hätte."

Körperliche Integrität und narzißtische Stabilität hängen also untrennbar zusammen. Die Beeinträchtigung des Körpergefühls zieht zwangsläufig eine Verletzung des Selbstgefühls, eine narzißtische Kränkung, nach sich. Im Zusammenhang damit steht auch die Frage, wie Sexualität erlebt wird.

4.2.1 Sexualität im Alter

„Zwei Lebensperioden sind es, deren Zugehörige von der Umwelt besonders kraß benachteiligt werden: die Kindheit und das Alter – ‚Randgebiete' eben. Viele Eltern halten Kinder für ihren persönlichen Besitz und unterdrücken sie ‚nach Belieben'; alte Menschen werden oft zuerst entmachtet, dann verachtet, ‚ausgegrenzt' und ihrem Schicksal überlassen. Beiden Gruppen wird – eine weitere interessante Parallele – Sexualität nicht zugestanden. ... Was die Alterssexualität betrifft, sieht die Situation so aus: Längst steht es fest, daß auch der alte Mensch noch sexuelle Wünsche hat oder haben kann, dennoch wird ihm dieser Genuß vielfach gleichsam nicht mehr gegönnt, er gilt als unschicklich, ja mehr noch als verpönt" (Ringel 1993, 81f).

Die zunächst auferlegte asexuelle Sicht der Älteren (=Eltern) wird nach Radebold (1992, 84) nun allmählich von den erwachsen gewordenen Jüngeren zur Revanche benutzt; aufgrund der jetzt umgekehrten Machtkonstellation – im Sinne Ringels werden unterdrückte Kinder zu unterdrückenden erwachsenen Kindern – gestehen sie den Älteren keine genitale Sexualität mehr zu und belegen diese mit Verbot. So lassen sich die immer wieder zu beobachtenden heftigen und folgenschweren Reaktionen der „Kinder" (=Jüngeren) verstehen. Sie leugnen zunächst überhaupt libidinöse Bedürfnisse der Älteren und erkennen auch damit zusammenhängende unbewußte Konflikte nicht an. Weiters wird die Sexualität Älterer unübersehbar abgewertet und gefühlsmäßig als beschämend sowie ekelerregend erlebt. Die Jüngeren gehen zielgerichtet gegen libidinöse Bedürfnisse vor, indem sie keine Möglichkeiten zur Ausübung (z.B. in Heimen) dafür schaffen. Sie bestrafen weiter dann als erwachsene Kinder ihre Eltern oder als Therapeuten, Sozialarbeiter, Pfleger usw. ihre Älteren mit Liebesentzug. Bei der Erhebung der Anamnese sparen sie diese Thematik aus.

Das beschriebene Tabu der Alterssexualität stützt sich aber laut Radebold (1992, 84) ebenso auch auf die über 60jährigen selbst. Einerseits erweise sich das introjizierte Verbot als zeitlos und damit auch im Alter fortbestehend; andererseits werde ihr Über-Ich durch die besonders strengen moralischen und religiösen Normen ihrer Kindheit zusätzlich beeinflußt. Viele Älteren verhalten sich der eigenen Generation gegenüber eher verbietend als erlaubend. Der eigene

Neid bzw. die Abwehr eigener Verführung seien dabei unübersehbar. Häufiger werde auch die verbietende Ansicht der gleichen Generation im Sinne einer Über-Ich-Verstärkung durch Gruppennorm gesucht.

Eine nur zögernde Zubilligung von Sexualität im späteren Leben als Bedürfnis der Individuen und als Raum für Entwicklung (Schönpflug 1971) hängt laut Rosenmayr (1994, 464) in Deutschland und anderen westlichen Ländern mit dem zur Zeit noch generell *negativen gesellschaftlichen Stereotyp vom Alter* zusammen, das auch zur Verinnerlichung eines negativen Selbstbildes der Alten beitrage.

Zur Abwehr einer intim-sexuellen Beziehung, um die Nähe zum Partner oder zu erotischen Partnern überhaupt zu vermeiden, werde laut Radebold (1990, 35ff) oft eine Triangulierung aufgebaut: Die Person, die sich einigeln will, schiebt zur Abwehr von Intimbeziehungen zwischen sich und den Partner einen Dritten, ein Kind oder Enkelkind. *Triangulierung als Flucht* aus einer dualen Beziehung kann nach Willi (1976) außer den Kindern, Schwiegerkindern oder Enkeln auch pflegebedürftige hochbetagte Angehörige zur „Abwehr" gegen Partnerbeziehungen mißbrauchen. Durch solche oft selbst verordnete „Aufopferungen" für Dritt-Personen werde die ungelöst sowie sexuell und emotional unerfüllt gebliebene Partnerbeziehung real preisgegeben oder weiter eingeschränkt. Die Vermeidung von Triangulierung, so Radebold (1990) und Willi (1986), wäre durch Ko-Evolution als einer ständigen Veränderung der Beziehung in einem lebendigen Austausch von Erotik und Sexualität auf dem Hintergrund von Liebe zu erreichen. Beziehungen der Sexualität im späten Leben aufrechtzuerhalten diene wohl auch der fortgesetzten Bearbeitung und *Auflösung von Fixierungen*, so Rosenmayr (1997, 33). Nur im Fluß der Fortentwicklung könne bei lebendiger, kontinuierlicher Partnerschaft auch erreicht werden, daß Personen, die sich, wenn auch mit verschiedenem Ergebnis, gemeinsam entwickeln, einander *verbunden bleiben* können.

Zum Thema *Sexualität des alternden Mannes* haben u.a. Cyran/Halhuber (1992), Friedan (1995), Keen (1992) und Zilbergeld (1985) Arbeiten veröffentlicht. Über die *Sexualität der alternden Frau* schreiben aus psychoanalytischer Sicht u.a. Arentewicz/Schmidt (1993), Chasseguet-Smirgel (1974), Friday (1973), Hite (1976), Kinsey u.a. (1953), Langer (1988), Münz (1985), Rubin (1982), Sies (1995), und von Sydow (1991, 1992a, b, 1993a, b, 1995a).

4.2.2 Prägenitale Triebwünsche

Parallel zum Wunsch nach genitaler Sexualität bestehen nach Radebold (1992, 80) unverändert (auch unhinterfragt zugestanden) *prägenitale Triebwünsche*. Sie artikulieren sich in Wünschen nach Besitz, Macht und Beherrschung in jeglicher Form. Mit diesen Strebungen zusammenhängende Konflikte manifestieren sich laut Radebold (1992, 87) nach dem 50. Lebensjahr. Insbesondere depressiv erkrankte Patientinnen wünschten lebenslang immer wieder mütterliche Anerkennung und Geborgenheit und hofften, daß sie irgendwann (spätestens nach dem Tod der Mutter bei der Testamentseröffnung) die Bestätigung erhalten würden, doch die „einzige" oder zumindest die „bevorzugte" Tochter zu sein. Dazu treten weiter der lebenslange Kampf um Autonomie und ebenso das ständige Bedürfnis nach Strukturierung des Alltags durch Arbeit zur Vermeidung entsprechender passiver Wünsche. Die nur mühsam erreichte Selbständigkeit werde über Besitz und Macht aufrechtzuerhalten versucht. Diese Aspekte würden in der Situation des zunehmenden Alterns, insbesondere der „zweiten Abhängigkeit" erneut nach 50 oder 60 Lebensjahren in Frage gestellt. Ein eindrucksvolles und betroffen machendes Beispiel eines offensichtlich nicht bewältigten Konfliktes, der im Zusammenhang mit prägenitalen Triebwünschen stehen könnte, bietet Erwin Ringel (1993, 239f), der über den Tod seines Lehrers und Wiener Klinik-Chefs Hans Hoff folgendes berichtet:

„Ich muß an dieser Stelle meines Lehrers Hans Hoff gedenken, der mir im Juli 1969, zwei Monate vor seiner Emeritierung, sagte: ‚Ringel, beten Sie, daß ich als Ordinarius sterbe.' Darauf antworte ich: ‚Herr Professor, Sie sind doch Ordinarius bis zum 1. Oktober, Sie können nicht verlangen, daß ich beten soll, Sie mögen in den nächsten zwei Monaten sterben.' Darauf beharrte er: ‚Wenn Sie mich liebhaben, tun Sie das.' Dann sagte ich: ‚Aber Herr Professor, wir brauchen Sie doch, Sie haben doch eine unglaubliche Erfahrung, wir haben so viele kritische Fälle, Sie müssen zu uns kommen, einmal in der Woche, und uns mit Ihren unvergleichlichen Erfahrungen beraten.' Darauf Hoff: ‚Ja Ringel, sind Sie wahnsinnig geworden, glauben Sie, daß, wenn ich nicht mehr Vorstand der Klinik bin, ich die Klinik noch je betreten werde, dort, wo ich geherrscht habe, soll ich geduldet werden? Nein. Sie müssen beten, daß ich in den nächsten zwei Monaten sterbe, und wenn Sie mir sehr gut gesinnt sind, man sagt Ihnen ja gute Beziehungen zum Himmel nach, dann beten Sie, daß ich in den Armen meiner Frau sterbe.' So geschah es wirklich, am 23. August, obwohl ich natürlich nicht gebetet hatte. Hoffs Entscheidung, lieber das Leben herzugeben als die Macht, setzte sich durch. Die Psyche hat eine ungeheure Macht, sie kann durch den psychosomatischen Weg über Leben und Tod entscheiden."

4.2.3 Aggression

Im Gegensatz zu Erkenntnissen über die Entwicklung von Aggression bei Kindern sind die über Erwachsene in verschiedenen Lebensphasen eher spärlich, so Hirsch (1997, 110). Gab es auch immer wieder Psychoanalytiker, die alte Menschen – trotz der bekannten Warnung von Freud (Zusammenfassung vonRadebold 1994a) – behandelten (z.B. Ferenczi und Abraham), so ist das Interesse daran erst in den letzten Jahrzehnten gewachsen. Vielerlei Gründe werden für die bisherige Zurückhaltung angeführt. Hinter diesen Gründen und dem geringen Interesse von Psychotherapeuten an alten Menschen vermuten Heuft

(1990), Hirsch (1993), Hinze (1990) und Radebold (1992a, 1994b) auch individuelle und kollektive Aggressionstendenzen.

Nur wenige Autoren, die sich mit Psychotherapie im Alter beschäftigen, gehen in ihren Arbeiten auf das Problem der Aggression im Alter differenzierter ein. Einige Hinweise für Veränderungen und Entwicklungstendenzen von Aggression lassen sich insbesondere aus den Arbeiten über den Lebenszyklus von Erikson (1982), der Lebenslauf-Forschung von Vaillant (1977) und aus einigen weiteren Arbeiten wie denen von Adler (1912), Battegay (1992), Heuft (1994), Radebold (1992a) und Wertheimer/Lobrinus (1981) entnehmen. Aggressive Triebregungen der verschiedenen psychosexuellen Entwicklungsstufen bleiben nach allen Beobachtungen laut Radebold (1992a, 80) unverändert bis in das hohe Alter in großem Umfang erhalten. Sie umfaßten unverändert das aus anderen Lebensabschnitten bekannte Spektrum: Rivalität, zerstörerische und vernichtende Wut, Ablehnung bis hin zu deutlich ausgesprochenem Haß. Ebenso unübersehbar sei die verstärkte Abwehr gegen aggressive Triebimpulse besonders mit der Hilfe des Über-Ich. Öfter bestehe der Eindruck, daß sich aggressive Triebregungen im höheren und hohen Alter eindeutiger manifestieren als in früheren Lebensabschnitten, so daß eine beginnende Triebentmischung (nachlassende Kontrollfunktion des Ich?) diskutiert wird.

Nicht jede Aggression bedarf einer Behandlung, und natürlich ist auch kein Therapeut frei von aggressiven Impulsen, erörtert Hirsch (1997, 115). Hinzu kämen in der Behandlungssituation über 60jähriger, mitbedingt durch die asymmetrische Beziehung: alter Patient – jüngerer Therapeut, verdeckte oder offene Aggressionsausbrüche.

Ebenso wie in anderen Lebensabschnitten hat das Ich auch jenseits des 50., 60. oder des 70. Lebensjahres unverändert seine Aufgaben zu leisten, erörtert Radebold (1992a, 97), d.h. zwischen libidinösen und aggressiven Triebimpulsen und den Ansprüchen des Über-Ichs wie auch des Ich-Ideals zu vermitteln sowie gemäß dem Lust-Unlust-Prinzip unter Einbeziehung der Realität und der gegebenen Umwelt Befriedigungsmöglichkeiten zu suchen. Die entscheidende Frage lautet zunächst: Inwieweit verfügt das Ich des Erwachsenen beim Eintritt in diese neuen Lebensabschnitte oder in einer neuen (d.h. bisher unbekannten) Lebenssituation uneingeschränkt über seine Ausstattung und damit über seine Funktionen?

4.3 Zur Aufrechterhaltung einer befriedigenden Identität im Alter

Im Idealfall erreichen die erwachsene Frau oder der erwachsene Mann die Abschnitte ihres Alterns mit stabiler psychosexueller und psychosozialer Identität (z.B. bei Erikson 1950, 1982; Lidz 1968), ohne daß sie dabei durch defizitäre, geschädigte oder eingeschränkte bzw. gehemmte Ich-Funktionen beeinträchtigt werden, behauptet Radebold (1992a, 98). Im Gegenteil – sie verfügten über konfliktfreie Ich-Sphären und Ich-Stärken. Dieses setze allerdings voraus, daß sie oder er – aufbauend auf Kindheit und Jugendzeit – weitere Entwicklungsschritte durch Lösung anstehender psychosozialer Aufgaben in unterschiedlichen Bereichen durchliefen. Dadurch könne ihr Ich reifere, d.h. erwachsenengerechte Abwehrmechanismen (Vaillant 1977) einsetzen, stärker seine Fähigkeiten und Interessen nutzen und verfüge daher bei Eintritt in die Alterssituation über eine sichere, stabile und befriedigende Identität.

Mit ansteigendem Lebensalter wächst leider die Möglichkeit umfassenderer Schwächung des Ich. Organische und hirnorganische Erkrankungen mindern körperliche und sexuelle Leistungsfähigkeit, Sinnesfunktionen (insbesondere Hören und Sehen) und Motorik, schränken Gedächtnis- und Denkleistungen ein und beeinträchtigen damit die Realitätsprüfung sowie die steuernde, kontrollierende und integrierende Funktion des Ich. Nach Radebold (1992a, 99) werden bestehende Funktionseinschränkungen häufig zu Abwehrzwecken genutzt, so das Nicht-Hören- oder das Nicht-Sehen-Wollen, die Vermeidung von Besuchen und Kontakten mit Hilfe von motorischen Behinderungen oder Schmerzzuständen. Der ständige Bezug auf Kindheitserlebnisse (Radebold 1997, 121; Sellschopp 1998, 45ff) oder die ständigen Einfälle über eine „goldene" und damit idealisierte Kindheit weisen gleichzeitig darauf hin, daß die jetzige Zeit, die jetzigen Beziehungen und die jetzige Lebenssituation unbrauchbar sind.

Zu den Themen „Weibliche Identität und Altern" und „Männliche Identität und Altern" hat die Zeitschrift *psychosozial* jeweils ein Schwerpunktheft herausgegeben. Das Heft zur weiblichen Identität (1995 herausgegeben von Schlesinger-Kipp) enthält u.a. Beiträge von Bechtler (1995), die die Wechseljahre aus der Sicht der betroffenen Frauen beschreibt; Raguse-Staufer (1995), die über den Einfluß unbewußter Schuldgefühle während der Wechseljahre berichtet; Sies, die über Beziehungsveränderungen der Frau im Alter referiert; von Sydow (1995), die sich sexuelle Lebensformen älterer Frauen als Thema der psychotherapeutischen, beraterischen und ärztlichen Praxis gewählt hat; Radebold (1995), der einen Einblick in eine Psychoanalyse einer ehemals ausgeprägt depressiven Frau zwischen dem 64. und 69. Lebensjahr gibt, und Schlesinger-Kipp (1995), die ihre Erfahrungen mit geschlechtsspezifischen Aspekten in der Übertragung und Gegenübertragung bei älteren Patienten mitteilt.

Weitere psychoanalytisch (tiefenpsychologisch) orientierte Arbeiten, die sich speziell mit der weiblichen Identität und Altern auseinandersetzen, sind jene von Boothe (1990), Bracker (1990), Brown/Laskin (1991), Cadura-Saf (1986), Chasseguet-Smirgel (1974, 1988), Daimler (1991), Gidion (1988, 1993), Gravenhorst/Tatschmurat (1990), Hoffmann (1988), Jovic/Uchtenhagen (1995), Klindworth (1988), Kummer (1992), Langer (1988), Mitscherlich (1985), Mitscherlich-Nielsen u.a. (1988), Radebold (1991), Raguse-Stauffer (1990), Schmitt (1986), Schneider (1984), und von Sydow (1991, 1993, 1994).

Das Themenheft „Männliche Identität und Altern" (1996 herausgegeben von Eike Hinze) enthält u.a. Beiträge von Rassek (1996): „Männer sind wie fremde Länder"; Harsch (1996), die sich der Zwei-Mütter-Kindheit und dem Alter bei Freud, Ödipus, Leonardo, Michelangelo und Moses widmet; Kutter (1996), der über Wiederbelebung, Korrektur und Integration der Adoleszenz im dritten Lebensalter berichtet; Teising (1996), der Suizid im Alter als Männersache beschreibt und dabei eine interessante Theorie über die *größere narzißtische Verwundbarkeit des Mannes*, die oft erst im Alterungsprozeß manifest werde, entwickelt; und Luft (1996), der über äußere und innere Motivation für psychosomatische Klinikbehandlung älterer Männer referiert. In seinen abschließenden Bemerkungen weist Radebold (1996b) darauf hin, daß bis dato die Entwicklung der Männer weitgehend unter dem Einfluß der (frühen) Mutter diskutiert worden sei, kaum jedoch der Einfluß der Väter berücksichtigt werde. Die historisch bedingte spezifische Situation der Väter der jetzt über 60jährigen, d.h. sowohl ihr Fehlen oder ihre langjährige Abwesenheit, als auch ihre schwierige Situation nach dem Krieg (heimgekehrt als Beteiligte an Drittem Reich und Wehrmacht, krank, verwundet, ohne Arbeit und mit beschädigter Identität) würden kaum thematisiert. Ebenso bliebe es unklar, welche Vorbilder diese Väter aufgrund ihrer ausgesparten eigenen Geschichte im mittleren und höheren bis hin zum hohen Alter böten.

Während in Beiträgen zur Identität der alternden Frau eindeutig bestimmte affektive Signale vermittelt werden (sie handeln von endlich erreichter Selbstverwirklichung, Autonomie, weiteren Entwicklungsschritten und erfüllterer – auch sexueller – Befriedigung in selbstdefinierten – veränderten oder neugesuchten – Partnerbeziehungen), scheinen neue verheißungsvolle Bilder über das Altern von Männern zu fehlen. Nur drei (Selbst-)Bilder – wohlvertraute aber zugleich erschreckende – werden laut Radebold (1996b, 70) deutlich:

- „Der Mann (hier also auch in der Praxis und/oder Wissenschaft tätige Psychoanalytiker) arbeitet lebenslang weiter; er bleibt bei seinen vertrauten Aufgaben, Tätigkeiten und Funktionen und hofft, diese bis zu seinem Lebensende ausüben zu können. Auf diese Situation soll das Älterwerden möglichst keinen merkbaren oder schwerwiegenden Einfluß haben."
- „Der Mann beschränkt sich auf die Position des dezent elegant und korrekt gekleideten und sich entsprechend verhaltenden ‚Gentleman', der zurückgezogen an der Seite seiner Frau privaten Interessen nachgeht. Seine distanzierte Haltung erlaubt der Umwelt keinen Zugang zu seinem Inneren. Häufiger wird er von seiner jüngeren Frau durch Hinweise und Ermahnungen ‚in Form' gehalten."
- „Das dritte Modell verkörpert der ungepflegt und verwirrt erscheinende Mann, der ungewaschen ist und nach Urin riecht, der mit seiner Vergangenheit und der jetzigen Umwelt hadert und von dem sich daraufhin die allermeisten abwenden."

Weitere psychoanalytisch (tiefenpsychologisch) orientierte Arbeiten, die sich mit der Identität des alternden Mannes befassen, legen u.a. Dietrichs/ Mitscherlich (1980), Feigl/Pable (1988), Friedan (1995), Gilmore (1991), Keen (1992), Levinson (1978), Owen (1983), Mitscherlich (1969), Radebold (1986b), Ringel (1993a, b) und Shapiro (1994) vor.

Auch wenn die alternde Frau in der gesichteten neueren Literatur manchmal etwas zu euphorisch als „im Aufbruch zu neuen Ufern" dargestellt wird, bleibt der Eindruck bestehen, daß sich Männer im allgemeinen mit der Anpassung ihres Identitätsgefühls an die Forderungen und Gegebenheiten schwerer tun als Frauen.

Aus verschiedenen Gründen gestaltet sich das Leben älterer Menschen oft schwierig, birgt es doch Probleme in sich, die in ihrer Gesamtheit einen günstigen Nährboden für die Entstehung und das Gedeihen von Ängsten darstellen. Der nächste Abschnitt nimmt daher Bezug auf Ängste, die bei älteren und alten Menschen auftreten und berichtet über potentielle Traumatisierungen während des Alterns.

4.4 Ängste und Traumatisierungen während des Alterns

Ungeachtet der Kritik an einer generalisierend defizitorientierten Sicht des Alters darf nicht verdrängt werden, daß mit zunehmendem Alter die Möglichkeit wächst, daß sich negativ auswirkende Veränderungen sowohl auftreten als auch sich häufen. Sie betreffen Beziehungen und Funktionen, beziehen sich auf den körperlichen, psychischen und sozialen Bereich und manifestieren sich in unterschiedlichen Kombinationen. Psychodynamisch werden sie als *Bedrohungen, Verluste, Attacken und Kränkungen* (Levin 1963; Radebold 1973, 1979b) erlebt und erlitten. Als *Bedrohungen* werden nach Radebold (1992a, 93) vornehmlich Veränderungen erlebt, die „die allmählich in Kindheit und Jugendzeit oder auch später erworbene und mühsam während des weiteren Lebens aufrechterhaltene Stabilität, Sicherheit oder Autonomie gefährden und häufig zu einem entsprechenden Verlust führen."

Die sich während des Alters häufenden *Verluste* umfassen Verluste von hochbesetzten Objektbeziehungen (noch ältere Eltern, gleichaltrige Geschwister oder Freunde, Kinder), von hochbesetzten physischen und psychischen Funktionen (Leistungsfähigkeit, Beweglichkeit, Potenz, Hör- und Sehfähigkeit, Gedächtnisleistungen und affektive Kontrolle) sowie von Autonomie, von Sicherheit gebender sozialer Umwelt (z.B. erzwungener Wohnungswechsel nach Partnerverlust aufgrund von Mieterhöhungen oder Sanierungsmaßnahmen oder die Aufnahme ins Alten- oder Pflegeheim) einschließlich des Verlustes des eigenen Leibes (Blonski 1995, 25ff; Bruggemann 1998, 158ff; Hinze 1995, 118ff; Radebold 1992a, 94ff). Schließlich könne die Trennung von einem Tier den Verlust der letzten wichtigen Beziehung bedeuten.

Gerade während des Alterns häufen sich die narzißtischen *Kränkungen*. Sie betreffen das eigene Aussehen und die Leistungsfähigkeit. Die berufliche Identität fällt aus; Status, Macht und Einfluß verringern sich drastisch oder verschwinden völlig. „Die durch den ‚Blick in den Spiegel' vermittelte narzißtische Kränkung wird noch durch die gleichzeitig deutlich spürbare Abwertung durch die jüngere Umwelt ständig bestätigt", macht Radebold (1992a, 94) deutlich. Ebenso könne einen der Lebensrückblick immer wieder mit kränkenden Niederlagen, Mißerfolgen und tiefgreifenden Enttäuschungen über angestrebte Ziele, sich anders entwickelnden Kindern etc. konfrontieren. Ebenso mangle es während des Alterns nicht an *Attacken* in Form von Vorwürfen, Einengungen oder Gewalt.

Nun erleben Erwachsene während ihres Alterns diese beschriebenen Veränderungen und Verluste in so großem Umfang, daß sie fast als normaler Bestandteil des Alterns angesehen werden können. Mit Hilfe der Trauerarbeit (Bowlby 1972; Lindemann 1979; Parkes 1972, 1980) gelingt es laut Radebold (1992a, 95) in der Regel, in einem längeren phasenspezifischen Prozeß, drohende, stattfindende oder eintretende Verluste innerpsychisch als Trennungen zu akzeptieren, zu bewältigen und zu bearbeiten. Entsprechend benennt Pollock (1981) den bereits erwähnten ständigen *Trauer- und Befreiungsprozeß* als charakteristisch und notwendig für die zweite Hälfte des Erwachsenenlebens.

Die Ergebnisse der Studien zum Problem der *Angst vor Sterben und Tod*[6] sind laut Schmitz-Scherzer (1994, 549) widersprüchlich. Mit gebotener Vorsicht lasse sich jedoch feststellen, daß die Angst vor dem Tod mit zunehmendem Alter eher abnehme. M. Baltes (1984) kam nach Sichtung psychologischer Arbeiten zur Thematik von Sterben und Tod zu folgenden Schlüssen:

-   Es existieren sehr große Unterschiede hinsichtlich der Einstellungen zum Tod bei alten Menschen.
-   Die Bedeutungen, die der Tod für alte Menschen haben kann, variieren ebenfalls sehr stark.
-   Auch die Bewältigungsformen in der Auseinandersetzung mit Sterben und Tod zeigen im Alter große Heterogenität.

Weiters konnte M. Baltes (1984) feststellen, daß alte Menschen im Vergleich zu jüngeren keineswegs eine negativere oder konfliktreichere Einstellung zum Sterben und Tod haben. Die gedankliche Auseinandersetzung mit dem Thema Sterben und Tod scheine vielmehr durch persönliche, situative und soziale Momente ausgelöst zu werden. Munnichs (1966) stellte z.B. fest, daß die Lebenserfahrung alter Menschen, die häufig die Erfahrung des Todes anderer Menschen beinhaltet, die Auseinandersetzung mit der Endlichkeit des eigenen Lebens mit sich bringt.

---

[6] Eine detaillierte Auseinandersetzung mit dem Thema „Sterben und Tod" würde den Rahmen dieses Umschauartikels zu sehr übersteigen.

Daß die Auseinandersetzung mit der eigenen Endlichkeit nicht nur von Trauer und Resignation begleitet sein muß, sondern sogar humorvoll erfolgen kann, zeigt eine Anekdote aus dem Leben Rosa Dworschaks (zu diesem Zeitpunkt immerhin 80 Jahre alt), aufgezeichnet in einem Brief an Margret Mahler:

„M. Enzersdorf, 10.11.76

Liebe Margit!

Einen Scherz, den sich mein Unbewußtes erlaubte, muß ich Dir noch erzählen. Am 2. November (Allerseelentag) hörte ich das Mozart Requiem. Und dabei hatte ich den Gedanken, ich müsse mich prüfen, ob ich überhaupt die Sterbedaten der Menschen, die mir am nächsten standen, noch wüßte. Ich tat es auch und wußte sie. Und dann kam der plötzliche Einfall: ‚Und welcher Tag wird Dein eigener sein?‘ – Und prompt kam der Einfall, blitzschnell und ohne Überlegung: ‚Der 30. Feber.‘
Ich bin also noch nicht bereit und mußte selbst laut lachen. Da ich das Mozart Requiem im Radio und nicht im Konzertsaal hörte, habe ich niemand durch mein Lachen gestört" (Dworschak 1972-1985, 29).

Aus psychologischer Sicht müsse Sterben als ein individuelles Geschehen angesehen werden, das sich einem pauschalen Zugang verschließt. In diesem Zusammenhang sei zur Vorsicht gegenüber Modellen von „Sterbephasen" zu raten, plädiert Klingenberger (1996). Ein solches Modell wurde z.b. von Kübler-Ross (1983) entwickelt. Biographische Erfahrungen und die dadurch mitbestimmte Persönlichkeitsentwicklung seien neben dem sozialen Umfeld der Sterbenden (und ihrer Integration darin) nach Schmitz-Scherzer (1995, 249) für den individuellen Sterbeprozeß bedeutsam: Insbesondere der frühere *Lebensstil*, die *rückblickende Lebensbilanzierung* und das *Sinnerleben* in der aktuellen Situation beeinflussen und gestalten das persönliche Sterbegeschehen.
Die beschriebenen Verlusterlebnisse bzw. die Angst davor führen oft zu *Schlafstörungen, Depressionen* und ähnlichen Erscheinungen. Ist es bei Kindern, Jugendlichen und jüngeren Erwachsenen mittlerweile durchaus Usus, mit derartigen Problemen Psychologen, Beratungsstellen oder Therapeuten aufzusuchen, bringt der Gang des älteren und alten Menschen zum Arzt (der in den meisten Fällen keine Beratung oder Therapie empfiehlt) oft weiter nichts als eine Menge Schlafmittel oder Tranquilizer ein. Schlafstörungen und Depressionen scheinen oftmals als etwas empfunden zu werden, was zum Alter eben einfach dazu gehört. Einer der wenigen Ausnahmen, die sich auch aus psychoanalytischer Sicht mit *Schlafstörungen im Alter* beschäftigt, ist Kemper (1995). Der Autor hat sich nach eigenen Angaben selbst intensiv mit der Psychoanalyse Alternder sowie der Analyse von Schlafstörungen Alternder befaßt. Kemper (1995) legt zum Thema eine „tiefenpsychologisch orientierte Gruppe-Studie" vor.
Die psychoanalytische Literatur zu *Altern und Depressivität* und deren Behandlung ist etwas umfangreicher. Außer Radebold, dessen Arbeiten bereits

ausführlich zitiert wurden, widmen sich (im deutschsprachigen Raum) der Auseinandersetzung mit Depressionen während des Alterns u.a. Göbel, Kipp/Struwe (1997), Groß, Kipp/Dixon (1997), Heuft (1992a, b), Jakobson (1983), Kipp (1995, 1997), Kipp/Dixon (1998), Kipp/Jüngling (1994), Kipp, Unger/Wehmeier (1996), Kruse (1992a, b), Mitscherlich (1966, 1989), Schmidt-Degenhard (1990) und Torok (1983).

Über psychoanalytische *Einzeltherapie* mit Altenheimbewohnern, die häufig an depressiven Symptomen leiden, berichtet Solm-Wildenfels (1994). Ein Buch über psychoanalytische *Gruppentherapie mit dementen Bewohnern von Altersheimen* und *Balintgruppen in der Altenarbeit* haben Hartmann u.a. (1992) veröffentlicht. Dabei wird in der Therapie das Einbringen von *lebensgeschichtlichen Bezügen* der Patienten von den Therapeuten als wichtiger Bestandteil der Therapie angesehen und daher aktiv gefördert. Durch die gemeinsam erlebte Geschichte erwartet man eine bessere Orientierung zur Person, eine Verstärkung des Selbstwertgefühls und Anknüpfungspunkte für Kontakte.

Daß lebensgeschichtliche Bezüge in der Altenbildung (Geragogik, Sozialgeragogik[7], Gerontagogik) eine große Rolle spielen, soll im anschließenden Kapitel weiter vor Augen geführt werden.

5. Zur Bildungsarbeit mit alten Menschen

„Bildungsarbeit mit alten Menschen zu betreiben, erfordert ein Bild vom alten Menschen und einige Vorstellungen vom Alter. Dies wird nur auf der Ebene einer persönlichen Standortbestimmung möglich sein. Ein einheitliches Bild vom alten Menschen, eine uniforme Auffassung des Alters und eine allgemeinverbindliche Einstellung zum Tode wird es nicht geben und ist wohl auch gar nicht wünschenswert. Es sind diese Positionen von der individuellen Biographie, dem persönlichen Lebenszusammenhang und dem Selbsterleben als Subjekt abhängig. Ein abstraktes Menschenbild, das sich als in philosophischen Kategorien beschriebenes Ziel darstellt, halten wir im Hinblick auf pädagogisches Handeln für unbrauchbar. Das Menschenbild muß erlebt, im eigenen Leben verwirklicht und in der Beziehung von Subjekt zu Subjekt vollzogen werden" (Marcel/Petzold 1976, 9).

Marcels und Petzolds anthropologische Bemerkungen zur Bildungsarbeit mit alten Menschen erscheinen über die Altenbildung hinaus von grundsätzlicher Bedeutung, denn ein Bild vom Menschen und seinem Werden zu haben, ist die Bedingung für ein konstruktives und menschengerechtes Handeln an und mit ihm. Dieser Ansicht schließt sich auch Bittner (1996, 230f) an, der sowohl den „Verlust der psychologisch-anthropologischen ... Dimension der Pädagogik" als auch „die zunehmende Ausklammerung der Subjektperspektive, der Perspektive

---

[7] Vgl. dazu auch die Arbeiten von Petzold (1965), Kruse (1988) und Hartmann u.a. (1992).

des um seinen Weg in der Welt ringenden Menschen" beklagt. Auch für R. Evers (1999, 9), der sich mit „Alter und Bildung" beschäftigt, sind „Lebensgeschichte" und „Subjektwerdung" grundlegende Perspektiven, „so daß auf eine umfassende Rekonstruktion des Bildungsbegriffes verzichtet werden kann". Das Verfassen und Erzählen der Lebensgeschichte sei Ausdruck einer individuellen Reflexivität, die nicht auf das bloße Bewußtsein von sich selbst reduziert werden kann, Reflexivität meine vielmehr insbesondere, daß Menschen den Prozeß Leben beeinflussen, indem sie über ihr Gewordensein und ihr weiteres Werden nachdenken, erläutert Evers (1999, 49). Die Lebensgeschichte und das lebensgeschichtliche Erzählen führen so nach R. Evers (1999, 208) in das Zentrum von Bildung selbst, da es auf die Bedingungen und Möglichkeiten der Subjektwerdung bezogen ist und für den Bildungsprozeß fruchtbar gemacht werden kann. In diesem Sinn nimmt auch Eirmbter (1979) zur Betrachtung von Lebensgeschichten Stellung. Wenn man sich nun im Kontext von Bildung Lebenskrisen und Entwicklungsaufgaben im Alter stellt, so R. Evers (1999, 212), hätte man es damit zu tun, die Wahrnehmung der eigenen Person wie die der Umwelt zu fördern und jene Erfahrungen zu ermöglichen, die positive Selbstbilder stärken und Zufriedenheit stützen. Es gäbe folgerichtig Motive für die Altenbildung, die den Aufbau und die Stabilisierung von Selbstentwürfen in den Mittelpunkt stellen, um den Menschen zu Orientierungen für ihr Leben zu verhelfen. Altenbildung könne so als Hilfe zur Bewältigung von Entwicklungsaufgaben und biographischen Krisen aufgefaßt werden. So gesehen ist psychotherapeutische Literatur pädagogische Literatur, freilich nur einen Ausschnitt von Bildung thematisierend, nämlich das Vorliegen von behandlungsbedürftigen Lasten, die Bildungsarbeit im psychotherapeutischen Setting wünschenswert erscheinen lassen (vgl. Datler 1995).

Zusammenfassend möchte ich noch einmal kurz folgendes festhalten:

Seit Sigmund Freud gibt es Widerstände gegen eine psychoanalytische Auseinandersetzung mit dem fortschreitenden Erwachsenenalter. Auch heute ist die Gruppe, die sich im deutschsprachigen Raum mit psychoanalytischer Alternsforschung beschäftigt, sehr klein. Wurde früher in psychoanalytischen Entwicklungstheorien das Altern vor allem als ein regressiver Prozeß angesehen (vgl.
Kapitel 3.1), so tendiert man in der jüngeren Literatur eher zu der Ansicht, daß auch im Alter „echte" Entwicklungsschritte vollzogen werden können (vgl. Kapitel 3.2). Wendet man sich dem Thema *Altenbildung* zu, so findet man zwar einige wenige Ansätze pädagogisch-therapeutischer Altenarbeit, aber von einem *psychoanalytisch-pädagogischen Verständnis von Bildungsarbeit mit älteren und alten Menschen* ist man noch meilenweit entfernt. Die oben angeführten Äußerungen könnten zumindest eine Anregung sein, darüber nachzudenken,

was eine psychoanalytische Pädagogik für ältere und alte Menschen selbst und für diejenigen, die mit ihnen arbeiten, leisten kann. Wenigstens einer befindet sich bereits mitten im Nachdenken: Wiederum ist es Günther Bittner, der sich diesmal in seiner neuesten Publikation (die in absehbarer Zeit bei Kohlhammer erscheinen wird) mit der *Pädagogik des Erwachsenenalters* auseinandersetzt. Seien wir also gespannt darauf, was Bittner zum Thema „Altern und Bildung" zu sagen hat!

6. Kurzer Ausblick

Im Sinne der vorangegangenen Ausführungen sollte eine Psychoanalyse bzw. eine Psychoanalytische Pädagogik, die sich in differenzierter Weise mit dem Alter(n) auseinandersetzt, hilfreich für alle Beteiligten sein: Sie sollte (1.) dem alternden Menschen eine Unterstützung sein, mit sich verändernden äußeren Realitäten und inneren Wirklichkeiten zurechtzukommen, und sie sollte (2.) denjenigen Menschen helfen, die mit ihnen leben und arbeiten bzw. sie betreuen, damit diese Möglichkeiten erhalten, das So-Geworden-Sein der Älteren und Alten (auch in der Auseinandersetzung mit dem eigenen Älterwerden) besser zu verstehen. Dabei geht es auch um das Verstehen der Beziehung zwischen dem Helfer (= Jüngerer) und dem alten Menschen und – seitens der Helfer – um das Erkennen von Möglichkeiten der Unterstützung.

Das Schlußwort erhält Rosa Dworschak, die – wiederum in einem Brief an Margret Mahler – folgende Überlegungen zum Thema Alter mitteilt und dabei ihre Skepsis ausdrückt, was die Möglichkeit des Verstehens alter Menschen von Seiten jüngerer anlangt:

„M. Enzersdorf, 8.11. 73

Liebe Margit!

Vor allem habe ich das Bedürfnis, doch nochmals sehr herzlich für meinen Aufenthalt bei Dir danken zu dürfen. Nie hätte ich mir vorgestellt, daß ich einmal New York sehen werde. Wenn man, -- ich muß noch viel darüber nachdenken, -- von einer Sache sagen kann, daß sie einen umwirft, dann hat es New York getan. Zunächst in des Wortes wahrster Bedeutung. Hier angekommen, waren wir beide mit einem Schnupfen und Katarrh behaftet, von dem wir noch nicht erholt sind. Ich hatte aber den Eindruck, daß dies nur der äußere Ausdruck war für etwas, das nicht leicht verarbeitet werden konnte. Und nach und nach bin ich darauf gekommen. Niedergeworfen wird man als alter Mensch von der Erkenntnis, daß man nicht ein Pünktchen, wie man angenommen hat, ist, sondern gar nichts, überhaupt nichts.

174

Wahrscheinlich wirken die hohen Gebäude, die unendlich vielen Menschen, die fremde Sprache, der Trubel als eine einzige ungeheure narzißtische Kränkung. Einen Gedanken muß ich Dir noch mitteilen. Wenn sich mit dem aufrechten Gang die Eroberung der Welt aus eigenen Kräften verbindet und damit der Narzißmus erwacht, dann muß im Alter der gleiche Narzißmus immer wieder erschüttert werden, bis der Mensch entweder beigibt --- ich denke z.B. an alte Leute, die übersiedeln müssen, in ein Heim gehen, ihr Zuhause verlieren, -- oder versucht, sich an etwas anderes zu klammern. Frau Dr. Elkisch sagte mir lachend, daß sie sich freue, wenn sie unter Berufung auf ihr Alter eine Verpflichtung absagen könne, sie zähle es zu den Freuden des Alters, nicht mehr alles tun zu müssen, was die anderen verlangen. Manche Alte beschäftigen sich mit religiösen Gedanken irgend einer Art, auch das heißt etwas suchen, was standhält. Und dann gibt es hoffentlich auch eine innere Gelassenheit, der Versuch, über die narzißtische Kränkung hinauszuwachsen. Von einem bin ich überzeugt: daß jüngere Menschen das Alter nicht wirklich verstehen können. Man muß den Augenblick dieser tiefen Kränkung selbst erlebt und hinter sich haben, dann kann man die anderen in der gleichen Lage verstehen" (Dworschak 1972-1985, 3-4).

Literatur

Amèry, J. (1968): Über das Altern. Revolte und Resignation. Klett: Stuttgart

Arentewicz, G., Schmidt, G. (1993): Sexuell gestörte Beziehungen. Konzept und Technik der Paartherapie. Enke: Stuttgart

Baltes, M. (1984): Altern und Tod in der psychologischen Forschung. In: Winau, R., Rosemeier, H.P. (Hrsg.): Tod und Sterben. De Gruyter: Berlin, 237-251

Battegay, R. (1992): Abnahme des Narzißmus im Alter und Suizid. In: Schw. A. Neurol. Psych. 143, 293-306

Bechtler, H. (1995): „ ... also, ich mach mir ja schon selber Mut." Die Wechseljahre aus der Sicht betroffener Frauen. In: psychosozial 60 (2), 9-32

Bittner, G. (1996): Kinder in die Welt, die Welt in die Kinder setzen. Eine Einführung in die pädagogische Aufgabe. Kohlhammer: Stuttgart, Berlin, Köln

Blonski, H. (Hrsg.): Alte Menschen und ihre Ängste. Ursachen, Behandlung, praktische Hilfen. Reinhardt: München, Basel

Bollnow, O.F. (1962): Das hohe Alter. In: Neue Sammlung 2, 385-396

Bowlby, J. (1972): Separation. Penguin: Harmondsworth

Boothe, B. (1990): Trennung-Alleinsein-Aufbruch als Schritte weiblicher Entwicklung in psychoanalytischer Sicht. In: Zeitschrift f. Psychosomatische Medizin und Psychoanalyse, 316-331

Bracker, M. (1990): Alte aller Frauen Länder. Gemeinsamkeit macht stark. Selbstverl. d. Interdiszipl. Arbeitsgr. f. Angewandte Soziale Gerontologie: Kassel

Brown, D.P., Laskin, S.D. (1991): Unser Körper – Unser Leben. Über das Älterwerden. Ein Handbuch für Frauen. Rowohlt: Reinbek

Bruggemann, J.A. (1998): Realer und phantasierter Objektverlust im Alter. In: Teising, M. (1998): Äußere Realität, innere Wirklichkeiten. Psychoanalytische Beiträge zum Prozeß des Alterns. Westdeutscher Verlag: Opladen, Wiesbaden, 157-170

Cadura-Saf, D. (1986): Das unsichtbare Geschlecht. Rowohlt: Reinbek

Chasseguet-Smirgel, J. (Hrsg.) (1974) Psychoanalyse der weiblichen Sexualität. Suhrkamp: Frankfurt/Main

Chasseguet-Smirgel, J. (1988): Zwei Bäume im Garten. Zur psychischen Bedeutung der Vater- und Mutterbilder. Verlag Internationale Psychoanalyse: München, Wien

Colarusso, C.A, Nemiroff, R.A. (1981): Adult development. Plenum Press: New York

Colarusso, C.A., Nemiroff, R.A. (1987): Clinical implications of adult development theory. In: American Journal Psychiatry 144 (10), 1263-1270

Cyran, W., Halhuber, M.J. (1992): Erotik und Sexualität im Alter. G. Fischer: Stuttgart, Jena, New York

Daimler, R. (1991): Verschwiegene Lust. Frauen über 60 erzählen von Liebe und Sexualität. Kiepenhauer: Köln

Datler, W. (1995): Bilden und Heilen. Auf dem Weg zu einer pädagogischen Theorie psychoanalytischer Praxis. Grünewald: Mainz

Deutsch, H. (1925): Psychoanalyse der weiblichen Sexualfunktionen. Internationaler psychoanalytischer Verlag: Wien

Dietrichs, H., Mitscherlich, M. (1980): Männer. Zehn exemplarische Geschichten. Fischer: Frankfurt/Main

Dworschak, R. (1972): Die Phase des Alters. In: Sozialarbeit in Österreich 19, 25-28

Dworschak, R. (1972-1985): Die Südstadt schreibt an New York. Briefe an Margit Schönberger (Margret S. Mahler). Unveröffentlichtes Manuskript aus dem Nachlass Rosa Dworschaks

Eirmbter, E. (1979): Altenbildung. Zur Theorie und Praxis. Junfermann: Paderborn

Erikson, E.H. (1950): Kindheit und Gesellschaft. Klett: Stuttgart, 1998

Erikson, E.H. (1982): Der vollständige Lebenszyklus. Suhrkamp: Frankfurt/Main, 2000

Evers, R. (1999): Alter-Bildung-Religion. Eine subjekt- und bildungstheoretische Untersuchung. Kohlhammer: Stuttgart, Berlin, Köln

Feigl, S., Pable, E. (Hrsg.): Väter unser. Reflexionen von Töchtern und Söhnen. Österr. Staatsdruckerei: Wien

Friedan, B. (1995): Jenseits des jugendlichen Männlichkeitsideals. In: Friedan, B. (Hrsg.): Mythos Alter. Rowohlt: Reinbek, 215-243

Freud, A. (1963): The concept of developmental lines. Psychoanalytic study of child 18, 245-265

Freud, S. (1898): Die Sexualität in der Ätiologie der Neurosen. GW I. Fischer: Frankfurt/Main, 1968, 489-516

Freud, S. (1904): Die Freudsche psychoanalytische Methode. GW V. Fischer: Frankfurt/Main, 1968, 1-11

Freud, S. (1905): Über Psychotherapie. GW V. Fischer: Frankfurt/Main, 1968, 11-26

Freud, S. (1913a): Die Disposition zur Zwangsneurose. GW VIII. Fischer: Frankfurt/Main, 1967, 449-450

Freud, S. (1918): Aus der Geschichte einer infantilen Neurose. GW XII. Fischer: Frankfurt/Main, 1968, 125-232

Freud, S. (1920): Jenseits des Lustprinzips. GW XIII. Fischer: Frankfurt/Main, 1968, 1-34

Freud, S. (1932): Neue Folge der Vorlesungen zur Einführung in die Psychoanalyse. GW XV. Fischer: Frankfurt/Main, 1968

Freud, S. (1937): Die endliche und unendliche Analyse. GW XVI. Fischer: Frankfurt/Main, 1967, 59-99

Friday, N. (1973): Die sexuellen Phantasien der Frauen. Rowohlt: Reinbek, 1980

Gidion, H. (1988): Und ich soll immer alles verstehen ... Auf den Spuren von Müttern und Töchtern. Herder: Freiburg

Gidion, H. (1993): Was sie stark macht, was sie kränkt. Töchter und ihre Väter. Herder: Freiburg

Gilmore, D. (1991): Mythos Mann. Artemis & Winkler: München

Göbel, H., Kipp, J., Struwe, B. (1997): Die Symptomatik der Altersdepression und die Diagnose nach ICD 10. In: Radebold, H. (Hrsg.): Depression im Alter. Steinkopff: Daemstadt

Gravenhorst, L., Tatschmurat, C. (Hrsg.) (1990): Töchter-Fragen. NS-Frauengeschichte. Kore: Freiburg

Greenspan, St., Pollock, G. (Hrsg.) (1981): Adulthood and the aging process. The course of life. Vol. IV. National Institute of Health: Maryland

Groß, M., Kipp, J., Dixon, N. (1997): Erfahrungen mit einer intensiven Gruppentherapie für Altersdepressive. In: Radebold, H. (Hrsg.): Altern und Psychoanalyse. Steinkopff: Darmstadt

Gutmann, D. (1981): Psychoanalysis and aging: a developmental view: In: Greenspan, St., Pollock, G. (Hrsg.): Adulthood an the aging process. The course of life. Vol. III. National Institut of Health: Maryland, 489-518

Harsch, H.E. (1996): Zwei-Mütter-Kindheit und Alter bei Freud, Ödipus, Leonardo, Michelangelo und Moses. In: psychosozial 66 (4), 23-32

Hartmann, Y., Schoenicke, K., Schmidt-Schneider u.a. (Hrsg.): Altersdemenz – Verzicht auf Leben? Therapie und Pflege auf neuen Wegen. Fischer: Frankfurt/Main

Heuft, G. (1990): Bedarf es eines Konzeptes der Eigenübertragung? In: Forum Psychoanalyse 6, 299-315

Heuft, G. (1992a): Formen und Erscheinungsbilder depressiver Syndrome. In: Hirsch, R.D. (Hrsg.): Altern und Depressivität. Huber: Bern, Göttingen, Toronto, 29-44

Heuft, G. (1992b): Depression, Suizidalität und Sterben. In: Hirsch, R.D. (Hrsg.): Altern und Depressivität. Huber: Bern, Göttingen, Totonto, 119-128

Heuft, G. (1994): Persönlichkeitsentwicklung im Alter – ein psychoanalytisches Entwicklungsparadigma. Zeitschrift f. Gerontologie 27, 116-121

Heuft, G. (1997): Auf dem Weg zu einem empirisch gestützten psychoanalytischen Entwicklungsmodell der zweiten Hälfte des Erwachsenenlebens. In: Radebold, H. (Hrsg.): Altern und Psychoanalyse. Vandenhoeck & Ruprecht: Göttingen, 41-53

Heuft, G., Kruse, A., Nehen, H.G. u.a. (Hrsg.) (1995): Interdisziplinäre Gerontopsychosomatik, Geriatrie Praxis. MMV Medizin-Verlag: München

Heuft, G.,,, Kruse, A., Lohmann, R. u.a. (1995): Psychosomatische Aspekte des Schmerzerlebens im Alter – Ergebnisse aus der Eldermen-Studie. In: Zeitschrift f. Gerontologie u. Geriatrie 28, 349-357

Hildebrand, H. (1982): Psychotherapy with older patients. Journal Medical Psychology 55, 19-28

Hinze, E. (1987): Übertragung und Gegenübertragung in der psychoanalytischen Behandlung älterer Patienten. In: Psyche 41, 238-253

Hinze, E. (1990): Die psychoanalytische Behandlung von Älteren. In: Hirsch, R.D. (Hrsg.): Psychotherapie im Alter. Huber: Bern, 83-89

Hinze, E. (1995): Angst und Alter: eine psychoanalytische Annäherung. In: Blonski, H. (Hrsg.): Alte Menschen und ihre Ängste. Ursachen, Behandlung, praktische Hilfen. Reinhardt: München, Basel, 118-136

Hinze, E. (Hrsg.) (1996): Männliche Identität und Altern. psychosozial, Schwerpunktheft 1996 (4). Psychosozial Verlag: Gießen

Hirsch, R.D. (1993): Balintgruppe und Supervision in der Altenarbeit. Reinhardt: München, Basel

Hirsch, R.D. (1994a): Medizinische Objekte in der Psychotherapie. In: Radebold, H., Hirsch, R.D. (Hrsg.): Altern und Psychotherapie. Huber: Bern, 83-92

Hirsch, R.D. (1997): Aggression während des Alterns. Psychoanalytische Aspekte. In: Radebold, H. (Hrsg.): Altern und Psychoanalyse. Psychoanalytische Blätter 6. Vandenhoeck & Ruprecht: Göttingen, 100-120

Hite, S. (1976): Hite-Report. Das sexuelle Erleben der Frau. Fischer: Frankfurt, 1980

Hoffmann, H. (Hrsg.): Jugendwahn und Altersangst. Athenäum: Frankfurt/Main

Hurwitz, M. (1992): A Psychoanalyst Retires. In: Pollock, G.H. (Hrsg.): How psychiatrists look at aging. International University Press: Madison, 97-108

Jakobson, E. (1983): Depression. Eine vergleichende Untersuchung normaler, neurotischer und psychotisch-depressiver Zustände. Suhrkamp: Frankfurt/Main

Jaques, E. (1965): Death and the mid-life crisis. In: International Journal f. Psychoanlysis 46, 502

Jaques, E. (1981): The midlife crisis. In: Greenspan, S.I., Pollack, G.H. (Hrsg.): Adulthood and the aging process. Vol. III. The course of life. US Department of Health: Washington, 1-24

Jovic, N.I., Uchtenhagen, A. (Hrsg.) (1995): Psychotherapie und Altern. Methoden und Erfahrungen. Gutes Umgehen mit eigenem und fremden Alter. Neue Wege und Hinweise für die Praxis. Fachverlag: Zürich

Junkers, G. (1995): Klinische Psychologie und Psychosomatik des Alterns. Schattauer: Stuttgart, New York

Kamper, D. (1996): Altersradikalität. In: Hoppe, B., Wulf, C. (Hrsg.): Altern braucht Zukunft. Europäische Verlagsanstalt: Hamburg, 44-56

Kaufmann, I. (1940): Old age and aging. The psychoanalytic point of view. In: American Journal f. Orthopsychiatry 10, 73-79

Keen, S. (1992): Feuer im Bauch. Über das Mann-Sein. Kabel: Hamburg

Kemper, J. (1990): Alternde und ihre jüngeren Helfer. Reinhardt: München, Basel

Kemper, J. (1995): Schlafstörungen im Alter erklären und behandeln. Reinhardt: München, Basel

Kinast-Scheiner, U. (1999): Geschwisterbeziehungen: Ein Bericht über tiefenpsychologische und psychoanalytisch-pädagogische Veröffentlichungen. In: Datler, W., Finger-Trescher, U., Büttner, Ch. (Hrsg.): Jahrbuch f. Psychoanalytische Pädagogik 10. Psychosozial: Gießen, 146-171

Kinsey, A.C., Pomeroy, W.B., Martin, C.E. u.a. (1953): Das sexuelle Verhalten der Frau. Fischer: Frankfurt, 1963

Kipp, J. (1995): Stationäre Gruppentherapie mit depressiven Menschen im Alter. In: Jovic, N., Uchtenhagen, A. (Hrsg.): Psychotherapie und Altern. Fachverlag: Zürich, 249-260

Kipp, J. (1997): Erinnerung an Kindheit und Jugend bei alten Menschen, In: Radebold, H. Hrsg.): Altern und Psychoanalyse. Psychoanalytische Blätter 6. Vandenhoeck & Ruprecht, 121-138

Kipp, J., Dixon, N. (1998): Altersdepression – ein traumatischer Untergang von Innenwelten. In: Teising, M. (Hrsg.): Altern: Äußere Realität, innere Wirklichkeiten. Psychoanalytische Beiträge zum Prozeß des Alterns. Westdeutscher Verlag: Opladen, Wiesbaden, 221-242

Kipp, J., Jüngling, G. (1994): Verstehender Umgang mit alten Menschen. Fischer: Frankfurt

Kipp, J., Unger, H.P., Wehmeier, P.M. (1996): Beziehung und Psychose. Thieme: Stuttgart

Kipp, J., Jüngling, G. (1991): Eine Einführung in die praktische Gerontopsychiatrie. Verstehender Umgang mit alten Menschen. Springer: Berlin, Heidelberg

Klindworth, G. (1988): Älterwerden. Lebenslaufkrisen von Frauen. AJZ: Bielefeld

Klingenberger, H. (1996): Handbuch Altenpädagogik. Aufgaben und Handlungsfelder der ganzheitlichen Geragogik. Klinkhardt: Bad Heilbrunn

Kruse, A. (1988): Bildung im Alter. In: Zeitschrift f. Gerontologie 21, 179-183

Kruse, A. (1992a): Psychologische Aspekte. In: Hirsch, R.D. (Hrsg.): Altern und Depressivität. Huber: Bern, Göttingen, Toronto, 53-70

Kruse, A. (1992b): Depressionen bei Pflegebedürftigkeit. In: Hirsch, R.D. (Hrsg.): Altern und Depresivität. Huber: Bern, Göttingen, Toronto, 181-194

Kummer, I. (1992): Wendezeit im Leben der Frau. Krisen als Chance zur Wandlung. DTV: München

Kutter, P. (1996): Wiederbelebung, Korrektur und Integration der Adoleszenz im dritten Lebensalter. In: psychosozial 66 (4), 33-42

Kutter, P. (1997): Altern in selbstpsychologischer Sicht. In Radebold, H. (Hrsg.): Altern und Psychoanalyse. Vandenhoeck & Ruprecht: Göttingen, 54-67

Kübler-Ross, E. (1983): Interviews mit Sterbenden. Kreuz: Stuttgart

Langer, M. (1988): Mutterschaft und Sexus. Körper und Psyche der Frau. Kore: Freiburg

Lauritzen, Ch. (1989): Jetzt, da ich älter bin: Wechseljahre und Altern der Frau im Spiegel der Literatur. Universitätsverlag Ulm

Leeds, M. (1960): Senile recession: a clinical entity? In: Journal f. Geriatic Society 8, 122-131

Levin, S. (1963): Libido equilibrium. In: Zinberg, N.E., Kaufmann, J. (Hrsg.): Normal psychology of the aging process. International Press: New York, 160-168

Levinson, D.J. (1978): Das Leben des Mannes. Werdenskrisen, Wendepunkte, Entwicklungschancen. Kiepenhauer & Witsch: Köln

Lidz, T.H. (1968): Das menschliche Leben – Die Entwicklung der Persönlichkeit im Lebenszyklus. Suhrkamp: Frankfurt/Main, 1970

Lindemann, E. (1979): Beyond grief. Studies in crisis intervention. Brunner & Mazel: New York

Linden, M.W. (1963): Repression and recession in the psychoses of the aging. In: Zinberg, N.E., Kaufmann, I. (Hrsg.): Normal psychology of the aging process. International University Press: New York, 125-142

Liptzin, B. (1985): Psychotherapy with the elderly: an Eriksonian perspective. In: Journal f. Geriatric Psychiatry 18 (2), 183-203

Maier, K.U., Baltes, P.B. (1996): Die Berliner Altenstudie. Akademie-Verlag: Berlin

Marcel, G., Petzold, H. (1976): Anthropologische Vorbemerkungen zur Bildungsarbeit mit alten Menschen. In: Petzold, H., Bubolz, G. (Hrsg.): Bildungsarbeit mit alten Menschen

Mitscherlich, A. (1966): Krankheit als Konflikt. Studien zur psychosomatischen Medizin. Suhrkamp: Frankfurt

Mitscherlich, A. (1969): Es ist unschicklich, alt zu werden. In: Ges. Schriften Bd 7. Suhrkamp: Frankfurt/Main, 298-301

Mitscherlich, M. (1985): Die friedfertige Frau. Eine psychoanalytische Untersuchung zur Aggression der Geschlechter. Fischer: Frankfurt

Mitscherlich-Nielsen, M., Dahmer, H., Rosenkötter, L. (Hrsg.) (1988): Zur psychosexuellen Entwicklung der Frau. Themenheft. Psyche 4

Mittelstraß, J. (1992): Zeitformen des Lebens: Philosophische Unterscheidungen. In: Baltes, P.B., Mittelstraß, J., Staudinfer, U. (Hrsg.) (1994): Alter und altern: ein interdisziplinärer Studientext zur Gerontologie. De Gruyter: Berlin, 386-407

Moore, J.T., Christenson, R.M. (1988): Significance of premorbid adjustment and psychotherapy in selected case studies. In: International Aging Human Development: 26(2), 117-128

Munnichs, J.M.A. (1966): Old age and finitude. A contribution to social gerontology. Karger: Basel

Needham, J. (1931): Chemical embryology. Macmillan: London

Owen, U. (Hrsg.) (1983): Väter. Schriftstellerinnen schreiben über ihren Vater. Heyne: München

Parkes, C.E. (1972): Vereinsamung. Rowohlt: Hamburg, 1974

Parkes, C.E. (1980): Bereavement. Studies of grief in adult life. Penguin Books: Harmondsworth

Peck, R. (1956): Psychologische Entwicklung in der zweiten Lebenshälfte. In: Thomae, H., Lehr, U. (Hrsg.): Altern – Probleme und Tatsachen. Akademische Verlagsgesellschaft: Frankfurt/Main, 530-544

Petzold, H. (1965): Mit alten Menschen arbeiten. Bildungsarbeit, Psychotherapie, Soziotherapie. Heyne: München, 1985

Pollock, G. (1981): Aging or aged: Development of pathology. In: Greenspan, St., Pollock, G. (Hrsg.): Adulthood and the aging process. Vol III. The course of life. National Institut of Health: Maryland, 549-586

Pollock, G., Greenspan, St. (Hrsg.) (1993): Late adulthood. The course of life. Vol. VI. Intern. Univ. Press: Madison

Pollock, G., Greenspan, St. (Hrsg.) (1996): The aging process. The course of life. Vol. VII. Intern. Univ. Press: Madison

Radebold, H. (1972a): Der psychotherapeutische Zugang zu Patienten mit einer cerebralen Gefäßinsuffizienz. In: Zeitschrift f. Präklinische Geriatrie 2: 195 – 200

Radebold, H. (1972b): Gruppenpsychotherapie und geriatrische Sozialarbeit. In: Kanowski, S. (Hrsg.): Gerontopsychiatrie 2. Janssen: Düsseldorf, 324-328

Radebold, H. (1973): Regressive Phänomene im Alter und ihre Bedeutung in der Genese depressiver Erscheinungen. In: Zeitschrift f. Gerontologie 6, 409-419

Radebold, H. (1974): Zur Indikation direkter und indirekter psychotherapeutischer Verfahren im Bereich der Geriatrie. In: Aktuelle Gerontologie 4, 479-483

Radebold, H. (1976): Psychoanalytische Gruppentherapie mit älteren und alten Patienten (II. Mitteilung über spezifische Aspekte). In: Zeitschrift f. Gerontologie 9, 128-142

Radebold, H. (1979a): Möglichkeiten und Einschränkungen von Behandlungsverfahren in den Versorgungssys- temen Psychotherapie/Psychosomatik und Soziale Therapie. Zeitschrift f. Gerontologie 12, 149-155

Radebold, H. (1979b): Der psychoanalytische Zugang zu den älteren und alten Menschen. In: Petzold, H., Bubolz, E. (Hrsg.): Psychotherapie mit alten Menschen. Junfermann: Paderborn, 89-108

Radebold, H. (1979c): Psychosomatische Aspekte in der Geriatrie. In: Uexküll, Th. (Hrsg.): Psychosomatische Medizin. Urban und Schwarzenberg: München, 728-744

Radebold, H. (1983a): Analytische Gruppenpsychotherapie mit älteren Patienten im Rahmen der psychothera- peutischen Universitätsambulanz. In: Radebold, H. (Hrsg.): Gruppenpsychotherapie im Alter. Vandenhoeck & Ruprecht: Göttingen, 77-84

Radebold, H. (Hrsg.) (1983b): Gruppenpsychotherapie im Alter. Vandenhoeck & Ruprecht: Göttingen

Radebold, H. (1984): Das Bild vom alternden Menschen. In: Fragmente 10, 6-24 mit einem 68jährigen Mann. In: Ostermann, K., Radebold, H., Schmitz-Scherzer, R. (Hrsg.): Lebensqualität und Alter. Johannes Stauda: Kassel, 152-158

Radebold, H. (1986a): Die Lebenssituation des Älteren und ihre Wahrnehmung und Beurteilung durch den Jüngeren – dargestellt am Beispiel eines psychoanalytischen Erstinterviews

Radebold, H. (1986b): Spezifische Konflikte und Verhaltensweisen alternde Männer. Erfahrungen aus der (psychoanalytischen) Psychotherapie. Zeitschrift f. Gerontologie 19, 240-243

Radebold, H. (1990): Partnerschaft und Sexualität aus psychoanalytischer Sicht. In: Karl, F., Friedrich, I. (Hrsg.): Partnerschaft und Sexualität im Alter. Steinkopf: Darmstadt, 53-57

Radebold, H. (1991): Identitätsprobleme von Frauen im höheren Erwachsenenalter. In: Richter, H.-E., Wirsching, M. (Hrsg.): Neues Denken in der Psychosomatik. Fischer: Frankfurt/Main, 153-164

Radebold, H. (1992a): Psychodynamische Sicht und Psychotherapie Älterer. Springer: Berlin, Heidelberg

Radebold, H. (1992b): Psychoanalyse und Altern. Kasseler Gerontologische Schriften 14

Radebold, H. (1994a): Freuds Ansichten über die Behandelbarkeit Älterer. Zeitschrift f. psychoanalytische Theorie und Praxis 9, 247-259

Radebold, H, (1994b): Psychoanalytische Psychotherapie und Psychoanalyse im höheren und hohen Erwachsenenalter. Zeitschrift f. psychoanalytische Theorie und Praxis 9, 439-451

Radebold, H. (1995): Eine Psychoanalyse zwischen dem 64. Und 69. Lebensjahr. Zur Entwicklung einer ehemals ausgeprägt depressiven Frau. In: psychosozial 60 (2), 71-78

Radebold, H. (1996a): Psychosomatische Sicht Alternder. In: Uexküll, T. (Hrsg.): Psychosomatische Medizin. Urban & Schwarzenberg: München, 1162-1182

Radebold, H. (1996b): Abschließende Bemerkungen zum Symposium „Der alternde Mann". In: psychosozial 66 (4), 69-70

Radebold, H. (1997): Psychoanalyse und Altern. Zwei einander Fremde beginnen den Dialog. In: Radebold, H. (Hrsg.): Altern und Psychoanalyse. Psychoanalytische Blätter 6. Vandenhoeck & Ruprecht: Göttingen, 5-20

Radebold, H. (1998): Körperliche Krankheiten Alternder und ihre innerpsychische Bedeutung. In: Teising, M. (Hrsg.): Altern: Äußere Realitäten und innere Wirklichkeiten. Westdeutscher Verlag: Opladen, Wiesbaden, 141-154

Radebold, H., Bechtler, H., Pina, I. (1973): Psychosoziale Arbeit mit älteren Menschen. Lambertus: Freiburg

Radebold, H., Bechtler, H., Pina, I. (1981): Therapeutische Arbeit mit älteren Menschen. Lambertus: Freiburg

Radebold, H., Schweizer, R. (1996): Der mühselige Aufbruch. Über Psychoanalyse im Alter. Fischer: Frankfurt/Main

Raguse-Staufer, B. (1990): Psychoanalytische Überlegungen zu Klimakterium und Menopause. Zeitschrift f. psychoanalytische Theorie und Praxis 4, 322-335

Raguse-Staufer, B. (1995): Der Einfluß unbewußter Schuldgefühle während der Wechseljahre. In: psychosozial 60 (2), 41-50

Rassek, M. (1996): Männer sind wie fremde Länder. In: psychosozial 66 (4), 15-22

Rentsch, T. (1992): Philosophische Anthropologie und Ethik der späten Lebenszeit. In: Baltes, P.B., Mittelstraß, J., Staudinger, U. (Hrsg.) (1994): Alter und altern: ein interdisziplinärer Studientext zur Gerontologie. De Gruyter: Berlin, 283-304

Ringel, E. (1993a): Das Alter wagen. Wege zu einem erfüllten Lebensabend. Krenmayr & Scheriau: Wien

Ringel, E. (1993b): Das Fazit. Gedanken eines alten Mannes. Zürli: Leimbach

Rosenmayr, L. (1983): Die späte Freiheit, das Alter – Ein Stück bewußt gelebtes Leben. Severin & Siedler: Berlin

Rosenmayr, L. (1994): Sexualität, Partnerschaft und Familie älterer Menschen. In: Baltes, P.B., Mittelstraß, J., Staudinger, U. (Hrsg.): Alter und Altern. Ein interdisziplinärer Studientext zur Gerontologie. De Gruyter: Berlin, 461-491

Rosenmayr, L. (1995): Eros und Sexus im Alter. In: Borscheid, P. (Hrsg.): Alter und Gesellschaft. Wissen-schaftliche Verlagsgesellschaft: Stuttgart, 87-108

Rosenmayr, L. (1996a): Altern im Lebenslauf. Soziale Position, Konflikt und Liebe in den späten Jahren. Vandenhoeck & Ruprecht: Göttingen, Zürich

Rosenmayr, L. (1996b): Eros und Liebe im Alter. In: Baltes, M., Montada, L. (Hrsg.): Produktives Leben im Alter. Campus: Frankfurt/Main, New York, 258-289

Rosenmayr, L. (1997): Psychoanalyse und Alternsforschung. In: Radebold, H. (Hrsg.): Altern und Psychoanalyse. Psychoanalytische Blätter 6. Vandenhoeck & Ruprecht: Göttingen, 21-40

Rubin, L.B. (1982): Sex and sexuality. Women at midlife. In: Kirkpatrick, M. (Hrsg.): Womens's sexual experiance. Explorations of the dark continent. Plenum: New York, 61-82

Shapiro, J. (1994): Männer sind wie fremde Länder. Fischer: Frankfurt

Schlesinger-Kipp, G. (Hrsg.) (1995): Weibliche Identität und Altern. psychosozial, Scherpunktheft 1995 (4). Psychosozial: Gießen

Schmidt-Degenhard, M (1990): Versteinertes Dasein. Zur Geschichte der Melancholie. In: Aus Forschung und Medizin 5, 45-56

Schmitt, M. (Hrsg.) (1986): Fliegende Hitze. Frauen durchleben die Wechseljahre. Fischer: Frankfurt/Main

Schmitz-Scherzer, R. (1994): Sterben und Tod im Alter. In: Baltes, P.B., Mittelstraß, J., Staudinger, U. (Hrsg.): Alter und Altern. Ein interdisziplinärer Studientext zur Gerontologie. De Gruyter: Berlin, New York, 544-562

Schneider, H.D. (1984): Verwitwung. In: Oswald, W.D. (Hrsg.): Gerontologie. Kohlhammer: Stuttgart, 632-638

Schönpflug, , U. (1971): Bedürfnis. In: Ritter, J. (Hrsg.): Historisches Wörterbuch der Philosophie. Schwabe: Basel, 765-771

Sellschopp, A. (1998): Auf-Brüche, Lebensläufe in Deutschland. Forschungen über Werte und Wertewandel im Rückblick auf die nationalsozialistische Zeit. In: Teising, M. (Hrsg.): Äußere Realität, innere Wirklichkeiten. Psychoanalytische Beiträge zum Prozeß des Alterns. Westdeutscher Verlag: Opladen, Wiesbaden, 45-74

Shane, M. (1977): A rationale for teaching analytic technique based on a developmental orientation and approach. In: International Journal Psychoanalysis 58, 95-105

Sies, C. (1995): Beziehungsveränderungen der Frau im Alter. In: psychosozial 60 (2), 51-60

Solms-Wildenberg, I. (1994): Tiefenpsychologisch orientierte Psychotherapie im Altenheim. In: Radebold, H., Hirsch, R.D. (Hrsg.): Altern und Psychotherapie. Huber: Bern, 161-166

Spitz, R.A. (1965): The first year of life. A psychoanalytic study of normal undeviant development of object relations. International University Press: New York

Strotzka, H. (1978): Psychotherapie der Lebensalter. In: Rosenmayr, L. (Hrsg.): Die menschlichen Lebensalter – Kontinuität und Krisen. Piper: München, 395-409

Strotzka, H. (1982): Medizinisch-psychologische Aspekte des Alterns. Österreichische Akademie der Wissenschaften: Wien

Strotzka, H. (1983): Fairness, Verantwortung, Fantasie. Eine psychoanalytische Alltagsethik. Deuticke: Wien

Strotzka, H. (Hrsg.) (1988): Altern. Schwerpunktheft. psychosozial 34

Teising, M. (1992): Alt und lebensmüde – Suizidneigung bei älteren Menschen. Reinhardt: München, Basel

Teising, M. (1996): Suizid im Alter. In: psychosozial 66 (4), 43-52

Teising, M. (Hrsg.) (1998): Altern: Äußere Realität, innere Wirklichkeit. Psychoanalytische Beiträge zum Prozeß des Alterns. Westdeutscher Verlag: Opladen, Wiesbaden

Thomae, H. (1989): Veränderungen der Zeitperspektive im höheren Alter. Zeitschrift f. Gerontologie 22, 58-66

Torok, M. (1983): Trauerkrankheit und Phantasma des „Cadavre exquis". In: Psyche 37, 497-519

Vaillant, G.E. (1977): Werdegänge. Rowohlt: Reinbek, 1980

von Sydow, K. (1991): Psychosexuelle Entwicklung im Lebenslauf. Eine biographische Studie bei Frauen der Geburtsjahrgänge 1895-1936. Roderer: Regensburg

von Sydow, K. (1992a): Eine Untersuchung zur weiblichen Sexualität im mittleren und höheren Erwachsenenalter. In: Zeitschrift f. Gerontologie 25, 105-112

von Sydow, K.: (1992b): Weibliche Sexualität im mittleren und höheren Erwachsenenalter. Übersicht über vorliegende Forschungsarbeiten. In: Zeitschrift f. Gerontologie 25, 113-127

von Sydow, K. (1993a): Sexuelle Entwicklung in der Ehe. In: Sexualmedizin 22, 44-54

von Sydow, K. (1993b): Lebenslust. Weibliche Sexualität von der frühen Kindheit bis ins hohe Alter. Huber: Bern

von Sydow, K. (1994): Die Lust auf Liebe bei älteren Menschen. Reinhardt: München, Basel

von Sydow, K. (1995a): Sexuelle Probleme älterer Frauen. In: Heuft, G., Kruse, A., Nehen, H.G. u.a. (Hrsg.): Interdisziplinäre Gerontopsychosomatik. MMV Medizin Verlag: Vieweg, 82-94

Warsitz, R.P. (1984): Sterben als Verlust und Form von Zukunft. In: Wissenschaftliches Zentrum f. Psychoanalyse, Psychotherapie und psychosoziale Forschung (Hrsg.): Altern und Alter – Psychoanalytische und psychosoziale Beiträge. Fragmente 10, 148-170

Warsitz, R.P. (1992): Veränderungen des Zeiterlebens und Depressionsentwicklung im Alter. In: Radebold, H. (Hrsg.): Psychoanalyse und Altern: Kasseler Gerontologische Schriften 14, 86-109

Warsitz, R.P. (1998): Altern als Verlust und Form von Zukunft. In: Teising, M. (Hrsg.): Äußere Realität und innere Wirklichkeit. Westdeutscher Verlag: Opladen, Wiesbaden, 189-220

Wertheimer, J., Lobrinus, A. (1981): Psychotherapie neurotischer Störungen beim alten Menschen: eine neue Öffnung ins Leben. In: Zeitschrift f. Gerontologie 14 (1), 22-33

Willi, I. (1976): Die Zweierbeziehung. Spannungsursache, Störungsmuster, Klärungsprozesse. Rowohlt: Reinbek

Willi, I. (1986): Die Ehe im Alter in psycho-ökologischer Sicht. In: Familiendynamik 4, 294-306

Katharina Ereky und Judit Richtarz

Über aktuelle Publikationen zu verschiedenen Fragestellungen Psychoanalytischer Pädagogik[*]

Der langjährigen Tradition folgend wird auch diesmal das Jahrbuch für Psychoanalytische Pädagogik mit einem Beitrag über jüngere Publikationen aus dem Schnittfeld von Pädagogik und Psychoanalyse abgerundet. Wir wollen darin einen Überblick über das weite Spektrum an Themen und Fragestellungen geben, mit welchen sich psychoanalytisch-pädagogisch orientierte Autoren und Autorinnen zur Zeit beschäftigen. Die Besprechung der in diesem Beitrag erfaßten Veröffentlichungen ist nach folgender Systematik gegliedert:

1. Publikationen zu grundlegenden Fragestellungen Psychoanalytischer Pädagogik
2. Jüngere Literatur zu verschiedenen Praxisbereichen sowie zur Geschichte der Psychoanalytischen Pädagogik
3. Beiträge zu entwicklungspsychologischen und sozialisationstheoretischen Fragestellungen
4. Veröffentlichungen zu weiteren Themenstellungen mit psychoanalytisch-pädagogischer Relevanz

Aufgenommen wurden ebenso einige Beiträge zur Bindungstheorie, da bindungstheoretische Überlegungen in den letzten Jahren auch aus psychoanalytischer Sicht wiederum verstärkt rezipiert werden.

1. Publikationen zu grundlegenden Fragestellungen Psychoanalytischer Pädagogik

Unter den jüngst erschienenen Veröffentlichungen zur Psychoanalytischen Pädagogik befanden sich keine Publikationen, in denen die Frage nach der Grund-

---

[*] Anmerkung der Redaktion: Diese Umschauartikel sollen das Fehlen einer regelmäßig erscheinenden Bibliographie „Psychoanalytische Pädagogik" ein wenig kompensieren. Um dieses Vorhaben möglichst umfassend realisieren zu können, bittet die Redaktion auch weiterhin: alle AutorInnen, Zeitschriftenredaktionen und Verlage mit Nachdruck, uns entsprechende Rezensionsexemplare, Sonderdrucke oder zumindest Literaturhinweise zukommen zu lassen; um Hinweise bezüglich einzelner Publikationen, die seit 1995 erschienen sind und bisher weder in Dokumentationsartikeln noch im Rezensionsteil berücksichtigt werden konnten; darüber hinaus um Hinweise bezüglich Veröffentlichungen, die im kommenden Jahr erscheinen werden. - Rezensionsexemplare, Sonderdrucke und Literaturhinweise bitte an: *Ao Univ.Prof. Dr. Wilfried Datler, Institut für Erziehungswissenschaft an der Universität Wien, Universitätsstraße 7, 6. Stock, A-1010 Wien.*

184

legung und dem Selbstverständnis von Psychoanalytischer Pädagogik explizit behandelt wurde. Wir wollen an dieser Stelle jedoch ein Buch vorstellen, in dem sich ein Autor mit grundlegenden Fragestellungen der *Pädagogik* auseinandersetzt und dabei zumindest immer wieder auf psychoanalytisch-pädagogische Überlegungen Bezug nimmt. Die Rede ist von Manfred Gerspachs (2000) „Einführung in pädagogisches Denken und Handeln": Was ist pädagogisches Handeln und wie läßt sich feststellen, ob ein beobachtbares Handeln Erziehung ist oder nicht? Und was ist „richtige" Erziehung? Auch oder gerade weil es auf diese Fragen keine einheitlichen und konsensfähigen Antworten und „keine objektive Wahrheit mehr zu verteidigen" (Gerspach 2000, 12) gibt, unternimmt Gerspach (2000) in seinem kürzlich erschienenen Buch den Versuch, „die Pädagogik in eine halbwegs vertretbare Systematik zu bringen, um sie handhabbar zu halten" (ebd., 8). Eines ist für Gerspach dabei klar: In die Vorstellung von Erziehung gehen die eigenen Erfahrungen, Erinnerungen, Phantasien und Interpretationen immer mit ein, und daher wird bei der Beschäftigung mit Erziehung immer die eigene Identität mitthematisiert und am Ende auch verändert (ebd., 20). Da schließlich niemand zu sich selbst ein neutrales Verhältnis (ebd., 21) hat, muß das Wissen (des Pädagogen) eingehend reflektiert werden. Mit grundsätzlichen Überlegungen dieser Art eröffnet Gerspach seine überaus anregenden Reflexionen über pädagogisches Denken und Handeln und verstrickt seinen Leser gleichsam unbemerkt in eine immer differenzierter werdende Diskussion zentraler Begriffe der Pädagogik. Dabei streicht er unter Bezugnahme auf psychoanalytische Konzepte die basale Bedeutung des Verstehens für gelingende Erziehungs- und Sozialisationsprozesse heraus: „Ein verstehender Zugang zum wechselseitigen Beziehungsgeflecht eröffnet Einsichten in das zunächst unter der Oberfläche Verborgene" (ebd., 59).

Im weiteren Verlauf wendet sich Gerspach den Möglichkeiten einer Theorie der Pädagogik und ihren prinzipiellen, d.h. anthropologischen Auffassungen vom Menschen zu. In seinen „Konturen einer pädagogischen Anthropologie" entfaltet er die These einer „Erziehung von Anfang" an. Im frühen Dialog zwischen Eltern und Säugling liefert die elterliche Fähigkeit, dem Säugling seine innere Befindlichkeit zu spiegeln, dem ganz jungen Kind erste Informationen über sein Selbst und verhilft ihm auf diese Weise, mit seinen Affekten und seinem Selbstempfinden besser vertraut zu werden. Diese Kompetenz – so Gerspach – wird sich später verselbständigen im Sinne des autonomen Nachdenken-Könnens über sich und die Welt – ein Gedanke, den Gerspach in seinen Reflexionen über gestörte Lernprozesse wieder aufnimmt: „Kognitive Lernfortschritte zu erzielen, offen zu sein für eine möglichst unverfälschte Wahrnehmung der Realität ist an möglichst austarierte affektive Umweltbedingungen geknüpft, die es dem lernenden Kind erlauben, sich affektiv zu dezentrieren, d.h. in Gedanken die eigene Position zu verlassen und den Blickwinkel anderer Subjekte einzunehmen, ohne grundständig verunsichert zu werden ... Wen

Neues erschreckt und wen dieser Schrecken bis zur Handlungsunfähigkeit lähmt, der vermag sich nur dadurch im Gleichgewicht zu halten, daß er sich dem Neuen verweigert" (ebd., 218). Hierin sieht Gerspach das emotionale Problem von Kindern mit kognitiven Lernhemmungen begründet. Eine stabile Beziehung in der Frühphase der menschlichen Entwicklung ist die Voraussetzung für den Prozeß der affektiven und kognitiven Dezentrierung. Unzureichende oder brüchige frühe Beziehungserfahrungen führen bei Kindern zu inneren Strukturdefiziten. (Es lohnt sich an diesem Punkt, auch Überlegungen von Schäfer 1999a,b zu *frühkindlichen Bildungsprozessen* nachzulesen, da Schäfers umfangreiche Forschungstätigkeit auf diesem Gebiet mittlerweile in einem Bericht dokumentiert ist; siehe Kapitel 3.1 in diesem Artikel). Aufbauend auf diesen grundsätzlichen erziehungswissenschaftlichen und anthropologischen Überlegungen diskutiert Gerspach die wichtigsten theoretischen bzw. wissenschaftstheoretischen Strömungen in der Pädagogik, aber auch verschiedene Erziehungsstile und ihre Bestimmung von pädagogischer Autorität.

2. Jüngere Literatur zu verschiedenen Praxisbereichen sowie zur Geschichte der Psychoanalytischen Pädagogik

2.1 Sozialpädagogik

Theorie und Praxis psychoanalytisch orientierter sozialer Arbeit sind Thema des im Vorjahr erschienenen Sammelbands „Chaos und Entwicklung" (Bekker/Hermann/Stanek 1999). Soziale Arbeit wird hier unter dem Blickwinkel der Wechselwirkung von Chaos und Ordnung erörtert. Leitend ist dabei die These, daß eine notwendige Voraussetzung für gesunde Entwicklungsprozesse ein grenzensetzendes und haltgebendes Milieu ist, das zugleich offen bleibt für chaotische Bewegungen. Einige Beiträge des Bandes beschäftigen sich mit grundsätzlichen Fragen der psychoanalytischen Sozialarbeit (z.B. Federn 1999, Stanek 1999). Federn (1999) unterstreicht etwa die Bedeutung eines Zusammenschlusses von Vereinigungen psychoanalytischer Sozialarbeit und regt die Gründung einer Akademie an, in der psychoanalytische Sozialarbeit gelehrt wird. Weitere Beiträge im Sammelband berichten aus unterschiedlichen Praxisfeldern. So erzählt etwa Lauter (1999) in dem Artikel „Der Sozialkinderwagen" von ihren Autofahrten mit Kindern und Jugendlichen und entfaltet den Gedanken, daß hier eine besondere Settingkonstruktion vorliegt, in der Regressionen und Progressionen möglich sind. Wurth (1999) beschreibt das Chaos beim Aufbau einer Kriseninterventionsstation für alkohol- und drogenabhängige Menschen mit schweren psychischen Problemen. Weiss (1999) und Kontanyi (1999) zeigen Möglichkeiten der Ethnopsychoanalyse im Rahmen psychoanalytischer Sozialarbeit bzw. psychotherapeutischen Arbeitens auf.

2.2 Schul- und Kindergartenpädagogik

In Publikationen der letzten Jahre sind mehrere Beiträge verschiedenen Fragen der schulischen und vorschulischen Erziehung aus einer psychoanalytisch-pädagogischen Perspektive gewidmet: Neben einer kurzen Darstellung der Geschichte und des pädagogischen Profils der *Freien Alternativschulen* und der Psychoanalytischen Pädagogik sowie den vielfältigen Bezügen zwischen Psychoanalyse und Schule stellt Maas (1999) einige Überlegungen zu den Grundlagen und theoretischen Implikationen der Alternativschulpädagogik aus psychoanalytischer Sicht an. Unter dem Titel „Leben lernen in Freiheit und Selbstverantwortung" setzt sich Maas ausführlich mit der konkreten Praxis Freier Alternativschulen auseinander, wobei er drei Aspekte beleuchtet: zum einen Lernprozesse; zum anderen Kommunikations- und Interaktionsstrukturen in Freien Alternativschulen; und zum dritten die Besonderheiten jener Freien Alternativschulen, die mit jugendlichen Schülern und Schülerinnen arbeiten. Abschließend behandelt Maas die Frage, welche Möglichkeiten, Grenzen und Gefahren bei einer praktischen Anwendung psychoanalytischer Erkenntnisse im schulischen Kontext gegeben sind, und plädiert für die Vermittlung psychoanalytischer Kenntnisse und Handlungskonzepte in der Fortbildung von Alternativschullehrern.

Katzenbach (1999) bemüht sich in einem Beitrag um ein vertieftes *Verständnis von strukturell beeinträchtigter Lernfähigkeit* über die Verbindung von psychoanalytischer Entwicklungspsychologie mit Piagets Theorie der Entwicklung kognitiver Strukturen. Er geht dabei von der These aus, daß beim Lernen schon einmal gewonnene Einsicht in Frage gestellt werden muß und sich demnach mit kognitiver Entwicklung notwendigerweise Gefühle von Ohnmacht und Kränkung einstellen. Dazu reichen – so vermutet der Autor – bei lernbehinderten Kindern die narzißtischen Reserven bzw. die Möglichkeiten der Selbstwertregulation häufig nicht aus. Die Verknüpfung der Entwicklungslinien von Affektivität und Kognition wird in der Folge über die Entwicklung der Abwehrmechanismen gesucht: Katzenbach zeigt, daß der Übergang in das von Piaget beschriebene Stadium der konkreten Operationen auf der Fähigkeit der Verdrängung basiert, daß aber Kindern mit narzißtischen Problemen diese Fähigkeit nur eingeschränkt zur Verfügung steht – und dies in der Folge zur Verzögerung oder Hemmung von kognitiver Entwicklungsschritten führen kann. Als pädagogische Konsequenz für die Institution Schule mündet dieser Gedanke in die Forderung, „den Kindern mit der Schule ein so verläßliches Milieu zur Verfügung zu stellen, daß ein fördernder Dialog im Sinne Lebers aufgenommen werden kann. Nur so wird es diesen Kindern möglich, sich dem Risiko des Lernens zu stellen" (Katzenbach 1999, 142).

In eine ähnliche Kerbe schlägt Hirblinger (2000), wenn er die Ausgestaltung eines schulischen Rahmens fordert, der auch Jugendlichen ein ausreichend gutes Milieu zur Verfügung stellt, in dem mit Blick auf adoleszente Entwicklungskonflikte notwendige innere Umgestaltungen vollzogen werden können. In einer weiteren psychoanalytisch-pädagogischen Reflexion zum Thema Unterricht und Schule geht Hirblinger (1999b) der Frage nach, welche Bedeutung die Einsicht in dynamisch-unbewußte Prozesse im Unterricht für ein Verständnis von pädagogischer Praxis gewinnt. Anhand eines Fallbeispieles aus seiner eigenen Unterrichtspraxis schildert er Möglichkeiten, *emotionale Erfahrungen in der Schule* über das methodische Moment der „Erzählung" verstehbar zu machen. Den Zusammenhang zwischen Erfahrung, Unterricht und Beziehungsgeschehen unterzieht Hirblinger (1999a) überdies in seinem Buch „Erfahrungsbildung im Unterricht. Die Dynamik unbewußter Prozesse im unterrichtlichen Beziehungsfeld" (siehe dazu in diesem Band die ausführliche Rezension von Bernhard Rauh).

Für die Überwindung der gängigen „Spaltung des pädagogischen Blicks", die keine Vermittlung zwischen den Extremen einer rigiden Ordnung des Unterrichts auf der einen, chaotischer Beliebigkeit auf der anderen Seite zuläßt, plädiert Andresen (1998). Anhand von Falldarstellungen aus dem Unterricht entfaltet sie die These, daß ein Wechselspiel zwischen der Aufhebung und Anerkennung von Ordnung möglich ist, indem das spontane Spiel zu einem Unterrichtsprinzip gemacht wird. Aus einem anderen Blickwinkel widmet sich Bekker (1999) dem Thema von *Ordnung und Chaos im Lernprozeß*. Sie zeigt auf, wie die Rechenschwierigkeit einer Schülerin in der Grundschule dadurch verstehbar wurde, daß die Einsicht entwickelt werden konnte, daß die Rechenschwäche des Mädchens eine bestimmte Funktion erfüllte – nämlich Ordnung und Struktur innerhalb ihrer sich chaotisch entwickelnden Familie zu schaffen. Mit dem Beitrag wird auch aufgezeigt, wie es gelingen kann, über einen sich verändernden Umgang mit der Mathematik eine entscheidende Förderung der Person zu bewirken.

Zu Fragen der *vorschulischen Erziehung* in Krippe, Kindergarten und ähnlichen Einrichtungen konnten wir einige psychoanalytische Reflexionen in dem von Büttner herausgegebenen Band „Kindergartenprofile" (1999a) finden. Büttner (1999b) greift in seinem Beitrag verschiedene Bereiche auf, die gesellschaftlichen Wandlungsprozessen unterworfen sind und beschreibt, inwiefern diese Auswirkungen auf die Situation der Vorschulerziehung haben. Er plädiert für mehr Selbstbewußtsein in der Kindergartenpädagogik, dafür, sich den Herausforderungen des Neuen zu stellen und experimentierfreudig zu sein. Neben Ausführungen zur Frage nach dem Sinn pädagogischer Konzepte für die Kindergartenpädagogik erläutert Nagel (1999) in diesem Band Wege zur Konzeptentwicklung. Die Autorin betont, daß der Prozeß der Konzeptentwicklung ein fortlaufender sein muß, da nur eine kontinuierliche Reflexion ein angemessenes Reagieren auf den ständigen Wandel im komplexen Beziehungsgefüge des pädagogischen Alltags ermöglicht. In dem Beitrag „Szenen verstehen und deuten" (Dombrofski u.a. 1999) wird ein Kinderhaus beschrieben, in dem behinderte und nichtbehinderte Kinder gemeinsam betreut werden. Grundlage des psychoanalytisch orientierten Arbeitens in dieser Institution ist das Bemühen, konflikthaftes Verhalten aus psychoanalytischer Sicht szenisch zu verstehen, um Kindern auf dieses Verstehen aufbauend „korrigierende Erfahrungen" zu ermöglichen. Ein besonderes Anliegen der Autoren und Autorinnen ist es, ihren Umgang im Kinderhaus mit dem oft tabuisierten Thema der Aggression gegenüber behinderten Kindern darzustellen.

Den Zusammenhang zwischen der Entwicklung der Persönlichkeit und der Entwicklung sozialer Beziehungen im Kindergarten untersuchen die Autoren Neyer/Schäfer/Asen (1998). Die Autoren kommen zu den Ergebnissen, daß gehemmte Kinder über weniger Personen in ihrem sozialen Netzwerk verfügen, die Netzwerkgröße jedoch von der Bindungsqualität zur Mutter unabhängig ist. Den Annahmen der klassischen Bindungstheorie widersprechend erwies sich die Vorhersagekraft von Bindungsqualität für die weitere soziale Entwicklung des Kindes in der Kindergartengruppe als schwach.

2.3 Sonder- und Heilpädagogik

Der Begegnung zwischen Psychoanalyse und Sonderpädagogik ist im Jahre 2000 das dritte Heft der Zeitschrift „Die neue Sonderschule" gewidmet. Bernd Ahrbeck (2000), der dieses Themenheft redaktionell betreute, markiert einige Entwicklungen, die innerhalb der Psychoanalytischen Pädagogik ausgemacht werden können, und führt in die weiteren Beiträge des Heftes ein. Zu diesen zählt ein Beitrag von Datler (2000), in dem gefragt wird, was Sonderpädagogik „davon hat", wenn ihre Vertreter psychoanalytische Positionen rezipieren und weiterentwickeln. Unter Bezugnahme auf einen Fallbericht werden vier Aspekte der sonderpädagogischen Relevanz von Psychoanalyse dargestellt: Die Rezeption von Psychoanalyse erweitert demnach (1.) das anthropologische Denken in der Sonderpädagogik; führt (2.) zu einem differenzierten Nachdenken über Behinderungen und ihre Bedeutung; eröffnet (3.) Möglichkeiten des differenzierten Verstehens der bewußten und unbewußten Bedeutungen, die „Behinderungen" für Menschen haben, und erlaubt die Entwicklung spezieller, auf die Individualität des „Einzelfalles" abgestimmter Hilfestellungen; und eröffnet (4.) spezifische Möglichkeiten der Aus- und Weiterbildung. – In einem weiteren Beitrag zu diesem Themenheft erläutert Schnoor (2000) die Relevanz von psychoanalytischen „Erklärungsansätzen zum Verständnis von Verhaltensstörungen". Und Ackermann (2000) führt aus, inwiefern die verstärkte Thematisierung von Beziehungsprozessen in Psychoanalyse und Geistigbehindertenpädagogik neue Möglichkeiten der Rezeption von psychoanalytischen Ansätzen innerhalb der Geistigbehindertenpädagogik eröffnet.

Dem Thema *„Liebe und Sexualität* bei geistiger Behinderung" ist das Heft 77 der Zeitschrift „psychosozial" gewidmet. Von Stachowiak/Reuther-Dommer (1999) ist darin ein Artikel zum Wesen der Besonderheit der Sexualität schwer geistig behinderter Menschen zu finden, in dem sie den Gedanken verfolgen, die Gerichtetheit der Sexualität schwer geistig behinderter Menschen auf den eigenen Körper könne in der Strategie vieler Eltern behinderter Menschen gründen, sich mit der Behinderung ihres Kindes zu arrangieren, indem sie dieses lebenslang als ein zu umsorgendes Kind sehen. Da das Umsorgen meist die Mutter übernimmt, betritt kein väterlicher Dritter die duale Beziehung zwischen Mutter und Kind, weshalb die ödipale Triangulierung ausgespart bleibt.

Mit der *psychischen Verarbeitung einer Behinderung und den (auch) damit verbundenen Lebensbedingungen* aus der Sicht betroffener Menschen beschäftigen sich die Bücher von Glofke-Schulz/Rehmert (1999), Steengrafe (1995) und Sinason (2000). In dem Band „Geistige Behinderung und die Grundlage menschlichen Seins", das nun in deutscher Übersetzung vorliegt, befaßt sich Sinason (2000) in bewegender Weise sowie unter Bezugnahme auf zahlreiche Fallmaterialien mit dem bewußten und unbewußten Erleben von geistigbehinderten Menschen, um herauszuarbeiten, wie aus einer kleinianischen Perspektive über das Zusammenspiel zwischen (oft traumatisierenden) Beziehungserfahrung, dem Aufbau unbewußter Abwehrfunktionen und der Hemmung von Persönlichkeitsentwicklungen nachzudenken ist. Von besonderer Bedeutung ist dabei die Verschränkung von „primärer Behinderung" mit „sekundärer Behinderung" (vgl. dazu die ausführliche Rezension von Iris Reigl in diesem Band).

Glofke-Schulz/Rehmert versammeln Beiträge einer Reihe von (zumeist selbst betroffenen) Autoren zu Fragen der psychischen Verarbeitung eines fortschreitenden Sehverlustes. Die selbst in psychosozialen bzw. psychotherapeutischen Arbeitsfeldern tätigen Autoren wenden sich dabei sowohl an betroffene wie auch nicht betroffene Leser in der Hoffnung, für ein besseres Verstehen von Menschen mit degenerativen Netzhauterkrankungen beizutragen, Mut zu machen, sich mit Fragen der psychischen Bewältigung auseinanderzusetzen und konkrete Hilfsangebote aufzuzeigen. Von Steengrafe (1995) liegt eine qualitative Untersuchung vor, deren Niederschlag das Buch „Wir träumen nicht anders" zwar nicht der Gruppe der psychoanalytisch-pädagogischen Publikationen im engeren Sinn zuzurechnen ist, jedoch eine Fülle an Material versammelt, das sich geradezu anbietet, psychoanalytisch interpretiert zu werden: „Wir träumen nicht anders" vermittelt eine Ahnung von den Lebenswelten junger behinderter Frauen, ihren Selbstbildern und der Wahrnehmung ihrer Umwelt, von Zuschreibungsformen, die sie erleben, und von den Herausforderungen, mit denen sie sich im Prozeß der Identitätsfindung konfrontiert sehen.

Zwei weitere Beiträge zur heilpädagogisch-therapeutischen Arbeit mit behinderten Kindern, Jugendlichen, aber auch Erwachsenen widmen sich dem breiten Erscheinungsfeld des *Autismus*-Syndroms. Heilmann (1999) stellt in einem Aufsatz der Zeitschrift für Heilpädagogik – unter Bezugnahme auf drei Fallvignetten aus der Arbeit mit autistischen Menschen – das ursprünglich von Lorenzer entwickelte Konzept des Szenischen Verstehens als einen Verstehenszugang vor, der sich gerade in der Arbeit mit nicht sprechenden oder in ihrer Symbolisierungsfähigkeit beeinträchtigten Menschen bewährt. „Gedanken zur Autismusforschung" entwickelt Frost (1999) angesichts neuerer Ergebnisse aus der psychoanalytischen und neurobiologischen Forschung. Dabei legt sie besonderes Augenmerk auf die Verknüpfung von Beobachtungen der Entwicklung des Kindes in der ersten nachgeburtlichen, ja sogar vorgeburtlichen Zeit mit später feststellbaren Entwicklungsstörungen.

Einen besonderen Stellenwert in der Auseinandersetzung mit sonder- und heilpädagogischen Fragestellungen nimmt in Publikationen der letzten Jahre die *frühe Förderung* von Säuglingen und Kleinkindern mit Entwicklungsbeeinträchtigungen ein. Psychoanalytisch-pädagogisch orientierte Autoren rücken dabei vor allem die Beziehung zwischen Eltern und ihrem behinderten Kind in den Mittelpunkt ihrer Betrachtungen.

Einen thematisch breiten und in den einzelnen Beiträgen dennoch tiefgehenden Einblick in die Situation von Säuglingen und Kleinkindern mit Entwicklungsbeeinträchtigung und ihrer Familien einerseits und in Möglichkeiten der professionellen Unterstützung andererseits bietet der von Kühl herausgegebene, äußerst gelungene Band „Autonomie und Dialog. Kleine Kinder in der Frühförderung" (1999). Auf folgende Beiträge sei – aus psychoanalytisch-pädagogischer Perspektive – speziell hingewiesen: Schnoor (1999) widmet sich in ihrem Beitrag den frühen Interaktionen zwischen Mutter und Kind als Basis für langfristig wirksame Beziehungsmuster. Sie beschreibt zunächst jene Kompetenzen des Säuglings und seiner Mutter, die es beiden von Geburt an ermöglichen, einen wechselseitigen und differenziert aufeinander abgestimmten Dialog anzubahnen. Gut abgestimmte Interaktionsprozesse zwischen Mutter und Kind gelingen aufgrund vielfältiger Ursachen jedoch nicht immer und der Dialog zwischen einer Mutter und ihrem behinderten Kind ist zusätzlich erschwerenden Bedingungen unterworfen. Angesichts der Schwierigkeit, eine den Bedürfnissen des Kindes angepaßte, gezielte und sensible Anregung anzubieten, die das Kind in seinen Möglichkeiten fördert, nicht aber überfordert, mißt Schnoor der Frühförderung eine besondere Bedeutung bei. Was von Schnoor allgemein beschrieben wird, richtet sich als Beratungsangebot von Calvet Kruppa/Ziegenhain/Derksen (1999) gezielt an Eltern von Kindern mit Down-Syndrom. Die Autorinnen stellen ein entwicklungspsychologisches Beratungsmodell zur Förderung der Eltern-Kind-Beziehung vor, das vor allem darauf abzielt, die Sensibilität der Eltern für die Bedürfnisse ihres Kindes zu erhöhen, um diese angemessen beantworten zu können und damit die Sicherheit und das Selbstgefühl der Eltern in der Interaktion mit ihrem Kind zu stärken. In Champions (1999) Beitrag über die Begleitung sehr früh geborener Kinder von der Intensivstation durch das erste Lebensjahr lenkt die Autorin in elf Thesen die Aufmerksamkeit auf die (psychodynamische) Bedeutung einer Frühgeburt für das Erleben der Eltern des Kindes. Champion (1999, 93) plädiert für eine professionelle Hilfe, die sich durch Ganzheitlichkeit, Multidisziplinarität und Familienorientierung auszeichnet, was miteinschließt, daß mitunter zunächst die Mütter „gehört und gehalten werden, so daß ihre Erfahrungen aufgenommen sind, ehe sie frei sind, ihr Kind 'zu halten und in sich aufzunehmen'", und legt dazu einen umfassenden Leitfaden vor.

In eine enge thematische Nähe dazu rückt ein Beitrag von Messerer (1999), in welchem sie sich dem Erleben der Eltern nach der Geburt eines behinderten Kindes und der Frage zuwendet, inwiefern diese innere Welt der Eltern Einfluß nimmt auf die Ausgestaltung der Eltern-Kind-Beziehung und die Entwicklung des Kindes. Anhand der Geschichte eines Mädchens mit Down Syndrom und ihrer Familie erhellt die Autorin, welche Phänomene denn überhaupt in den Blick geraten können, wenn man das Arbeitsfeld der Frühförderung und im besonderen die Beziehung zwischen Eltern und ihrem behinderten Kind aus psychoanalytisch-pädagogischer Perspektive betrachtet. Dabei gibt Messerer (1999) zugleich Einblick in die psychoanalytisch-pädagogische Beratung und Begleitung von Eltern behinderter Kinder.

2.4 Beiträge zur Arbeit mit Eltern junger Kinder

Aufbauend auf den neuen Erkenntnissen der Säuglings- und Kleinkindforschung wurden spezifische *Behandlungsansätze für Probleme und Störungen in der frühen Kindheit* entwickelt, deren Fokus auf der Eltern-Kind-Beziehung liegt. In diesem Zusammenhang sind neben den Arbeiten zur Frühförderung, die im Kapitel 2.3 Erwähnung fanden, einige weitere Publikationen auszumachen, die sich der Frage widmen, wie Eltern unterstützt werden können, wenn die frühe Entwicklung der Eltern-Kind-Beziehung als schwierig oder problematisch einzuschätzen ist bzw. als solche erlebt wird.

Im „Jahrbuch für Psychoanalytische Pädagogik 10" (Datler/Finger-Trescher/ Büttner 1999) sind zwei Beiträge diesem Thema gewidmet: Salzberger-Wittenberg (1999) beschreibt ihr Konzept des kurztherapeutischen Arbeitens mit Eltern von Kleinkindern. Die Autorin stellt dar, inwiefern emotionale Belastungen und die damit verbundenen Gefühle es Eltern vielfach nicht erlauben, ihre Elternrolle in hilfreicher Weise einzunehmen. Sie führt unter Bezugnahme auf ausführlich gehaltene Fallbeispiele aber auch aus, wie es gelingen kann, Eltern dabei zu helfen, zu diesen Gefühlen Zugang zu finden und so ihre elterlichen Funktionen (wieder) in einer angemessenen Weise auszuüben. In dem nachfolgenden Beitrag von Diem-Wille (1999) werden das therapeutische Vorgehen sowie der theoretische Rahmen vorgestellt, welcher dem Konzept der Eltern-Kleinkind-Therapie der Tavistock Clinic zugrunde liegt.

Einige Beiträge zur Arbeit mit Eltern und Kindern in unterschiedlichen Settings findet man weiters in dem Band „Frühe Hilfen" (Suess/Pfeifer 1999), in dem die Anwendung der Bindungs- und Kleinkindforschung in Erziehung, Beratung, Therapie und Prävention dokumentiert und über weite Strecken mit psychoanalytischen Überlegungen verbunden wird. Inwiefern eine sinnvolle Integration unterschiedlicher Interventionsansätze in Beratung und Therapie durch die entwicklungspsychologische Perspektive der Bindungsforschung ermöglicht werden kann, zeigen Suess/Röhl (1999). Scheuerer-Englisch (1999) verdeutlicht anhand einer Fallbeschreibung aus einer Beratungsstelle die Verwobenheit von Bindungs- und Familiendynamik. Hédervári-Heller (1999) stellt in ihrem Beitrag den bindungstheoretischen Rahmen ihres Therapieansatzes dar und zeigt auf, wie die Bearbeitung innerer Selbst- und Objektrepräsentationen innerhalb der therapeutischen Beziehung zu Veränderungen konkret beobachtbarer Mutter-Kind-Interaktionen führen kann. Hartmann (1999), der in der Tradition der Selbst-Psychologie steht, beschäftigt sich mit dem professionellen Umgang mit psychisch kranken Eltern und stützt sich dabei auf Erfahrungen aus der gemeinsamen Aufnahme von Kindern und ihren psychisch kranken Müttern in psychiatrischen Einrichtungen. Ein entwicklungspsychologisches Beratungsmodell zur Prävention von Verhaltensauffälligkeiten und Entwicklungsstörungen bei Kindern jugendlicher Mütter stellen Ziegenhain/Dreisörner/Derksen (1999) vor.

2.5 Veröffentlichungen zur Supervision

Der mehrfach erwähnte Band „Chaos und Entwicklung" (Becker/Hermann/Stanek 1999) beinhaltet auch Veröffentlichungen zur Supervision. Kleefeld (1999) zum Beispiel schildert die Arbeit mit psychotischen Jugendlichen in einer kinderpsychiatrischen Einrichtung und verweist darauf, daß es eine Aufgabe der Klinik sei, einen geeigneten Rahmen für die Bearbeitung von Übertragungs- und Gegenübertragungsprozessen zu bieten - er plädiert für den verstärkten Einsatz von psychoanalytischer Supervision in der Kinderpsychiatrie.

In dem Band „Grenzen – Tabu und Wirklichkeiten" (Lehmkuhl 1999) wird von dem Prozeß einer Teamsupervision in der Wirtschaft berichtet (Lenner 1999). Der Beitrag zeigt auf, mit welchen Methoden EDV-Fachleute zur Reflexion der eigenen Person, der Beziehungen untereinander und ihrer Positionierung im Berufsfeld geführt werden. In einem Artikel von Metzger (1999a) wird auf die Bedeutung der Triade für das psychoanalytische Verständnis von Beziehungen verwiesen. Der Autor veranschaulicht an zwei Beispielen aus Supervisionsgruppen die Möglichkeit, Supervision als triadische Situation zu verstehen. Und schließlich findet man bei Steinhardt u.a. (2000) einen Überblick über die Geschichte sowie über die aktuelle Situation der Supervision in Österreich.

2.6 Biographische Studien

In der Buchreihe „Bibliothek der Psychoanalyse" erschien die Arbeit „Wiederentdeckt – Psychoanalytikerinnen in Berlin" (Ludwig-Körner 1998). Die hier vorgelegte Monographie beschreibt das Leben und Werk von Frauen, die unterschiedlichen psychoanalytischen Schulen angehörten, aber nur wenig außerhalb der Fachöffentlichkeit bekannt geworden sind. Hier sollen sie für ihre Arbeit gewürdigt werden, die sie als Pädagoginnen, Kindertherapeutinnen bzw. Psychagoginnen und Psychoanalytikerinnen für die Behandlung Erwachsener geleistet haben. Im Speziellen wollen wir auf die Kapitel über Nelly Wolffheim und Annemarie Wolff verweisen. Die Darstellung der sechzehn Frauenbiographien erstreckt sich insgesamt über drei Epochen der psychoanalytischen Bewegung in Berlin (die Zeit der zwanziger Jahre, die Zeit des Nationalsozialismus und die Zeit nach 1945) und vermittelt so auch einen Eindruck von der Geschichte der Psychoanalyse in Berlin.

Unter einem biographischen Blickwinkel wurde auch das Lebenswerk der jüngst verstorbenen Psychoanalytikerin Judith S. Kestenberg zusammengefaßt (Romer 1999). Dem Leser wird hier ein Zugang zur Diversität der Beiträge ermöglicht, die Kestenberg unter anderem zur psychoanalytischen Theoriebildung, zur Kinderanalyse, zur Säuglingsbeobachtung sowie zum theoretischen Verständnis der transgenerationalen psychischen Folgen des Holocaust geleistet hat.

Einen besonders umfangreichen und äußerst interessanten Beitrag zur Entwicklung der kinderpsychoanalytischen Methode Melanie Kleins hat Claudia Frank (1999) vorgelegt, deren Buch zugleich einen Beitrag zur Erschließung der Biographie Melanie Kleins sowie eine Studie zur Entwicklung der Kinderpsychoanalyse darstellt (vgl. dazu die Rezension von Wilfried Datler in diesem Band).

3. Beiträge zu entwicklungspsychologischen und sozialisationstheoretischen Fragestellungen

3.1 Publikationen zur frühen und frühesten Kindheit

Nach wie vor läßt sich in der wissenschaftlichen Auseinandersetzung mit Fragen der menschlichen Entwicklung ein besonderes Interesse an der Erforschung der *frühen und frühesten Kindheit* beobachten. Die Auseinandersetzung mit Fragen der Säuglings- und Kleinkindentwicklung „boomt" also auch weiterhin (Datler/Finger-Trescher/Büttner 1999, 9). So können wir im diesjährigen Literaturumschauartikel auf eine Reihe von Publikationen zu diesem Forschungsbereich verweisen.

Allen voran sei an das „Jahrbuch für Psychoanalytische Pädagogik 10" (1999) erinnert, das dem Themenschwerpunkt der frühen Kindheit gewidmet ist, welcher von Wilfried Datler, Christian Büttner und Urte Finger-Trescher betreut wurde. Der Themenschwerpunkt wird mit einer Anfrage von Göppel (1999) an das zentrale Paradigma der psychoanalytischen Entwicklungspsychologie, nämlich der weichenstellenden, schicksalsprägenden Bedeutung der frühen Kindheit, eröffnet. Er stellt der deterministischen Sichtweise von der „Kindheit als Schicksal" exemplarisch Untersuchungsergebnisse longitudinal-prospektiver Entwicklungsforschung gegenüber – wobei er einräumt, daß auch Autoren der psychoanalytischen Entwicklungspsychologie selbst immer wieder auf die Nichtlinearität menschlicher Entwicklung (Mahler u.a. 1978, 251) bzw. „Elastizität und Erfindungsgabe einzelner Kinder" (Erikson 1966, 66) hingewiesen haben. Janus (1999) geht in seinem Aufsatz noch einen Schritt weiter zurück in der menschlichen Entwicklung, indem er nach der pädagogischen Relevanz der Erforschung des seelischen Erlebens vor und während der Geburt fragt. Janus hebt vier pädagogische Bereiche hervor, in denen Beobachtungen und Belege der prä- und perinatalen Psychologie in besonders hilfreicher Weise zum Tragen kommen könnten. Es sind dies der Bereich der pädagogischen Begleitung werdender Eltern, des Adoleszenzprozesses, der Verhaltensauffälligkeiten bei Kindern und der Bereich der Adoption. Überlegungen zu kommunikativen und strukturbildenden Prozessen der frühkindlichen Entwicklung stellt Dornes (1999a) unter dem Aspekt der „Spiegelung" an. Dabei spannt er einen Bogen von empirischen Studien zur Frage „Ab wann erkennt sich ein Kind im Spiegel selbst?" zu Überlegungen, was ein Kind erblickt, wenn es ins Gesicht seiner Mutter schaut – vom Selbsterkennen im Spiegel als Indikator für ein Bewußtsein der eigenen personalen Identität zum Thema der Affektspiegelung und ihrer Bedeutung für die Entwicklung eines basalen Identitätsgefühls, eines „Selbstbildes". Bildung beginnt nicht erst in der Schule, sondern findet vielmehr von Geburt an statt, und zwar indem man Welt erfährt, die etwas bedeutet. Indem Kinder von frühester Zeit an subjektspezifische Strukturen der Wahrnehmung und Verarbeitung kognitiver, emotionaler und leiblicher Erfahrungen ausbilden, sind jene Prozesse der strukturierten Aneignung von Wirklichkeit als basale Bildungsprozesse zu begreifen. Mit dem Fokus auf die bildungstheoretische Konsequenz stellt Schäfer (1999a) in seinem Beitrag im Jahrbuch für Psychoanalytische Pädagogik einen Teil seiner umfangreichen Forschungstätigkeit auf dem Gebiet der (früh-)kindlichen Prozesse der Wahrnehmung und Erfahrung von Wirklichkeit dar, die im 10. Kinder- und Jugendbericht des Deutschen Jugendinstituts in einem fast 150seitigen Bericht von Schäfer (1999b) dokumentiert wird. In einer äußerst differenzierten Zusammenschau der Forschungsergebnisse aus der neurobiologischen Kognitionsforschung, der direkten Säuglingsbeobachtung und der klinisch orientierten tiefenpsychologischen Forschung entwirft Schäfer ein komplexes Bild der Verflechtung und Verwiesenheit einzelner Wahrnehmungsbereiche (Wahrnehmung über die Fernsinne, Körperwahrnehmung und emotionale Wahrnehmung) und ihrer Verarbeitungsprozesse und entwickelt das Konzept des ästhetischen Denkens als Basis kindlicher Welt- und Selbsterfahrung. Dem Themenschwerpunkt des 10. Bandes des Jahrbuchs für Psychoanalytische Pädagogik gehören überdies die Arbeiten von Diem-Wille (1999), Salzberger-Wittenberg (1999) sowie Messerer (1999), die bereits Erwähnung fanden.

Der Versuch, Erkenntnisse über die frühe Entwicklung aus verschiedenen methodischen Zugängen in den Blick zu nehmen und damit die geradezu programmatische Grenzziehung zwischen dem „rekonstruierten und (versus) beobachteten Säugling" ein Stück weit aufzuweichen, läßt sich gerade auch bei jenen Autoren beobachten, die sich *mit dem frühen Interaktions- und Beziehungsgeschehen zwischen Mutter, Vater und Säugling* auseinandersetzen. Metzger (1999b) etwa plädiert dafür, den Säugling weder als nur kompetent noch als nur abhängig zu sehen, sondern seine zugleich kompetente wie auch abhängige Existenz zu berücksichtigen. Er wendet sich damit gegen eine Theorie der frühen Kindheit, die diese Dialektik einfach ausblendet.

Koch-Kneidl/Wiesse (2000) versammeln in ihrem neu erschienenen Band fünf Arbeiten, die sich auf unterschiedliche Weise dem Thema „Frühkindliche Interaktion und Psychoanalyse" nähern und sich dabei explizit im Spannungsfeld zwischen psychoanalytischer Theorie und empirischer Kleinkindforschung bewegen. Die Beiträge von Hédervári-Heller, Diebold sowie von Zimmermann/Fremmer-Bombik fokussieren jeweils verschiedene Aspekte früher Interaktions- und Bindungsprozesse sowie ihrer innerpsychischen Repräsentation. Von Brisch (2000) und Papousek (2000) stammen zwei Aufsätze, in denen Ergebnisse der Erforschung früher Interaktionsprozesse zwischen dem Säugling und seinen primären Bezugspersonen in die Ausgestaltung psychotherapeutischer bzw. Beratungskonzepte überführt werden. Brisch (2000) setzt sich mit Schutz- und Risikofaktoren für die Bindungsfähigkeit von Frühgeborenen auseinander und beschreibt ein in Ulm entwickeltes Programm der psychotherapeutischen Betreuung von Eltern frühgeborener Kinder. Papousek (2000) stellt Schwerpunkte der Arbeit der von ihr ins Leben gerufenen Münchner Sprechstunde für Schreibabys vor. Den Kern ihres entwicklungspathogenetischen Modells bildet das Zusammenspiel zwischen kindlicher Selbstregulation und intuitiven elterlichen Kompetenzen und die diesem innewohnenden Kräfte. Das Phänomen des exzessiven Schreiens im frühen Säuglingsalter wird auch von Stork (1999) in einem Aufsatz der Zeitschrift Kinderanalyse aufgegriffen und in ganz ähnlicher Weise wie bei Papousek als Ausdruck einer schweren Störung der Mutter-Vater-

Säugling-Beziehung verstanden. Kestenberg (1999) betrachten in einem Artikel in der Zeitschrift für psychoanalytische Theorie und Praxis Interaktionsprozesse zwischen Mutter und Kind im Lichte von Verschmelzungswünschen und Autonomiebestrebungen beider Beteiligten. Diese antagonistischen Tendenzen regulieren die Qualität der Verbindung zwischen Mutter und Kind – von der Extremform des absoluten Aufeinander-Einstimmens auf der einen bis zur Dissonanz auf der anderen Seite.

Eine Reihe von anderen AutorInnen und Autoren wendet sich den Erfahrungen der frühesten Zeit *in einer besonders engen Anknüpfung an klassische Positionen der Psychoanalyse* zu. In der Reihe „Perspektiven kleinianischer Psychoanalyse" ist etwa ein Buch von Erika Krejci (1999) zur „Psychogenese im ersten Lebensjahr" erschienen, in dem sie beschreibt, wie der Säugling fühlt, denkt, erfährt und wie er (auch vorgeburtliche) Erfahrungen mit Hilfe der ergänzenden Funktionsweise der Mutter umwandeln kann. Konzeptionen von Klein und Bion spielen durchgehend eine zentrale Rolle – etwa in der Auseinandersetzung mit unbewußten Phantasien, der Entwicklung von Trieben oder in der Frage, wie sich der Säugling in Situationen des Hungers, Kälte, Blähungen, Krankheit oder Müdigkeit fühlen mag. Es werden aber auch andere Autoren zitiert, wie etwa Loch, der den Versuch unternimmt, den ersten Gedanken des Säuglings zu fassen und dafür die Formulierung „keine Milch" wählt.

An dieser Stelle sei erwähnt, daß Lazar (1999) einen bemerkenswerten Aufsatz über die Arbeiten von Melanie Klein und Wilfred Bion verfaßt hat. Unter dem Titel „'Mrs. Klein' und 'WRB': Die Kleinianischen Wurzeln des Bion'schen Denkens" stellt er einleitend Biographisches vor, um dann drei Schlüsselkonzepte M. Kleins herauszugreifen und zu erläutern, wie Bion diese weitergedacht hat: Aus Kleins Begriff der projektiven Identifikation entwickelt Bion das Denk- und Beziehungsmodell „Container – Contained"; Kleins Theorie der paranoid-schizoiden und der depressiven Position wird von Bion in der Gestalt des dynamischen Modells PS-D zueinander in Beziehung gesetzt; und Liebe, Haß und Wißbegierde – nach Klein fundamentale Emotionen des seelischen Lebens – werden bei Bion zu Liebe, Haß und Kennen - zentrale emotionale „Verbindungsglieder", welche die Beziehungen zwischen Objekten prägen.

„Der Schatten des Objekts" lautet der Titel eines erstmals in deutscher Sprache erschienenen Werkes von Bollas (1997), der anhand zahlreicher Beispiele aus Analysen mit erwachsenen Patienten, in die er psychoanalytische Theorieelemente gleichsam „einwebt", ein farben- und facettenreiches Bild der präsymbolischen Zeit entwirft. Seine zentrale These besagt, daß (Beziehungs-)-Erfahrungen jener ersten Zeit des Lebens, die wir noch nicht mit Hilfe psychischer Repräsentanzen oder der Sprache verarbeiten und festzuhalten vermögen, uns dennoch gegenwärtig bleiben in dem, was Bollas als das „ungedachte Bekannte" bezeichnet – der Schatten des Objekts. Es ist eine Art von „Wissen", das nicht mental repräsentiert und nicht gedacht wird, trotzdem in der Ich-Struktur des Kindes festgehalten wird und sich etwa in Stimmungen artikuliert. Die geographische Lage trägt wesentlich dazu bei, daß Forschungen von Psychoanalytikern italienischer Herkunft hierzulande auch in engeren Fachkreisen kaum bekannt sind. Umso bemerkenswerter ist, daß mit dem Band „Das Ich ist vor allem ein körperliches" das (Lebens-)Werk des italienischen Psychoanalytikers Eugenio Gaddini (1998), der von 1978 bis 1982 Präsident der Italienischen Psychoanalytischen Vereinigung war, nun erstmals auch dem deutschsprachigen Publikum zugänglich gemacht wurde. Gaddinis großes Thema ist der körperliche Ursprung des Seelischen und die Verwandlung der Körperfunktion unter seelischer Bedeutung. Anstelle der traditionellen Leib-Seele-Dichotomie spricht Gaddini von einem doppelten Kontinuum Körper-Seele und Seele-Körper und entwickelt eine Theorie der Entfaltung des Psychischen im Konzept der Körperphantasie (Protophantasie) als erste psychische Aktivität. In der Betonung der sensorischen Wahrnehmung und der „im Körper vorgegangenen Verwandlung" (Gaddini 1998, 80) infolge eines Reizes lassen sich interessante Parallelen zu Schäfers (1999b) Überlegungen zur sinnliche Erfahrung bei Kindern erkennen.

Der argentinische Psychoanalytiker Rodulfo (1996) denkt in seinem Buch „Kinder – gibt es die? Die lange Geburt des Subjekts" die psychoanalytische Theorie von der Entwicklung zum menschlichen Subjekt weiter: Die Frage, was ein Kind ist, was es ausmacht und wie es zum Subjekt wird, führt zu seiner (Vor-)Geschichte, die nicht allein in der Bedeutung der ersten Lebensjahre genommen werden darf, sondern vielmehr auch die früheren Generationen, die Geschichte dieser Familie, ihre Mythen und auch ihr „Brauchtum" umfaßt. Das Buch eröffnet ebenso exemplarisch gehaltene als auch selten nachlesbare Einblicke in psychoanalytische Diskussionen, wie sie in Südamerika geführt werden.

3.2 Publikationen zu Risiko- und Schutzfaktoren in der kindlichen Entwicklung

Da die Förderung der seelischen Gesundheit von Säuglingen und Kleinkindern von vielen Autoren und Autorinnen als Schlüssel zur Prävention psychischer Störungen im Kindes-, Jugend- und Erwachsenenalter gesehen wird, kann auf einige jüngere Veröffentlichungen verwiesen werden, in denen Gedanken zu Risiko- und Schutzfaktoren in der kindlichen Entwicklung angestellt werden. Einige Autoren beschreiben dabei neben der Beachtung von Risikofaktoren in besonderem Maße Schutzfaktoren und deren Zusammenspiel. Zu diesen Autoren zählen Dornes (1999b) und Romer/Riedesser (1999). In beiden Arbeiten wird das Thema der Psychopathologie aus einer entwicklungspsychopathologischen Perspektive betrachtet. Dabei wird nicht in erster Linie nach Fehlanpassungen gesucht, sondern nach Beispielen gelungener Anpassung bei Vorliegen mehrerer Risikofaktoren. Dornes beschreibt in seinem Beitrag solche

Merkmale, die bei Anwesenheit von Risikofaktoren deren Einfluß abschwächen. Nach Romer und Riedesser reicht die Kenntnis von Risiko- und Schutzfaktoren alleine noch nicht zum Verständnis von dysfunktionaler bzw. adaptiver Entwicklung aus. So rücken sie in ihrem Beitrag die für die Problementwicklung verantwortlichen Prozesse, bzw. – im Falle gesunder Entwicklung – die wirksamen Schutzmechanismen in den Vordergrund ihrer Überlegungen. In beiden Beiträgen wird der Qualität der Beziehungserfahrungen, die ein Kind im Laufe seiner Entwicklung macht, die zentrale Bedeutung für das Verständnis von dysfunktionaler ebenso wie adaptiver Entwicklungsprozesse zugeschrieben. Dem schließt sich auch Crittenden (1999) an, wobei sie den Fokus ihrer Beiträge mehr auf die Gefahren als auf die Sicherheiten als bestimmende Kräfte in der Entwicklung des Kindes legt.

Eine Reihe von Autoren beschäftigen sich speziell mit *möglichen Risikofaktoren* für die kindliche Entwicklung aufgrund von Störungen der frühen Mutter-Kind-Beziehung. So untersuchte Schleske (1998, 1999) etwa den Zusammenhang zwischen mütterlichen Phantasien über das (imaginierte) Kind während der Schwangerschaft und der Qualität der realen frühen Mutter-Kind-Beziehung. Anhand einiger Fallbeispiele geht sie den Ursprüngen der mütterlichen Phantasien über die noch ungeborenen Kinder nach und findet sie in der frühen Beziehung der werdenden Mütter zu ihren eigenen Müttern. Ihre beiden Beiträge verdeutlichen, wie diese Phantasien Einfluß auf die Entwicklung des Kindes nehmen. Um so entstehenden Beziehungsstörungen vorzubeugen, müßten nach Ansicht der Autorin präventive Maßnahmen schon in der Schwangerschaft angeboten werden. Dieser Forderung schließen sich Manzano/Righetti/ Conne-Perreard (1999) unter der Annahme an, daß sich eine postpartale Depression bereits während der Schwangerschaft erkennen läßt und so präventive Interventionen zur Vermeidung von kindlichen Entwicklungsstörungen infolge der mütterlichen Depression gesetzt werden könnten.

In einigen weiteren Arbeiten werden mit dem „*Mutterwerden*" verbundene *Erwartungen, Ängste, Hoffnungen* und *Veränderungen* thematisiert, sowie deren Bedeutung für eine erfolgreiche Bewältigung des Übergangs zur Elternschaft diskutiert. So schildert etwa Huwiler (1999) von vielfach überhöhten Erwartungen werdender Mütter an sich selbst, an den Partner, an ihr Kind und ihr Familiendasein. Er formuliert Überlegungen zur Bedeutung enttäuschter Erwartungen für das Erleben der Mütter und Gedanken zur Umsetzung der gefundenen Resultate im Rahmen von Elternbildung. Daß das „Mutterwerden" mit tief
greifenden psychischen Veränderungsprozessen verbunden ist, zeigt Wiegand (1999) in ihrer Studie über „Selbstveränderungen von Müttern aus subjektiver Sicht" (Wiegand 1999), in der sie sowohl innerpsychische, als auch interpersonelle Erfahrungen der Veränderungen durch Mutterschaft analysiert. Ein Zusammenhang von idealisierten Vorstellungen von der „richtigen" Mutter- bzw.

Vaterrolle und dem Phänomen des „plötzlichen Kindstods" wird in der Arbeit „Ein früher Abschied" von Gruen (1999) gesehen. Seiner Ansicht nach bewirken gesellschaftlich tradierte idealisierte Vorstellungen vom Mutter- oder Vatersein die Verdrängung von Gefühlen (vor allem aggressiver Impulse) ins Unbewußte, was beim Säugling die Herausbildung von adäquaten Objektbeziehungen verhindert, wodurch psychosomatische Prozesse einsetzen können, die ein Kind direkt mit dem Tod bedrohen. Die Untersuchung des Autors beruht auf den Erinnerungen von Eltern, deren Kinder am plötzlichen Kindstod gestorben sind.

3.3 Literatur zur frühen Triangulierung

Wurden früher die verinnerlichten „Grundbausteine" menschlicher Psyche – bezogen auf die früheste Lebenszeit – dyadisch konzeptualisiert, so werden die grundlegenden Beziehungsmuster der Psyche heute zunehmend als von Beginn an triadisch strukturiert vorgestellt. Aufgrund dieser Überlegung wird zunehmend großer Wert auf die *Bedeutung des präödipalen Vaters* in der Kindesentwicklung gelegt.

Einen gelungenen Überblick über psychoanalytische Theorien zur Bedeutung des Vaters unter besonderer Berücksichtigung der Forschung zur Triade in der frühen Kindheit findet man bei Dammasch und Metzger (1999). In ihrem Artikel stellen die Autoren psychoanalytische Beobachtungen einer Familie in deren häuslicher Umgebung vor, die aus eigener Forschungsarbeit stammen. Sie werten diese interpretativ aus, wobei sie die Darstellung der unbewußten Dynamik der Familie in der Beziehung zum Beobachter als hinzukommenden Dritten besonders beachten.

Daß ein „fehlender" Vater im frühen Triangulierungsprozeß strukturell bedeutsame Auswirkungen auf die Entwicklung eines Kindes hat, vermutet Dammasch (2000) – er erforscht in seinem Beitrag „Die innere Erlebniswelt von Kindern alleinerziehender Mütter" die innerpsychischen Folgen des Fehlens eines Elternteils auf die psychische Innenwelt eines Kindes. Seine Untersuchung wird von drei Fragen geleitet: zum einen, ob ein vaterloses Kind überhaupt eine differenzierte triadische Innenwelt besitzt; zum anderen, wie ein vaterloses Kind eine innere trianguläre Erlebniswelt aufbauen kann; und zum dritten, welchen Beitrag dabei das Zusammenwirken der inneren Erlebniswelt eines vaterlosen Kindes mit der inneren Erlebniswelt seiner alleinerziehenden Mutter leistet. Anhand tiefenhermeneutischer Interpretationen von Erstinterviews mit einer alleinerziehenden Mutter, sowie mit ihrer vaterlosen Tochter werden die psychodynamisch bedeutsamen Beziehungsfiguren herausgearbeitet. Dem Thema der Entstehung und Funktion des inneren Vaterbildes beim Sohn widmet sich Grieser (1998) in seiner Arbeit „Der phantasierte Vater". Er beschreibt die Vater-Sohn-Beziehung von der Geburt bis zum frühen Erwachsenenalter – insbesondere die für die jeweilige Entwicklungsstufe charakteristische Vaterphantasie des Kindes. Obwohl auch auf die Bedeutung realer Beziehungserfahrungen eingegangen wird, liegt der Schwerpunkt in diesem Beitrag auf jenem Anteil des inneren Bildes vom Vater, der sich von den reinen Verinnerlichungen von Interaktionserfahrungen mit realen väterlichen Objekten unterscheidet. Beschrieben wird beispielsweise, wie kulturelle Einflüsse oder das Erleben und Handeln der Mutter Vaterphantasien des Sohnes beeinflussen können, wie sich verschiedene Formen väterlicher Abwesenheit in der Vaterimago niederschlagen, oder wie die Vaterimago des Sohnes im Rahmen von aggressiven Konflikten mit dem Vater „verfremdet" bzw. „eingefroren" wird.

Der von Bürgin (1998a) herausgegebene Band „Triangulierung. Der Übergang zur Elternschaft" beinhaltet Beiträge, die aus zwei internationalen Symposien stammen, von denen das eine dem Thema von der „Dyade zur Triade", das andere dem „Übergang zur Elternschaft" gewidmet war. Autorinnen und Autoren verschiedenster fachlicher und nationaler Herkunft widmen sich hier dem Thema der vielgestaltigen Übergänge von der Zweier- zur Dreierbeziehung – Schwerpunkte sind zum einen der Eintritt in die Elternschaft (z.B. Weiss 1998, Hügli 1998, Trappe 1998), zum anderen die Bedeutung der Qualität triadischer Beziehungsmuster für die Entwicklung des Kindes und der Beziehungen innerhalb der Familie (z.B. Bürgin 1998b, Glose 1998). Im Besonderen soll an dieser Stelle auf den Beitrag von Herzog (1998) verwiesen werden. Der Autor geht in seinem Artikel das Thema der „Dyade" und „Triade" auf der Basis von Beobachtungsmaterial an, das in einer Studie von mehreren Familien, die jeweils noch im ersten Lebensjahr des Kindes begann, gesammelt wurde. Er geht davon aus, daß die elterliche Beziehung und deren affektive Resonanz von Beginn des Lebens an einen Bestandteil der kindlichen Erfahrungswelt darstellt und daß affektive Erfahrungen, die das Kind mit der Mutter, dem Vater und mit Mutter und Vater zusammen macht, den Anfangspunkt für triadische Repräsentanzen und Konzeptualisierungen bilden. Sieht man die psychische Entwicklung des Säuglings oder Kleinkinds aus einem triadischen Blickwinkel, ergeben sich nicht nur Konsequenzen für Modelle und Vorstellungen von früher Entwicklung, sondern auch für die klinische und therapeutische Praxis. Dies verdeutlichen einige weitere Beiträge in dem von Bürgin herausgegebenen Band (z.B. Fivaz-Depeursinge 1998, Fonagy 1998). Wir wollen im Speziellen auf einen Artikel von Klitzing (1998) aufmerksam machen, der in seinem Beitrag die Durchführung und Ergebnisse einer Längsschnittstudie schildert, in der ein deutlicher Zusammenhang zwischen der pränatal erfaßten Innenwelt der (werdenden) Eltern und der später sicht- und spürbar werdenden Eltern-Kind-Beziehung sichtbar wurde. Mit dem Postulat, daß Eltern, die ihren inneren Vorstellungsraum triangulär gestalten, dem Kind eine positive Entwicklungsperspektive eröffnen können, plädiert Klitzing in diesem Beitrag für die Entwicklung von Präventions- und Therapiekonzepten, die möglichst früh einsetzen und die Bedeutung beider Eltern für die kindliche Entwicklung im Auge haben.

In einem Artikel in der Zeitschrift „Praxis der Kinderpsychologie und Kinderpsychiartie" spricht sich Klitzing (1999) für eine prozeßorientierte Diagnostik aus, die individuumzentrierte und beziehungszentrierte Sichtweisen zusammenbringt. Als Bezugsrahmen für ein Klassifikationssystem, das nicht nur auf das Individuum ausgerichtet ist, bieten sich nach Ansicht des Autors die neueren Theorie- und Forschungsergebnisse über die frühe Entwicklung der Eltern-Kind-Triade an.

3.4 Publikationen zum Themenbereich der ödipalen Auseinandersetzung

Zum Thema des Ödipuskomplexes sind auch in den letzten Jahren eine Reihe von Publikationen erschienen, speziell möchten wir jedoch nur auf ein Buch verweisen, das nun erstmals in einer deutschen Übersetzung vorliegt. Es handelt sich um den von Segal eingeleiteten Band „Der Ödipuskomplex in der Schule Melanie Kleins" von Britton/Feldmann/O´Shaughnessy (1998), in welchem die Autoren die derzeitigen Entwicklungen im kleinianischen Verständnis des Ödipuskomplexes illustrieren. Um diese aktuellen Theorien in einen Zusammenhang einzubinden, wird den drei Beiträgen Melanie Kleins Abhandlung „Der Ödipuskomplex im Lichte früher Ängste" (1945) vorangestellt.

3.5 Publikationen zum Thema „Adoleszenz"

Der Übergang zum Erwachsenenalter ist eine Zeit, in der junge Menschen wichtige Entwicklungsaufgaben zu bewältigen haben und dabei vielfach auf Konflikte mit ihrer Umwelt stoßen. Unter diesem Blickwinkel stellen Forschungsberichte in dem von Apsel herausgegebenen Band *Ethnopsychoanalyse. Jugend und Kulturwandel"* (1998) Jugendliche aus Papua Neuguinea (Awart 1998), Indien (Krambeck 1998), Burkina Faso und Burundi (Weilenmann 1998), Marokko und der Türkei (Wegeler 1998) sowie Deutschland (Maier 1998) vor. Eröffnet wird der Band mit einem Beitrag von Erdheim (1998), der darauf aufmerksam macht, dass adoleszent zu sein heißt, von der Ordnung der Familie zur Ordnung der Kultur überzugehen. „Es geht darum, die Herkunftsfamilie mit ihren Mythen, Werten und Einstellungen zu relativieren, sie als einzige sinngebende Instanz zu überwinden und sich im neuen System der Kultur zu orientieren und neu zu definieren" (Erdheim 1998, 17). Deshalb – so der Autor – kann die Krise der Adoleszenten nicht als ein rein psychisches Ereignis im Individuum betrachtet werden, sondern muß als Ereignis gesehen werden, das im Rahmen von Institutionen – und damit innerhalb einer bestimmten Kultur stattfindet. So werden in diesem Band anhand von Fallbeschreibungen die Konflikte zwischen „Jungen" und „Alten" und ihre für die jeweiligen kulturellen Gegebenheiten spezifischen Ausgestaltungen geschildert. Anhand dieser Fokussierung verdeutlichen die einzelnen Beiträge die unterschiedlichen Formen des Kulturwandels und der sie begleitenden Generationskonflikte und lassen so den Antagonismus von Familie und Kultur plastisch werden.

3.6 Weitere Beiträge zu entwicklungspsychologischen und sozialisationstheoretischen Fragestellungen

Neben den bereits erwähnten entwicklungs- und sozialisationstheoretischen Publikationen widmeten sich in letzter Zeit eine Reihe von Arbeiten speziellen Einzelfragen, welche Themen wie *Adoption, sexueller Mißbrauch* oder *Geschwisterbeziehung* betreffen.

Mit der neuen Ausgabe des Bandes „Adoptivkind. Traumkind in der Realität" (Harms, Strehlow 1999) geben die Herausgeberinnen Einblick in die Probleme und das Leid von Adoptivfamilien. Mit den einzelnen Arbeiten, die aus den Jahren 1941-1983 stammen, wollen sie zeigen, wie ein Zugang zu den Ursachen dieses Leides gefunden werden kann: indem verborgene Phantasien, Motive und Regungen zur Sprache gebracht werden, die zum einen mit der Kinderlosigkeit des Paares, zum anderen mit der Elternlosigkeit des Kindes zu tun haben. Seit der ersten Ausgabe (1990) hat sich in einigen Bereichen die Sicht der Herausgeberinnen geändert. Sie befinden es heute als notwendig, die destruktiven Kräfte und ihre Dynamik im gesamten Adoptivgeschehen noch genauer als bisher zu betrachten. Mit ihren Ergänzungen im Vorwort zur neuen Auflage sprechen sie zwei Themen an: das Scheitern von Pflege- und Adoptionsverhältnissen und die Suche von Adoptierten nach ihrer Herkunft. Die Auseinandersetzung von Adoptierten mit ihrer Herkunft einerseits sowie unbewußten Phantasien der Adoptiveltern über das eigene Selbst als Elternteil und über das Kind andererseits thematisiert auch Steck (1998, 1999).

Der *Geschwisterliebe und Geschwisterrivalität* widmet sich Petri (1999), der seinen Artikel vor allem auf die positiven Elemente von Geschwisterbeziehungen und ihre tragende Bedeutung im lebensgeschichtlichen Zusammenhang ausrichtet. Eine umfassende Literaturumschau zu tiefenpsychologischen und psychonanalytisch-pädagogischen Veröffentlichungen zum Thema Geschwisterbeziehungen wurde von Kinast-Scheiner (1999) zusammengestellt.

Der Frage nach der Bedeutung, die die *Aufdeckung von in der Kindheit erfahrener sexueller Gewalt* für Frauen hat, geht Schmid (1998) in ihrer Arbeit nach. Ihr Erkenntnisinteresse richtet sich dabei auf die Ergründung innerpsychischer Dynamiken, Muster und Strukturen bei der Verarbeitung von in der Kindheit erfahrener sexueller Gewalt. Anhand der Auswertung und Interpretation von Interviews mit sechs Frauen kommt sie zu dem Ergebnis, daß die Aufdeckung des Mißbrauchs einen prozeßhaften Verlauf nimmt, dessen zentraler Bezugspunkt das Bewußtwerden von Abwehr- und Spaltungsmechanismen ist. Die Bedeutung der Aufdeckung des Mißbrauchs für die Frauen ist nach Ansicht der Autorin nicht hoch genug einzuschätzen: Sie ist ein emanzipatorischer Prozeß und kann sinn- und realitätsstiftend sein. Dazu allerdings bedarf es unbedingt eines intersubjektiven Rahmens.

Mit der Arbeit „Geliebte Objekte" entwickelt Tilman Habermas (1999) eine *„Psychologie der Dinge"* mit dem Ziel, die psychologische Bedeutung persönlicher Objekte theoretisch zu fassen und im Gebäude psychologischer Theorien zu verankern. Dabei geht er Fragen nach wie der nach der motivierenden Wirkung von Dingen auf das Identitätsgefühl, oder der symbolischen Bedeutung von Dingen in Kultur und Kommunikation oder in affektiven Beziehungen zu anderen. Habermas´ Hauptinteresse gilt der psychologisch wichtigen Funktion der geliebten Dinge und so verfolgt er abschließend – ausgehend vom Übergangsobjekt des Kleinkindes – ontogenetisch die Bedeutung geliebter Objekte für die Herausbildung und Transformation der Identität über die Lebensspanne.

Eine spannende Auseinandersetzung mit der *psychoanalytischen Selbstpsychologie* gibt der Band „Das Selbst im Lebenszyklus" (Hartmann/Milch/Kutter/Paál 1998) wieder, der aus dem 4. Internationalen Selbstpsychologie-Symposion hervorgegangen ist. In sechs Beiträgen wird gleichsam die Entwicklung und das Schicksal des „Selbst" nachvollzogen, von seiner Entstehung in der Säuglingszeit (Köhler 1998), der Konsolidierung des Selbstkonzeptes in der Latenzphase (Anna Ornstein 1998), über die großen Wandlungen in der Adoleszenz (Lichtenberg 1998) bis hin zu den Herausforderungen der mittleren Lebensjahre – Berufswahl, Partnerwahl, Elternschaft (Paul Ornstein 1998) und den Prozessen des "alternden Selbst" mit den damit unvermeidlich verbundenen Kränkungen (Wolf 1998). Immer wieder werden dabei Vergleiche zu Nachbarwissenschaften (v.a. der neurophysiologischen Säuglingsforschung) gezogen. Am Ende des Bandes ist ein Interview mit Ernest Wolf abgedruckt, das Einblicke in seine Lebensgeschichte und seinen Weg zur Selbstpsychologie gewährt.

4. Veröffentlichungen zu weiteren Themenstellungen mit psychoanalytisch-pädagogischer Relevanz

4.1 Der Nationalsozialismus und seine Folgen für individuelle Lebensschicksale

Der Psychoanalytiker Zander (1999) blickt in „Zerrissene Jugend" auf seine Jugend im Nationalsozialismus zurück und arbeitet dabei vor allem jene Ambivalenz zwischen Bewunderung und dem Wunsch, dazu zu gehören, auf der einen und Kritik und Ablehnung auf der anderen Seite heraus. Wie gestaltet sich der familiale Dialog über die Familienvergangenheit in der Zeit des Nationalsozialismus in Familien von Verfolgten des Nazi-Regimes wie auch in Familien von Nazi-Tätern und Mitläufern? Welchen Einfluß hat die Vergangenheit der Großeltern auf das Leben ihrer Kinder und Enkel? Diesen Fragen gehen Rosenthal (1997) und ihre Mitarbeiterinnen anhand ausgewählter Fallstudien nach, in denen sie fünf Familien von Überlebenden aus Deutschland und Israel vorstellen und deren Familiengeschichte analysieren. Sie leisten damit einen wichtigen Beitrag zum Thema des Gesprächs zwischen den Generationen über den Nationalsozialismus.

4.2 Ideologie, Führung und Gewalt

Der Entwurf einer *Psychologie der Gruppen und Massen, der Macht und der Führung* des international angesehenen Psychoanalytikers Otto F. Kernberg (2000) liegt erstmals auch der deutschsprachigen Leserschaft vor. Er untersucht dabei die Reaktionen von Individuen, wenn sie sich als Teil einer großen, nicht organisierten Masse erfahren, und die Bedingungen, unter denen in regredierten, unstrukturierten Gruppen Aggression freigesetzt wird. An Beispielen aus sozialen Institutionen, psychiatrischen Kliniken, an Modellen der therapeutischen Gemeinschaft und an Besonderheiten der psychoanalytischen Ausbildung legt Kernberg dar, inwieweit Ideologie und Bürokratie als Schutzmaßnahmen bzw. als soziale Abwehr gegen Aggression fungieren können. Der „moralischen Dimension der Führung" wird ein eigenes Kapitel gewidmet, und auf den letzten Seiten des Buches findet man eine spannende Analyse der „Regression im politischen Prozeß" und möglicher Präventiv- und Kontrollmaßnahmen.

Eine äußerst differenzierte Auseinandersetzung mit *rechtem Denken, rechten Ideologien und Mythen und ihren bewußten und unbewußten Wurzeln und Funktionen* ist in einem von Szanya (1999) herausgegebenen Band nachzulesen, der im Anschluß an ein 1997 in Wien abgehaltenes interdisziplinäres Symposion zum Thema „Psychoanalyse der Rechten" entstanden ist. Roßmanith (1999) widmet sich darin speziell den Wurzeln, Charakteristika und Funktionen von Ideologien, die sie als „Krücken zur Daseinsbewältigung" versteht und die sich durch Starre und Kompromißlosigkeit auszeichnen und von einem entgleisten Dialog zeugen. Das Gefährliche an Ideologien ist die Lösung der Ambivalenz, die Spaltung von Gegensätzen und die Externalisierung der Negativseite. Bartosch (1999) versucht in seinem Beitrag zu verstehen, welches Selbsterleben der Persönlichkeit eines Menschen zugrunde liegt, der jederzeit bereit ist, sich einer Autorität unterzuordnen, in gleicher Weise aber Macht über Untergebene ausübt. In einer äußerst differenzierten Analyse, in die theoretische Überlegungen von Kohut und Stern einfließen, arbeitet Bartosch jene politischen, familiären und soziokulturellen (autoritären) Strukturen heraus, die eine Aktualisierung „autoritätsgebundenen Selbsterlebens" erst ermöglichen, das dann als alte oder neue Rechte politische Relevanz gewinnt. Streeck-Fischer (1999) beschreibt die Entwicklung zu Rechtsextremismus und Gewalt anhand des Fallbeispieles eines 17jährigen Jugendlichen und schließt dabei inhaltlich an die Überlegungen Bartoschs an. Sie zeigt auf, daß hinter Gewalttaten von Jugendlichen gegen Fremde und Andersartige oft die Reparation einer zuvor selbst erfahrenen schweren narzißtischen Beschädigung, eines durch Abgrenzung, soziale und affektive Tötung beschädigten Selbst steht. Unbewußte Wurzel und mythische Komponenten rechtsextremer Phantasmen werden in den Beiträgen von Bohleber (1999) und Springer (1999) einer Analyse unterzogen, in der deutlich wird „wie gut sich politische Ideologien und gesellschaftliche Institutionen dazu eignen, externalisierte Ängste und Konflikte von Menschen in sich aufzunehmen" (Bohleber 1999, 111) und so dem Einzelnen die Möglichkeit bieten, ihrer Herr zu werden.

4.3 Literaturbetrachtungen

In einigen aktuellen Beiträgen werden anhand inhaltlicher *Analysen von Märchen oder Geschichten* Verbindungen zwischen Literatur und innerpsychischer Dynamik aufgezeigt. So unterscheidet Stork (1998) etwa in seinem Artikel zwei Typen von Kinder- und Bilderbüchern: diejenigen, die sich an Werten und Tugenden orientieren und die, in denen das personale Glück im Vordergrund steht, „welches nicht geschenkt, sondern errungen und erkämpft werden will" (Stork 1998, 415) – eine Gegenüberstellung, die als System im Sinne eines ursprünglichen Konfliktes zwischen der primären Identifizierung und der Individuation verstanden werden kann. Klausmaier (1999) zeigt, wie die Geschichte von „Nils Holgerson" auf einfühlsame Weise die innerpsychischen Konflikte eines Jungen in seiner Entwicklung zum Erwachsenen schildert. Die Autorin schildert, wie der Junge sein „adoleszentes Moratorium" gleichsam in der „Peergroup der Gänse" verbringt, bis er am Ende der Reise dieser Gruppe entwächst und als vollwertiges Mitglied in die Gesellschaft menschlicher Erwachsener zurückkehrt. Daß sich im Märchen „Die Schöne und das Biest" nicht nur eine Bearbeitung ödipaler Konflikte und deren Lösung wiederfinden läßt, sondern auch der Konflikt, der durch die Einsicht in die Unvermeidlichkeit des Todes hervorgerufen wird, zeichnet Legueltel (1998) nach – ausgehend von Freuds Schrift „Das Motiv der Kästchenwahl".

Mit der Faszination, die Stephen Kings wilde und furchtbare Darstellung des Todes in seinen *Horrorgeschichten* auf die Leser ausübt, setzt sich Burkhard Müller (1998) in seinem Buch „Stephen King. Das Wunder, das Böse und der Tod" auseinander. Müller analysiert in diesem Beitrag Textstellen aus Kings Büchern und stellt fest, daß King den Tod immer als das katastrophale Fremde über geordnete häusliche Verhältnisse hereinbrechen läßt und damit Entsetzen erzeugt, das den Leser ungeheuer fesselt. Dem Autor zufolge gibt Horror den Menschen etwas, „das ihnen vielleicht früher die Theologie gegeben hatte"

(Müller 1998, 8) – Kings Reden vom Tod kann als ein Aufbegehren gegen dessen Allmacht verstanden werden.

Dem Verhältnis Franz Kafkas zu seinem Vater spürt Oelkers (1998) nach, indem er in seinem Artikel den nie übergebenen *Brief Kafkas* an seinen Vater analysiert. Er schließt seine Überlegungen mit der Frage ab, wie Eltern und Kinder die Erfahrung der Kindheit bilanzieren können und inwiefern Erziehung auf beiden Seiten Verletzungen erzeugt, die kaum kommunizierbar sind und es schwer machen, Dankbarkeit zu entwickeln.

Literatur

Ackermann, K.-E. (2000): „Das Geistigbehindernde in mir". Aspekte der Psychoanalyse in der Geistigbehindertenpädagogik. In: Die neue Sonderschule 45, 191-202

Ahrbeck, B. (2000): Psychoanalytische Pädagogik heute. In: Die neue Sonderschule 45, 161-164

Andresen, U. (1998): Mit dem Chaos im Spiel - die Ordnung der Schule spielerisch öffnen und neu entwerfen. In: Neue Sammlung 1998 (Heft 1), 67-83

Apsel, R. (Hrsg.) (1998): Ethnopsychoanalyse, Bd.5. Jugend und Kulturwandel. Brandes & Apsel: Frankfurt am Main

Awart, S. (1998): Schweineschmaus oder Discorausch. Generationskonflikte in Papua Neuguinea in Zeiten des rapiden kulturellen Wandels. In: Apsel, R. (Hrsg.) (1998): Ethnopsychoanalyse, Bd.5. Jugend und Kulturwandel. Brandes & Apsel: Frankfurt am Main, 118-152

Bartosch, E. (1999): Die Entwicklung des „Autoritären Charakters". In: Szanya, A. (Hrsg.) (1999): "durch reinheit zur einheit". Psychoanalyse der Rechten. Studien Verlag: Innsbruck, Wien, München, 73-90

Becker, U. (1999): „Die Rechenmaschine" – zur Bedeutung von Ordnung und Chaos bei der Entstehung und Behandlung einer Rechenschwäche. In: Becker, U., Hermann, A., Stanek, M. (Hrsg.) (1999): Chaos und Entwicklung. Theorie und Praxis psychoanalytisch orientierter sozialer Arbeit. Psychosozial: Gießen, 187-205

Becker, U., Hermann, A., Stanek, M. (Hrsg.) (1999): Chaos und Entwicklung. Theorie und Praxis psychoanalytisch orientierter sozialer Arbeit. Psychosozial: Gießen

Bohleber, W. (1999): Die Volksgemeinschaft. In: Szanya, A. (Hrsg.) (1999): "durch reinheit zur einheit". Psychoanalyse der Rechten. Studien Verlag: Innsbruck, Wien, München, 108-125

Bollas, Ch. (1997): Der Schatten des Objekts. Klett-Cotta: Stuttgart

Brisch, K.H. (2000): Schutz- und Risikofaktoren für die Bindungsfähigkeit von Frühgeborenen – Grundlagen und präventive Psychotherapie. In: Koch-Kneidl, L., Wiesse, J. (2000): Psychoanalytische Blätter, Bd.13. Frühkindliche Interaktion und Psychoanalyse. Vandenhoeck & Ruprecht: Göttingen, 91-106

Britton, R., Feldman, M., O'Shaughnessy, E. (1998): Der Ödipuskomplex in der Schule Melanie Kleins. Klinische Beiträge. Klett-Cotta: Stuttgart

Bürgin, D. (Hrsg.) (1998a): Triangulierung. Der Übergang zur Elternschaft. Schattauer: Stuttgart

Bürgin, D. (1998b): Vater als Person und Vater als Prinzip. In: Bürgin, D. (Hrsg.) (1998a): Triangulierung. Der Übergang zur Elternschaft. Schattauer: Stuttgart, 179-214

Büttner, Ch. (1999b): Auf zu neuen Ufern. Erziehungskonzepte und gesellschaftliche Veränderungsprozesse. In: Büttner, Ch., Dittmann, M. (Hrsg.) (1999a): Kindergartenprofile. Praxisberichte für die Ausbildung. Beltz: Weinheim, Basel, 12-25

Büttner, Ch., Dittmann, M. (Hrsg.) (1999a): Kindergartenprofile. Praxisberichte für die Ausbildung. Beltz: Weinheim, Basel

Calvet-Kruppa, C., Ziegenhain, U., Derksen, B. (1999): Kinder mit Down-Syndrom: Entwicklungspsychologische Elternberatung. In: Kühl, J. (Hrsg.) (1999): Autonomie und Dialog. Kleine Kinder in der Frühförderung. E. Reinhardt: München, Basel, 80-86

Champion, P. (1999): Die Begleitung sehr früh geborener Kinder von der Intensivstation durch das erste Lebensjahr. In: Kühl, J. (Hrsg.) (1999): Autonomie und Dialog. Kleine Kinder in der Frühförderung. E. Reinhardt: München, Basel, 87-95

Crittenden, P. (1999): Klinische Anwendung der Bindungstheorie bei Kindern mit Risiko für psychopathologische Auffälligkeiten oder Verhaltensstörungen. In: Suess, G.J., Pfeifer, W.K. (Hrsg.) (1999): Frühe Hilfen. Die Anwendung von Bindungs- und Kleinkindforschung in Erziehung, Beratung, Therapie und Vorbeugung. Psychosozial: Gießen, 86-106

Dammasch, F. (2000): Die innere Erlebniswelt von Kindern alleinerziehender Mütter. Eine Studie über Vaterlosigkeit anhand einer psychoanalytischen Interpretation zweier Erstinterviews. Brandes & Apsel: Frankfurt am Main

Dammasch, F., Metzger, H.G. (1999): Die Suche nach der Differenz - Zur Bedeutung des Vaters in der familialen Triade. In: Zeitschrift für psychoanalytische Theorie und Praxis 14 (Heft 3), 284-307

Datler, W. (2000): Was leistet die Psychoanalyse für die Sonderpädagogik? Psychoanalyse ist mehr als eine Form von Psychotherapie. In: Die neue Sonderschule 45, 165-177

Datler, W., Finger-Trescher, U., Büttner, Ch. (Hrsg.) (1999): Jahrbuch für Psychoanalytische Pädagogik 10. Themenschwerpunkt: Die frühe Kindheit. Psychosozial: Gießen.

Diebold, G. (2000): Auf der Suche nach dem Objekt. In: Koch- Kneidl, L., Wiesse, J. (2000): Psychoanalytische Blätter, Bd., 13. Frühkindliche Interaktion und Psychoanalyse. Vandenhoeck & Ruprecht: Göttingen, 107-127

Diem-Wille, G. (1999): „Niemand hat mir jemals etwas gesagt ...“ Die Falldarstellung einer Eltern-Kleinkind-Therapie aus der Tavistock Clinic. In: Datler, W., Finger-Trescher, U., Büttner, Ch. (Hrsg.) (1999): Jahrbuch für Psychoanalytische Pädagogik 10. Themenschwerpunkt: Die frühe Kindheit. Psychosozial: Gießen, 101-115

Dombrofski, G. u.a. (1999): Szenen verstehen und deuten. Ein psychoanalytisch orientiertes Kinderhaus. In: Büttner, Ch., Dittmann, M. (Hrsg.) (1999a): Kindergartenprofile. Praxisberichte für die Ausbildung. Beltz: Weinheim, Basel, 130-140

Dornes, M. (1999a): Spiegelung – Identität – Anerkennung: Überlegungen zu Kommunikativen und strukturbildenden Prozessen der frühkindlichen Entwicklung. In: Datler, W., Finger-Trescher, U., Büttner, Ch. (Hrsg.) (1999): Jahrbuch für Psychoanalytische Pädagogik 10. Themenschwerpunkt: Die frühe Kindheit. Psychosozial: Gießen, 48-62

Dornes, M. (1999b): Die Entstehung seelischer Erkrankungen: Risiko- und Schutzfaktoren. In: Suess, G.J., Pfeifer, W.K. (Hrsg.) (1999): Frühe Hilfen. Die Anwendung von Bindungs- und Kleinkindforschung in Erziehung, Beratung, Therapie und Vorbeugung. Psychosozial: Gießen, 25-64

Erdheim, M. (1998): Adoleszentenkrise und institutionelle Systeme. Kulturtheoretische Überlegungen. In: Apsel, R. (Hrsg.) (1998): Ethnopsychoanalyse, Bd.5. Jugend und Kulturwandel. Brandes & Apsel: Frankfurt am Main, 9-30

Federn, E. (1999): Woher kommt und was ist psychoanalytische Sozialarbeit? In: Becker, U., Hermann, A., Stanek, M. (Hrsg.) (1999): Chaos und Entwicklung. Theorie und Praxis psychoanalytisch orientierter sozialer Arbeit. Psychosozial: Gießen, 32-38

Fivaz-Depeursinge, E. (1998): Mikroübergänge in der affektiven Kommunikation zwischen Vater, Mutter und Kind und ihre klinische Bedeutung. In: Bürgin, D. (Hrsg.) (1998a): Triangulierung. Der Übergang zur Elternschaft. Schattauer: Stuttgart, 96-103

Fonagy, P. (1998): Die Bedeutung der Dyade und Triade für das wachsende Verständnis seelischer Zustände: Klinische Evidenz aus der psychoanalytischen Behandlung von Boarderline-Persönlichkeitsstörungen. In: Bürgin, D. (Hrsg.) (1998a): Triangulierung. Der Übergang zur Elternschaft. Schattauer: Stuttgart, 141-161

Frank, C. (1999): Melanie Kleins erste Kinderanalysen. Die Entdeckung des Kindes als Objekt sui generis von Heilen und Forschen. frommann-holzboog: Stuttgart – Bad Cannstatt

Frost, E. (1999): Gedanken zur Autismusforschung. In: Zeitschrift für psychoanalytische Theorie und Praxis 14 (Heft 4), 416-437

Gaddini, E. (1998): Das Ich ist vor allem ein körperliches. Beiträge zur Psychoanalyse der ersten Strukturen. Edition Diskord: Tübingen

Gerspach, M. (2000): Einführung in pädagogisches Denken und Handeln. Kohlhammer: Stuttgart

Glofke-Schulz, E.M., Rehmert, W.P. (Hrsg.) (1999): Die zerbrochene Kugel. Leben mit degenerativer Netzhauterkrankung. Psychosozial: Gießen.

Glose, B. (1998): Frühe Triangulierung und ödipale Vorläufer: Eins, zwei, drei? In: Bürgin, D. (Hrsg.) (1998a): Triangulierung. Der Übergang zur Elternschaft. Schattauer: Stuttgart, 80-95

Göppel, R. (1999): Die Bedeutung der frühen Erfahrungen oder: Wie entscheidend ist die frühe Kindheit für das spätere Leben? In: Datler, W., Finger-Trescher, U., Büttner, Ch. (Hrsg.) (1999): Jahrbuch für Psychoanalytische Pädagogik 10. Themenschwerpunkt: Die frühe Kindheit. Psychosozial: Gießen, 15-36

Grieser, J. (1998): Der phantasierte Vater. Zur Entstehung und Funktion des Vater-Bildes beim Sohn. Edition Diskord: Tübingen

Grieser, J. (1999): Die Vater-Sohn-Beziehung. Das Vaterbild zwischen Phantasie und Wirklichkeit. In: Psychosozial 76, 81-90

Gruen, A. (1999): Ein früher Abschied. Objektbeziehungen und psychosomatische Hintergründe beim plötzlichen Kindstod. Vandenhoek & Ruprecht: Göttingen

Habermas, T. (1999): Geliebte Objekte. Symbole und Instrumente der Identitätsbildung. Suhrkamp: Frankfurt am Main

Harms, E., Strehlow, B. (Hrsg.) (1997): Adoptivkind. Traumkind in der Realität. Schulz-Kirchner: Idstein

Hartmann, H.P. (1999): Psychisch kranke Mütter und ihre Kinder – Beziehungsstörungen und ihre Behandlung. In: Suess, G.J., Pfeifer, W.K. (Hrsg.) (1999): Frühe Hilfen. Die Anwendung von Bindungs- und Kleinkindforschung in Erziehung, Beratung, Therapie und Vorbeugung. Psychosozial: Gießen, 246-267

Hartmann, H.P., Milch, W.E., Kutter, P. (Hrsg.) (1998): Das Selbst im Lebenszyklus. Suhrkamp: Frankfurt am Main

Hèdervàri-Heller, È. (1999): Bindungstheorie und „Eltern-Kind-Therapie": Ein Fallbeispiel. In: Suess, G.J., Pfeifer, W.K. (Hrsg.) (1999): Frühe Hilfen. Die Anwendung von Bindungs- und Kleinkindforschung in Erziehung, Beratung, Therapie und Vorbeugung. Psychosozial: Gießen, 200-221

Hèdervàri-Heller, È. (2000): Frühe Interaktionsstrukturen in der Mutter-Kind-Dyade: Interaktionsprozesse sowie Selbst- und Objektrepräsentanzen. In: Koch- Kneidl, L., Wiesse, J. (2000): Psychoanalytische Blätter, Bd.13. Frühkindliche Interaktion und Psychoanalyse. Vandenhoeck & Ruprecht: Göttingen, 10-39

Heilmann, J. (1999): "Kein Grund zu schreien". Szenisches Verstehen in der heilpädagogisch-therapeutischen Arbeit mit autistischen Menschen. In: Zeitschrift für Heilpädagogik 50 (Heft 2), 66-70

Herzog, J.M. (1998): Frühe Interaktion und Repräsentanzen: Die Rolle des Vaters in frühen und späten Triaden; der Vater als Förderer der Entwicklung von der Dyade zur Triade. In: Bürgin, D. (Hrsg.) (1998a): Triangulierung. Der Übergang zur Elternschaft. Schattauer: Stuttgart, 162-178

Hirblinger, Heiner (1999a): Erfahrungsbildung im Unterricht. Die Dynamik unbewußter Prozesse im unterrichtlichen Beziehungsfeld. Juventa: Weinheim/München, 1999, 295 Seiten

Hirblinger, H. (1999b): Unterricht ist doch kein Zirkus. Zur Frage der psychoanalytischen Reflexion im schulischen Unterricht. In: Zeitschrift für Pädagogik 1999 (Heft 5), 683-698

Hirblinger, H. (2000): Es spiegelt sich ... Schule und Lehrer im Konflikt mit adoleszenter Identitätsbildung. In: Pädagogik 2000 (Heft 1), 21-23

Hügli, A. (1998): "Damit ein Anfang sei ...", eine philosophische Reflexion über Sinn und Bedeutung der Elternschaft. In: Bürgin, D. (Hrsg.) (1998a): Triangulierung. Der Übergang zur Elternschaft. Schattauer: Stuttgart, 6-22

Huwiler, K. (1999): Was erwarten Mütter in Erwartung? In: Bürgin, D. (Hrsg.) (1998a): Triangulierung. Der Übergang zur Elternschaft. Schattauer: Stuttgart, 23-38

Janus, J. (1999): Zur Thematisierung vorgeburtlicher und geburtlicher Erfahrungen in pädagogischen Zusammenhängen – Ideen und Vorstellungen. In: Datler, W., Finger-Trescher, U., Büttner, Ch. (Hrsg.) (1999): Jahrbuch für Psychoanalytische Pädagogik 10. Themenschwerpunkt: Die frühe Kindheit. Psychosozial: Gießen, 116-123

Katzenbach, D. (1999): Kognition, Angstregulation und die Entwicklung der Abwehrmechanismen. Ein Beitrag zum Verständnis behinderter Lernfähigkeit. In: Jahrbuch für Psychoanalytische Pädagogik 10. Themenschwerpunkt: Die frühe Kindheit. Psychosozial: Gießen, 124-145

Kernberg, O.F. (2000): Ideologie, Konflikt und Führung. Klett-Cotta: Stuttgart

Kestenberg, J.S. (1999): Attunement und Kollision in der Mutter-Kind-Interaktion. In: Zeitschrift für psychoanalytische Theorie und Praxis 14 (Heft 4), 401-415

Kinast-Scheiner, U. (1999): Über aktuelle Publikationen zu verschiedenen Fragestellungen Psychoanalytischer Pädagogik. In: Datler, W., Finger-Trescher, U., Büttner, Ch. (Hrsg.) (1999): Jahrbuch für Psychoanalytische Pädagogik 10. Themenschwerpunkt: Die frühe Kindheit. Psychosozial: Gießen, 172-198

Klausmeier, R.G. (1999): Die wunderbare Reise des Nils Holgersson. Oder: Abschied von der Kindheit. In: Psyche 53, 634-649

Kleefeld, H. (1999): Die Beeinflussung pflegerischen Handelns durch Supervision. In: Bekker, U., Hermann, A., Stanek, M. (Hrsg.) (1999): Chaos und Entwicklung. Theorie und Praxis psychoanalytisch orientierter sozialer Arbeit. Psychosozial: Gießen, 127-139

Klitzing, K. von (1999): „Wenn aus zwei drei wrden..." Ergebnisse einer propektiven Studie die zur Entstehung der Eltern-Kind-Beziehung. In: Bürgin, D. (Hrsg.): Triangulierung. Der Übergang zur Elernschaft. Schattauer: Stuttgart, 104-115

Klitzing, K. von (1999): Die Bedeutung der Säuglingsforschung für die Operationalisierte Psychodynamische Diagnostik während der ersten Lebensjahre. In: Praxis der Kinderpsychologie und Kinderpsychiatrie. (Herft 8), 564-570

Koch-Kneidl, L., Wiesse, J. (2000): Psychoanalytische Blätter, Bd.13. Frühkindliche Interaktion und Psychoanalyse. Vandenhoeck & Ruprecht: Göttingen

Köhler, L. (1998): Das Selbst im Säuglings- und Kleinkindalter. In: Hartmann, H.P., Milch, W.E., Kutter, P. (Hrsg.) (1998): Das Selbst im Lebenszyklus. Suhrkamp: Frankfurt am Main, 26-48

Kotanyi, S. (1999): Das Ahnenkind. In: Becker, U., Hermann, A., Stanek, M. (Hrsg.) (1999): Chaos und Entwicklung. Theorie und Praxis psychoanalytisch orientierter sozialer Arbeit. Psychosozial: Gießen, 164-178

Krambeck, J. (1998): Eingefrorene Adoleszenz und Besessenheit in einem indischen Heilschrein. In: Apsel, R. (Hrsg.) (1998): Ethnopsychoanalyse, Bd.5. Jugend und Kulturwandel. Brandes & Apsel: Frankfurt am Main, 167-200

Krejci, E. (1999): Psychogenese im ersten Lebensjahr. Edition Diskord: Tübingen

Kühl, J. (Hrsg.) (1999): Autonomie und Dialog. Kleine Kinder in der Frühförderung. E. Reinhardt: München, Basel

Lauter, E. (1999): Der Sozialkinderwagen. In: Becker, U., Hermann, A., Stanek, M. (Hrsg.) (1999): Chaos und Entwicklung. Theorie und Praxis psychoanalytisch orientierter sozialer Arbeit. Psychosozial: Gießen, 140-146

Lazar, R.A. (1999): "Mrs. Klein" und "WRB": Die Kleinianischen Wurzeln des Bionschen Denkens. In: Kinderanalyse 1999 (Heft 3), 189-222

Legueltel, C. (1998): "La Belle et al Bête" - Psychoanalytische Betrachtungen über das Märchen von Madame Leprince de Beaumont. In: Zeitschrift für psychoanalytische Theorie und Praxis 13 (Heft 4), 437-456

Lehmkuhl, U. (Hrsg.) (1999): Grenzen. Tabu und Wirklichkeit. E. Reinhardt: München

Lenner, K. (1999): Grenzen (in) der Teamsupervision. In: Lehmkuhl, U. (Hrsg.) (1999): Grenzen. Tabu und Wirklichkeit. E. Reinhardt: München, 101-115

Lepenies, A., Nunner-Winkler, G., Schäfer, G.E., Walper, S. (1999): Materialien zum Zehnten Kinder- und Jugendbericht, Bd.1. Kindliche Entwicklungspotentiale. Leske & Budrich: Opladen

Lichtenberg, J.D. (1998): Eine selbstpsychologische Betrachtung der Adoleszenz: Übergangsphase oder Sturm-und-Drang-Komplex? In: Hartmann, H.P., Milch, W.E., Kutter, P. (Hrsg.) (1998): Das Selbst im Lebenszyklus. Suhrkamp: Frankfurt am Main, 59-84

Ludwig-Körner, C. (1998): Wiederentdeckt - Psychoanalytikerinnen in Berlin. Psychosozial: Gießen

Maas, M. (1999): Leben lernen in Freiheit und Selbstverantwortung. Eine psychoanalytische Interpretation der Alternativschulpädagogik. Psychosozial: Gießen

Maier, Ch. (1998): Adoleszentenkrise und die Angst vor der Fremde. Zur Ablösungsproblematik in modernen Mittelschichtsfamilien. In: Apsel, R. (Hrsg.) (1998): Ethnopsychoanalyse, Bd.5. Jugend und Kulturwandel. Brandes & Apsel: Frankfurt am Main, 61-78

Manzano, J., Righetti, M., Conne-Perreard, E. (1999): Postpartale Depression: Anzeichen und Folgen. Eine epidemiologische Studie. In: Bürgin, D. (Hrsg.) (1998a): Triangulierung. Der Übergang zur Elternschaft. Schattauer: Stuttgart, 116-122

Messerer, K. (1999): Ein psychoanalytisch-pädagogischer Blick in die Praxis der Mobilen Frühförderung: Ausschnitte aus der Geschichte von Natalie und ihrer Familie. In: Datler, W., Finger-Trescher, U., Büttner, Ch. (Hrsg.) (1999): Jahrbuch für Psychoanalytische Pädagogik 10. Themenschwerpunkt: Die frühe Kindheit. Psychosozial: Gießen, 63-83

Metzger, H.G. (1999a): Die triadische Struktur der Supervision. In: Zeitschrift für psychoanalytische Theorie und Praxis 14 (Heft 1), 74-97

Metzger, H.G. (1999b): Der abhängige und der kompetente Säugling - Eine kritische Relativierung der Säuglingsforschung. In: Zeitschrift für psychoanalytische Theorie und Praxis 14 (Heft 4), 381-400

Müller, B. (1998): Stephen King. Das Wunder, das Böse und der Tod. Klett-Cotta, Stuttgart

Nagel, G. (1999): Konzept und Konzeptentwicklung. In: Büttner, Ch., Dittmann, M. (Hrsg.) (1999a): Kindergartenprofile. Praxisberichte für die Ausbildung. Beltz: Weinheim, Basel, 26-38

Neyer, F.J., Schäfer, M., Asen, J.B. (1998): Bindung, Gehemmtheit, soziale Netzwerke und die Entwicklung sozialer Beziehungen im Kindergarten. In: Zeitschrift für Entwicklungspsychologie und Pädagogische Psychologie 30, 70-79

Oelkers, J. (1998): Väter und Söhne: Über Anklage, Mißverständnis und den fehlenden Adressaten in der Erziehung. In: Neue Sammlung 1998 (Heft 4), 532-553

Ornstein, A. (1998): Die Psychologie des Kindes in der Latenzphase. In: Hartmann, H.P., Milch, W.E., Kutter, P. (Hrsg.) (1998): Das Selbst im Lebenszyklus. Suhrkamp: Frankfurt am Main, 49-58

Ornstein, P.H. (1998): Das Schicksal des Kernselbst in den mittleren Lebensjahren. In: Hartmann, H.P., Milch, W.E., Kutter, P. (Hrsg.) (1998): Das Selbst im Lebenszyklus. Suhrkamp: Frankfurt am Main, 85-101

Papousek, M. (2000): Zur Früherkennung und Behandlung von Störungen der Eltern-Kind-Beziehung im Säuglingsalter. In: Koch- Kneidl, L., Wiesse, J. (2000): Psychoanalytische Blätter, Bd.13. Frühkindliche Interaktion und Psychoanalyse. Vandenhoeck & Ruprecht: Göttingen, 68-91

Petri, H. (1999): Geschwisterliebe - die längste Beziehung unseres Lebens. In: Psychsozial 76 (Heft 2), 69-80

Reuther-Dommer, C., Stachowiak, R. (1999): Zur Sexualität bei schwerer geistiger Behinderung. In: Psychosozial 22 (Heft 77)

Rodulfo, R. (1996): Kinder. Gibt es die? Die lange Geburt des Subjekts. Kore: Freiburg

Romer, G. (1999): Von der Neuropsychiatrie über die Säuglingsbeobachtung zur transgenerationalen Holocaust-Forschung - Leben und Werk der Psychoanalytikerin Judith S. Kestenberg. In: Zeitschrift für psychoanalytische Theorie und Praxis 14 (Heft 1), 114-129

Romer, G., Riedesser, P. (1999): Prävention psychischer Störungen im Kindes- und Jugendalter. Perspektiven der Beziehungsberatung. In: Suess, G.J., Pfeifer, W.K. (Hrsg.) (1999): Frühe Hilfen. Die Anwendung von Bindungs- und Kleinkindforschung in Erziehung, Beratung, Therapie und Vorbeugung. Psychosozial: Gießen, 65-85

Rosenthal, G. (1997): Der Holocaust im Leben von drei Generationen. Familien von Überlebenden der Shoah und von Nazi- Tätern. Psychosozial: Gießen

Roßmanith, S. (1999): Die goldene Phantasie. In: Szanya, A. (Hrsg.) (1999): "durch reinheit zur einheit". Psychoanalyse der Rechten. Studien Verlag: Innsbruck, Wien, Müchen, 55-72

Salzberger-Wittenberg, I. (1999): Kurztherapeutische Arbeit mit Eltern von Kleinkindern. In: Datler, W., Finger-Trescher, U., Büttner, Ch. (Hrsg.) (1999): Jahrbuch für Psychoanalytische Pädagogik 10. Themenschwerpunkt: Die frühe Kindheit. Psychosozial: Gießen, 84-100

Schäfer, G.E. (1999a): Bildung beginnt mit der Geburt. In: Datler, W., Finger-Trescher, U., Büttner, Ch. (Hrsg.) (1999): Jahrbuch für Psychoanalytische Pädagogik 10. Themenschwerpunkt: Die frühe Kindheit. Psychosozial: Gießen, 37-47

Schäfer, G.E. (1999b) Sinnliche Erfahrung bei Kindern. In: Lepenies, A., Nunner-Winkler, G., Schäfer, G.E., Walper, S. (1999): Materialien zum Zehnten Kinder- und Jugendbericht, Bd.1. Kindliche Entwicklungspotentiale. Leske & Budrich: Opladen, 153-290

Scheuerer-Englisch, H. (1999): Bindungsdynamik im Familiensystem und familientherapeutische Praxis. In: Suess, G.J., Pfeifer, W.K. (Hrsg.) (1999): Frühe Hilfen. Die Anwendung von Bindungs- und Kleinkindforschung in Erziehung, Beratung, Therapie und Vorbeugung. Psychosozial: Gießen, 141-164

Schleske, G. (1998): Interaktion zwischen imaginären und realem Kind. Von der Schwangerschaft zur frühen Mutter-Kind-Beziehung. In: Bürgin, D. (Hrsg.) (1998a): Triangulierung. Der Übergang zur Elternschaft. Schattauer: Stuttgart, 69-79

Schleske, G. (1999): Imaginiertes und reales Kind. Über den Einfluß mütterlicher Phantasien auf die frühkindliche Entwicklung und die Dynamik des Kindesmißbrauchs. In: Zeitschrift für psychoanalytische Theorie und Praxis 14 (Heft 4), 438-463

Schmid, K. (1998): Die Bedeutung der Aufdeckung von sexuellem Mißbrauch für Mädchen und Frauen. Waxmann: Münster

Schnoor, H.C. (1999): Die Bedeutung früher Interaktionen zwischen Mutter und Kind als Basis langfristig wirksamer Beziehungsmuster. In: Kühl, J. (Hrsg.) (1999): Autonomie und Dialog. Kleine Kinder in der Frühförderung. E. Reinhardt: München, Basel, 62-69

Schnoor, H.C. (2000): Von der verzerrten Realitätswahrnehmung zur gestörten zwischenmenschlichen Interaktion. Psychoanalytische Erklärungsansätze zum Verständnis von Verhaltensstörungen. In: Die neue Sonderschule 45, 178-190

Sinason, V. (2000): Geistige Behinderung und die Grundlagen menschlichen Seins. Luchterhand: Berlin

Springer, A. (1999): Der Reinheitsmythos im rechten Denken. In: Szanya, A. (Hrsg.) (1999): "durch reinheit zur einheit". Psychoanalyse der Rechten. Studien Verlag: Innsbruck, Wien, München, 126-151

Stachowiak, R., Reuther-Dommer, Ch. (1999): Zur Sexualität bei schwerer geistiger Behinderung. In: Psychosozial 22 (Heft 77)

Stanek, M. (1999): Eintritt ins Chaos. Ein Interview mit Stephan Becker. In: Becker, U., Hermann, A., Stanek, M. (Hrsg.) (1999): Chaos und Entwicklung. Theorie und Praxis psychoanalytisch orientierter sozialer Arbeit. Psychosozial: Gießen, 39-58

Steck, B. (1998a): Eltern-Kind-Beziehungsproblematik bei der Adoption. In: Praxis der Kinderpsychologie und Kinderpsychiatrie. Ergebnisse aus Psychoanalyse, Psychologie und Familientherapie 47, 240-262

Steck, B. (1998b): Adoption und Elternschaft. In: Bürgin, D. (Hrsg.) (1998a): Triangulierung. Der Übergang zur Elternschaft. Schattauer: Stuttgart,, 242-250

Steengrafe, K. (1995): Wir träumen nicht anders: Lebenswelten und Identitätsstrukturen junger behinderter Frauen. Kleine Verlag: Bielefeld

Stork, J. (1998): Vom Kinderbuch zum Märchen. Wege der Phantasiebildung in den ersten Lebensjahren. In: Kinderanalyse. Zeitschrift für die Anwendung der Psychoanalyse in Psychotherapie und Psychiatrie des Kindes- und Jugendalters 6, 329-421

Stork, J. (1999): Ein Beitrag über das Schreien im frühen Säuglingsalter. Die Darstellung eines extremen Falles sowie dessen psychoanalytische Behandlung mit Überlegungen zur Psychodynamik und Deutungsarbeit. In: Kinderanalyse 1999 (Heft 3), 240-266

Streeck-Fischer, A. (1999): Geil auf Gewalt. In: Szanya, A. (Hrsg.) (1999): "durch reinheit zur einheit". Psychoanalyse der Rechten. Studien Verlag: Innsbruck, Wien, München, 91-107

Suess, G.J., Pfeifer, W.K. (Hrsg.) (1999): Frühe Hilfen. Die Anwendung von Bindungs- und Kleinkindforschung in Erziehung, Beratung, Therapie und Vorbeugung. Psychosozial: Gießen

Suess, G.J., Röhl, J. (1999): Die integrative Funktion der Bindungstheorie in Beratung/Therapie. In: Suess, G.J., Pfeifer, W.K. (Hrsg.) (1999): Frühe Hilfen. Die Anwendung von Bindungs- und Kleinkindforschung in Erziehung, Beratung, Therapie und Vorbeugung. Psychosozial: Gießen,, 165-199

Szanya, A. (Hrsg.) (1999): "durch reinheit zur einheit". Psychoanalyse der Rechten. Studien Verlag: Innsbruck, Wien, München

Trappe, P. (1998): Sozialisation unter neuen Bedingungen. In: Bürgin, D. (Hrsg.) (1998a): Triangulierung. Der Übergang zur Elternschaft. Schattauer: Stuttgart, 39-45

Von Klitzing, K. (1998): "Wenn aus zwei drei werden ..." Ergebnisse einer prospektiven Studie zur Entstehung der Eltern-Kind-Beziehung. In: Bürgin, D. (Hrsg.) (1998a): Triangulierung. Der Übergang zur Elternschaft. Schattauer: Stuttgart, 104-115

Von Klitzing, K. (1999): Die Bedeutung der Säuglingsforschung für die Operationalisierte Psychodynamische Diagnostik während der ersten Lebensjahre. In: Praxis der Kinderpsychologie und Kinderpsychiatrie 1999 (Heft 8), 564-570

Wegeler, C. (1998): Ver-rückte Wahrnehmungen. Nachträgliche Überlegungen zur sozialpädagogischen Arbeit mit einer türkisch-marokkanischen Mädchengruppe. In: Apsel, R. (Hrsg.) (1998): Ethnopsychoanalyse, Bd.5. Jugend und Kulturwandel. Brandes & Apsel. Frankfurt am Main, 97-117

Weilenmann, M. (1998): Burundi: Claire Ngerageze ist im Koma. Eine ethnopsychoanalytische Fallgeschichte. In: Apsel, R. (Hrsg.) (1998): Ethnopsychoanalyse, Bd.5. Jugend und Kulturwandel. Brandes & Apsel: Frankfurt am Main, 31-60

Weiss, F. (1998): Die kulturelle Gestaltung biologischer Übergänge in traditionellen außereuropäischen Gesellschaften. In: Bürgin, D. (Hrsg.) (1998a): Triangulierung. Der Übergang zur Elternschaft. Schattauer: Stuttgart, 272-280

Weiss, F. (1999): Die Kultur in aller Munde. Zum Verhältnis von Ethnologie und Praxis. In: Becker, U., Hermann, A., Stanek, M. (Hrsg.) (1999): Chaos und Entwicklung. Theorie und Praxis psychoanalytisch orientierter sozialer Arbeit. Psychosozial: Gießen, 147-163

Wiegand, G. (1998): Selbstveränderung von Müttern aus subjektiver Sicht. Psychosozial: Gießen

Wolf, E.S. (1998): Die Selbstpsychologie und das alternde Selbst im Lebenszyklus. In: Hartmann, H.P., Milch, W.E., Kutter, P. (Hrsg.) (1998): Das Selbst im Lebenszyklus. Suhrkamp: Frankfurt am Main, 102-124

Wurth, B. (1999): Chaos beim Aufbau einer Kriseninterventionsstation. In: Becker, U., Hermann, A., Stanek, M. (Hrsg.) (1999): Chaos und Entwicklung. Theorie und Praxis psychoanalytisch orientierter sozialer Arbeit. Psychosozial: Gießen, 206-220

Zander, W. (1999): Zerrissene Jugend. VAS: Frankfurt am Main

Ziegenhain, U., Dreisörner, R., Derksen, B. (1999): Intervention bei jugendlichen Müttern und ihren Säuglingen. In: Suess, G.J., Pfeifer, W.K. (Hrsg.) (1999): Frühe Hilfen. Die Anwendung von Bindungs- und Kleinkindforschung in Erziehung, Beratung, Therapie und Vorbeugung. Psychosozial: Gießen, 222-245

Zimmermann, P., Fremmer-Bombik, E. (2000): Die Bedeutung internaler Arbeitsmodelle von Bindung aus entwicklungspsychopathologischer und klinischer Sicht. In: Koch-Kneidl, L., Wiesse, J. (2000): Psychoanalytische Blätter, Bd.13. Frühkindliche Interaktion und Psychoanalyse. Vandenhoeck & Ruprecht: Göttingen, 40-67

Rezensionen

Valerie Sinason: Geistige Behinderung und die Grundlagen menschlichen Seins. Luchterhand: Neuwied/Kriftel/Berlin, 2000, 259 Seiten

Valerie Sinasons „Mental Handicap and The Human Condition", 1992 in London erschienen, liegt nun als 2. Band der von Volker Schönwiese und Gabriele Rath herausgegebenen Reihe „Beiträge zur Integration" in deutschsprachiger Übersetzung vor. Sinason beschäftigt sich in ihrem Buch mit den Möglichkeiten und Grenzen psychoanalytischer Therapie bei geistig behinderten Menschen. Teil I ist ein kurzer allgemeiner Versuch, die Bedeutung und die Entstehungsbedingungen des „Dummseins" aus der Perspektive psychoanalytischen Denkens zu erfassen. Er leitet sich aus den in Teil II anhand von ausführlichen klinischen Fallstudien beschriebenen Erfahrungen ab.Sinasons Ansatz basiert auf folgender Denkfigur zum Phänomen Behinderung: Primäre Behinderung (Schaden, Funktionsbeeinträchtigung) ist für die Betroffenen immer mit einem psychischen Trauma verbunden. Für die Eltern als auch für die Gesellschaft stellt ein unerwünschtes (behindertes) Baby „eine der tiefsten menschlichen Tragödien dar" (S. 243). Das Kind ist ob der ihm gegenüber gebrachten Todeswünsche vor Kummer und Schmerz wie benommen. Bedarf es bereits für ein „normales" unerwünschtes Kind „zusätzlicher persönlicher Begabungen" (S. 243), um in dieser Situation überleben zu können, sind die Ressourcen eines Kindes mit einer primären Behinderung zumeist allein durch diese bereits so erschöpft, daß es nicht mehr in der Lage ist, die zusätzliche Traumatisierung durch die Reaktion der Eltern/Bezugspersonen bzw. der Gesellschaft zu verarbeiten. Dummsein bedeutet für Sinason „vor Kummer benommen sein". „Dummheit" – d.h. nicht denken, sich erinnern, sprechen, lesen, schreiben können – kann eine Abwehrfigur darstellen, um von etwas sehr Schmerzhaftem nicht zu viel zu wissen. Sinason bezeichnet die daraus entstehende Behinderung als „sekundäre Behinderung".

Der umfangreiche Teil II unterstützt diese Thesen anhand von ausgewählten Fallstudien. Diese werden in acht Kapiteln dargestellt und entstammen Sinasons zwölfjähriger psychoanalytisch-therapeutischer Arbeit mit behinderten Kindern, Jugendlichen und Erwachsenen an der Tavistock Clinic in London. Die Kriterien für die Auswahl der Fälle werden leider nicht genannt. Diese klinischen Studien sind, mit einer Ausnahme, Beispiele für mehrfache Traumatisierungen durch primäre Behinderungen, extrem vernachlässigende Lebensbedingungen sowie Gewalt- und Mißbrauchserfahrung. Sie widmen sich im einzelnen dem Verlust des Denkens durch Alzheimersche Erkrankung (Kapitel 2), den komplexen Überlagerungen und Vernetzungen zwischen sekundärer und primärer Behinderung (Kapitel 3), der Bedeutung des behinderten, „dummen", glücklichen Lächelns (bes. Kapitel 4), der Bewältigung von Abwesenheit und der Bedeutung und Macht des Schreibens (Kapitel 5), der Selbstverletzung des Körpers als „Sprache" für erlebte Traumata (Kapitel 6) sowie dem „Geheimnis" (S. 186) von männlicher/weiblicher Sexualität und Behinderung (Kapitel 7, 8). Kapitel 9 ergänzt die Studien durch einen kurzen Aufriß über die Schwierigkeiten im Zusammenhang mit rechtlichen Fragestellungen, sexuellem Mißbrauch und Psychosen bei Menschen mit geistiger Behinderung.

In ihrer Arbeit mit sogenannten Geistig-Behinderten geht es Sinason um die Zumutung des Menschseins: ein wissendes, sich selbst bewußt seiendes, reflektierendes Wesen zu sein. Ihre Fallgeschichten sind luzide Beschreibungen von Begegnung, von Angesprochen- und In-der-Sprache-Sein. Dieses Wissen – und damit der Verlust der „Dummheit" – hat jedoch auch einen hohen Preis: Es gilt den Anblick des Schmerzes und des Kummers auszuhalten. Drei der Klienten brechen denn auch die Behandlung ab: „'Ich möchte nicht mehr denken', war der letzte vollständige Satz gewesen, den ich von ihm gehört hatte" (S. 65).

Das Buch bietet faszinierende und neue Erklärungsansätze für (zentrale) Fragestellungen heilpädagogischer Praxis, die bisher, zumindest in der deutschsprachigen sonder- und heilpädagogischen Theoriebildung, wenig oder gar nicht diskutiert wurden. Fragwürdig ist es mitunter, wenn Sinason ihre Kenntnisse verallgemeinert, obwohl sie diese „weitgehend aus der Behandlung von Klienten herleitet, deren geistige Behinderung zumeist mit einer schweren emotionalen Störung einhergeht" (S. 244). Ebenso fragwürdig ist ihre Auffassung, daß das, was man unter Behinderung versteht, zwar kulturhistorisch bestimmt ist, die inneren Prozesse, mit der Situation umzugehen, jedoch eine *Konstante* darstellen: Primärer Behinderung folgt *zwangsläufig* Trauer, Schmerz, Verlust (S. 30f). Der behinderte Mensch wird im Sinne von Wolfensberger zum „Opfer" seines geschädigten Körpers und „totmachender" sozialer und gesellschaftlicher Bedingungen reduziert. Dem Phänomen Behinderung wird damit quasi naturhaft ein Stempel des Leidens und der Bürde aufgedrückt. Man kann sich an dieser Stelle die Frage stellen, ob mit dieser „Psychopathologisierung" im Rahmen psychoanalytischer Theoriebildung eine Tradition fortgesetzt wird, die seit langem die Beziehung zwischen Medizin und Heilpädagogik kennzeichnet: Die Reduktion eines komplexen Phänomens auf naturwissenschaftliche/medizinische – in diesem Fall psychoanalytische – Denkkategorien?

Sinason geht es um Wissen und Wahrheit, um die Grundlagen menschlichen Seins, um den zentralen Stellenwert, den Behinderung darin einnimmt, um die Möglichkeiten und Grenzen psychoanalytischen Denkens und Arbeitens u.v.a.m. Ihre Anworten, vor allem ihre Begriffe (sic!) von Behinderung sind oftmals widersprüchlich. Sie kommt damit der „Wahrheit" womöglich näher als beabsichtigt. Abseits der schlichtweg packenden Fallgeschichten liegt somit die herausragende Qualität des Buches darin, Fragen aufzuwerfen.

Iris Reigl

Claudia Frank: Melanie Kleins erste Kinderanalysen. Die Entdeckung des Kindes als Objekt sui generis von Heilen und Forschen. frommann-holzboog: Stuttgart – Bad Cannstatt, 1999, 652 Seiten

Angeregt durch die empirische Säuglingsforschung werden in jüngeren psychoanalytischen Diskussionen zusehends dem psychoanalytischen Bild vom Kind, das aus dem

Material von Erwachsenenanalysen *rekonstruiert* wurde, jene Bilder gegenübergestellt, die *aus der unmittelbaren Beobachtung* von Kindern gewonnen werden können. Claudia Franks jüngst erschienenes Buch fügt diesen Diskussionen eine weitere Facette hinzu. Denn Claudia Frank erinnert daran, daß neben der Rekonstruktion und neben der Interpretation von Beobachtungsmaterialien zumindest noch eine weitere Methode existiert, die es auf dem Weg zur Fundierung und Entfaltung von psychoanalytischen Theorien des Erlebens und der Entwicklung von Kindern miteinzubeziehen gilt – die Methode der psychoanalytischen Arbeit mit Kindern in der Gestalt der *Kinderpsychoanalyse*.

Frank reserviert den Begriff der Kinderpsychoanalyse – in Abhebung von der analytischen Kinderpsychotherapie – für die „hochfrequente Behandlung von Kindern" (S. 14); sie geht davon aus, daß es in Kinderpsychoanalysen in kaum überbietbarer Weise möglich ist, auf dem Wege des Deutens Zugänge zum unbewußten Erleben von Kindern zu finden (und zwar nicht zuletzt wegen des breiten Raumes, welcher der Entfaltung von Prozessen der Übertragung und Gegenübertragung eingeräumt wird); und sie ist daher der Auffassung, daß in Kinderanalysen dem Freudschen Junktim von Heilen und Forschen ebenso gefolgt werden kann wie in Erwachsenenanalysen. Zu zeigen (oder besser: daran zu erinnern), inwiefern die Kinderpsychoanalyse eine eigenständige, dem Gegenstandsbereich der Psychoanalyse entsprechende *Forschungsmethode* darstellt, ist folglich ein zentrales Anliegen der Autorin, das sie in der Art und Weise verfolgt, in der sie sich um die Rekonstruktion eines bedeutsamen Stückes der Frühgeschichte der Kinderpsychoanalyse bemüht.

Angestoßen wurde diese Rekonstruktion dadurch, daß Melanie Klein zwischen 1921 und 1926, als sie als junge Analytikerin in Berlin arbeitete, Notizen von ihren ersten Kinderanalysen anfertigte, und daß Claudia Frank ein dreiviertel Jahrhundert später die Gelegenheit erhielt, diese Originalnotizen einzusehen, zu transkribieren und weiterzubearbeiten. Diese Originalnotizen geben mit anderen, bereits publizierten Artikeln das „Material" ab, auf das sich die Autorin in ihrem Versuch stützt, einen Beitrag zur Geschichte der Kinderpsychoanalyse zu verfassen. Und indem sie sich dabei nicht nur ganz allgemein auf die „Anfänge der Kinderpsychoanalyse" konzentriert, sondern - überdies die Frage nach dem „Umgang mit negativer Übertragung" in der Frühzeit der Kinderpsychoanalyse fokussiert, versucht sie zu zeigen, inwiefern die Konstituierung der Kinderpsychoanalyse als Behandlungs- *und* Forschungsmethode eng an das Gewahrwerden, an die Thematisierung sowie an das Verstehen von negativer Übertragung gebunden war.

Dieser Gedanke mag zunächst überraschen. Aber er wird nachvollziehbar, wenn man Franks Rekonstruktionen folgt, die den I. und II. Teil ihres Buches abgeben: Ebenso kundig wie konsequent zeichnet die Autorin die Vorläufer und Anfänge der Kinderanalyse nach, die sich zwischen 1900 und den 20er Jahren ausmachen lassen. Dabei zeigt sie, daß das Material, das gewonnen und publiziert wurde, über weite Strecken zur Illustration oder Bestätigung jener Theorien über das Erleben und die Entwicklung von Kindern verwendet wurde, die seinerzeit v.a. von Freud schon ausformuliert vorgelegt wurden. Neue, die Inhalte der bestehenden Theorien entscheidend bereichernde oder auch in Frage stellende „Entdeckungen", so Frank, konnten hingegen deshalb nicht gemacht werden, weil die Analytikerinnen und Analytiker, die mit Kindern und Jugendlichen arbeiteten, es (unbewußt) vermieden, den negativen Gefühlen, Phantasien, Wünschen oder Impulsen analytisch nachzugehen, die sich bei Kindern und Jugendlichen, letztlich aber auch in ihren eigenen Gegenübertragungsreaktionen manifestierten. Dies hinderte sie daran, Kinderanalyse als Behandlungs- *und* Forschungsmethode zu entwickeln, und führte beispielsweise zur Ausarbeitung jener pädagogisierenden Vorgangsweisen, die in den Schriften Hug-Hellmuths nachgelesen werden können.

Nachdem im I. Teil des Buches diese Gedanken entfaltet, das methodische Vorgehen der Autorin umrissen und die Frage des „Umgangs mit negativen Übertragungsregungen" bis in die Kontroversen zwischen Melanie Klein und Anna Freud hinein verfolgt wurden, eröffnet Claudia Frank den II. Teil ihrer Untersuchung, der sich den publizierten, vor allem aber den unpublizierten Fallmaterialien und Fallnotizen aus Melanie Kleins Berliner Zeit widmet. In dieser Zeit hat Melanie Klein mehr als 20 Kinder und Jugendliche behandelt; und die Behandlung von vier Kindern gibt den zentralen Bezugspunkt von Franks Untersuchung ab. Es handelt sich dabei um die Behandlungen von Grete (9 Jahre alt), Rita (2¾ Jahre alt), Inge (7 Jahre alt) und Erna (6 Jahre alt), vier Behandlungen, an denen zum einen deutlich wird, wie es Melanie Klein erst allmählich gelang, über die Einführung von Spielmaterialien ein eigenes Setting für Kinderanalysen zu etablieren. Zum anderen kann den Notizen zu diesen Behandlungen entnommen werden, wie sich Melanie Klein Schritt für Schritt von der Tendenz löste, Kinder in Situationen, in denen sie negative Gefühle wie Angst oder Ärger zeigten, zu beschwichtigen, abzulenken oder zu beruhigen, um statt dessen immer mehr Raum dafür zu finden, diese Gefühle zu thematisieren, (auch) als Übertragungsreaktionen zu begreifen und dementsprechend zu deuten. Indem sich Klein auf diese Weise gleichsam „entschloß", jenen Gegenübertragungsreaktionen nicht zu erliegen, die es ihr (und ihren Kolleginnen) zunächst unmöglich gemacht hatten, den manifesten Gefühlen und Äußerungen von Kindern in ihrer *gesamten* Bandbreite analytisch auf den Grund zu gehen, „entdeckte Klein das Kind als Objekt sui generis von Forschen und Heilen" (S. 351): Kinder wurden von Melanie Klein nicht mehr als „Demonstrationsobjekt(e) für das aus Analysen Erwachsener Erschlossene angesehen" (S.351), sondern stellten mit ihren Äußerungen und der ihnen zugemuteten Fähigkeit, gemeinsam mit Melanie Klein in analytische Prozesse einzutreten, eine Quelle zur „Entdeckung von Neuem" dar – eine These, die Claudia Frank mit dem Hinweis darauf stützt, daß Melanie Klein auf Grund der Erfahrungen, die sie in ihren Kinderanalysen gesammelt und reflektiert hat, *neue* psychoanalytische Konzepte entwickelte, die unter anderem von Projektion und Introjektion, von Spaltung und Verleugnung, von depressiv stimmenden und paranoiden Schuldgefühlen handelten.

Der III. Teil des Buches enthält die Orginalnotizen, die Melanie Klein über die Behandlung von Grete, Rita, Inge und Erna festgehalten hat. Diese Notizen, auf die sich Claudia Frank vor allem im II. Teil des Buches wiederholt bezieht und die durch erhaltene Kinderzeichnungen der Patientinnen ergänzt wurden, hat Claudia Frank sorgfältig ediert. Die Notizen geben Einblick in das Material, das den Ausgangs- und Bezugspunkt von Melanie Kleins Überlegungen darstellt, bedürfen einer hermeneutischen Erschließung, wie sie im II. Teil des Buches nachgelesen werden kann, und stehen in ihrer Bedeutung in einer Reihe mit anderen Originalaufzeichnungen, die in den letzten Jahrzehnten ediert und publiziert wurden. Zu denken ist hier insbesondere an Sigmund Freuds (1907/08) Originalnotizen zum „Rattenmann" sowie an Anna Freuds Notizen, in denen sie ihre Arbeit mit dem Kind Peter Heller dokumentierte (siehe Bittner/Heller 1983).

Literatur:
Freud, S. (1907/08): Originalnotizen zu einem Fall von Zwangsneurose („Rattenmann"). In: GW, Nachtragsband: Texte aus den Jahren 1885-1938. Fischer: Frankfurt/M, 1987, 505-569
Bittner, G., Heller, P. (Hrsg.) (1983): Eine Kinderanalyse bei Anna Freud (1929-1932). Verlag Königshausen und Neumann: Würzburg

Wilfried Datler

Hirblinger, Heiner: Erfahrungsbildung im Unterricht. Die Dynamik un-bewußter Prozesse im unterrichtlichen Beziehungsfeld. Juventa: Wein-heim/München, 1999, 295 Seiten

Der schulische Unterricht steht im Zentrum der bildungspolitischen Diskussion. Kultusministerkonferenz-Kommissionen, Bundes- und Arbeitgeberpräsidenten äußern sich zu Fragen des schulischen Unterrichts, internationale Studien beurteilen seine Qualität. Dabei fallen mitunter harte Worte: Unterricht verkomme zur Sozialarbeit, Unterricht werde auf die Vermittlung berufsrelevanter Fertigkeiten reduziert. So lauten sinngemäß die Extrempositionen, die in einigen Äußerungen zum Ausdruck kommen. Hirblinger stellt sich der Frage, wie verantwortbare Bildungsbestrebungen für künftige Generationen aussehen könnten (S. 254). Programmatisch formuliert er sein Anliegen im Titel „Erfahrungsbildung im Unterricht": „Erfahrungsbildung" – soll mehr sein als Lernen, „Unterricht" – soll mehr sein als Stoffvermittlung.
Bildung sei – nach Hirblinger – darauf angewiesen, daß Erfahrungen verstanden, durchgearbeitet und psychisch integriert werden können und nicht abgespalten werden müssen. Die „wechselseitige Erschließung" bedürfe allerdings der Einbeziehung des unbewußten und vorbewußten Erlebens. In der Verfolgung dieses Anliegens sieht sich Hirblinger auf Psychoanalytische Pädagogik verwiesen. In ihr sieht er eine „Radikalisierung" des bildungstheoretischen Ansatzes (S. 90). Vor diesem Hintergrund merkt er kritisch an, daß herkömmlicher Unterricht als zweckrationale Veranstaltung rein auf die Vermittlung von Wissen, Fertigkeiten etc. ausgerichtet und durch eine systematisch organisierte Verdrängung des ästhetischen und moralischen Erlebens der Adoleszenten gekennzeichnet sei. Jedoch erst eine Modulation von Unterricht, die z.B. beim Umgang mit klassischen Texten eine „Verstrickung in das eigene Erleben, Nachvollzug und Probeidentifikation" ermögliche, gewährleiste als „echte Teilhabe" ein Aufschließen der Bedeutungsdimension und damit Erfahrungsbildung (S. 34f).
Über die Berücksichtigung unbewußter Beziehungsdynamiken könne ein Zugang zu komplexen Lern-, Lehr- und Interaktionsprozessen gefunden werden, in denen schu-

lische Bildungsprozesse fußen. Emotionale Erfahrungen sollten berücksichtigt werden, denn alle Denkformen würden auf vor- bzw. unbewußten Entscheidungen gründen (S. 115). Mittels „szenischem Verstehen" sollen diese präverbalen Erfahrungen in den pädagogischen Arbeitsbereich hereingeholt werden. Vorbedingung eines solchen nicht mehr „naiven Unterrichtens" wäre eine Erweiterung der Wahrnehmungs- und Handlungskompetenzen von Lehrkräften für solche Prozesse.

Erkenntnismethodisch sieht sich Hirblinger einem „praxeologischen Denken" verpflichtet, das sich in drei unterscheidbaren Arbeitsschritten realisiert: 1) Wahrnehmen der Unterrichts- und Interaktionsphänomene; 2) Nachdenken über die ausgelösten Gefühle, Phantasien und Traumbilder etc.; 3) Ordnen und Systematisieren wiederkehrender Muster oder neuer Gegebenheiten, wobei Hirblinger der Arbeit mit eigenen Träumen eine Schlüsselfunktion zuweist (S. 177). Mit Hilfe vieler Falldarstellungen aus der eigenen Praxis, vornehmlich aus dem Deutschunterricht mit adoleszenten Schüler-Innen des Gymnasiums, wird dies illustriert.

Im ersten Teil der dreiteiligen Publikation klärt der Autor die Rahmenbedingungen für eine „Erfahrungsbildung im Unterricht". Er grenzt die Konzepte Setting, Rahmen und Prozeß gegeneinander ab, die letzteren in Bezug auf Goffmans Überlegungen. Unterricht wird als ein spezifisches Setting verstanden, das im Idealfall einen „intermediären Raum" (Winnicott) zur Verfügung stellt, Erfahrungsbildung ermöglicht und in der Institution Schule organisiert wird. Gerahmt würden die interaktiven und kommunikativen Prozesse durch bestimmte Einrichtungen wie z.B. (Klassen-)Regeln, Rituale und Sitzordnung. Diese Rahmungen wären aushandelbar und nähmen Einfluß auf die psychischen Strukturbildungen.

Ausgehend von der Grundannahme, daß die Möglichkeit zur Erfahrungsbildung beim Einzelnen stark von der Beziehungssituation in der Lerngruppe abhängig sei, werden im zweiten Teil unter dem Titel „Unterrichtsatmosphäre" Binnenbeziehungen in Klassen verhandelt. Hier finden sich die interessantesten Passagen des Buches. Themen sind die Folgen der Nichterfüllung psychischer Grundbedürfnisse; der grundlegende Mechanismus der projektiven Identifizierung; Gruppenphänomene; das Entstehen hemmender oder förderlicher Atmosphären durch empathische Einigung zwischen Lehrkräften und der SchülerInnengruppe mit je unterschiedlicher „Aufmerksamkeitsspannung"; die Bedeutung des „Containens" von negativen Affekten; und die für ein Aufschließen der unbewußten Dynamik nötige „pädagogische Ich-Spaltung".

Im dritten Teil wird der Frage nachgegangen, wie Übertragungs- und Gegenübertragungsphänomene eine förderliche bzw. auch hemmende Wirkung für Bildungsprozesse bei Adoleszenten entfalten können (S. 243). Im Rahmen der Individuationsentwicklung stellen nach Blos Heranwachsende frühere Identifizierungen in Frage und suchen neue (S. 201). Für Hirblinger kann diese Entwicklungsaufgabe nur über ein Wechselspiel von „Regression und Progression" und die Thematisierung des Selbsterlebens der Adoleszenten bewältigt werden (S. 128). Hirblinger unterscheidet an dieser Stelle nicht mehr zwischen Bildung und Entwicklung. Der Darstellung grundlegender psychischer Konstellationen Lehrender räumt er breiten Raum ein (S. 237ff). Überstarke Identifikationen mit Institution und Rolle würden neben erworbenen psychischen Strukturen eigene Übertragungstendenzen und Kollusionen begünstigen. Zu denken wäre an Szenen, in denen LehrerInnen von SchülerInnen gedrängt werden, die

Aufgabe eines aggressiven und kontrollierenden Überichs zu übernehmen, und sie sich selbst in dieser Position psychisch stabilisieren können. Bliebe ein solches Zusammen spiel unbewußt, könne ein erfahrungsbildender, entwicklungsfördernder Unterrichtsprozeß behindert werden. Zur Analyse von Gegenübertragungen zwecks der Rekonstruktion solcher Szenen bzw. „Erzählungen" der am Unterricht Beteiligten seien Rahmenbewußtsein und Rollendistanz, Empathie und Introspektionsfähigkeit nötig (S. 238f). Diese bilden für Hirblinger die Grundelemente einer „pädagogischen Identität" im Sinne von Muck (S. 246).

Der Schwerpunkt von Hirblingers Buch liegt nicht auf der Darstellung von „Erfahrungsbildung im Unterricht". Ihn interessieren vielmehr die Bedingungen ihrer Ermöglichung oder Verhinderung. Für ersteres scheint es nötig zu sein, daß sich LehrerInnen nicht allein auf Stundenhalten und kognitive Prozesse konzentrieren, sondern von Interdependenzen zwischen sozialen, emotionalen und kognitiven Prozessen ausgehen; und daß sie sich der unbewußten Aspekte dieser Prozesse und damit der unter psychoanalytisch-pädagogischer Perspektive eigentlich bedeutsamen Dimension des Bildungsprozesses öffnen (S. 256). Mit Hilfe der in ihnen ausgelösten Gegenübertragungsreaktionen könnten die Konfliktlagen, Entwicklungsthemen der SchülerInnen erschlossen und - didaktisch aufbereitet - passend sowie dem schulischen Setting entsprechend in den Unterricht eingebracht werden. Eine Deutung der Inszenierungen scheint nicht nötig, vielmehr beflügele dieses Vorgehen die didaktischen Phantasien von PädagogInnen für solche Unterrichtsformen, die es den SchülerInnen ermöglichen, Zugänge zu ihrem eigenen Erleben zu gewinnen und dieses zu symbolisieren (S. 267). Beispiele hierfür werden angeführt, so im Falle von adoleszenten Größenphantasien, die in Lügengeschichten sprachlich gestaltet, symbolisiert werden können. Dieses Spiel mit Phantasien ermögliche eine „ästhetische Distanzierung" und würde damit „progressive Tendenzen" fördern. Eine weitere Bedingung für „Erfahrungsbildung im Unterricht" wäre neben diesen Kompetenzen der LehrerInnen, daß integrative Tendenzen in der Klassenatmosphäre überwiegen (S. 277ff).

Nach Hirblinger sollte die Bewußtmachung von Gegenübertragungen und eigenen Übertragungstendenzen ein zentrales Element für die Gestaltung von Unterricht und der Lehrer-Schüler-Beziehung werden, um psychisches Wachstum und psychische Integration von Erlebtem auch im schulischen Raum zu ermöglichen. Psychoanalytische Reflexion gewinne ihre Bedeutung für Erfahrungsbildung vor allem beim Wieder-in-Gang-Setzen der durch eine entwicklungsnotwendige Reaktivierung ungelöster Konfliktthemen ins Stocken geratener Bildungsprozesse und zeige ihre Berechtigung, wenn sich neue, weiterführende Folgeaktivitäten zeigen.

Etwas vage bleibt in Hirblingers Darstellung, ob ein solches Vorgehen einen Eigenwert beansprucht, eine dienende Funktion für zweckrationalen Unterricht einnimmt, ihn ersetzen soll oder wie das Verhältnis zwischen diesen beiden Arten von Unterricht beschaffen ist. Kritisch ist anzumerken, daß es Hirblinger den Lesern nicht immer einfach macht, seine Kerngedanken zu erschließen. Etwas mehr an Klarheit und begrifflicher Deutlichkeit hätten seinem Anliegen gut getan. Geleistet wird jedoch eine Präzisierung des Bildungsauftrags der Schule im Feld zwischen Affektion und Kognition. Daraus ergeben sich Veränderungen im Verständnis der Lehrerrolle (S. 91, 160, 260).

Somit wäre diese Veröffentlichung als ein Beitrag zur Weiterarbeit an einem psycho-analytisch-pädagogischen Bildungsbegriff anzusehen.

Die Stärken dieses Buches liegen in der Analyse von Falldarstellungen, in die auch die eigenen Übertragungstendenzen des Lehrers miteinfließen. Diese Passagen vermitteln einen Eindruck davon, was psychoanalytische Kompetenz im schulischen Praxisfeld leisten kann, wie sich Didaktik und Psychoanalytische Pädagogik miteinander verbin-den können. Außerordentlich eindrucksvoll ist dabei die Fülle an Material aus dem schulischen Arbeitsfeld, das festgehalten und im Rückgriff auf psychoanalytische Kon-zepte ausgewertet wurde. Es weist darauf hin, daß erzieherische, entwicklungsför-dernde Arbeit und Wissensvermittlung nicht unverbunden nebeneinander stehen können, sondern als spannungsvolle Einheit aufeinander angewiesen sind. Als Aufgabe im Sinne einer Triangulierung bleibt PädagogInnen eine kreative Gestaltung der Widersprüche: Erfüllen der Lehrerrolle und nicht formalisiertes Verhalten in der Leh-rer-Schüler-Beziehung im Dienste der Erfahrungsbildung; Berücksichtigung der Ent-wicklungsbedarfe der Heranwachsenden (was deutlich zu unterscheiden ist von ihren aktuellen, kurzfristigen und situativen Wünschen) für die Aneignung von Sachverhal-ten; Phantasieren-Lassen, um für die Wahrnehmung der Realität fähig zu machen.
Hirblinger bringt wichtige Überlegungen für eine Zeit, in der kurzatmige Qualifi-zierungsaufgaben der Schule und verwertbares Wissen im Vordergrund der bildungs-politischen Diskussion stehen. Statt des leidigen Ausschlusses von Emotionalität wird ein gewinnbringendes Einbringen in Aussicht gestellt.

Bernhard Rauh

Abstracts

Christian Büttner, Heinz Krebs, Luise Winterhager-Schmid
Einführung in den Themenschwerpunkt: Gestalten der Familie – Beziehungen im Wandel
In ihrem Beitrag zur Einführung in den diesjährigen Themenschwerpunkt gehen die AutorInnen davon aus, daß heute vielfach in der Zunahme familialer Lebensformen eine Gefährdung der traditionellen Familienform gesehen werde. Dieser Vorstellung liege ein normativer Familienbegriff im Sinne der Vollständigkeit einer Familie zugrunde, eine Vorstellung, die auch im Bereich der Familienforschung erst jüngst dem Versuch weiche, zu beschreiben, was Familie tatsächlich ist. In diesem Zusammenhang weisen die AutorInnen auch darauf hin, daß unter familienhistorischem Blickwinkel die letzten Jahrhunderte immer eine Vielfalt von Familienformen aufwiesen. Deshalb schlagen die AutorInnen vor, unter Familie eine *„auf Dauer angelegte Lebensgemeinschaft eines oder mehrerer fürsorglicher und erziehender Erwachsener mit einem oder mehreren Kindern"* zu verstehen. Abschließend stellen die AutorInnen fest, daß nicht die Vielfalt familialer Lebensformen Anlaß zur Sorge sein sollte, sondern andere Tatsachen wie beispielsweise die Tatsache, daß die Mehrheit der Erwachsenenhaushalte heute kinderlos lebt. Weitere Problemfelder bestünden in der Zunahme von sog. Scheidungswaisen und in der Armutsgefährdung von Alleinerziehenden. Ihren Beitrag schließen die AutorInnen mit einem kurzen Ausblick auf die sieben Beiträge des Themenschwerpunktes des 11. Bandes des Jahrbuches für Psychoanalytische Pädagogik.

Andreas Lange, Kurt Lüscher
Vom Leitbild zu den Leistungen. Eine soziologische Zwischenbilanz des aktuellen Wandels von Familie
Die soziologische Zwischenbilanz setzt ein mit einer Beschreibung der öffentlichen und wissenschaftlichen Aufmerksamkeit für Zustand und Zukunft der Familie. Aufgezeigt wird der polare Charakter der „Familienrhetorik", der darauf verweist, wie wichtig Definitionen und Beschreibungen von Familie für einen vernünftigen Diskurs sind. Ein großes Gewicht für das Verständnis der „Normalität" von Familien als privaten Lebensformen nehmen demographische Daten ein. Die je nach wissenschaftlichem Standpunkt als große oder weniger große eingeschätzten Vielfalt von morphologischen Familienformen läßt sich als Bemühen interpretieren, unter aktuellen Bedingungen Familie zu leben. Vor diesem Hintergrund verschiebt sich der Schwerpunkt familienwissenschaftlicher Arbeit derzeit hin zur Anlage der konkreten Aufgabenerfüllung im Rahmen übergreifender Modernisierungsprozesse. Diese Aufgabenfelder werden anhand neuerer empirischer Befunde konkret beschrieben und typisiert. Ein Exkurs zeichnet nach, wie in der Familienpolitik dieser Leistungscharakter von Familie zunehmend anerkannt wird. Der Ausblick resümiert die Konsequenzen der Umrüstung der familiensoziologischen Beobachtungsinstrumentarien und verweist auf die Potentiale für die interdisziplinäre Zusammenarbeit.

Michael B. Buchholz
Wie kann Familienberatung und Familientherapie auf die sich ändernden Familienprobleme antworten?
Die Bedeutung der Familientherapie wird an Beispielen herausgestellt. Sie liegt darin, die unbewußten Beziehungsdimensionen (an einer familientherapeutischen Sitzung gezeigt, in der ein Traum berichtet wird) erfahrbar und artikulierbar zu machen und den Familien bei

der Ausgestaltung innovativer Formen des Zusammenlebens zu helfen. Familientherapeuten sollten sich den Aufgaben des sozialen Wandels stellen. Festgestellt wird auch, daß Psychoanalytiker und Familientherapeuten in den Berichten über ihre Erfahrungen konvergieren, hier also Kontroversen entschärft werden können.

Urte Finger-Trescher
Psychosoziale Beratung von Familien im institutionellen Kontext. Aktuelle Fragen und konzeptionelle Überlegungen

In den letzten Jahrzehnten hat sich unsere Gesellschaft und mit ihr auch die Formen familiären Zusammenlebens erheblich verändert. Die privaten Lebensverhältnisse sind wählbar geworden in einer bislang nicht gekannten Vielfalt und damit einhergehend natürlich auch die Familienverhältnisse. Viele Menschen fühlen sich unsicher und überfordert und suchen psychosoziale Beratung. Die Autorin geht der Frage nach, welche Bedingungen Beratungsinstitutionen erfüllen sollten, um auf den vielfältigen und unterschiedlichen Bedarf Ratsuchender angemessen reagieren zu können. Dabei zeigt sie vier Problemlagen auf, die insbesondere für den Bereich der Erziehungsberatung, aber auch für andere psychosozialen Beratungsinstitutionen, typisch erscheinen.

Udo Rauchfleisch
Familien mit gleichgeschlechtlichen Paaren. Probleme und Chancen

Gleichgeschlechtliche Paare mit Kindern sehen sich mit etlichen Problemen konfrontiert, die vor allem durch die in der Bevölkerung nach wie vor verbreiteten negativen Klischeebilder von Lesben und Schwulen bedingt sind. Wie Langzeitstudien zeigen, entwickeln sich die in solchen Familien aufwachsenden Kinder in bezug auf ihre Identität, ihre Emotionalität und ihre sozialen Kompetenzen trotz dieser Schwierigkeiten jedoch so wie Kinder aus vergleichbaren heterosexuellen Familien. Diese Befunde stehen durchaus in Einklang mit unseren psychodynamischen Entwicklungstheorien.

Frank Dammasch
Das Kind, seine alleinerziehende Mutter und der virtuelle Vater

Der Autor zeigt anhand einer ausführlichen Einzelfalldarstellung auf, in welchem inneren Spannungsfeld ein Mädchen bei der Lösung von der alleinerziehenden Mutter und bei der Annäherung an einen männlichen Dritten lebt. Es wird herausgearbeitet, daß auch ein Kind, das seinen Vater nicht kennt, ein ausgeprägtes inneres Vaterbild entwickeln kann. Während die Repräsentanz des abwesenden Vaters – der virtuelle Vater – in kreativer Weise bei der Strukturierung der inneren Welt genutzt werden kann, bringt der Mangel der Verinnerlichung eines positiv miteinander verbunden Elternpaares das Kind in einen ängstigenden inneren Loyalitätskonflikt beim Übergang von der dyadischen Mutterwelt zur ödipalen Vaterwelt. Ein Mädchen braucht dabei einen Vater zunächst nicht als ödipales Liebesobjekt, sondern als Identifikationsobjekt, um mit Hilfe der Differenz des männlich Anderen sich aus der homophilen Ähnlichkeitsverbindung mit der Mutter zu lösen und so das Interaktionsfeld von der Dyade zur Triade erweitern zu können.

Fakhri Khalik
Leben in zwei Heimatländern - Erfahrungen aus der psychotherapeutischen Arbeit mit Mitgliedern aus Migrantenfamlien

Anhand eigener Migrationserfahrungen entfaltet Fakhri Khalik eine Sichtweise von Familie, die einerseits der individuellen Zugangsweise klassischer psychoanalytischer Praxis entspricht, andererseits die Konstruktion einer synthetischen Identität als Bindeglied zwischen den Spannungen der eigenen Herkunft und der Kultur des Aufnahmelandes in den Vorder grund stellt. Zahlreiche Beispiele erläutern verschiedene Typen von Familienschicksalen, die im Aufnahmeland eine je eigene Familiendynamik begründen. Der Zugang zu Migrationsfamilien bedarf einer verstehenden Grundhaltung, die die Notwendigkeit der Migrationsfamilien im Auge hat, die Spannung zwischen den gewohnten Erwartungen an die eigenen Familienmitglieder sowie an die Umwelt und deren vollständiger Umstellung in eine erträgliche Balance zu bringen. Eine gelungene Akkulturation ist dann wahrscheinlich, wenn es den Familienmitgliedern gelingt, die synthetische Identität zu etablieren.

Carsten Rummel
Die Freiheit, das Chaos der Liebe und die Notwendigkeit einer neuen Generationenethik
Der Autor beschreibt zunächst die soziologischen Hintergründe der Reform des Kindschaftsrechts in der BRD und stellt dann die aus seiner Sicht daraus abzuleitenden Schlußfolgerungen für familienberaterische und -therapeutische Tätigkeiten dar. Dieses Kindschaftsrecht geht davon aus, daß Kinder unabhängig davon, ob ihre Eltern in Gemeinschaft leben, einen Anspruch auf Sorge und Erziehung durch beide Elternteile haben. Dem entspricht Rummel zufolge die Pflicht der Eltern, diese Aufgaben auch praktisch zu erfüllen, eine Pflicht, die auch den Kern einer „neuen" Generationenethik ausmacht. Für professionelle Fachkräfte in Beratung und Therapie bedeutet dies, daß sie sich ebenfalls dieser Ethik verpflichtet fühlen, aktiv gegenüber den Eltern dafür eintreten und sich nicht mehr hinter einem Neutralitätsgebot ihrer jeweiligen beraterischen oder therapeutischen Schulen „verstecken".

Ulrike Kinast-Scheiner
Psychoanalytische Beiträge zum Prozeß des Alterns. Ein Literaturbericht
Obwohl sich das Tabu in jüngerer Zeit etwas gelockert hat, ist das Thema „Alter(n)" nach wie vor ein „Stiefkind" der Psychoanalyse. In einer ersten Annäherung weist dieser Umschauartikel vor allem auf die Widerstände gegen eine Auseinandersetzung mit dem Thema Altern und gegen die Bereitschaft, mit alten Menschen psychoanalytisch zu arbeiten, hin. Im Anschluß werden die Anfänge des „Dialogs" zwischen Altern und Psychoanalyse in den USA und im deutschsprachigen Raum skizziert. Es wird über allgemeine und altersspezifische Entwicklungs- und Krankheitstheorien referiert und ein Einblick in die psychodynamische Sicht des Alterns gegeben. Abschließend befaßt sich der Artikel mit der Bildungsarbeit mit älteren und alten Menschen, wobei festgehalten wird, daß Altenbildung auch Hilfe zur Bewältigung von „Entwicklungsaufgaben" und biographischen Krisen sein kann. Von einem psychoanalytisch-pädagogischen Verständnis von Bildungsarbeit mit älteren und alten Menschen ist man aber noch meilenweit entfernt.

Katharina Ereky und Judit Richtarz
Über aktuelle Publikationen zu verschiedenen Fragestellungen Psychoanalytischer Pädagogik
In dieser Literaturumschau, die traditionsgemäß das Jahrbuch für Psychoanalytische Pädagogik abrundet, wird ein Überblick über das weite Spektrum an Themen und Fragestellungen gegeben, mit welchen sich psychoanalytisch-pädagogisch orientierte Autoren und Autorinnen zur Zeit beschäftigen. Vorgestellt werden Einzelbeiträge, Aufsatzsammlungen und Buchpublikationen zu grundlegenden Fragen Psychoanalytischer Pädagogik, zu speziellen Praxisbereichen Psychoanalytischer Pädagogik, zu entwicklungspsychologischen und sozialisationstheoretischen Überlegungen sowie zu weiteren Themenstellungen mit psychoanalytisch-pädagogischer Relevanz.

Die Autorinnen und Autoren des Bandes

Michael B. Buchholz, Dr. phil., Dipl.-Psych., apl. Prof. am Fachbereich Sozialwissenschaften der Universität Göttingen; zuletzt Leiter der Forschungsabteilung und der Familientherapeutischen Werkstatt im Krankenhaus für Psychotherapie und psychosomatische Medizin „Tiefenbrunn", seit Oktober 1999 als Psychoanalytiker in freier Praxis tätig.

Christian Büttner, Dr. phil., Diplom-Psychologe; seit 1973 Projektleiter der Hessischen Stiftung Friedens- und Konfliktforschung (Forschungsgruppe „Politische Psychologie"); Honorarprofessor an der Evangelischen Fachhochschule Darmstadt; freier Mitarbeiter der Hessischen Landeszentrale für politische Bildung (Bereich Lehrerfortbildung); Lehrbeauftragter an der Universität Frankfurt (Erziehungswissenschaften); Gründungs- und Vorstandsmitglied des Frankfurter Arbeitskreises für Psychoanalytische Pädagogik; Arbeitsschwerpunkte: Aggressionsforschung, Medien, Erwachsenenbildung.

Frank Dammasch, Dr. phil., Diplom Soziologe, Diplom Pädagoge, analytischer Kinder- und Jugendlichen Psychotherapeut. Arbeitet in freier Praxis in Frankfurt, ist Dozent am Fachbereich Erziehungswissenschaften der Universität Frankfurt und wissenschaftlicher Mitarbeiter am Institut für analytische Kinder- und Jugendlichen Psychotherapie in Hessen. Forschungsschwerpunkte: Methoden psychoanalytischer Erkenntnisgewinnung. Die Bedeutung des Vaters für die kindliche Entwicklung. Chancen und Risiken der Entwicklung von Kindern in Einelternfamilien.

Katharina Ereky, Mag. phil.; Studium der Pädagogik und der Psychologie an der Universität Wien; in Ausbildung zur Psychoanalytisch-pädagogischen Erziehungsberaterin; Tutorin am Institut für Erziehungswissenschaft der Universität Wien; arbeitet in der Betreuung von geistig behinderten Erwachsenen.

Urte Finger-Trescher, Priv.-Doz., Dr. phil., Gruppenanalytikerin, Kinder- und Jugendlichen-Psychotherapeutin, Leiterin der Beratungsstelle für Eltern, Kinder und Jugendliche der Stadt Offenbach, Privatdozentin an der Universität/Gesamthochschule Kassel, Vorsitzende des Frankfurter Arbeitskreis für Psychoanalytische Pädagogik e.V., Gastprofessorin an der Universität Wien. Zu den Arbeits-/Forschungsschwerpunkten zählen: Wirkfaktoren der Einzel- und Gruppenanalyse, Psychosoziale Beratung im Kontext der Jugendhilfe, Trauma- und Traumaverarbeitung, Psychoanalytische Pädagogik und Gruppenprozeß-Forschung

Fakhri Khalik, Dr. med, Facharzt für Kinderheilkunde und medizinische Psychotherapie, Arzt für Kinder- und Jugendpsychiatrie, Mitarbeiter der Internationalen Ambulanz im Frankfurt Psychoanalytischen Institut (FPI).

Ulrike Kinast-Scheiner, Mag.phil., studierte Pädagogik und Sonder- und Heilpädagogik an der Universität Wien. Sie ist Tutorin am Institut für Erziehungswissenschaften an der Universität Wien und wissenschaftliche Mitarbeiterin beim Forschungsprojekt „Zur Geschichte der psychoanalytisch-pädagogischen Erziehungsberatung in Wien von 1920 bis zur Gegenwart". Sie ist Spezialistin für Lern-Software (Edutainment) in einer Wiener Einrichtung, die Lernprozesse von Kindern, Jugendlichen und Erwachsenen unterstützt („Das Lernstudio") und absolviert derzeit einen Ausbildungslehrgang zur Supervisorin und Coach an der Universität Wien.

Heinz Krebs, Dr. phil., Dipl.-Päd., Psychoanalytischer Pädagoge sowie Kinder- und Jugendlichenpsychotherapeut (appr.). Mitarbeiter einer Beratungsstelle für Eltern, Kinder und Jugendliche und Tätigkeit in freier Praxis mit den Schwerpunkten Eltern- und Familienberatung, psychoanalytisch-pädagogische Arbeit mit Kindern und Jugendlichen, Diagnostik, Supervision, Kindertagesstättenfach- und Institutionenberatung, Fort- und Weiterbildung. Vorstandsmitglied des Frankfurter Arbeitskreises für Psychoanalytische Pädagogik e.V. Veröffentlichungen zu den genannten Fachgebieten.

Andreas Lange, Dr., langjähriger Mitarbeiter am Konstanzer Forschungsschwerpunkt „Gesellschaft und Familie", Lehrbeauftragter im Fach Pädagogische Soziologie an der PH Weingarten. Interessen- und Forschungsschwerpunkte sind neben der Soziologie der Familie (Familienrhetorik, Familienalltag) die Soziologie der Kindheit und Jugend, hier insbesondere die Lebensführung der Heranwachsenden im Rahmen gesamtgesellschaftlicher Modernisierungsprozesse.

Kurt Lüscher, Prof. Dr., emeritierter Professor der Universität Konstanz, wo er einen Lehrstuhl für Soziologie innehatte und den Forschungsschwerpunkt „Gesellschaft und Familie" leitete; u.a. Mitglied des wissenschaftlichen Beirates beim Bundesministerium für Familie, Jugend und Senioren (Berlin).

Udo Rauchfleisch, Studium der Psychologie an den Universitäten Kiel und Lubumbashi/Kongo. Psychoanalytiker (DPG, DGPT). Professor für Klinische Psychologie an der Universität Basel. Nach 34 jähriger Tätigkeit in der Kinder-, Jugend- und Erwachsenenpsychiatrie jetzt in privater Praxis als Psychotherapeut tätig. Publikationen u.a. zur Theorie und Praxis der Psychoanalyse, Testdiagnostik, Dissozialität, Gewalt und Homosexualität.

Judit Richtarz, Studium der Pädagogik und Sonder- und Heilpädagogik an der Universität Wien; in Ausbildung zur Psychoanalytisch-pädagogischen Erziehungsberaterin; Tutorin am Institut für Erziehungswissenschaft der Universität Wien.

Carsten Rummel, Ass.jur., Stv. Leiter der Abteilung „Familie/Familienpolitik" am Deutschen Jugendinstitut in München; u.a. Arbeit am Forschungsprojekt „Mitwirkung der Jugendhilfe in familiengerichtlichen Verfahren".

Luise Winterhager-Schmid, Prof. Dr. phil., Studium der Germanistik, Geschichte, Politikwissenschaft, Pädagogik, Lehramt am Gymnasium; zur Zeit Professorin für Erziehungswissenschaft an der Pädagogischen Hochschule Ludwigsburg; ehemaliges geschäftsführendes Mitglied im Vorstand der Kommission „Psychoanalytische Pädagogik" der Deutschen Gesellschaft für Erziehungswissenschaft. Arbeitsschwerpunkte: Allgemeine Pädagogik, Jugendtheorie, Mädchen- und Frauenbildung, Psychoanalytische Pädagogik, Historische Pädagogik.

Die Mitglieder der Redaktion

Christian Büttner, Dr. phil., Diplom-Psychologe; seit 1973 Projektleiter der Hessischen Stiftung Friedens- und Konfliktforschung (Forschungsgruppe „Politische Psychologie"); Honorarprofessor an der Evangelischen Fachhochschule Darmstadt; freier Mitarbeiter der Hessischen Landeszentrale für politische Bildung (Bereich Lehrerfortbildung); Lehrbeauftragter an der Universität Frankfurt (Erziehungswissenschaften); Gründungs- und Vorstandsmitglied des Frankfurter Arbeitskreises für Psychoanalytische Pädagogik; Arbeitsschwerpunkte: Aggressionsforschung, Medien, Erwachsenenbildung.

Wilfried Datler, Dr. phil., Ao Univ.-Prof., Dr. phil., Leiter der Arbeitsgruppe für Sonder- und Heilpädagogik am Institut für Erziehungswissenschaft der Universität Wien, Analytiker im Österreichischen Verein für Individualpsychologie sowie stv. Vorsitzender der Wiener Arbeitsgemeinschaft für Psychoanalytische Pädagogik. Arbeitet zu Fragen im Grenz- und Überschneidungsbereich von Psychoanalyse, Pädagogik, Heilpädagogik und Psychotherapie.

Annelinde Eggert-Schmid Noerr, Dr. phil., Dipl.-Päd., Psychotherapeutin in freier Praxis; Professorin an der Katholischen Fachhochschule Mainz; Lehrbeauftragte der Universität Frankfurt/M.; Arbeitsschwerpunkte und Veröffentlichungen: Geschlechtsspezifische Sozialisation und Randgruppenproblematik. Vorstandsmitglied des Frankfurter Arbeitskreises für Psychoanalytische Pädagogik.

Urte Finger-Trescher, Priv.-Doz., Dr. phil., Dipl.-Päd., Gruppenanalytikerin; Weiterbildung in Familientherapie; Leiterin der Beratungsstelle für Eltern, Kinder und Jugendliche der Stadt Offenbach, Vorsitzende des Frankfurter Arbeitskreises für Psychoanalytische Pädagogik e.V., Privatdozentin an der Gesamthochschule/Universität Kassel, Gastprofessorin am Institut für Erziehungswissenschaft der Universität Wien. Arbeitsschwerpunkte: psychoanalytisch orientierte Methoden der Arbeit mit Gruppen, Psychoanalytische Pädagogik in der öffentlichen sozialpädagogischen Versorgung.

Hans Füchtner, Dr. phil., Professor für Sozialisation und Sozialpsychologie im Fachbereich Sozialwesen der Universität/Gesamthochschule Kassel; Veröffentlichungen zur Psychoanalytischen Pädagogik und psychoanalytischen Sozialpsychologie sowie zu politikwissenschaftlichen Problemen Lateinamerikas.

Johannes Gstach, Dr. phil., Univ.-Ass. der Arbeitsgruppe für Sonder- und Heilpädagogik am Institut für Erziehungswissenschaft der Universität Wien und Absolvent der Ausbildung zum psychoanalytisch-pädagogischen Erziehungsberater der Wiener Arbeitsgemeinschaft für Psychoanalytische Pädagogik. Arbeitet zur Geschichte der Psychoanalytischen Pädagogik, zur Erziehungsberatung sowie zur Situation von Arbeitslosigkeit bedrohten Jugendlichen.

Heinz Krebs, Dr. phil., Dipl.-Päd., Psychoanalytischer Pädagoge sowie Kinder- und Jugendlichenpsychotherapeut (appr.). Mitarbeiter einer Beratungsstelle für Eltern, Kinder und Jugendliche und Tätigkeit in freier Praxis mit den Schwerpunkten Eltern- und Familienberatung, psychoanalytisch-pädagogische Arbeit mit Kindern und Jugendlichen, Diagnostik, Supervision, Kindertagesstättenfach- und Institutionenberatung, Fort- und Weiterbildung. Vorstandsmitglied des Frankfurter Arbeitskreises für Psychoanalytische Pädagogik e.V. Veröffentlichungen zu den genannten Fachgebieten.

Burkhard Müller, Prof. Dr. theol., Professor für Sozialpädagogik an der Universität Hildesheim; ehemaliges geschäflsführendes Mitglied im Vorstand der Kommission „Psychoanalytische Pädagogik" der Deutschen Gesellschaft für Erziehungswissenschaft. Arbeitsschwerpunkte: Theorie, Methoden und Professionsgeschichte sozialer Arbeit, Jugendarbeit, Gruppendynamik, Supervision, Psychoanalytische Pädagogik.

Kornelia Steinhardt, Mag., Univ.-Ass. der Arbeitsgruppe für Sonder- und Heilpädagogik am Institut für Erziehungswissenschaft der Universität Wien, Sonderschullehrerin, Supervisorin und Gruppenanalytikerin. Arbeitet über frühe Entwicklungsprobleme und Entwicklungsstörungen, Supervision und Beratung.

Luise Winterhager-Schmid, Prof. Dr. phil., Studium der Germanistik, Geschichte, Politikwissenschaft, Pädagogik, Lehramt am Gymnasium; zur Zeit Professorin für Erziehungswissenschaft an der Pädagogischen Hochschule Ludwigsburg; ehemaliges geschäftsführendes Mitglied im Vorstand der Kommission „Psychoanalytische Pädagogik" der Deutschen Gesellschaft für Erziehungswissenschaft. Arbeitsschwerpunkte: Allgemeine Pädagogik, Jugendtheorie, Mädchen- und Frauenbildung, Psychoanalytische Pädagogik, Historische Pädagogik.

Lieferbare Bände des Jahrbuchs für Psychoanalytische Pädagogik
Psychosozial-Verlag – Gießen

Band 8 (1997)

Themenschwerpunkt: Arbeit in heilpädagogischen Settings. *Elfriede Kraft und Achim Perner:* Vom Objekt der Betreuung zum Subjekt des Wunsches. Über psychoanalytische Sozialarbeit mit einer achtzehnjährigen Frau. - *Susanne Kupper-Heilmann und Christoph Kleemann:* Heilpädagogische Arbeit mit Pferden. - *Bernadette Neuhaus:* Das Psychodramaspiel mit Kindern an einer Schule für Erziehungshilfe. - *Ulrike Schaab:* Psychoanalytische Pädagogik als Möglichkeit einer dialogischen Heilpädagogik in der Arbeit mit geistig behinderten Menschen. - *Kornelia Steinhardt:* Supervision als Ort der Reflexion des beruflichen Selbstverständnisses von Heilpädagogen.
Psychoanalytische Reflexionen über Ethnie, Kultur und Identitätsentwicklung: Eine Diskussion. *Hans Füchtner:* Für „Ethnische Identität" – gegen Freud. Kritische Anmerkungen zu Erdheims Thesen über Familie, Kultur und Ethnizität. - *Mario Erdheim:* Erwiderung auf Hans Füchtners Kritik. - *Hans Füchtner:* Nachbemerkung.
Literaturumschau: *Bernhard Natschläger:* Erziehungsberatung als Gegenstand psychoanalytisch-pädagogischer Veröffentlichungen. Ein Literaturbericht. - *Bernhard Natschläger:* Über weitere jüngere Veröffentlichungen zu speziellen Praxisfeldern und Fragestellungen Psychoanalytischer Pädagogik. – **Rezensionen.**

Band 9 (1998)

Themenschwerpunk: Jugendhilfe und Psychoanalytische Pädagogik. *Burkard Müller, Urte Finger-Trescher und Heinz Krebs:* Jugendhilfe und Psychoanalytische Pädagogik. Zur Einführung in den Themenschwerpunkt. - *Heinz Krebs und Burkhard Müller:* Der psychoanalytisch-pädagogische Begriff des Settings und seine Rahmenbedingungen im Kontext der Jugendhilfe. - *Hans-Werner Eggemann-Dann:* Was zählt, kann man (er)zählen. Die Bedeutung der institutionellen Erziehungsberatung für die Kinder- und Jugendhilfe. - *Renate Dohmen-Burk:* An der Schwelle zum Berufsleben: Aus der Arbeit einer Beratungsstelle für Jugendliche und junge Erwachsene ohne Ausbildung. - *Beate Szypkowski:* Vor Ort und hautnah – Sozialpädagogische Familienhilfe. - *Burkard Müller:* Authentizität als sozialpädagogische Aufgabe – erläutert am Beispiel Schuldnerberatung.
Beiträge aus nicht-deutschsprachigen Ländern: *Francis Imbert:* „Bolid-Kinder" und die Arbeit des Pädagogen. - *Mireille Cifali:* Das pädagogische Verhältnis: Zwischen Verstrickung und Distanzierung. - *Leendert Frans Groenendijk:* Psychoanalytisch orientierte Sexualaufklärung vor dem Zweiten Weltkrieg.
Literaturumschau: *Regina Studener und Wilfried Datler:* Lese- und Rechtschreibschwierigkeiten als eine spezifische Form von Lernschwierigkeiten – ein Thema Psychoanalytischer Pädagogik? *Bernhard Natschläger:* Über weitere aktuelle Publikationen zu verschiedenen Fragestellungen Psychoanalytischer Pädagogik. – **Rezensionen**

Band 10 (1999)

Themenschwerpunkt: Die frühe Kindheit. **Psychoanalytisch-pädagogische** Überlegungen zu den Entwicklungsprozessen der ersten Lebensjahre. *Wilfried Datler, Christian Büttner, Urte Finger-Trescher:* Psychoanalyse, Pädagogik und die ersten Lebensjahre. Zur Einführung in den Themenschwerpunkt. - *Rolf Göppel:* Die Bedeutung der frühen Erfahrungen oder: Wie entscheidend ist die frühe Kindheit für das spätere Leben. - *Gerd E. Schäfer:* Bildung beginnt mit der Geburt. - *Martin Dornes:* Spiegelung – Identität – Anerkennung: Überlegungen zu kommunikativen und strukturbildenden Prozessen der frühkindlichen Entwicklung. - *Karin Messerer:* Ein psychoanalytisch-pädagogischer Blick in die Praxis der Mobilen Frühförderung: Ausschnitte aus der Geschichte von Natalie und ihrer Familie. - *Isca Salzberger-Wittenberg:* Kurztherapeutische Arbeit mit Eltern von Kleinkindern. - *Gertraud Diem-Wille:* „Niemand hat mir jemals etwas gesagt ..." Die Falldarstellung einer Eltern-Kleinkind-Therapie aus der Tavistock Clinic. - *Ludwig Janus:* Zur Thematisierung vorgeburtlicher und geburtlicher Erfahrungen in pädagogischen Zusammenhängen – Ideen und Vorstellungen.

Psychoanalytische Aspekte von Lernen und Lernbehinderung: *Dieter Katzenbach:* Kognition, Angstregulation und die Entwicklung der Abwehrmechanismen. Ein Beitrag zum Verständnis behinderter Lernfähigkeit.

Literaturumschau: *Ulrike Kinast-Scheiner:*Geschwisterbeziehungen: Ein Bericht über tiefenpsychologische und psychoanalytisch-pädagogische Veröffentlichungen. *Ulrike Kinast-Scheiner:* Über aktuelle Publikationen zu verschiedenen Fragestellungen Psychoanalytischer Pädagogik. **Rezensionen**

Gunter Schmidt (Hg.)
Kinder der
sexuellen
Revolution

Kontinuität und Wandel
studentischer Sexualität
1966-1996

PSYCHOSOZIAL-VERLAG

2000 · 281 Seiten
Broschur
DM 49,80 · öS 364,–
SFr 46,– · EUR 25,46
ISBN 3-89806-027-6

Der Vergleich dreier repräsentativer Studien aus den Jahren 1966, 1981 und 1996 gibt höchst interessante Aufschlüsse darüber, wie sich das sexuelle Verhalten von Studierenden und ihre Einstellungen zu Fragen der Sexualität, Partnerschaft, Liebe, Treue, sexuellen Belästigung und Gewalt, usw. in den letzten 30 Jahren gewandelt haben. Wie die in ihrer Art einmalige Studie belegt, hat die sexuelle Revolution der 60er Jahre die noch heute vorherrschenden Einstellungen zur Sexualität nachhaltig geprägt. Neue Trends sehen die Autoren in der höheren Bedeutung der Treue trotz häufigerer Beziehungen und im ambivalenten Verhältnis zur Lebensform des Singles: die 1996er haben die serielle Monogamie perfektioniert: Sie ist nun serieller und monogamer.

„‚Sex ist so schön wie Skifahren, und das will was heißen‘ schreibt ein Student unserer letzten Studie auf die Frage, was ihm Sexualität bedeute. Oberflächlich und entsetzlich banal, könnte man nörgeln. Aber es ist eine Sexualität frei von falschem Tiefsinn, entmystifizierter, entdramatisierter Sex. Und so scheint es, als sei die Sexualität zu Beginn des Jahrhunderts gründlich entrümpelt: vom Katholizismus, vom Patriarchat (fast) und von der Psychoanalyse. Das ist nicht wenig für 50 Jahre, fast schon eine Erfolgsgeschichte."
Gunter Schmidt

P🔲V
Psychosozial-Verlag

PSYCHOSOZIAL-VERLAG

PSYCHE UND GESELLSCHAFT

Hans-Jürgen Wirth
**Narzißmus
und Macht**
Zur Psychoanalyse
seelischer Störungen
in der Politik

Dezember 2000 · ca. 220 Seiten
Broschur
DM 39,80 · öS 291,–
SFr 37,– · EUR 20,35
ISBN 3-89806-044-6

Die Möglichkeit, politische oder ökonomische Macht auszuüben, nährt Größen- und Allmachtsphantasien. Umgekehrt bahnen Karrierestreben und Rücksichtslosigkeit den Weg zu den Schaltzentralen der Macht. In detaillierten Fallstudien – u. a. über den Skinhead Max, den Pädophilen Ivo, Ministerpräsident Uwe Barschel, Ex-Bundeskanzler Helmut Kohl und Serbenführer Slobodan Milosevic – analysiert der Autor die Verflechtungen zwischen der individuellen Psychopathologie und den ethnischen, religiösen und kulturellen Identitätskonflikten der Gruppe.

Gewaltherrschaft und Krieg bedeuten immer tiefgreifende individuelle und gesellschaftliche Traumatisierungen, die transgenerational weitergegeben werden. Am Beispiel der Auseinandersetzung mit dem Nationalsozialismus, die in den beiden deutschen Staaten recht unterschiedlich verlief, demonstriert der Autor einerseits, wie prägend die Schatten einer traumatischen Vergangenheit sein können. Er zeigt andererseits aber auch Möglichkeiten auf, sich mit der eigenen unheilvollen Vergangenheit konstruktiv auseinanderzusetzen.

PⓅV
Psychosozial-Verlag

LUDWIG JANUS
DIE PSYCHOANALYSE
DER VORGEBURT-
LICHEN LEBENSZEIT
UND DER GEBURT

BIBLIOTHEK
DER PSYCHOANALYSE
PSYCHOSOZIAL-
VERLAG

2000 · 400 Seiten
Broschur
DM 49,80 · öS 364,–
SFr 46,– · EUR 25,46
ISBN 3-89806-043-8

S eit den Anfängen der Psychoanalyse gibt es eine Hintergrund-
diskussion zur lebensgeschichtlichen Bedeutung von Erfahrungen vor und während der Geburt. Diese wird in dem Buch
dargestellt und zugänglich gemacht. Daraus ergeben sich Anre-
gungen für eine Diskussion von Konsequenzen für Theorie und
Praxis der Psychoanalyse. Insbesondere ergibt sich ein tieferes
Verständnis der Inhalte von Mythen, Märchen und Riten und
deren Wurzeln in frühester vorsprachlicher Erfahrung.

„... bei dem klugen und gedankenreichen Werk von Janus handelt
es sich um ein Buch, dessen Reichtum immer wieder in Erstaunen
versetzt und dessen Erkenntnisse geeignet sind, nicht nur die
Psychosomatik zu revolutionieren, sondern auch Licht in das
Dunkel und den Schmerz so vieler verquälter und scheiternder
Behandlungen zu bringen."

Tilmann Moser in der Frankfurter Allgemeinen

P🌀V
Psychosozial-Verlag

Psychoanalytische
Pädagogik

Wilfried Gottschalch
Mit anderem Blick
Grundzüge einer
skeptischen Pädagogik

Psychosozial-Verlag

2000
224 Seiten · Broschur
DM 49,90 · öS 364,–
SFr 46,– · Euro 25,51
ISBN 3-89806-011-X

Wilfried Gottschalch versucht in diesem Buch seine subjektiven Erfahrungen als Jugendleiter, Lehrer, Hochschullehrer und Homo politicus so zu objektivieren, daß sie anderen Pädagogen Orientierungshilfe bieten können. Er entwirft eine skeptische Pädagogik, die nicht zum Verzweifeln, sondern zu besonnenem Eingreifen anregen will. Zur Erkundung der inneren Welt gebraucht er die Psychoanalyse, weil psychoanalytische Erfahrung Pädagogen zu höherer Wahrnehmungsfähigkeit verhelfen kann: zum Wohl ihrer eigenen inneren Welt und für die Welt ihrer Kinder, Jugendlichen, Klienten und Kollegen.

Das Buch regt an zum Beobachten, Phantasieren, Denken und Handeln. Kommen noch Gelassenheit, Empathie sowie die Fähigkeit zur Besorgnis und zum Alleinsein hinzu, dann sind wohl die wesentlichen psychischen Voraussetzungen gegeben, hinreichend gut zu lernen, zu erziehen und zu lehren.

P🔲V
Psychosozial-Verlag

3. Aufl. 2000 · 270 Seiten
DM 38,– · öS 277,–
SFr 35,– · Euro 19,43
ISBN 3-932133-09-9

„Das Buch ist mehr als ein marktgängiger Ratgeber. Es bietet wichtige, in die Tiefe der Gefühle gehende Einsichten, die der Verfasser aus professioneller Praxis selbst gewonnen und die er im Fundus des modernen psychoanalytischen Wissens verankert hat.

Die Lektüre ist ein Gewinn, nicht bloß für Scheidungseltern und für Fachpädagogen, sondern für alle, die über die emotionale Welt der Eltern-Kind-Beziehungen belehrt sein wollen. Wissenswertes erfährt man auch über die Arbeitsweisen der Institutionen, die an Scheidungen beteiligt sind."

Rainer Fellmeth, Saarländischer Rundfunk

P⊞V
Psychosozial-Verlag